中国式国家建构

徐勇 陈军亚 等著

中国社会科学出版社

图书在版编目（CIP）数据

中国式国家建构／徐勇等著．—北京：中国社会科学出版社，2023.10
ISBN 978-7-5227-2178-1

Ⅰ.①中… Ⅱ.①徐… Ⅲ.①政治制度—研究—中国 Ⅳ.①D621

中国国家版本馆 CIP 数据核字（2023）第 119168 号

出 版 人	赵剑英
责任编辑	冯春凤
责任校对	张爱华
责任印制	张雪娇

出　　版	中国社会科学出版社
社　　址	北京鼓楼西大街甲 158 号
邮　　编	100720
网　　址	http://www.csspw.cn
发 行 部	010-84083685
门 市 部	010-84029450
经　　销	新华书店及其他书店
印　　刷	北京君升印刷有限公司
装　　订	廊坊市广阳区广增装订厂
版　　次	2023 年 10 月第 1 版
印　　次	2023 年 10 月第 1 次印刷
开　　本	710×1000　1/16
印　　张	31.75
插　　页	2
字　　数	521 千字
定　　价	188.00 元

凡购买中国社会科学出版社图书，如有质量问题请与本社营销中心联系调换
电话：010-84083683
版权所有　侵权必究

目 录

第一篇 理论视角下的中国式国家建构

中国何以现代的实践逻辑 …………………………………… 徐　勇　3
其命维新：构建新型现代国家的中国实践 ………………… 周光辉　10
现代国家是民族国家吗？ …………………………………… 周　平　19
"民族国家"的迷思与现代中国的形成 ……………………… 李怀印　27
国家化：基于中国国家实践的理论和方法 ………………… 陈军亚　43

第二篇 社会视角下的中国式国家建构

中国现代国家建构的社会之维
　　——基于乡村精英的视角 ……………………………… 郭忠华　63
社会的国家化：国家建构和"被建构" ……………………… 陈军亚　71
国家基础权力的发展
　　——以信访治理中的社工项目为例 …………………… 王　清　80

第三篇 行政视角下的中国式国家建构

边界的下沉及其限度：国家建构的行政逻辑 ……………… 冷向明　91
重新思考官僚科层制 ………………………………………… 马　啸　99

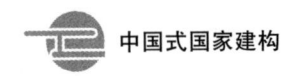

第四篇 财政视角下的中国式国家建构

中国财政国家转型：走向税收国家？ ………………………… 马 骏 113

国家构建的税收动力
　　——税收国家转型与官僚化进程 …………………………… 张长东 136

中国式现代国家构建的财政逻辑
　　——以财税体制改革为主线 ………………………………… 颜昌武 148

国家建构与财政：历史社会学的视角 ……………………… 李钧鹏 156

第五篇 政党视角下的中国式国家建构

作为政治学知识体系的政党中心主义 ……………………… 杨光斌 165

中国现代国家建构的政党进路
　　——成就与挑战 ……………………………………………… 景跃进 170

作为一种政治形态的政党—国家及其对中国国家建设的
　　意义 ……………………………………………………………… 陈明明 177

中国共产党领导的现代国家建构逻辑 ………… 燕继荣 王江成 206

以双重革命构建新型现代国家
　　——基于中国共产党使命的分析 ………… 陈军亚 王浦劬 223

现代国家核心能动者的更迭呈现：国共两党的比较 ……… 贺东航 247

第六篇 法治视角下的中国式国家建构

法治化、"缝隙社会"与国家建构 …………………………… 陈军亚 257

国家建构主义法治的理论逻辑
　　——一个法政治学的论说 …………………………………… 姜永伟 269

第七篇 民族视角下的中国式国家建构

我们是谁：对中华民族的再认识 …………………………… 周 平 295

目 录

历史书写中的民族主义与国家建构 ················· 关 凯 311
国家建构与各民族共有精神家园建设
　　——基于统一多民族国家建构中国话语的理论分析 ········ 马俊毅 332

第八篇　历史视角下的中国式国家建构

"早熟"的国家建构：统治国家化 ················· 徐 勇 353
中国是怎样成为现代国家的？
　　——国家转型的宏观历史解读 ················· 李怀印 361
双重穿透：历史和社会视角下的中国国家建构 ······ 陈军亚　谢 怡 391
论历史政治学视域下的中国现代国家建构 ········· 赵成福　田 杨 404
从家国到人民共和国："天下—中国"转型的历史逻辑 ····· 程雪阳 417

第九篇　比较视角下的中国式国家建构

现代性与现代国家建构
　　——比较视野中的中国现代性与现代国家建构 ········ 常士䦱 441
非洲国家建构中的西方陷阱与中国启示和非洲突围 ········ 刘鸿武 454
多样统一：印度尼西亚民族国家建构之路 ············· 韦 红 461
历史比较视野中的国家建构
　　——找回结构、多元性并兼评《儒法国家：中国历史的
　　　新理论》 ························· 郦 菁 468
俄罗斯近现代国家建构
　　——实践与思潮 ························ 黄 帅 483

后　记 ································ 497

· 3 ·

第一篇
理论视角下的中国式国家建构

中国何以现代的实践逻辑

徐 勇[*]

"中国何以现代"的命题可以从多个维度探讨,实践逻辑是其中的重要一维。所谓实践逻辑,是事物的发展变化来自于人们实践活动的内在依据和走向。本文试图从中国现代化实践逻辑的维度,探讨现代中国的价值与路径的形成及其特性。

一 现代中国价值的实践逻辑

对国家的认识,往往是在国家成型或者国家行动之后。这在于国家既是历史条件的产物,又是人为建构的结果。与自然形成的传统国家相比,现代国家更具有人为建构性,体现了一定的价值规范,即现代性价值。而现代性价值的形成,一是问题导向,即人们在遭遇和解决问题的过程中所形成的现代性价值;二是目标导向,即人们为追求理想目的而形成的现代性价值。至于两种导向何轻何重,则取决于不同的现代化实践。

现代化作为一种历史变革进程发源于西方。西方人为追寻不同于传统社会的理想社会,提出了诸多现代性价值观念,是典型的目标导向。中国是被动进入现代化进程的,中国对现代性价值的接受、吸收和运用,深受中国现代化实践逻辑的支配,是典型的问题导向。

改革开放以来,中国开启了大规模的现代化建设。一般来讲,现代化是从传统农业社会向现代工业社会转变的过程,是以工业化、城市化为主导的。因此,在相当长时间,中国对于现代化的理解主要是经济和技术层

---

[*] 徐勇,华中师范大学政治学部、中国农村研究院教授。

面，如工业、农业、国防和科学技术的现代化。至于这一现代化会给政治国家自身带来什么变化，并没有引起广泛重视。

随着现代化实践的推进，国家的特性开始引起学界的重视，其重要缘由是中国现代化实践中所遭遇的传统性与现代性的碰撞问题。在工业化、城市化的进程中，随着城乡差距扩大，农业农村农民问题日益严重。因此，如何解决"三农"问题成为执政党和政府工作的重中之重。到21世纪初，废除农业税成为解决"三农"问题的重大举措。农业税是长期历史以来形成的，由从事农业的农民向国家交纳税收，自古以来被视为天经地义的事情。废除农业税，意味着原有支配国家行为的"理"发生了改变。为什么要发生这样的改变，其依据何在？实践呼唤理论给予回答。由此，"现代国家"的概念与理论，同中国的现代化实践密切联结起来。

国家废除农业税改变了农民向国家交纳税收的"理"，这意味着国家的特性发生了变化。如何区分特性的变化，便有了传统国家与现代国家的区分。税收是国家的支柱。在恩格斯看来，"国家和旧的氏族组织不同的地方，第一点就是它按地区来划分它的国民。……第二个不同点是公共权力的设立，……为了维持这种公共权力，就需要公民缴纳费用———捐税"①。农业文明是人类第一个文明形态。由从事农业的人口交纳捐税成为国家得以成立和运转的基本条件。国家向农民收税也成为国家理所当然的行为。国家废除农业税，也就意味着支配国家行为的"理"发生了改变，国家的特性随之发生了重大变化。这一变化发生于传统向现代社会的转变中，是国家的质的规定性的改变，体现着传统国家与现代国家的区分。国家废除农业税实际上是国家向现代转变的重要标识之一。正是因为这一标识性事件，现代国家这一命题开始得到学界的重视。②

价值是认识和评价事物性质的一种标准和规范，具有引导性。随着中国现代化的推进，现代性要素不断生长出来，并与社会主义制度相联结，

---

① 《马克思恩格斯选集》第4卷，人民出版社1995年版，第170—171页。
② 2006年，笔者在《"回归国家"与现代国家建构》一文中梳理了20世纪80年代以来的政治学议题变化，指出："进入21世纪以后，对国家的论述逐步增多，大有'回归国家'之势。"就笔者个人而言，自20世纪80年代从政治学进入农村领域，主要是研究农村基层，国家问题不是研究对象。只是到了21世纪初，围绕农业税的废除，国家问题，特别是现代国家问题才进入笔者的视野。参见徐勇《"回归国家"与现代国家建构》，《东南学术》2006年第4期。

形成了包括富强、民主、文明、和谐、自由、平等、公正、法治等构成的社会主义核心价值观。正是在具有现代性的社会主义价值理论的引导下，国家行为也发生了深刻的变化。在废除农业税后，如何让广大农民分享现代化成果，将农民纳入劳动和社会保障体系，正是现代国民国家的应有之义，彰显了包括农民在内的全体国民的平等性。这些价值因素是历史上传统国家所没有的，体现了现代国家的质的规定性。

国家包括两个方面，一是作为地域共同体的国家，一是作为政权的国家。前者是国家治理的对象，后者是国家治理的主体。作为与传统国家相对应的现代国家，也包括这两个方面。近代以来，中国便开启了现代国家政权建构的历程。特别是新中国的建立，国家政权发生了根本性变化。但是，"文化大革命"的发生引起了人们的极大震撼和深刻反思，这就是在社会主义制度下为什么还会发生"文化大革命"这样的全局性失误？邓小平认为，这与中国历史传统的影响相关。他在著名的《关于党和国家领导制度改革》一文中指出，家长制、官僚主义等"长期存在的、复杂的历史现象"是"党和国家政治生活中广泛存在的一个大问题"。[①] 之后，我国开启了政治体制改革，直至党的十八届三中全会提出国家治理体系与治理能力现代化的命题，开启了国家现代性的全面自觉。现代国家的命题愈来愈为学界所广泛关注。不仅仅是政治学，其他学科也参与进来。李怀印教授的新著《现代中国的形成：1600—1949》便是历史学参与现代国家研究的代表作之一。

作为与传统中国相对而言的现代中国，是一种具有不同于传统中国的质的规定性的国家，体现着现代性的价值。中国在现代化进程中接受了大量外来的现代性价值。但从废除农业税和提出国家治理现代化的过程看，可以发现，中国对现代性价值的接受、学习、消化受中国现代化实践逻辑的支配。正是因为中国现代化实践所遭遇的传统性与现代性碰撞的问题，引发人们的思考，强化人们对现代性价值的自觉意识。中国现代化实践不仅仅是对外来现代化性价值的学习和吸收，而且丰富了现代性价值，赋予了现代性价值的中国涵义。

[①] 参见《邓小平文选》第2卷，人民出版社1994年版，第327页。

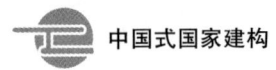 中国式国家建构

二 现代中国路径的实践逻辑

现代性的价值将国家区分为传统国家与现代国家。现代性的价值在不同国家的时空分布并不一样,其重要原因是不同国家的现代国家建构路径有所不同。决定现代国家的不同路径更在于其实践逻辑。

实践是人们能动地探索和改造客观世界的社会性活动。这种探索和改造不是随意的,而是建立在客观物质条件基础上的。客观物质条件规定了人们实践活动的路径。现代国家建构意味着国家形态由传统向现代的转变。这一转变过程和路径受制于历史提供的条件。

现代国家建构是伴随现代化进程发生的。一般来讲,现代化是由传统农业社会向现代工业社会的转变。传统农业社会状况对于现代社会的形成和路径具有支配性作用。历史社会学大师摩尔在其名著《民主和专制的社会起源》中发现:"在两大文明形态起承转合的历史关节点上,分崩离析的传统社会所遗留下来的大量阶级因子,会对未来历史的造型发生强烈影响。"[1] 正是传统社会状况及其面临的问题决定了现代化及现代国家建构的路径。

英国和美国是现代化的先行者,形成了特有的现代国家形态。由于受传统社会影响较小,英美属于内生型现代化。英国在现代化来临之前,农村内部经历了商品化,圈地运动打破了传统农村经济结构,使其"没有严重的农民问题"。[2] 美国是在新大陆"空地"上建立起来的现代化国家,"并未遇到要瓦解封建主义或官僚主义的、庞大而又牢固的农业社会这样一个问题","也从未有过像欧洲和亚洲社会那么庞大的农民阶级"。[3] 除英美国家等少数特例以外,世界上大多数进入现代化的国家,都面临着庞大的农民阶级的问题。

中国是一个农业文明悠久的国家,近代以来被迫开启现代化进程。现代化面临的最基本历史条件是农业社会及其庞大的农民阶级。这一国情决

---

[1] [美]巴林顿·摩尔:《民主和专制的社会起源》,拓夫、张东东等译,华夏出版社1987年版,第2页。

[2] [美]巴林顿·摩尔:《民主和专制的社会起源》,第29页。

[3] [美]巴林顿·摩尔:《民主和专制的社会起源》,第88页。

定了中国共产党领导的新民主主义革命是以农民为主体的革命,革命的道路是以农村包围城市,革命后建立的国家是以工农联盟为基础的。新中国建立后,开始大规模进行工业化建设,实行工业优先的战略,并因为从农业获得积累形成城乡二元结构。随着工业化和城市化的加速发展,作为占全国人口多数的农村人口未能与工业化同步改善其生活,城乡差距拉大。正是在这样的背景下,废除农业税,对农民实行"多给少取"的政策,让农民分享现代化成果,使农民获得平等的国民待遇,成为中国现代国家建构的重要内容。

中国农民逐步获得平等待遇的事实,反映了现代国家建构的中国路径。这一路径首先由历史条件所决定。悠久的农业文明传统不仅使得中国开启现代之门的民主革命具有农民革命的属性,而且深刻影响着革命之后的现代国家建构路径。新中国建立后,农民在政治上成为国家主人,但在相当长时间未能享受平等的国民待遇。随着工业化的展开,非农产业逐渐成为国家财政收入的主要来源,国家才有条件一举废除农业税,由以农支工转向以工支农,国家形态的现代属性得以强化。可见,现代国家的路径受制于历史提供的客观条件。这种历史条件构成了中国现代化实践逻辑的客观性。

实践是客观条件与人的认识和行动交互作用的产物。世界上绝大多数进入现代化的国家都会面临传统社会的影响问题。如何认识和处理这一问题,则有不同的路径,会形成不同的国家形态。摩尔依据大量事实揭示:"西方民主只是在特定历史环境中结出的果实,通向现代社会的历史道路和与之相适应的政体形态是形形色色的。"[①] 德国和日本在现代化进程中走向法西斯道路,重要原因是破产的贫困农民问题。"小农们命途多舛,纳粹宣传却为小农展示了一幅理想农民的浪漫主义图景——'自由土地上的自由人'。农民在纳粹精心炮制的极右翼意识形态中成了关键角色。"[②]

中国通过民主革命开启现代化大门。"在中国,农民在革命中的作用甚至超过了俄国。他们为最终摧毁旧秩序提供了炸药。这里,农民再次作

[①] [美]巴林顿·摩尔:《民主和专制的社会起源》,第4页。
[②] [美]巴林顿·摩尔:《民主和专制的社会起源》,第364页。

为主要动力推动了一个政党取得了胜利。"① 中国共产党依靠农民取得了革命胜利，但同时也负有解放农民和让农民分享现代化成果的使命。摩尔曾断言："农民早晚会成为现代化的牺牲品，这是一个简单而残酷的事实。"② 但这一事实并非不可改变。中国革命胜利后的土地改革和家庭承包制改革，都是为了不断解放农村生产力。农业农村农民问题一直是党和政府工作的重中之重。正是依靠国家推动，才有可能实现农民全面脱贫。在中国，农民不是现代化的牺牲品而是分享者，显然与中国共产党领导的国家行为密切相关。这种行为是传统国家不可能具有的，体现了现代国家的特有属性，构成了中国的现代国家路径。这一路径具有双重超越的特点，一是超越将农民作为负担而不是动力的路径，二是超越农民成为现代化牺牲品而不是分享者的路径。这种双重超越是中国式现代化的具体体现。

国家治理现代化是对现代化进程中政治国家的一般要求。但是，中国的国家治理体系与治理能力现代化有自己的前提条件和目标，这就是完善中国特色社会主义制度，适应社会主义现代化国家建设的需要。由此规定了中国的国家治理现代化有其特有路径，它基于中国现代化实践的内在需要。

结语

通过现代中国的价值性与路径性的实践逻辑维度，有助于深入理解"中国何以现代"的命题。中国得以走向现代，是多种因素和机制发生作用的结果。从价值看，中国从外国获得了现代理念，但这种理念的实现，取决于现代中国建构的实践。正是在现代中国建构的实践进程中，现代性价值愈加充分地展现出来，并因为中国的实践而丰富。中国不是西方现代价值的简单复制品，而以自己的实践作出特有的贡献。从路径看，中国的现代国家建构有自己的特有路径。这种路径来自于历史提供的条件和人的能动性。通过现代中国的路径，促使人们重新认识中国的历史，有助于改变人们长期以来简单将传统作为现代中国的负资产的观念，获得历史自

---

① ［美］巴林顿·摩尔：《民主和专制的社会起源》，第181页。
② ［美］巴林顿·摩尔：《民主和专制的社会起源》，第379页。

信。历史由此进入现代国家研究的视野。在美国历史学家孔飞力看来："从本质上看，中国现代国家的特征是由其内部的历史演变所决定的。"① 李怀印教授的新著《现代中国的形成：1600—1949》及其由此发起的"中国何以现代"的讨论，正是在这一背景下产生的。

"当代中国的伟大社会变革，不是简单延续我国历史文化的母版，不是简单套用马克思主义经典作家设想的模板，不是其他国家社会主义实践的再版，也不是国外现代化发展的翻版。"② 将实践逻辑引入现代中国的研究，既有助于我们深刻认识现代国家建构的一般趋向，又可以深入把握现代国家建构的不同路径。正是在中国现代国家建构的实践中，不断推动人们接受、确立和丰富现代性价值，促使传统国家向现代国家的转变。正是由于中国现代国家建构的实践，使得中国的现代国家建构形成了自己的特有路径，丰富了世界现代国家建构的形态。

（原载《云南大学学报》（社会科学版）2022 年第 4 期）

---

① ［美］孔飞力：《中国现代国家的起源》，陈兼、陈之宏译，生活·读书·新知三联书店 2013 年版，第 9 页。
② 《习近平谈治国理政》第 2 卷，外文出版社 2017 年版，第 344 页。

其命维新：构建新型现代国家的中国实践

周光辉[*]

导言 现代国家构建的两个关切

（一）关切之一：现实关切

现代国家的建构是国家形态演进史上的一般进程，当代中国的现代国家构建为什么能够在推进经济发展的同时，又保持了社会的长期稳定？中国既克服了政治学者亨廷顿关于"现代化带来不稳定"的问题，同时也消解了比较政治学者艾森斯塔特提出的"现代化中断"问题。那么，为什么西方此起彼伏出现的"中国将要崩溃"并没有发生？

这一远远超出西方学者预期的重大现实迫使我们及时关切。

（二）关切之二：理论关切

中国属于什么类型的现代国家？

当代中国的现代国家构建既是世界现代化历史的组成部分，又走的是社会主义现代化道路。这种新的实践探索对既有的国家理论和现代化理论构成了巨大的解释性挑战。

对当代中国现代国家构建需要进行合理性阐释，这种合理性阐释，实际上就是国家身份的理论建构。这是全球化时代获得国民忠诚和族群认同的重要途径。这需要政治学界同仁的共同努力，本文就是一种尝试。

---

[*] 周光辉，吉林大学行政学院教授。

其命维新：构建新型现代国家的中国实践

一 复兴吸纳启蒙是中国现代国家构建的历史逻辑

（一）中国现代国家构建的认识论问题

中国的现代化，是从中国接触外部世界开始的，中国的现代国家构建是在历史因素与现实因素交织、内部与外部的矛盾交汇中进行的。如何理解中国国家形态的古今之变，这里有一个认识论问题：既要走出"西方中心主义"，也不能陷入"中国中心主义"，而是要基于中国的历史与变革实践，发展出既能解释中国的国家形态变革，又能打动人心的理论。

（二）当代中国的发展不是"崛起"而是"复兴"

中国的历史学家曾讨论过这个问题，见罗志田教授的文章"从文化看复兴与崛起"（《读书》2014年11期）。仅从当代的时间段看中国的发展，是一种快速的崛起，但从长时段看，中国曾经在世界历史中长期处于发展前列，只是近代欧洲率先开展了工业革命，中国才落后于西方国家。中国的现代化，实际上，是近代落后之后为了改变落后面貌实现民族复兴做出的努力。

如果仅把中国视为一种崛起，一是会忽略了中国历史的连续性，更不能理解中国历史性变革的深刻含义；二是会把当代中国国家形态的变革看成是一种"异端"，只有从复兴的角度认识中国的古今之变，才能理解，中国的古今之变是一种基于文明内生性的变革实践，是世界多元现代性重要的组成部分。

（三）复兴吸纳启蒙是中国现代化道路的内在要求

近代中国在外部冲击下，接受了中国已经落后于列强的事实，并发生了"天下"观向"世界"观的转变，但中国并没有成为殖民地国家，依然保有了国家的主体性和自我更新的能力。正是因为具有主体性，又承认了落后，中国才开启了"中体西用"，以学习外国理念和技术为途径的"自强"之路，也开启了通过"变革图强"实现民族复兴道路。这一复兴之路，从总体上一直注重吸纳国外的文明成果。从晚清的自强之路，到20世纪的革命之路，再到改革开放之路都注重吸纳人类文明创造成果。当然，

· 11 ·

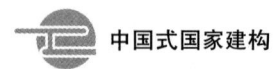

这里说的"启蒙"既包括西方发达国家新的理念,如民主、科学,也包括社会主义国家关于"社会主义"的新理念。共产党的创建本身就是西方马克思主义在中国传播的产物。而共产党的成功之处恰恰在于实现了马克思主义的中国化。

复兴吸纳启蒙是外来文明中国化的道路,既与中国兼收并蓄的历史文化传统相契合,又构成了中国现代国家构建的历史逻辑。

近代中国完成了从天下国家向主权国家的转变,即近代中国完成了从一个自我的世界(天下)到国际体系一员(主权国家)的历史性转变。仅以海关建立为例:从海关建立到海关自主权(海关关税自主权和税款保管权)的完全获得经历了近一个世纪的时间。

二 构建新型现代国家是克服近代国家重建危机的历史命题

(一)国家形成的标志:治理机构权威化

权威的本质性功能,即确保一个联合起来的群体的联合行动。

"权威原则:只要一个共同体的福祉需要一种共同行动,那么此种共同行动的统一性就必须通过该共同体的一些更高级的机构来加以保障。"(参见[法]耶夫·西蒙《权威的性质与功能》)

(二)理解国家

国家的内在属性就在于族群聚合,即国家是非亲缘关系群体组成的作为一种按照地域划分居民的政治组织。国家面临着规模大和内部居民的差异性两个内在性问题。"国家是人类通过合作达成基本认同的共同目标的一种组织形式。"(参见[美]约瑟夫·R. 斯特雷耶《现代国家的起源》)

维系国家政治共同体的两个条件:一是共同体的成员共同承认并接受的作为公共规范的价值信仰体系,二是以正统的公共权力为基础的共同的纷争处理机制。

(三)文明与权威:精神权威与政治权威

早期文明的核心要素是精神权威与政治权威,精神权威是象征性权力，政治权威是政治权力。早期控制暴力方式表现为王权与神权。

古代美索不达米亚文明（两河文明）作为城市文明的代表，它在城市建筑中的两个典型建筑是神庙和王宫，分别象征着神权与王权。古代形成人口规模后必须具备这两个条件才能维系秩序。对于古代中国而言，我们可以通过公元前 3500 年左右的三星堆文化窥见当时的两个部落首领，其中一个掌管政治、军事，另外一个掌管宗教。

（四）文化认同：认知心理学基础

1. 人是有意图的

人希望达到某种目的打算。人们在做出行为选择时，都含有做出某种行为意向。意图作为动机是推动人去行动的现实力量。

2. 集体意向性

个体意向性来源于集体意向性。集体意向性（intentional behavior）是一切群体社会活动的基础。

3. 文化认同可以通过提供信念有效塑造集体意向性和偏好，极大地降低治理成本

如果没有文化认同，不论是宗教文化认同还是伦理文化认同，那么大规模群体的思想维系的难度就非常高，也很难持续。文化认同有两大重要意义，一是形成超越血缘群体的共同认同感，二是形成内化于心、外化于行的共同价值观。

（五）中国古代国家的精神与政治权威

1. 精神权威

中国自商周时代就产生了"天"的信仰观念，皇帝封禅的核心思想观念应是"天命"。其后帝王皆自称是天之子、是奉天承运，即奉天命而治理天下。董仲舒《春秋繁露·为人者天》道："唯天子受命于天，天下受命于天子，一国则受命于君。"

2. 政治权威

在中国传统的王朝体制中，"皇帝"不仅是整个国家权力体系得以有效运作的关键要素，也是实现国家整合的核心因素。也就是说，"作为人主，皇帝是世俗的权威；作为天子，皇帝是神圣的权威；作为君父，皇帝

又是伦理的权威"。(参见陈旭麓《近代社会的新陈代谢》)

(六) 天朝秩序瓦解

19世纪末"天朝"坍塌,兼有信仰体系和知识体系功用的"天命"观念与"儒家在西方民主思想的冲击下,渐渐不再能够承担意识形态的重任"。(参见葛兆光《什么才是"中国的"文化》)

晚清以来直至辛亥革命后,当传统的"皇帝"权威逐步瓦解和崩溃之际,就必然在使近代中国难以进行有效的国家整合的同时,也使中国社会存在着深刻的价值危机和权威危机。

(七) 历史中国构成了现代化变革的结构性初始条件

变革中如何维护国家的统一性,即保国问题;变革中如何保持文明的延续性,即保教问题;变革中如何维护社会的有序性,即建立秩序问题。如果这些初始条件不能实现,中国的国家转型、现代国家构建就会面临危机。

(八) 20世纪上半叶三次现代国家建构的失败

20世纪上半叶,中华人民共和国成立之前,中国经历了三次构建现代"国家失败"。所谓失败是指都没有实现国家内部的有效整合,建立起稳定的政治秩序,顺利进行工业化、现代化建设。一是辛亥革命建立民国,是中国现代国家建构的起点,但没有建立稳定的政治秩序,导致军阀混战。二是国民革命(国共合作),推翻了军阀政府,建立了南京政府,但国共关系破裂。三是抗战胜利后国共第二次合作,签订"双十协议",建立联合政府没有成功,导致内战爆发。

"辛亥革命"的历史意义,在于推翻了几千年的封建王朝统治,开启了现代国家构建的历史进程。虽然建立了号称亚洲第一个民主国家,但由于照搬西方的模式,导致水土不服,无法克服下面四大难题:一是中央权威弱化导致地方主义;二是军事力量军阀化,成为独立的政治力量;三是分散主义,族群多样化问题引发的冲突;四是基层社会治理流于粗放,出现黑社会化,导致军阀混战、社会溃败(土匪横行)。

其命维新：构建新型现代国家的中国实践

（九）克服国家重建危机的历史命题：构建新型现代国家

邹谠教授曾说过："在二十世纪的中国，所有世界上最重要的政治制度、文化思想都被拿来试验过，而几乎没有一个制度和思想能够在中国社会得到满意的结果。"（参见邹谠《二十世纪中国政治》）

三次国家重建的失败表明：照搬西方治理模式导致水土不服，无法带来社会的稳定，而袁世凯倒行逆施试图恢复帝制更是死路一条。走回头路不行，照搬外国模式也不行，只有走构建新型现代国家之路才是符合国情的现代发展之路，这是实现中华民族复兴的历史命题。

三 构建"三位一体"的权威体系是新型现代国家建设的主题

在近代中国各种政治力量较量中，特别是在军事力量主导争夺中国现代化道路领导权的历史条件下，最终，中国共产党领导的新民主主义革命取得了胜利，建立了中华人民共和国。

（一）新中国成立的历史意义

从现代国家构建的角度讲，当代中国确立的国家治理体系既不同于以皇权为中心的传统国家体制，又不同于西方国家所采用的政党竞争、分权制衡的国家制度，而是一种新型现代国家：党的领导体制与人民代表大会制度的结合，实现了党的领导与人民民主的有机结合；单一制体制与民族区域自治制度的结合，完成了高水平的国家整合。

随着新中国的成立，国家治理体系实现了现代性转变：一是实现了从"王朝国家"到"主权国家"的形态转变；二是实现了从"天命"到"人民"的道德权威的转变；三是实现了从"皇帝"到"政党"的政治权威的转变；四是实现了从"人治"到"法治"的治国理政方式的转变。

（二）新型现代国家的内涵

所谓新型现代国家，是人民民主国家，指按照民主集中制组建起来的政党领导体制与人民代表大会制度相结合，以党的领导、人民当家做主与

· 15 ·

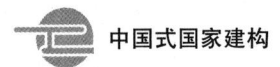

依法治国三位一体的权威体系为鲜明特征的国家治理体制。

人民至上成为当代中国的价值信仰。当古代社会面临无法克服的内部危机时，维系社会制度正当性基础的文化价值系统首先受到质疑直至瓦解。在原有的精神权威解体后，就是需要重建新的价值信仰来重构政治认同。人民至上作为一种道德权威，既是一种作为政治合法性来源的抽象理念，也是一种道义性的符号。只有当它在社会政治生活实践中展示主体性地位，并能够展现出自身的主体意志和力量时，它才可能产生相应的道德义务以及引起人们在道德上的服从。

（三）人民民主的实现形式

人民是一个复合性概念，是由整体、群体和个体组成的。人民作为整体，遵循人民至上理念，构成了道德权威；人民作为群体，需要依靠代表（管理者、执行者等各种代表）行使国家权力。人民作为个体，它是权利与义务的统一体。

人民民主的国家形态主要体现在两方面：第一，人民作为整体是通过其先锋队共产党来行使领导权；第二，人民作为个体和不同群体是通过选举产生的代表组成人民代表大会行使国家权力，将党的方针、政策通过人民代表大会法律程序上升为国家意志。

四　新型现代国家的合理性分析

对中国的新型现代国家进行学理阐释，首先，要注重中国现代国家构建的历史、文化传统这一初始条件，这不是承认历史决定论，而是强调中国的现代国家构建是一个历史进程，而不是一个概念的演化进程。其次，要引入国家规模这一重要的分析变量。超大规模国家的现代化道路所具有的复杂性和艰难性与小国现代化道路所面临的问题和困难是不同的。

（一）内生性

中国新型现代国家的构建是扎根于中国的历史、文化土壤，内生于中国式现代道路的历史中的，从而也是与中国的国情相适应的。正如一位政治人类学家格尔茨所指出的："一个国家的政治反映了它的文化设计"。

其命维新：构建新型现代国家的中国实践

（二）创造性

实行民主、法治是判断现代国家构建是否具有历史进步性的重要标准。但民主、法治并不是仅有一种模式。中国构建新型现代国家的成功在于：把党的领导、人民民主和依法治国三个重要的政治因素创造性地内嵌于现代国家构建的历史进程中，通过发展人民民主为促进经济发展、维护社会稳定提供政治保障；通过推进国家法治化进程，规范国家权力和保障人权。

党的领导地位是党作为中国人民和中华民族的先锋队性质决定的。党的领导地位不是由于宪法的明文规定就可以一劳永逸了，这种体制的生命力主要是来自于党的领导活动和实践过程要体现人民性的宗旨，只有站稳人民立场，在政策过程体现以人民为中心，才可能得到人民的拥护和支持。

（三）有效性

有效性注重成本，注重结果导向，改革方案的设计更注重价值与成本的分析。中国新型国家构建的重要经验是：把坚持党的领导与发展民主结合起来；把体制改革与法治建设结合起来；把历史的连续性与变革性统一起来；把改革与开放统一起来；把国家的主体性与社会的创造性统一起来。从而在广泛而深刻的社会变革中，既创造了经济增长的奇迹，又保持了社会的长期稳定。"故治国无法则乱，守法而弗变则悖，悖乱不可以持国。世易时移，变法宜矣"。（《吕氏春秋》）

（四）有序性

民主、自由、法治、人权是人类值得追求的共同价值。但现代中国上半叶长达几十年的战乱提醒我们，民主化进程不是一种浪漫之旅。任何改革都是一种利益重组、再分配的过程，这其中充满了矛盾和风险，对于中国这样的一个超大规模国家而言，更是如此。

当代中国发展人民民主，推进人权保障事业的成功奥秘，也是不同于西方国家的重要特点，就是这一进程不是表现为一种自下而上的社会运动，而是在国家引领下一系列政策和制度创新的过程，从而实现了这一过

· 17 ·

程的有序性，保证了社会的长期稳定。仅以推动人权保障事业为例：中国是世界上唯一持续制定和实施四期国家人权行动计划的主要大国，从确立宪法原则到制定民法典，通过法治化进程实现了从保障一般人权到保障具体的个人权利。

五　结语

总之，中国的新型国家构建是中国共产党在领导中国人民推进现代化事业的历史进程中形成的。发展人民民主，更好地改善民生，更充分地保障人权，没有最好，只有更好。继续推进国家治理体系现代化的历史进程，完善各种有效的民主机制和保障人权制度，实现中华文明中关于美好生活和美好秩序的愿景：国泰民安。这是中国之幸！人民之福！世界之祥！

（本文主要来源于2023年1月吉林大学出版社出版的《其命维新：中国构建新型现代国家的道路与经验》）

现代国家是民族国家吗?

周 平[*]

中国式的国家建构,是一个非常好的话题。不论是观察中国的近代历史还是研究中国近代以来的政治,乃至于政治学的知识体系构建,都需要思考并回答中国式的国家建构这个命题,因而值得讨论。从理论视角来谈中国式国家建构,现代国家是否是民族国家?就是一个无法逃避的问题。

讨论现代国家构建问题,首先就要回答或讨论何谓现代国家的命题。从国家形态演进的角度来看,现代国家就是民族国家。但是,有的论者对此有不同的看法,所以这里以提问的方式来提出这个问题。

一 现代国家就是民族国家

当下所谈论的国家,基本上都指向现代国家,而非传统国家。今天我们这里讨论的,也是中国的现代国家构建。

(一) 如何界定现代国家

那么,何谓现代国家呢?在此问题上,很多论者强调了国家的现代性,把现代性作为判断一个国家是否为现代国家的标准。也就是说,在很多论者看来,凡是具有或符合现代性的国家就是现代国家,不具有或不符合现代性的国家就不是现代国家,甚至还根据现代性的多少来判断这个国家的现代的程度。

但问题是,国家的现代性是抽象的还是具体的?是自足的还是依附

---

[*] 周平,云南大学民族政治研究院教授。

的？显然，国家的现代性并不是抽象的，而是依附人类国家形态演进中的某种类型国家上的具体的存在。

而且，现代或现代性，不论如何解释，有一点不可忽略，即它是一个在时间轴上形成的概念，任何现代性都存在于当下，都是当代性，不存在于当下的现代性只能是虚构。

那么，到底如何看待现代国家呢？我认为，现代国家是人类国家形态演进过程中的一个阶段，是一种国家形态。站在今天这个历史的坐标点上看，所谓现代国家，就是指当下在世界范围内处于主导地位的国家形态。

(二) 现代国家是国家形态演进中的一种类型

从人类国家形态演进的历史进程来看，今天所谓的"现代国家"，就是当下在世界范围内处于主导地位的国家形态。通常所说的国家现代性，其实只是当下处在主导地位的国家形态所必然具有的某些特性，或者说是从这里抽象出来的。不论是吉登斯、马克斯·韦伯还是弗朗西斯·福山，他们所说的现代性也不过是对当下仍然处于主导地位的国家形态当中的某些特性的抽象，他们从这里抽象出来一些现代性，但一些论者将这种现代性放大了，甚至绝对化了，然后又推而广之。

从人类国家形态演进的进程来看，作为一种国家形态或国家类型的现代国家，并不是设计出来的，而是在历史演进的过程中自然形成的，是特定社会历史条件的产物。

所谓的现代国家，是相对于传统国家来说的一个宏大的国家类型，具有共同的特征。这一个类型中的具体的现代国家，却是千姿百态、千差万别的，犹如现代建筑不同于传统建筑，但现代建筑本身仍然具有多样性。值得注意的是，今天的现代国家，也会在发展中失去现代性，终将被新的现代国家所取代。所以，现代国家也是历史的，而不是永恒的。

(三) 现代国家只能是民族国家

纵观今天的世界，处于主导地位的国家形态，就是近代首先出现于西欧，然而逐步拓展到全球，今天仍处于主导地位的民族国家。

诚然，人类历史上不同文明中出现的国家有很大的区别，并各自形成了自己的国家形态演变进程。但是，从世界近代以来的历史来看，欧洲的国家形态演进占据了主导地位，因此，国家形态的梳理总是聚焦于欧洲的历史进程。

在欧洲的国家形态演进中，近代出现或创制的民族国家，具有划时代的意义。这样的国家类型是适应当时历史条件的需要而出现的，但它的体制机制为世界上越来越多的国家采纳，进而一步步地成为主导性的国家形态，所以成为现代国家的典型形态。

二 应该如何看待民族国家

不管如何谈论现代国家，只要将其定位为当下世界范围内处于主导地位的国家形态的话，那么大都会指向民族国家。那么，到底如何看待民族国家？如果不回答这个问题，或者这个问题说不清楚，就无法证明现代国家就是民族国家。

（一）民族国家是一种国家体制

从国家形态演进的历史来看，民族国家是一种国家体制，它最早出现于欧洲，被称为 Nation-state。Nation-state 这个词，就把民族国家的属性清晰地体现了出来。民族国家的本质，就是国家（state）与民族（nation）的结合。

但是，在国家与民族"结合"这个关节点上，今天的人们对民族国家却形成了两种不同路径的解释：一是从国家的角度去解释民族国家，一是从民族的角度去解释民族国家。

但问题在于，民族国家是一种国家形态，其本质在于国家而不在于民族，它是一种具有民族特征或属性的国家。也就是说，这样的国家被打上了民族烙印，民族烙印不是被烙在国家的外表上而是被镶嵌到国家的体制机制当中，并刻画出国家体制机制的特征与功能。

这样的民族国家，并不是人为有意地设计和创造出来的，而是在取代王朝国家的过程中形成的。具体来说，是欧洲当时社会历史条件的产物。从这个意义上说，民族国家只是取代绝对主义王朝国家的一种国家形态。

（二）民族国家是历史的产物

欧洲的王朝国家发展到了绝对主义时期，王朝将所辖的人口整合成为民族（nation）的进程也发展到了相当高的程度。在此情况下，民众向国王争取权利的斗争，往往以民族的名义进行；一旦民众以民族的名义从君主手中夺回了主权（国家主权体制是由1648年的威斯特伐利亚体系所确立的），一种新的国家形态就出现了，这就是民族国家。

这种情况首先出现于英国，英国的民众有着争取权利的传统。英国在1688年的光荣革命，通过《权利法案》《王位继承法》实现了对国王的限制，确立了"王在议会"的国家体制，国家主权便从"王有"转变为"民有"，即由议会代表民族占有了国家主权，于是便创造了民族国家。英国实现了民族国家的首创，但是，当时的英国对其所形成的认知并不充分，更未将这样的国家体制法制化、类型化。

民族国家的法制化、类型化，是在1789年的法国大革命中实现的。法国大革命爆发后，国民议会代表着整个的民族，从国王手中夺回了国家的主权，而且还通过《人权与公民权宣言》来明确规定，国家的主权只能由全体国民组成的民族拥有和行使，从而实现了民族国家的体制化，使其具有了作为一种国家类型的意义。

（三）民族国家的本质特征

随着这样一种由代表民族的议会拥有并行使主权的国家体制被越来越多的国家采纳，民族国家便具有了普遍的意义。二战后，民族国家更易遍及全球。

作为一种在国家形态演进的过程中取代了王朝国家，并具有全球意义的国家形态，民族国家也体现出一些稳定的、基本的特征。

民族国家最为突出的特征，就是主权在民。在民族国家创制时的欧洲，拥有国家主权之"民"，是有特定指向的，即由全体国民组成的民族（nation）。因此，主权在民的实际含义便是，国王不再拥有国家主权，作为国民共同体的民族拥有了国家主权。法国《人权与公民权宣言》第三条，把这一点表述得清清楚楚。

但是，民族拥有的主权，最终要落实到组成民族的国民个体的身上，于是便形成了以一元性国民权利为基础来建立国家的体制机制的国家伦理。国家伦理是国家政权建立、运行所必须遵循的基本价值准则。民族国家将国家的体制机制建立在一元性的国民权利之上，国民对国家的认同也因此成为国家正当性的根源。

这样一来,凡是坚守并遵循主权在民的原则,以一元性国民权利为基础而建立起来的国家政权体制,皆属于民族国家的范畴。

(四)"一族一国"论并非民族国家的正解

有意思的是,西欧最早出现的民族国家中,国内的全体国民组成了一个民族,因而具有一个民族一个国家的外在形式,但这并不是民族国家的本质,因而也没有人据此来界定民族国家。国内论者讨论民族国家时往往援引吉登斯的观点,而吉登斯也不是以民族国家的民族外表来界定民族国家的。

"一个民族一个国家",是民族主义诉求的集中表达。随着民族主义意识形态的兴盛,尤其是民族自决权理论的传播,民族主义影响日盛,这一表达诉求的观点也得到广泛传播。

苏联解体后出现的民族主义浪潮,进一步扩大了此种观点的影响。于是,从民族外表来解释民族国家的观点在国内兴盛了起来。然而,这样一个表述民族主义诉求的观点,并不是民族国家的正解。如果真以此观点来判别民族国家的话,世界上也就没有民族国家了。

民族国家是国家与民族的结合,其归根结底是国家,是具有民族属性的国家。不能从民族角度去解释民族国家,更不能将民族主义的"一族一国"论作为民族国家的正解。上述分析说明,民族国家是实行主权在民并且按照一元性的国民权利构建起来的一整套的国家政权体制机制,由于它在当下世界范围内占主导地位,因此它是现代国家的典型形态。

三 中国如何构建现代国家

中国构建现代国家,遇到的首要问题就是何谓中国的现代国家构建?

(一)何谓中国的现代国家构建

关于中国的现代国家构建,原本并无争议。但是,近年来随着新的史观在西方兴起并传入中国,中国的现代国家构建出现了不同的解释方式,比较突出的一个观点就是,把清代的国家史看作是现代国家形成的过程。

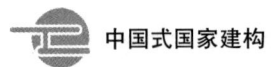

但问题是，清朝自己并不自称国家，仍称朝廷，即将自己归属到王朝国家体制的范畴。从现实来看，清代既无国家（state）观念，也无现代国家的政权体制，何以成为现代国家的形成的时期？

在王朝国家的条件下，王朝政权具有了某些与现代国家相似的特征，这能算现代国家吗？

严复在其所译的《法意》按语中指出："中国自秦以来，无所谓天下也，无所谓国家也，皆家而已。"梁漱溟在1949年出版的《中国文化要义》，专辟一章来讨论"中国是否一国家"，其得出的结论却是"中国不像一国家"，即中国不像一个现代国家。

其实，中国的现代国家构建，是在推翻王朝国家以后才开始的。中国的现代国家，也是取代王朝国家的一种国家形态。

（二）辛亥革命开启了现代国家构建

辛亥革命在中国国家形态演进中具有划时代的意义：它不仅终结了中国王朝国家的历史，而且开启了现代国家构建的进程。辛亥革命所建立的政权，是按民族国家主权在民的原则和国家伦理构建起来的，属于现代国家的范畴。

辛亥革命构建的国家政权——中华民国，其中文表述为"国民国家"，亦谓"民族国家"，其英文表述为 National Republic of China，即中国的民族共和国。关于中华民国的属性，中华民国时期所有的宪制性文件皆宣称：中华民国的国家主权，属于国民全体。这是一个典型的主权在民的表述。

辛亥革命后出现的人口国民化、国民整体化进程，先是把臣民身份的人口转化成为国民，接着把全体国民塑造为国民共同体意义的民族——中华民族。就中华民族的历史形态而言，它仅仅是中国境内的各个民族交往交流交融的一种状态。只有到了辛亥革命以后，在中华现代国家构建的过程中，经过人口国民化、国民整体化，才把传统的、古典的中华民族，或者说中华民族的历史形态逐步改造成为现代意义上的中华民族，从而使中华民族有了国家形态，成为现代形态。人口国民化、国民整体化和中华民族的现代性塑造，为民族国家的构建提供了有效支撑。

另外，1924年的国民革命（大革命）以后，按照孙中山三序建国原则

（军政、训政、宪政原则）而进行的现代国家体制构建，一直在持续推进。

（三）中华现代国家构建的完成

现代国家构建的核心，是按民族国家的原则和国家伦理构建一套完整的政权体系。这样的政权体制的构建和运行，又需要其他相应的社会机制的支撑，因此，现代国家的构建不可一蹴而就。

现代国家的构建是一个复杂而艰难的过程，中国更是如此。一方面，要按照现代国家的原则和伦理去构建完整的国家体制；另一方面，在此过程中，不仅经历了推翻王朝国家的旧民主主义革命，也经历了推翻三座大山、建立新中国的新民主主义革命，其间还经过了抵御外族入侵的民族革命。

新中国的成立，标志着辛亥革命开启的现代国家构建的最终完成，中华人民共和国就是中华民族的民族国家。由此，中华民族也具有了国家形式，成为与国家结合在一起的国家民族。

（四）如何理解中国的多民族国家性质

当谈及中国的民族国家构建完成，即是将现代中国定义为一个民族国家，但与此同时也引出另一个问题，即该如何理解中国也被视为多民族国家的问题。如果不对这一问题作出合理解答，中国是一个民族国家的结论就无法自洽。

其实，中国的多民族国家问题，在民族国家构建的早期便出现了。问题缘于中国近代以来双重性的民族构建：一是中华民族的构建，一是各个民族的构建。

1920年代，中国的民族国家持续推进的同时，中华民族、各个民族的构建也取得显著进展。在此条件下，正在构建的现代国家中如何体现多个民族的特性的问题就提出来了。

对此问题，人类学（民族学）家吴文藻提出了解决方案，即在民族国家的基础上，再确定国家的多民族性质。他说："民族与国家结合，曰民族国家。民族国家，有单民族国家与多民族国家之分……"

新中国成立后，为了突出各民族平等的性质，国家采取了"多民族国家"的定性："五四宪法""七五宪法""七八宪法"皆使用"统一的多民族的国家"的表述,"八二宪法"即现行宪法,则表述为"统一的多民族国家"。所以,今天所说的统一的多民族国家,其最终的宪法依据是在"八二宪法"确立的。

不过,民族国家是依国家形态演进来界定的,多民族国家则是依据国家的民族构成界定的,它们各自依据的标准和逻辑皆不相同,意义也就不同:民族国家是基础属性,多民族国家是次级属性,它们相互补充、并不矛盾。因此,当代中国从国家形态的演进来看是民族国家,从国家的民族构成来看则为多民族国家,这两种属性并不矛盾。

"民族国家"的迷思与现代中国的形成

李怀印[*]

1949年以后的中国作为一个统一的、多民族的现代主权国家,经历了一个积累性的、漫长的形成过程。这一宏观历史过程,涉及疆域、族群、主权和政权诸方面。仅就疆域与族群构成而言,此一过程至少可以追溯到清朝前期。表面上看,作为一个统一的多民族国家,清朝的形成过程与其在17、18世纪从关外到关内再到塞外的一连串用兵紧密相连。正因如此,人们往往不假思索地把一个如此建立和巩固起来的王朝,与世界历史上屡见不鲜的致力于征服和扩张的军事帝国等而视之,进而把19、20世纪中国从清朝到民国以及后来中华人民共和国的一连串变革,等同于"从帝国到民族国家"的转型过程。与此同时,一部分人又往往对一个如此形成的"民族国家"感到困惑:今天的中国就其疆域和族群构成而言,似乎是世界上唯一建立在昔日"帝国"基础之上的国家,与世界其他地区帝国瓦解之后民族自决的结局相去甚远;不仅如此,中国还是所有大国之中,唯一一个拒绝西式代议制民主体制的国家,似乎不能体现作为现代民族国家核心特征的"主权在民"原则;由此形成的现代中国,是否具有民族国家应有的合法性和生命力,在一些人看来似乎也颇成疑问。

解决困惑,需要以清晰、正确地认识现代中国的国家形成问题为基础,而最好的办法是双管齐下:一方面,抛开制约人们认知过程的固有逻辑,回到历史之中真正认识事实的真相;另一方面,要了解这套固有逻辑本身是如何被建构的,又是如何用来建构历史的。只有回到历史过程之

---

[*] 李怀印,南京大学政府管理学院特任教授,美国德克萨斯大学奥斯汀分校历史系教授,东亚研究中心主任。

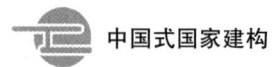 中国式国家建构

中,掌握真相,我们才能解构被既往的逻辑所建构的历史,并把自己从固有逻辑的束缚中解放出来。①

欧洲中心论视角下的"民族国家"

事实上,今天已经普遍存在于非西方世界并被人们视为理所当然的所谓民族国家,其实是20世纪的"发明",更准确地说,是第二次世界大战之后欧洲殖民帝国土崩瓦解、非西方世界各地民族主义运动蓬勃发展的结果。在此之前,很少有西方国家愿意在国际法下把亚洲、非洲各地的人民和他们的国家视为平等伙伴。从16、17世纪起,欧洲各国次第加入对非西方各国殖民地的争夺和瓜分,并在19世纪后期走向高潮,到20世纪中叶这些欧洲殖民帝国纷纷崩溃,西方世界有一个根深蒂固的观点,即西方创造了真正的"文明"。该观点认为西方人具有发明、科学、自律、自控、实际、前瞻、独立、博爱等精神,而西方之外的所有人则构成了"另类",只具有模仿、被动、迷信、懒惰、怪异、走极端、情绪化、听天由命等特性。在18、19世纪的欧洲尤其是英国,一种流行的做法是把全世界分成三等,白种人的西方尤其是英国和西欧国家属于头等"文明"(civilized)世界,组成了边界分明的主权国家,代表了进步,在这里人民享有自由民主并具有理性精神;黄种人的亚洲各国处于专制政权之下,人民缺乏理性,国家没有疆界和主权,或者在其他帝国的间接统治之下,属于次等的"野蛮"(barbaric)世界;黑种人的非洲土著只有部落组织,没有政府,没有进步,处于时间凝固状态,属于最底层的"蛮荒"(savage)世界。② 此观点认为无论是半开化的亚洲专制国家,还是未开化的非洲或大洋洲群岛部落,都不配享有西方文明国家所拥有的主权,更不适合在国际法下行使主权;它们须由西方引导、控制、界定乃至瓜分,在与西方打交道时,要么必须妥协退让,予以种种特权;要么需听由西方征服、殖民,此亦即所谓

---

① 本文系据即将出版的《现代中国的形成(1600—1949)》(广西师范大学出版社2022年)第十二章部分内容改写而成。

② J. M. Hobson, "Civilizing the Global Economy: Racism and the Continuity of Anglo-Saxon Imperialism", in B. Bowden and L. Seabrooke (eds.), *Global Standards of Market Civilization*, 2006, pp. 60–76.

"白人的负担",这是当时的西方帝国主义或殖民主义者唯一认可的"逻辑"。①

第二次世界大战之后,这种赤裸裸的欧洲中心主义(manifest Eurocentrism)和白人至上论调有所收敛,主要原因是纳粹德国以种族优越论为支撑的大屠杀早已失去了道义高地,同时非西方国家的民族主义运动风起云涌,对西方的殖民统治和种族主义构成前所未有的冲击。但是,欧洲中心论并没有消逝,而是以一种新的学术包装继续影响西方对近世以来世界各国历史的解读,也深刻影响了非西方社会政治及知识精英的自我认知。这种新的欧洲中心论视欧美国家的建国和成长经历为具有典范意义的可普遍适用的路径范式。其与二战前旧的欧洲中心论的最大不同在于,旧论认为只有欧洲人或者他们在欧洲之外的分支才有能力创造文明,并享有主权国家所应有的一切;新论则断称,欧美国家走过的路和代表的进步方向,适用于一切非西方国家——此即20世纪50年代至70年代盛行一时的"现代化理论"(modernization theory)。按照这种理论,世界各国,无论是欧美的"先来者",还是亚非拉的"后来者",迟早都会经历从糊口经济(subsistence economy)到科技密集的工业化经济、从威权主义统治到民众广泛参与的民主政治、从受宗教支配的价值观到科学理性的世俗主义的"现代化"转变,而现代化的前提是民族国家的建立,只有在建立民族国家后,才有可能实现经济起飞,政治参与扩大和社会整合才有可能。这种理论之所以是欧洲中心论的改头换面,因为它把战后欧美国家尤其是美国所流行的政治经济和社会制度,视为世界其他国家都应该效仿的样板。事实上,现代化理论不仅是一种对社会科学各个领域影响至深的学术表述,更是服务于美国在冷战期间在全球范围与社会主义阵营对抗、争夺对第三世界新兴国家影响力的一种意识形态。②

---

① 参见 E. Said, *Orientalism*, New York: Vintage, 1979; W. Bain, *Between Anarchy and Society: Truasteeship and the Obligations of Power*, Oxford: Oxford University Press, 2003; E. Balibar, "Racism and Nationalism", in E. Balibar and I. Wallerstein (eds.), *Race, Nation, Class: Ambiguous Identities*, 1991, pp. 37 – 68; M. Torgovnik, *Gone Primitive: Savage Intellects, Modern Lives*, Chicago: University of Chicago Press, 1990。

② 参见 M. Latham, *Modernization as Ideology: American Social Science and "Nation Building" in the Kennedy Era*, Chapel Hill: University of North Carolina Press, 2000; N. Gilman, *Mandarins of the Future: Modernization Theory in Cold War America*, Baltimore: Johns Hopkins University Press, 2003。

20世纪90年代以来，一种"直白的"欧洲中心主义重新浮出水面。一方面，这是由于冷战结束，以苏联为首的社会主义阵营全面溃退，似乎印证了欧美国家所代表的自由主义价值、资本主义市场经济和代议制民主政治的优越性和最终胜利。① 由此产生一种颇有影响的预测，即在后冷战时代，原先东西方之间的不同制度之争，将让位于不同文明之间的冲突，其中主要是西方基督教国家与中东伊斯兰国家之间的对抗，而代表儒家文明的中国，据称将有可能与伊斯兰教国家联手，共同对抗以美国为首的西方文明。② 另一方面，来自伊斯兰极端分子的恐怖袭击，尤其是2001年美国"9·11"事件，以及随后美国在中东的反恐战争，似乎印证了文明冲突论。反恐战争本身被表述为美国所代表的"整个文明世界"与"未开化的""野蛮的"原教旨主义恐怖势力及其同情者之间的对抗；全世界所有国家必须在这两者之中"选边站"，要么站在美国一方，和整个文明世界一道反恐，要么成为支持或同情恐怖分子的势力，从而构成"邪恶轴心"的一部分。③ 这种后冷战时代再度流行且经由反恐战争得到强化的文明对抗论及其背后的欧洲中心主义宏大叙事，与20世纪晚期以来愈演愈烈的"全球化"浪潮一起，大大挤压了非西方世界民族国家的主权空间，使世界各国的主权呈两极化发展，即西方各大国尤其是美国借助反恐和全球化大大增强的主权能力，形成所谓"超级主权"（hyper-sovereignty），以及其他各国的国家主权的缩减和退让，导致"有条件的主权"（conditional sovereignty）。④

综上所述，欧洲中心主义一直在变化，如果说它在二战之前是一种赤裸裸的种族决定论，强调不同种族之间的反差，并据此为西方的帝国主义和殖民主义"背书"的话，冷战时期则体现为一种制度决定论，强调两大阵营之间的不同政治经济制度和价值观之间的对垒，而在后冷战和全球化

---

① F. Fukuyama, *The End of History and the Last Man*, New York: Free Press, 1992.

② Samuel, P. Huntington, *The Clash of Civilizations and the Remaking of World Order*, New York: Simon & Schuster, 1996.

③ B. Bowden, *The Empire of Civilization: the Evolution of an Imperial Idea*, Chicago: University of Chicago Press, 2009.

④ J. M. Hobson, "Decolonizing Sovereignty: Globalization and the Return of Hyper-Sovereignty", in R. Schuett and P. Stirk (eds.), *The Concept of the State in International Relations: Philosophy, Sovereignty, Cosmopolitanism*, Edinburgh: Edinburgh University Press, 2015, pp. 135 – 162.

时代，种族决定论改头换面，以文明决定论的形式大行其道，其旨归从19世纪西方白种人国家对非白种人的国家或群落的单向征服，变为20世纪西方主导的"文明"世界与"非文明"势力之间的双向对抗。

现代中国之成为"问题"

中国从18世纪到20世纪所经历的国家转型，正是在由那些所谓文明国家——19世纪的英国和法国、清末民初的日本和俄国以及20世纪40年代的美国和苏联——所界定的地缘政治格局及其所建构的国际政治宏大叙事下展开的。在整个19世纪和20世纪上半期，西方列强一直视中国为亚洲"半开化"国家的一员；晚清的颠顿、落后与民国的贫穷、内乱和腐败，主导了西方政治和知识精英对同时代中国的想象。中国理所当然地被排斥在"文明"国体系之外，不仅无法在国际法下享有与那些"文明"国同等的权利，而且反而成为后者追逐商业利益、争夺"势力范围"乃至进行侵略和扩张的对象。帝国主义列强本可像对待其他亚非国家一样，对中国进行征服、瓜分和殖民统治，无奈其在19世纪遭遇的是一个幅员辽阔、人口庞大、政府体系复杂且能够在全国范围内进行调控的对手，这使任何帝国主义国家都无法单独对其进行征服和侵吞。因此，列强的基本策略是对华进行局部战争和领土蚕食，通过战争胁迫清政府屈服，除了让其割地赔款之外，还可从中获得种种在华特权，包括固定关税、最惠国待遇以及最为重要的治外法权。

驱动中国国家转型的，正是在这样一种地缘政治背景下国内政治和知识精英所形成的共同诉求，即中国必须仿照西方国家的模样，重新打造自己，首先是在枪炮、舰队以及制造和交通上向西方学习，继而在法律、外交以至整个政府体系方面全面西化，以便使中国在国际法下得到列强的平等相待，成为由主权国家所组成的国家体系中的一员。经过数代人的奋斗，到1945年第二次世界大战结束时，中国似乎已经接近这个目标，不仅废除了晚清政府与列强签订的所有不平等条约，甚至还和其他主要盟国一道，成为联合国的创始成员国和五个常任理事国之一。1949年，中国共产党革命成功，中华人民共和国成立，进一步终结了国内的长期政治分裂和动荡；经过持续不断的基础设施建设和快速的经济增长，到21世纪最初十年，中国已经成为世界上最具活力和最大规模的经济体之一，其在国际政治上的影响力，也远非一般国家可比。尽管如此，中国是否能够成为一个富有生命力、与西方大国并驾齐驱的大国，在不少西方主流政治和知识精英看来，依然充满了不确定性；西方关于中国即将崩溃的预测，我们也时有耳闻。[1]

西方的这种质疑态度，不仅与改革时期中国本身在政治、经济、社会、文化和宗教等领域面临层出不穷的挑战有关，而且深深扎根于西方数世纪以来的欧洲中心主义态度。无论是19世纪的种族决定论，还是冷战时期的制度决定论和后冷战时期的文明决定论，都在影响和支配西方主流知识与政治精英对当代中国的认知。对非白人种族以及对其文明创造力的怀疑，使有关亚洲国家（包括中国）只会在科技上依赖和模仿西方、不具创新能力的成见，在西方乃至非西方国家广泛存在。尽管改革开放以来中国竭力使自己的市场规则与国际接轨，但中国在国家金融调控和市场准入方面的政策，以及众多企业自身在知识产权保护方面的滞后，被西方主要经济体作为借口以拒不承认中国的市场经济地位，而事实上同样的问题也曾经并且多少依然存在于那些"标准的"市场经济国家当中。对现代中国最根本的质疑，集中在一些构成中国国家本身的最基本要素，包括其疆域、族群构成和治理体系。这种质疑，不同于冷战时期东西方之间的意识形态对抗。冷战时期研究中国的焦点是中国各项制度的起源、性质及其有效性；在后冷战时期，这些问题似乎已经有了明确的结论。因此，其质疑的焦点不再是中国内部各项具体的制度，而在于国家本身的历史正当性、统治能力及生命力。这种质疑背后的一个基本的假设是欧美国家所经历的国家构建过程是现代国家形成的唯一正确路径，只有按照这种路径所建立的民族国家，才是具有合法性和生命力的现代主权国家，而中国在19和20世纪所走过的建国道路，与此相去甚远。有关中国即将崩溃的种种论调因此层出不穷。这些预测已经被事实证明并不正确，但无疑类似的预测今后还会继续出现。

这里所要强调的是，要理解现代中国的生命力和竞争力，必须摒除源

---

[1] 参见 G. Chang, *The Coming Collapse of China*, New York: Random House, 2001; J. Gorrie, *The China Crisis: How China's Economic Collapse Will Lead to A Global Depression*, Hoboken: Wiley, 2013; D. Shambaugh, "The Coming Chinese Crackup", *The Wall Street Journal*, March 6, 2015。

自欧美国家历史经验的种种理论预设和概念架构,回到中国历史之中,把中国的现代国家形成过程放到中国从17世纪到20世纪漫长的国家转型过程中加以理解,而正是这一过程所独有的动力和演进形态,使得当代中国呈现出不同于欧美国家的基本特征。更为重要的是,这一过程至今依然在进行之中,因此中国的现代国家转型,应该被理解为一个尚未完成的、终端开放的历史过程。为了说明现代中国为什么具有不同于西方所谓"规范的"民族国家的两个最基本特质,即规模之"大"和结构之"强",有必要对影响中国国家形成的各项因素进行讨论。

中国何以如此之"大"

现代中国之所以呈现出超大规模的疆域和多族群的人口构成,至少可以归因于以下四个因素。

其一,清朝以前"原初中国"的形成,为清朝国家的疆域整合和多族群国家的建立,奠定了牢固的基础。构成历史中国人口主体的华夏族群,经过数千年的繁衍和同化,到明朝已经建立了欧亚大陆东部人口最多、疆域最辽阔、经济最富足的大国;清朝从明朝承袭了最基本的要素,包括以职业官僚为主体的高度集权的行政管理体系,以儒家说教为唯一正统的国家意识形态,以及最为重要的统治"中国"的合法王朝地位和内地十八省所提供的中央集权所需全部财源。

其二,清朝前期的边陲用兵进一步拓展了国家的有效治理范围,即在内地十八省的基础上,又增加了满洲、蒙古、新疆和西藏;中国作为国家也被重新定义,从原来以汉人为主体的单一族群国家变成了多族群的疆域国家(territorial state);现代中国赖以形成的地理和人口基础由此定型。但是,我们不能把清朝时期的中国简单比附于欧亚大陆的旧帝国或欧洲殖民帝国,因为清朝用兵的动机跟欧亚诸帝国存在根本的不同:清朝在迁都北京、控制内地十八省之后,并不寻求对外扩张;其陆地版图在此后长达半个世纪的时间里也保持大体稳定。17世纪90年代至18世纪50年代,清朝先后将外蒙古、新疆和西藏纳入其有效治理范围,是因为准噶尔部落一度入侵并占领了这些地区,从而对清朝核心地带构成直接威胁。清朝对准噶尔历时半个世纪的征战,先是防御性的,后是预防性的,而清廷用兵边陲的规模和频率则取决于内地十八省提供的财政支撑。① 但是,清廷用兵准噶尔,并非像欧亚诸帝国那样,为了寻求获得更多的土地、财富,或是为了传播自己的宗教。清廷从未把这些新建立的边疆地区作为自身财源,恰恰相反,清廷还为其提供财政补贴。清朝统治者自身并没有任何正式的宗教信仰,他们之所以庇护流行于西藏和蒙古的喇嘛教,乃出于实用的目的,即以此笼络、控制边疆地区的精英集团。尽管18世纪中叶处在国力鼎盛时期的清廷有充沛的财政和军事资源从事进一步扩张,但是一旦彻底消除准噶尔部落的威胁,清朝在边陲地区便不再有重大的整合举措,这从反面印证了清朝时期的中国与欧亚大陆历史上靠对外扩张维持生存的诸多军事帝国有着根本的不同。

其三,现代中国赖以形成的疆域和人口基础,之所以能够保持惊人的稳定和连续性,关键在于清朝对内地和边疆施行的复杂而有效的治理方式。源自非华夏族群的清朝统治者为了在内地十八省建立王朝的合法性,比以往任何一个汉人王朝都更真诚而切实地尊崇儒家的"仁政"治国理念,在整个清代的绝大部分时间里遵守轻税政策。这一政策之所以能够长久实施,不仅因为内地十八省的庞大人口和经济体量提供了巨大的纳税基础,更因为清朝在内地之外,建立了牢固的边疆,使在汉人王朝历史上危害数千年的源自长城以北游牧人口的"边患"不复存在,从而大大减轻了清朝的军事支出。清朝之所以能够维持边疆的稳定,而不是像欧亚大陆诸军事帝国的"前沿地带"那样不断地随着扩张的成败而前进或后退,是因为其通过一系列措施,建立了对边疆的牢固统治,使边疆成为其有效版图的一部分。这些措施包括:长期驻军边疆地区;控制对边疆世俗和宗教领袖的任免和册封权;给予这些边疆领袖内部事务管理上的高度自主权;通过宗教庇护和联姻手段,笼络边疆宗教或世俗领袖;为了防止边疆宗教领袖势力过大,采取分而治之的策略;鼓励内地汉人移民边疆(包括满洲、蒙古和新疆),并使边疆行省化,与内地在经济和行政上走向整合。

其四,现代中国超大规模和多族群的疆域,还得益于晚清和民国政权在向近代主权国家转型过程中,大体上有能力捍卫领土的完整性和连续

---

① 李怀印:《全球视野下清朝国家的形成及性质问题——以地缘战略和财政构造为中心》,《历史研究》2019年第2期。

性，而这又应进一步归因于如下三个因素。首先，19世纪后半期中国财政军事体制上形成"地方化集中主义"(localized centralism)机制，即在确保清朝中央通过正式渠道对地方行政体系和各项资源进行有效调控的前提下，允许地方督抚保留一定程度的自主权，例如通过非正式渠道掌控其所在辖区内的部分财政、军事和行政资源。不管这种资源抽取和调控机制多么低效和不合理，这一机制使晚清得以充分利用中国内地的巨大经济体量，产生足够的财源，在1894年中日甲午战争之前的数十年间，推进国防、制造业、交通运输、教育和外交的现代化，从而出现了"中兴"局面，并且在义和团运动之后以"新政"的名义展开新一轮的全面现代化进程。其次，清廷对边疆的有效治理以及由此所带来的边疆长期稳定和巩固，使得世世代代居于其内的各个族群（尤其是他们之中的精英阶层）对朝廷产生效忠和认同。这对于中国疆域在清朝鼎革与民国肇建之际的顺利传承至关紧要。民国时期，在内地战乱不断、中央政权和地方势力无暇他顾之际，之所以能够避免满洲、内蒙古、新疆和西藏的分离或独立，全赖清廷治边所留下的各项遗产，以及内地汉人对其赖以生息的国土的认同。这种内在的共识，在19世纪和20世纪初国土遭受外来侵略后，可以克服不同政治势力和不同地域之间的隔阂，转化为共同的民族主义理念。再次，中国之所以能够作为一个独立、完整的国家幸存于19世纪帝国主义侵略危机之中，还有一个地缘政治的因素。虽然晚清政权屡被欧洲列强和日本打败，战后割地赔款，主权受到严重侵害，但是，列强在中国竞相争夺商业和政治利益，也导致它们彼此之间产生均势，使得其中任何一方都无法排除其他竞争者而独自树立在华主导地位。中国疆域之幅员辽阔，内地人口之高度同质，政府体制之高度整合，使得任何列强皆无法在华施展其在其他亚非殖民地屡试不爽的分而治之的策略。

中国何以如此之"强"

在20世纪前半期，无论是中国国民党政权，还是中国共产党政权，都力图打造一个权力高度集中、组织凝聚力强大的现代国家。此发展趋势，可以从以下四个方面解释。

首先，19世纪以前中国国家权力结构和政治文化的影响。在秦汉以后数千年的中国历史上,不存在如同中世纪欧洲在西罗马帝国灭亡后所出现的分权的政府形态,即在君主所代表的权力中心之外,同时还存在自治市镇、贵族和教会,并组成代议机构,对君主的权力起制约作用。[1] 相反,从秦汉至明清,中国的国家权力始终集中于皇帝之手,并且在大一统时期,皇权有逐步强化的趋势;分权、代议制政治,从来不是皇权时代中国政治文化的一部分。这当然并不是说,中国古代的皇权不受任何制约。通常情况下,君主必须按照国家正统意识形态(亦即儒家说教)塑造自己的形象,而构成国家主体的职业官僚也按部就班地依照规章行使自己的职责。这种建立在皇帝个人专断与官僚体制常规化运作的巧妙结合基础之上的高度集权的行政管理体制,在19世纪末受到外来政治思想的挑战之前,一直被视为理所当然的国家形态,并在事实上一直延续至20世纪初,直到晚清因清末新政期间倡行地方自治和预备立宪才有所改变。清末代议制政治的初步试验,部分出自中央和地方的政治精英力图节制满人皇族集团的揽权企图,部分源自西方自由主义思想在国内知识界的传播,而并无强大的独立于朝廷的社会政治力量作为其支撑;直至清朝覆灭,该试验始终未能成功,远不足以与中国内生的以统治者为中心的权力等级秩序和相关的政治文化相抗衡。这种高度集权的政治传统有一种示范效应:每当旧秩序崩溃之后,那些试图建立新秩序的竞争者所追求的,往往是建立另一个高度集权的统治,而不是心甘情愿地与他人分享权力,或者愿意使自己的权力受到有力的制衡。这在20世纪前,在民主成为中国各方社会政治势力的真正要求之前,尤为如此。

其次,进入民国以后,中国曾有两次践行代议制民主的机会,一次是在民初1912和1913年北京政府时期,一次是在1946年南京国民政府时期。两次试验均昙花一现,旋即让位于不同政治势力之间的争斗。1913年民主政治的失败,导致袁世凯去世后军阀混战局面的出现以及1927年国民党政权的崛起;而紧随1946年短暂的民主试验之后的,乃是国共内战的爆发,中国革命的胜利和中华人民共和国的成立。导致近代中国民主政治反

---

[1] 参见 B. Downing, *The Military Revolution and Political Change: Origins of Democracy and Autocracy in Early Modern Europe*, Princeton, NJ: Princeton, NJ: Princeton University Press, 1992; T. Ertman, *Birth of the Leviathan: Building States and Regimes in Medieval and Early Modern Europe*, Cambridge, UK: Cambridge University Press, 1997。

复中断的最根本原因,乃由于政府体制内部或共享的国家架构内部的制度化了的权力下移,致使各省或各区域的自主力量与中央政权争夺对财政、军事和行政资源的控制;此过程始于晚清,在民国时期进一步加剧。在消除地方离心势力、结束国内政治不稳定之前,民主政治在中国不具备最基本的实现条件。

再次,高度集中的国家权力结构在20世纪中国的最终形成,正是在解决国家权力下移的过程中,中央与地方势力之间反复博弈的结果。这一过程是辩证的,因为权力的地方化,既可能有助于国家克服内部或外来危机,为国家权力走向集中铺平道路,但同时又可能成为国家权力集中化的障碍,而为了克服这样的障碍,那些觊觎中央政权的地方势力又不得不致力于自身的更高程度的集中化,从而消除竞争对手,达成真正的全国统一和权力集中。正是太平天国运动以后出现的地方化集中主义,才使清廷有可能平定大规模内乱,致力洋务和边疆防卫,并在义和团运动之后展开全面的新政建设;然而,在清末满汉撕裂、汉人精英对皇室的忠诚不复存在的条件下,权力的地方化造成清朝的致命伤,最终辛亥革命得以成功。民国肇建后,尤其在袁世凯死后,军阀割据日益严重,那些最具企图心的地方势力纷纷致力于内部财政、军事和行政资源的统一集权,这种"集中化地方主义"(centralized localism)既加剧了军阀派系之间的政治分裂和武力竞争,同时又为全国范围的政治统一和集权国家的建立打下了基础。国民党之所以能够在各支地方势力的激烈竞争中胜出,是因为它打造了一个比其他任何竞争对手都更加统一、集中的财政军事组织。① 但是,在1928年名义上统一全国之后,南京国民政府不仅未能成功地整编各支地方势力,也未能建立一个全国范围的集权、高效的行政管理体系,而且更谈不上把国家权力有效地渗透到城乡社会底层,铺设一个可以满足国家财政收入和社会控制需求的基础结构。相较于中国国民党执政时期国家的"半集中主义"(semi-centralism),中国共产党之所以在1946年后的内战中获胜,不仅因为中国的地缘政治格局发生了有利于中国共产党的根本变化,更因为在内战前夕和内战期间,中国共产党的组织结构、意识形态和财政军事

---

① 李怀印:《集中化地方主义与近代国家建设——民国北京政府时期军阀政治的再认识》,《近代史研究》2018年第5期。

体制走向了"全方位集中主义"（total centralism），而其在1949年推翻国民党统治后所建立的国家政权，就政治统一和权力集中程度而言，超过了此前任何一个政权，也就不足为奇了。

最后，20世纪中国的"强国家"（strong state）形态，追根溯源，不得不追溯到18世纪50年代清朝鼎盛时期所形成的地缘格局和财政结构。正是清朝时期中国在与周边国家关系上的独尊地位和军事上无可匹敌的优势，使其从此失去了革新军事装备和提升军队战力的动力，使其正规军事力量——无论是八旗还是绿营——在规模和质量上都处在停滞不前和不断衰退的状态，而这注定了其在19世纪50年代面对大规模内乱时无能为力，必然求助于地方上非正规的军事势力。与此同时，也正是清朝国家的地缘优势和内地同质社会的低治理成本，使中央政权失去了不断提升自身汲取能力以增加税收的动力，财政结构由此出现低度均衡的特征，从而注定了在19世纪中叶国内外危机纷至沓来之际，中央耗尽自身财源之后，不得不转而依靠地方势力筹集资金，以应对内忧外患。假使18世纪的中国，不是居于独大的地位，而是如同整个欧洲一样处在列国竞争、强者生存的局面，其正规军事力量必然经历一场装备和技术上的革命；其财源也必然从依赖固定不变的田赋，过渡到越来越依靠工商业税收，岁入总量也必然不断扩大；19、20世纪中国现代国家形成的轨迹，也将会完全不同。当然，我们对历史的认识不能基于反事实的假设。不过，20世纪中国国家转型的第一个基本事实是，民国初期各地方势力所竭力打造的高度集中统一的区域性财政军事政权，与晚清财政军事权力的地方化一脉相连，乃是确凿无疑的。第二个基本事实是，广东国民党政权之所以能够在各支地方势力的竞争中胜出，靠的是其在广州所打造的一个比所有其他区域性对手更为统一集中的财政军事机器。第三个基本事实是，中国共产党之所以能够最终推翻国民党政权，是因为其所打造的比国民党政权更为统一集中的政治组织和财政军事机器起到至关重要的作用。国家转型的演进过程因此环环相扣：从清朝鼎盛时期的地缘优势和财政低度均衡，到后期的军备松弛、军事财政权力地方化，到20世纪区域性财政军事政权的兴起，再到国民党和共产党政权的次第崛起，中国的国家政权在此过程中一步步趋于集中化；也只有建造一个比对手或者现存政权更为统一集中的财政军事机器，并且在其内部塑造更高程度的政治认同，新的挑战者才会最终胜出。这便是中国国家转型的最本质的逻辑,也是20世纪中国"强国家"得以形成的最根本原因。

国家转型的连续性

以上对影响中国国家形成的各项因素的讨论,对于我们认识现代中国的特质到底有何含义?首先,奠定现代中国的疆域和族群构成基础的清朝时期的中国,并不能与欧亚大陆的传统军事帝国等而视之。前面我们已经反复论证,清朝并不依靠持续不断的对外扩张来维持自己的生存和统治;恰恰相反,边陲整合在迁都北京后的清朝历史上仅限于17世纪90年代后期至18世纪50年代中期的半个多世纪,是在其自身的核心地缘战略利益受到根本威胁后的被动反应和预防措施;在17世纪90年代之前的半个世纪和18世纪50年代后的其余年份,清朝从未寻求陆地疆域的进一步扩张。一言以蔽之,边陲用兵是1644年以后清朝历史上的例外,而非通则。之所以如此,根本的原因在于,除了准噶尔部落一度构成威胁以外,直至19世纪40年代,清朝周边并不存在任何对其构成致命威胁的竞争对手;而内地十八省所提供的财政收入,已足以满足其日常开支所需,并能产生巨大盈余。清朝将自己定位为一个上承明朝、统治整个中国的正统皇朝,并以内地各省为其全部的财源,而对边疆各地区则以军队驻守,以确保其地缘战略上的安全。因此,17世纪40年代以后的清朝地缘战略取向是守成的,而非外扩的,并且始终能够保持整个版图的大体稳定。清朝与周边邻国的边界,也通过正式谈判或非正式的习惯性划分而得到明确的界定。在其历史的大部分时间里,清朝并不寻求通过战争获得邻国的土地,而是一直保持着和平状态。这与欧亚大陆的所有军事帝国完全相反:后者以扩张为其生存方式,一旦失去扩张能力,便纷纷走向萎缩和四分五裂。所以,我们最好把清朝时期的中国定义为一个"早期近代的疆域国家"(early-modern-territorial state);它既不同于靠战争维持自身生命的军事帝国,也不同于前近代世界历史上缺少明确疆域概念的各种形式的政治实体。它拥有固定的边界和稳定的版图,拥有一支庞大的形制完备的常备军,拥有一个高度集权的科层化的行政体制,拥有一个高效的无须依赖外包的税收系统,此外,在各族群精英中间有着通过多种方式凝结而成的共享的国家认同(这当然不同于现代国家的民族认同）。所有这些，都使得清朝时期的中国与早期近代欧洲的主权国家更为接近，虽然它不是一个形成于西方的、由主权国家所构成的近代世界体系的一员。

其次，晚清和民国的历史显示，19世纪50年代之前的清朝作为一个传统的疆域国家，与此后日渐融入世界国家体系并逐渐形成的现代主权国家，两者之间具有一定的兼容性和连续性。这体现在两个方面。其一，就疆域而言，从清朝到中华人民共和国，由以汉人为主体的内地各省与以非汉人各族群为主体的边疆地区所构成的格局一直未变。这与欧亚大陆旧帝国在衰亡后裂变为众多主权国家，以及欧洲殖民帝国崩溃后在第三世界诞生众多"新兴国家"形成了鲜明对比。理解这一反差的锁钥，在于清朝国家的形成动力和治理方式与上述诸帝国有根本的不同。清朝与其说是一个帝国，不如说是一个濒临近代主权国家边缘的前近代疆域国家。正是借助这样一个前近代疆域国家所业已具备的各种资源和遗产（固定的疆域、高度集权的官僚体系、巨大的财政资源、对国家的认同，等等），晚清政权才有能力捍卫自己的边疆，逐步向近代主权国家过渡，并且将其版图完整地传承于1912年后的中华民国。其二，就权力结构而言，晚清和民国时期的国家转型，一直是在集中化与非集中化的辩证运动中展开的。权力的非集中化，既推动了国家建设，为更高程度的统一和集中奠定了基础，又可能成为全国范围的统一和集权的最大障碍。从晚清的地方化集中主义，到民初的集中化地方主义，从不完全集中主义，到全方位集中主义，中国的国家转型，正是在克服非集中化的过程中，一步步走向更高程度的统一和集中。

因此，现代中国的形成，最好被视作不同的历史遗产叠层累加、共同作用的结果，其内涵是由以下四个各具特色的层次所组成的。在其新近的表层，中国呈现为一个由中国共产党所领导的社会主义国家，这是20世纪前半期中国革命的直接结果。在此表层之下的第二个层次，中国呈现为一个主权国家，在国际法上与其他所有国家一律平等，并且对于其官方地图所显示的边界之内的所有陆地、领水、领海和领空拥有排他的主权。其出现是19世纪后期和20世纪早期中国被逐步纳入世界范围的主权国家体系的结果，并且以丧失部分领土和主权为代价，而在20世纪20年代至20世纪40年代国民党统治期间的建设国家的努力，对于界定现代中国的主权范围起到尤为关键的作用。在第三个层面，中国被表述为一个统一的多民族的国家；在行政划分上包含23个以汉族人口为主的省份，4个直辖市，以及5个少数民族集中居住的自治区。这一行政和人口的区域划分，源自清朝至18世纪50年代的军事征讨和疆域整合，同时也离不开此后一个半世纪清廷对边疆的用心治理。处在国家历史建构最底层的，是华夏族群在其赖以生息繁衍的土地上所形成的"原初中国"及其所蕴育的延绵不断的文明。它为现代中国人民形塑民族认同、建造现代国家提供了强劲的动力和丰沛的文化资源。中国的国家转型，一言以蔽之，并不是帝国与民族国家之间的断裂，而是上述四个层次由底部到表层不断叠加的结果；每增添一层，中国的国家形态即会有新的变化，并被赋予新的涵义；现代中国孕育于古老的华夏文明，但更是清代以来国家转型的结果。

最后，也是最为重要的，是现代中国的国家形成显示了一个与既往欧洲中心主义视角下所形成的"从帝国到民族国家"认识范式完全不同的路径。在"从帝国到民族国家"范式的影响下，人们把西方和非西方国家在帝国崩溃后，由相同族群或文化背景的民众组成单一的"民族国家"视为唯一的"正常"路径，并且理所当然地认为，体现民族国家人民主权原则的唯一合法的政府形式是欧美国家的代议制民主政治。事实上，作为"民族国家"标本且出现最早的那些西欧国家本身，在其形成过程中，亦充满了军事征服，某种程度上与帝国的形成过程并无实质性区别；同时其在彼此竞争的过程中，也在不断地向外扩张，把自己打造成了殖民帝国；这些所谓民族国家，不过是另一种形式的帝国而已。19世纪尤其是第二次世界大战后在非西方世界纷纷诞生的所谓民族国家，也大多是在原先殖民统治的基础上，在短暂的"民族主义"运动中人为地匆忙产生的，并且大多以欧美的代议制民主为仿效的榜样。然而，它们随后所经历的往往是持续的政治不稳定，不同族群之间的冲突、战争乃至种族灭绝，以及长期的经济停滞和贫穷，形成所谓"政治衰败"（political decay）和"失败国家"（failed states）。[①] 中国的国家形成路径与上述"从帝国到民族国家"的认识范式完全不同，其以最接近于近代主权国家的"早期近代疆域国家"为

---

① S. Huntington, *Political Order in Changing Societies*, New Haven: Yale University Press, 1968.

起点，依靠这个疆域国家数百年来积累的行政、财政和文化资源，缓慢、艰难但是稳步地朝着近代主权国家的方向演进，并且最终在 20 世纪中叶达到主权完整、政治统一、高度集权的阶段性目标。[①] 驱动这一演进历程的，归根到底，是中国不断变化的地缘格局和自身各种财政、军事和政治资源的相互作用所构成的原动力，而不是像非西方世界的绝大多数"民族国家"那样，在其形成过程中受外来影响力的决定性支配。中国探索构建现代国家的力量，从晚清的改良和立宪派，到民初的革命党人，以及 20 世纪 20 年代后的国民党和共产党政权，都曾一度青睐欧美、日本或苏俄的各种建国模式，但是中国的体量太大，历史惯性太强，使各种移植自国外的理念和模式，最终均不得不让位于植根于中国自身传统和资源的内在动力和逻辑。

（原载《人民论坛·学术前沿》2022 年第 2 期）

[①] 参见李怀印《中国是怎样成为现代国家的？——国家转型的宏观历史解读》，《开放时代》2017 年第 2 期。

国家化：基于中国国家实践的理论和方法

陈军亚[*]

国家是一个从无到有、由弱到强的历史演进过程。在当下，国家比历史上任何时期都更加广泛和深入地渗透到人们的日常生活之中，人类社会的国家化已是普遍的政治现象。这种现象在人类历史进程中如何出现，如何发展，呈现何种规律，体现了何种逻辑，在不同时空中存在何种差异，都是值得探究的问题。以政治现象及其发展规律为研究对象的政治学，只有将人类社会的国家化进程提升为一种具有普遍性意义的理论与方法，才能对丰富且普遍的国家化现象及其过程做出解释。本文试图将"国家化"作为一种政治学理论与方法，阐述其理论内涵与研究维度，以期对政治学研究范式创新以及"国家"研究的拓展有所裨益。

一 "国家化"的内涵与分析框架

关于"国家"，人们有多种理解。如果从静态特征上看，它既可以视为权力机构，也可以视为制度形态；但如果从动态来观察，它并非是一个孤立的机构或制度性存在，而是建立并运行在一定社会基础之上的。这些社会基础，构成了作为机构或制度形态国家的运行环境。如果说国家是一种公共权力的话，那么，社会则构成了国家权力的实践场域。所谓"国家化"，就是国家权力与实践场域之间的动态过程。

国家形态的演进有其历史进程。在前国家时期，社会以血缘纽带所形成的人身、纯人身关系为基础，实现自我整合。国家诞生以后，便有了脱

---

[*] 陈军亚，华中师范大学政治学部、中国农村研究院教授。

离社会的公共权力和对社会的强制力。但由于强制力的有限性，大量的公共事务仍由社会依靠历史延续下来的习俗自我解决。进入现代国家阶段后，国家形态则表现为，不断向社会扩展其官僚制度和渗透其协调社会的能力。因此，从国家诞生以来，国家即面临着向社会输入其意志，实现与社会的有机联结和整合过程。

这一过程在中国具有丰富的内容和鲜明的路径。古代中国，权力大量散落于社会之中，家族、地方性团体、宗教组织等在不同的区域社会中扮演着重要角色，并形成治理乡村社会的地方性权力。高高在上的"皇权"与基层社会中的"乡治"并行，大体囊括了王朝时期中国的权力格局，两者保持着松弛的联系。到了现代时期，国家建设导致地方性权力向国家集中，由此带来了国家权力内容的扩大，这些集中并扩大的权力向社会再渗透。从"散落"到"集中"再到"渗透"，呈现了权力从社会到国家再进入社会的演化路径，构成了国家化的连续进程。但是，这一演化路径在不同空间、区域有不同的表现和实践。即使在王朝时期，国家公共权力的构成和表现形式也存在显著不同。例如，国家权力介入较多的领域是赋税和治安，除此以外的其他事务则呈现"选择性介入"。[1] 所以，只有从国家的角度观察社会的多样性，才能更好地揭示国家形态的丰富性。

王朝国家形态的丰富性，意味着国家化进程的复杂性。徐勇教授用"农民性"来分析 20 世纪中国"国家化"进程中的复杂性[2]。然而，"农民性"在不同时空也是有不同内涵的。在古代中国，农民的孤立性、分散性更多是与地域性相结合，呈现出多样性特征。在一些地方，多是与家族性相联系；在另外一些地方，多是与村庄相联系，强化了村庄共同体的属性；还有一些地方，更多是与市场相结合，表现出亲市场性、个体性。因此，"农民性"是一个复杂的地方性概念。对于国家化进程而言：一方面，复杂的地方社会面对国家权力的渗透，以其自身特有的地方属性做出回应；另一方面，面对不同的地方社会，国家权力渗透和进入的起点、方式、策略、路径也不同。国家化是一个将差异化、异质性的地方社会，整合为一个与国家之间形成有机联结的政治共同体的过程。只有从社会的角

---

[1] 相关研究，参见杨国安《国家权力与民间秩序：多元视野下的明清两湖乡村社会史研究》，武汉大学出版社 2012 年版。

[2] 徐勇：《国家化、农民性与乡村整合》，江苏人民出版社 2019 年版，第 61 页。

度观察国家,才能揭示国家化进程的复杂性。因此,研究"国家化",需要将"自上而下的国家视角"与"自下而上的社会视角"结合起来。这种结合,决定了国家化的分析框架,即"国家整合社会,社会回应国家"。

"整合"是一个广义概念,它描述的是国家意志或体现其意志的公共权力进入社会之中的行为。一方面,国家公共权力打破了传统地方性权力的运行空间,改变与地方社会之间的松弛联系,从而与社会建立有机联结;另一方面,统一的国家公共权力建立了社会的"整体性",将外在于国家权力的分散的地方社会整合为一个具有"统一性""整体性"的政治共同体。国家整合社会的结果,即实现社会从忠诚于地方性权力和意志向忠诚于国家权力和意志的转移。从权力形态而言,整合所体现的,既包括不需要与社会协商而直接进入社会的权力,即马克斯·韦伯(M. Weber, 1864—1920)意义上的官僚政治的控制力;也包括迈克尔·曼(Michael Mann)所言的贯穿社会的基础性权力,即国家在其统治领域之内进行决策并协调社会的能力。"整合"是一个包括意志、权力、能力在内的综合概念。

在国家权力与地方社会建立有机联系的过程中,还面临着地方社会的回应。社会是由具体的人构成,人处于不同的历史关系之中,其行为具有特殊性、差异性、能动性、调适性、理性等多样化特征,这就决定了人在国家整合过程中的回应性。这种回应,既可以表现为接受或顺应,也可以是反对或抵制,还可能做出策略性的变通和适应。在不同地域空间、不同构成和属性的社会之中,回应的方式、手段、表现、特征各有不同。面对不同的社会回应,国家整合社会的方式、手段、策略等也会做出调适或变通,由此产生国家与社会之间的互动。这种互动在不同历史时期、不同地域空间呈现复杂多样的模式和特征。20世纪以来中国的国家化实践进程表明,国家以其意志整合并建构农民社会的过程,同时也是农民社会以其"农民性"回应国家建构的过程。[①] 两者的关系,决定了中国20世纪以后国家化过程的复杂性。

如此说来,"国家化"的分析框架应当包含六个要素:

一是主体要素。国家化的主体是国家。国家由具有思想意识的人所组

---

① 徐勇:《国家化、农民性与乡村整合》,第61页。

成，是一个具有能动性的行为主体。制度主义的国家理论强调国家的制度特征，制度对处于特定制度中的人的行为具有"规范性""约束性"，社会的存在因此依赖于国家和法律的界定。但是，离开了对社会中的人、人的行为的分析，无论是旧制度主义，还是新制度主义都无法解释制度变迁如何发生。当进入社会中的国家权力（无论是以组织或机构的形式，还是以制度或政策的形式），与社会中处于特定历史关系的人的行为价值发生分裂或冲突时，国家能够以主动性的调适对社会做出回应。调适的结果，既可能是制度的强化，也可能是制度变迁的发生，但均体现着向社会贯彻意志、实践意志所采取的策略及策略的调适性。自从国家产生以后，便开始了向社会输入意志的过程。只不过，其输入和渗透的方式、策略及其实现程度，既受到国家意志和能力的制约，同时也面临着其输出对象接纳或抵制的回应。而能动性的国家，可以据此作出反应。

二是客体要素。国家化的对象是社会。国家化将社会视为其行动的对象，同时强调社会对国家行为的影响。但不同于"社会中心论"的立场，社会对国家并非一种单向的决定性影响，社会对国家的影响通过国家的能动性得到承认和体现。社会作为国家行动的对象，具有动机上的被动性，而非一种主动的决定力量。在不同历史时期、不同地域空间内，社会具有不同形态和特性。面对国家持续输入其意志的行为，不同形态、特性的社会会做出不同的回应。

三是方式要素。国家对社会的整合需要通过不同的方式和手段进行，它构成了国家整合社会的策略。在王朝国家时期，主要依靠暴力为基础的强力控制。进入现代国家阶段后，随着越来越多的权力向国家集中，国家在行为能力上得以扩展，整合社会的方式和手段更加多样化——或者通过政党、行政、法律等直接渗透，或者以市场、经济活动等策略间接控制，或者采取社会、文化等方面的缓慢改造。国家采取不同的方式和手段，带来了整合社会的不同结果。

四是互动要素。国家将可能分散、分离于国家意志之外的社会，塑造为与国家之间建立有机联结并体现国家"整体性"的社会，这一过程并非是一个单向的进程；作为被整合、塑造对象的社会，会以不同的方式回应国家的整合和塑造。国家与社会之间的关系性质不同，互动的方式和机制也不同。在彼此争夺控制权的关系中，互动可能表现为冲突、对抗、博弈或妥协;在社会不具备控制权的关系中,互动更多表现为一种策略性的回应或变通。国家与社会的关系性质,决定了互动方式和机制的属性差异,这一差异又反作用于国家与社会的关系。从互动要素观察国家与社会,二者之间呈现互为因果的决定关系。

五是过程要素。过程要素的国家化包括两层含义:一是国家化的阶段性过程,即在实现国家特定意志的特定历史阶段,国家化是一个包含"整合—回应—调适"并持续进行的过程。二是国家化的长期历史过程,即国家自产生以来,就开始了对社会输入其意志的进程;但在不同历史阶段,国家化的内容不同。这一长期过程,形塑了社会对国家意志的认同,实现了国家对社会的有机整合和国家"整体性""一致性"的构建。

六是方法要素。在研究方法上,"国家化"强调行为的意义和特征,但认为行为是在特定制度或结构中发生。特定的制度或结构,赋予行为"累积性""约束性"特征。处于特定历史关系中的行为对制度或结构也具有反向作用,既可能是顺应型的行为带来制度的扩张或强化,也可能是抵制性的行为带来制度或结构的冲突和变迁。因此,"国家化"不同于缺乏历史情境关照和现实情境选择的结构主义,也不同于将行动者的过程和行为选择作为分析视角的行为主义,而是以不同历史与社会关系结构中的人的行为表现为依据,从中观察其行为模式,解读模式中蕴涵的意义。"国家整合社会"强调国家的行为特征,但国家行为也受到社会条件的约束,以及历史情境的影响;"社会回应国家"强调人的行为选择的自主性,但这种选择并不具有过程的随意性和结果上的无限可能性。它发生在特定的关系结构之中,其选择的结果和意义需要在"国家调适"的能动性中得到体现。

二 作为理论的"国家化"研究维度与命题

"国家化"是一个从中国国家实践中提炼并将之一般化的理论和方法。它注重三个研究维度,并获得相应的命题。

(一)历史的维度:国家化的历史起点与进程

在国家与社会形态、国家与社会关系模式中,历史的重要性表现在

"形态""关系模式"上所具有的连续性、持久性特征。即使经历重大危机或转向,可能依然持续存在的历史的生命力,可被称为"历史的韧性"。对于一个拥有悠久且连续的历史实践的中国,历史之于政治学研究具有特别的重要性。只有从历史维度研究国家化进程,才能在现代国家与传统国家之间建立关联性,并从关联性中寻找和认识国家从传统形态进入现代形态的过程及路径。也就是说,关注传统国家形态的生成及延续,与关注现代国家的形成同样重要,因为后者是在前一阶段持续影响下累积演进的结果。

国家化是国家向社会持续输入其意志,在社会中逐渐构建国家"整体性""一致性"的过程。作为对领土和人民主张其控制权的国家来说,自诞生以来,即获得了某种程度上的自主性。它通过摧毁以血族团体为基础的旧社会,并依靠其建制权开启了对社会的再组织过程。这一过程不仅实现了国家对社会的整合,也获得了超越血缘氏族权力之上的公共权力形态,即国家自身的形态。

将国家化置于国家成长的历史进程中考察,这一历史维度包含两条路径:一是对历史深度的强调,即国家化的历史条件、起点对国家化进程的影响——人类社会是如何从一个无国家的自然社会进入到有国家的政治社会的?其进入的路径、过程是如何影响国家对社会的渗透与社会对国家的回应?二是历史阶段差异性的分析。在不同的历史阶段,国家形态与社会结构有何差异?这些差异如何表现在国家与社会的互动关系中并影响二者的互动?需要寻找或解释导致阶段差异的某些因素,识别出与"阶段性"相关的某些"断裂"或不持续的条件,并解释国家化的不同结果。

(二) 空间的维度:国家化历史进程的空间差异

历史是在特定的空间中发生的。从东西方国家的起源看,彼此充满着鲜明的差异性。东方中国的特殊之处在于,它的起源并没有遵循"公共权力的诞生与血缘团体被炸毁"①的路径,即它并没有炸毁家庭、家族这个原生母体或与其割裂,而是从这个原生母体中汲取养分,逐渐向其外的领

---

① [德] 恩格斯:《家庭、私有制和国家的起源》,《马克思恩格斯文集》第4卷,人民出版社2009年版,第16页。

域扩展并形成。

不仅国家形成的起点存在空间差异，国家诞生后的演进路径也存在明显差异。当西欧还处在漫长的封建主义国家时期，强大贵族控制着地方政治主权，王权国家对地方社会几乎无能为力的同时，被视为"将社会行动改造为理性的有组织行动的特定手段"的现代官僚制早已在秦始皇以来的中国得到充分发展。[①] 正是通过官僚制、郡县制的建立，秦始皇在一定程度上克服了支撑国家起源并成长的家族血缘关系的制约，实现了对家族、贵族等分封性地方权力的限制，加强了对地方社会的控制。

在通往现代国家的道路上，当中国的"皇权"不同程度地隔离于"郡县"以下的基层社会之外时，最先出现资本主义发展的西欧，国家在资产阶级与封建贵族争取发展空间的推动下，开启了进入社会之中的进程：扩张的法院体系向社会灌输国家意志并打破碎片化的习惯法或封地法；完善的征税机构为国家机构的扩张提供能力保障；标准化的军队为征税提供有力支持。伸向社会的这"三大触手"，帮助国家获得了"强有力"的权力。但是，推动国家变得"强有力"的资产阶级也对国家的力量保持警惕，其结果是促进了制衡强有力国家的市民社会的成长。[②] 因此，进入现代国家阶段，"控制与反控制""制衡与反制衡"构成了国家与社会关系的主导进程。

然而，历史"各行其道"，造就近代欧洲的关键因素——工业化、资本主义并未在中国发生。中国经历了漫长的农业社会，农民是这一社会的主体部分。郡县制在打破地方社会权力对国家权力阻隔的同时，也造就了城乡分离的二元政治格局。郡县城市成为国家权力的中心，广大的农村社会位于这一权力体系之外。高度分散的农民基于血缘、地缘、习俗等自我整合，与国家保持着若有若无的联系。直到20世纪，中国开启了现代国家建设，面临的仍是一个没有商品和资本等生产要素进入的传统农村社会。时至今日，农民仍然构成中国社会的主体部分。中国的农民社会具有"韧性"特质，深刻影响并伴随着中国进入现代国家的进程。[③]

---

① ［德］马克斯·韦伯：《经济与社会》第 2 卷（上），林荣远译，商务印书馆 2010 年版，第 1103 页。
② ［加］卜正民、傅尧乐编：《国家与社会》，张晓涵译，中央编译出版社 2014 年版，第 9 页。
③ 陈军亚：《韧性小农：历史延续与现代转换——小农户的生命力及自主责任机制》，《中国社会科学》2019 年第 12 期。

农业社会和商业社会在社会结构、组织化程度、组织方式等方面的质的差异，决定了社会与国家的关系及二者的互动模式存在根本差异。如果说国家控制与市民社会的反控制主导着西方现代国家形成进程的话，那么，对于中国的国家化进程而言，诞生于血缘关系的扩展与农业文明基础上的国家具有何种特质？这种特质如何介入、渗透、整合农民社会而进入现代社会？农民社会又以何种行为作出回应？这些都是不容忽视甚至更具主导性的内容。

（三）经验的维度：中国国家化进程的丰富性与复杂性

处于不同历史条件与发展空间中的中国的国家化，产生了丰富的政治实践，但理论的生产和供给相对于实践的丰富性要贫瘠得多。基于先行现代国家形成路径与模式的研究取得了丰硕的成果，中国作为处于这一实践进程中的重要参与者提供了丰富的素材，却并未产生与之相匹配的理论，这些素材的价值更多是体现在对先行模式的验证或对已有理论的注释。鉴于此，国家化研究的中国议题的提问方式或重点，并非是"标准的（或预设的）现代国家"在中国如何形成，而应是"现代中国"如何形成。这二者之间存在研究视角、认识方位的根本差异。前者是由外向内看，即将外部先行者作为参照，遵循"（作为标准的）现代如何—如何转型—如何接近（标准）现代"的思维逻辑；后者则是基于中国内部的经验视角，遵循"传统如何—如何变化—现代如何"的认知顺序。

古代时期的中国国家形态，人们多以"皇权不下县"加以描述和概括；但越来越多的研究成果表明，国家对基层社会的控制，无论是横向覆盖还是纵向深入，都存在着丰富的差异性。在有些地方，国家对社会控制程度的差异可能和地方与中央的距离成正比——在地理空间上处于边缘位置的地区，往往也是国家政权的边缘地区，郡县建制并未覆盖，即使是赋税也难以进入地方社会内部，国家权力"悬浮于"村落社会之外。但历史同时也表明，国家对社会的控制程度，也可能和地方与中央的距离成反比。例如，在中国北方的某些地区，虽然同样处于地理上的边缘地带，但因为战争和军事上的重要性，国家建制及军事力量较早进入这一地区。此外，同样处于地理位置和国家政权核心地带的不同区域，国家对地方社会的控制也存在显著的差异。如果从赋税角度观察，国家在华北、东南地区村落社会中有完全不同的运行体系和控制方式。①

从社会的角度看,处于"皇权之外"的中国社会内部也存在着丰富的地方差异性。虽然"家户制度"是中国的基础性制度,决定着中国社会的基础结构。但由于国家整合力量的有限性,社会处在长期的自我演进中,并在演进中形成地方性制度的叠加。在家户制度之上,叠加了区域性的亚制度形态,由此形成了以家户制度为基础的多种区域性制度。例如,华南地区的家户—家族制度,华北地区的家户—村庄制度,西南地区的家户—村寨制度,西北游牧地区的家户—部落制度,西藏地区的家户—庄园制度,等等。这些多样化的制度形态,构成了多样化的社会形态。生活在不同社会形态下的农民,其行为表现出多样化的地方属性。

差异化的地方社会,决定着20世纪中期以后中国国家化进程所面临的不同起点,也为其研究提供了丰富的议题。一是现代国家意志如何进入一个差异化的地方社会。对于有的区域,国家化的议题可能是通过某种策略或路径在一个"无国家的社会"建立国家意识的问题;而在另外一些地方,则是国家意志如何更深地介入地方社会的问题。二是面对国家意志的输入,差异化的地方社会以何种方式作出何种回应,二者之间形成何种关系模式。三是国家对地方社会的差异化回应做出何种调适,由此产生了何种结果。

三 作为方法的"国家化"研究范式

国家化是一种过程。在整合社会的过程中,一方面,国家通过与社会的互动成就了自身形态,即国家建构;另一方面,国家也实现了对社会的整合,将一个离散的、与国家保持松弛联系或者可能存在离散张力的社会,建构成一个在国家政权影响之下的政治共同体,它体现的是国家与社会的关系。虽然这两个方面都是国家理论研究的重要主题,但在实际运用上,二者不同程度地存在"范式与场域"之间的张力。国家化的研究范式,是通过认识视角的内在性、解释路径的历史性、研究范式的包容性,来克服二者之间的张力,并获得作为研究范式的一般性意义。

---

① 陈军亚:《因税而治:传统时期国家治理的机理》,《云南社会科学》2019年第4期。

(一) 国家建构:"外在视角"的解释限度

"国家建构"是国家研究中的经典概念,体现了国家在政治生活中的重要地位。在西方话语体系中,预设了一个通往西方意义上的民主制度的逻辑:先有现代国家的建构,之后才有现代经济的腾飞,然后才有逐步民主化的过程。这一发生在西方特定空间事件上的先后顺序,被赋予观察和解释其他国家的国家建构与民主制度之间的一般性因果逻辑。[①] 这种研究范式,在国家建构的议题设置上表现出两种倾向:

其一,用西欧现代国家形成的动力机制去观察其他国家的建构路径和成效。在比较政治学的研究中,这种观察、解释的参照维度得到特别强调。那些对欧洲历史轨迹反思而得出的一些理论视角,如战争与社会动员、财政汲取、官僚机构的扩张、中央权威的增强等西欧现代国家形成的路径,被运用于观察和比较20世纪晚期独立的新兴国家的建设路径。这些国家因无力从社会中提取足够的税收从而增强财政能力,或者因官僚体系在执行政策方面呈现出较弱的自主性,表现出"软弱国家""失败国家"的特征。"软弱""失败"的原因在于,战争频率的降低不需要长期的战略动员,由此也就没有带来国家能力的扩张。[②] 福山(Francis Fukuyama)对国家建构问题的特别关注正是基于这一认识前提:对"软弱""失败"的国家而言,如何实现强有力制度的移植是一个既重要又复杂的问题。[③]

其二,观察和检验其他国家的国家建构与民主化进程的关系,即民主转型问题。李普塞特(S. M. Lipset,1922—2006)将二者的关系概述为现代化将会导致民主制。如同20世纪60年代美国新左派对福山的国家建构理论带有明显的"欧洲中心论"立场的批评,二者之间的关系源于欧洲这一地区性的经验。欧洲商业、贸易与国家形成的路径表明:对统治者来说,内部战争动员与经济发展,通常意味着要在动员与参与之间进行取舍。简言之,纳税就要有代表权。遵循这一解释路径的研究,用大众参与

[①] [美]弗朗西斯·福山:《政治秩序的起源》,毛俊杰译,广西师范大学出版社2014年版,第11页。

[②] [美]卡尔斯·波瓦克斯、苏珊·C. 斯托克斯编:《牛津比较政治学手册(上)》,唐士其等译,人民出版社2016年版,第223页。

[③] [美]弗朗西斯·福山:《政治秩序的起源》,毛俊杰译,广西师范大学出版社2014年版,第7页。

与经济发展的关系来观察和解释其他地区的国家表现。例如，瓦尔德纳（Waldner）通过比较土耳其、叙利亚、韩国、中国台湾的经济与政治发展的关系得出结论：土耳其、叙利亚由于过早的大众参与，对经济发展产生了不利影响；韩国、中国台湾经济的成功，在于消解了政治参与和分配压力。①

然而，适用于特定历史条件下的理论，只能得到有限经验的支撑。例如，普沃斯基（Adam Przeworski）的研究表明，经济发展与民主转型之间并无直接关联；它们在统计上的相关性，源于富裕民主国家政治体制的稳定性。因为，贫穷的民主国家更容易崩溃，而类似情况在富裕民主国家较少发生。久而久之，富裕民主国家在统计上就占据了较大比例。② 理解民主化的方式，首先需要将其区分为不同的进程，对不同进程进行不同的理论分析。对于成长于20世纪晚期的国家而言，其国家建构在完全不同于早期西欧的经济和社会环境中发生，不仅切断了战争与国家形成的直接联系，而且不同程度的贸易保护主义也削弱了传统重商主义在国家形成与现代化之间的纽带关系。战争、动员与参与的研究路径，对于验证欧洲国家建构理论的解释力做出了贡献，但对于认识这些国家形态建构的影响因素和作用机制，表现出"外在视角"的限制。"外在视角"的解释路径所具有的风险是：它"规定"着人们的观察视角和思维方式，影响人们的学术洞察力。因此，可能忽视那些被遮蔽于这些视角之外的事实，以及这些事实的理论生产力。

对于中国的国家建构而言，历史过程始终是"本土化"的，中国的现在不是欧洲的过去，欧洲的现在也不可能是中国的将来。对于政治学研究而言，比较是一种重要且有效的研究方法，它有利于在差异性或共同性的比较中更好地认识事物的本质特征。但问题的关键在于，案例和指标选择的有效性。对于两类完全不具备可比性的国家而言，以一类国家建构的路径和指标为参照，显然并不利于发掘被比较者真正的动因和路径。这可能正是主张"本土研究"的学者所强调的：通过对特定场域的研究，发现国

---

① ［美］卡尔斯·波瓦克斯、苏珊·C. 斯托克斯编：《牛津比较政治学手册（上）》，唐士其等译，人民出版社2016年版，第225页。

② ［美］卡尔斯·波瓦克斯、苏珊·C. 斯托克斯 编：《牛津比较政治学手册（上）》，唐士其等译，人民出版社2016年版，第318页。

家建构的本土动因和路径,而不是在比较中检验已有动因和路径的"本土适用性"。因此,中国国家建构的认识视角和解释路径,既不是"为什么中国没有成为西方",也不是"为什么西方没有成为中国",而需要从中国的国家发展和形态演进的政治实践中提炼研究议题,并探寻这些实践背后的规律。

(二) 国家与社会:与特定地域相联系的研究范式的解释力

国家与社会的关系,衍生于国家研究领域。它的出现,代表着国家研究范式的转换。从二者的关系而言,国家研究范式的转换大体经历了"社会中心论""回归国家学派""社会中的国家"三个阶段。每一种范式转换的背后,有其关于政治实践背景的深刻理解和认识。

以多元主义、结构功能主义为视角的"社会中心论"取代将国家视为有影响力和自主性的传统解释模式后,直到20世纪五六十年代,仍是西方社会科学中的主要研究范式。这一研究范式将"国家"视为一个没有自主性、只是为社会集团提供竞争场所的平台,政府的政策由社会集团之间的竞争或结盟所决定,决策过程则是在利益集团之间进行利益分配的过程。[①]它具有鲜明的英美国家特征。因为,这些国家的经济发展似乎是自发产生并自主演进的,与作为政治组织的国家没有直接的因果关系。由此,不同国家的组织形式和形态差异既不重要,也无需解释。但是,"社会中心论"对"社会很重要"的强调,逐渐在政治实践中遭遇到"忽视国家"所面临的困境。一方面,应对30年代经济大萧条逐渐兴起的凯恩斯主义将国家干预及其重要性带入政治实践场域;另一方面,70年代以后,大量新独立的民族国家的出现也使得人们很快看到,欧美的自由民主模式并不能在这些国家被简单移植或复制。"西方宏观社会科学领域正在进行一场范式转移,该转移蕴含着对国家与经济和社会之间关系的一种根本性重新思考。"[②] 思考的结果使人们认识到,"国家很重要";于是,将国家视为独立行为主体并对社会施加影响力的"国家中心论"研究范式被以斯考切波(Theda

---

[①] [美] 彼得·埃文斯、迪特里希·鲁施迈耶、西达·斯考切波编:《找回国家》,生活·读书·新知三联书店2009年版,第3页。

[②] [美] 彼得·埃文斯、迪特里希·鲁施迈耶、西达·斯考切波编:《找回国家》,生活·读书·新知三联书店2009年版,第7页。

Skocpol)等为代表的一批学者"找了回来"。20世纪60—70年代,还在求学中的米格代尔(Joel Migdal)看到了亚非国家中普遍存在的社会冲突,以及国家与社会冲突之间持续不断的斗争,为他思考国家与社会之间谁决定谁、谁影响谁提供了思想源泉。在反思"社会中心论""国家中心论"将国家和社会视为"整体性""同质性"的概念、忽略不同国家与社会形态内部差异的基础上,米格代尔提出了"社会中的国家"的分析范式,将国家区分为一个具有观念整体性和实践多样性的综合体,从社会形态的多样性中解释国家实践的差异性,从而实现了国家研究范式的转移。

从本质上说,以上三种范式,都是以国家与社会之间的"对立—冲突"关系作为共同研究取向。尽管"社会中的国家"路径对"社会中心论"和"回归国家学派"各执一端的偏激取向做出批评,通过建立国家与社会之间"关联和互动"的分析框架,实现了二者从"各执一端"到"更加平衡"的转变①,但这并未改变"对立—冲突"的认识取向,只是"对立—冲突"关系的结果不同。米格代尔将国家与社会之间争夺控制权的斗争视为一个竞技场。"这些斗争也不总是在大规模的社会力量(如整个国家、社会阶级、市民社会等)之间、在宏大的层面上进行。争夺统治地位的斗争发生在社会各种不同竞技场中。"② 因此,"更加平衡"的"社会中的国家"范式,强调的是国家与社会在控制权的争夺中实现了彼此增强的正和博弈,而不是"你强我弱"的此消彼长。

"对立—冲突"关系之所以成为共同的认识前提,源于特定的实践背景。18世纪的欧洲,成长中的资产阶级寻求获得参与国家事务的政治权力,希望能够在家庭、生意等私人领域与国家领域之间构筑一片空间以防备国家对私人权益的侵犯。雷蒙·威廉斯(R. H. Williams,1921—1988)将之表述为将"我们的厕身之处"与作为"权力机器"的国家区分开来。③ 虽然对"市民社会"的内涵有不同界定,市民社会与国家之间的关系也存在欧陆的"二元和对立"传统与英美的"冲突和控制"传统的区

---

① [美]乔尔·S. 米格代尔、阿图尔·阿里、维维恩·苏主编:《国家权力与社会势力》,郭为桂、曹武龙、林娜译,江苏人民出版社2017年版,第334、339页。
② [美]乔尔·S. 米格代尔:《社会中的国家:国家与社会如何相互改变和相互构成》,李杨、郭一聪译,江苏人民出版社2013年版,第104页。
③ [加]卜正民、傅尧乐编:《国家与社会》,第9页。

别，但无论哪一种传统，将其分析框架简单挪用于中国，都存在拉抻这一框架的历史内涵及其适用广度，从而产生误读中国的国家与社会关系的风险。

由于缺乏对"历史场域和过程"的理解，"国家与社会关系"的中国研究呈现出两类倾向：一是静态研究的碎片化。表现为，对不同历史时期的研究得出了完全不同的结论。即使在同一时期，由于观察视角的不同，不同研究之间也存在彼此矛盾的结论。二是"植入式"研究的简单化。"市民社会"的解释模式暗示着中国的社会变迁采取了与欧洲相类似的形式，并将导致类似的结果。但是，"市民社会"这种早期欧洲民主制发展的概念，显然并不适合研究中国这样一个完全不同且拥有悠久历史的国家。不断有研究表明，中国国家和社会所发生的变化，与社会对国家的反抗并没有太大关系，发生在这一关系之外的力量表现出更大的影响力。[①] 另一些研究也表明，中国市民社会的成长路径，并非在于从制衡国家中获取力量，而是在国家的主导下成长。[②] 国家进入社会填补"私人"与"国家"之间的空白，是一种被社会"需要"的力量。

（三）"国家化"在中国研究中的取向和立场

作为"过程"的国家化研究，在认识视角、解释路径、研究取向上与以上研究有所不同。在认识视角上，国家化将"现代"置于从过去出发的历史进程来认识，将国家形态的建构视为一种从历史出发的连续进程。现代国家的特征由其内部的历史条件及演变过程所决定。在不同国家，由于历史和传统不同，国家化的起点和条件也不同，这决定了其路径、方式、国家形态的不同。历史和传统因素不以人的意志为转移的重要作用，意味着通往"未来"或"现代"的路径不可能是一种"单一进程"，或者终结于一种"单一形态"，而是一个充满了差异，在既有经验中难以"推导"或"预测"的进程。基于国家化是一个多样性的过程，对多样性过程的研究必然带来理论的丰富性。

在解释路径上，国家化研究更加强调国家建构的社会基础，更加关注

[①] 涂肇庆、林益民主编：《改革开放与中国社会：西方社会学文献述评》，牛津大学出版社1999年版，第68页。

[②] ［加］卜正民、傅尧乐编：《国家与社会》，第51页。

国家建构在何种社会基础之上发生。从历史过程的"多样性""差异性"中探寻国家的起点、条件与其结果之间的因果关系，从内部因素、历史轨迹中观察和解释这些国家在通往现代国家过程中的路径差异，以及导致这些差异的因素和机制。在国家与社会关系的研究中，国家化更加强调"历史中的过程"。米格代尔"社会中的国家"的分析路径，虽然将"过程"因素引入其中，相对于以往的结构—功能主义分析而言，它更加强调"互动"过程对结果的影响，在一定程度上抛弃了由结构决定结果的"功能主义"路径，但他强调的是国家与社会之间的互动过程，而不是互动本身的长期历史过程。他虽然将历史因素引入视野之中，但更多体现的是静态的历史，将横切面的历史作为分析问题的起点。作为一位从事比较政治学研究的学者，他也关注第三世界国家的政治发展，认为这些国家存在大量的家族、部落、宗教组织等社会势力，国家权力与社会势力之间争夺控制权的努力决定了国家能力。但是，这些不同的社会组织在历史上如何形成，经历了何种变化，这些形成和变化过程与国家之间是何种关系，在他的"过程分析"中并未充分展现。简言之，历史之于米格代尔，只是一个分析起点，一个结构性存在。而"国家化"的分析路径，是将当下社会形态的丰富性、形态内部的差异性置于国家与社会互动的大历史进程中来认识，既关注当下国家与社会"整合与回应"的复杂互动过程，也关注决定当下互动复杂性的长期历史形成过程。虽然魏昂德（Andrew G. Walder）在20世纪末曾指出，中国的国家与社会关系的研究面临着从静态描述向变迁解释的挑战；但遗憾的是，囿于既有研究框架的"规定性"，在已有的文献中很少看到适合"变迁解释"研究框架及其成果的出现。注重"过程"的国家化研究，不仅具有米格代尔意义上的"互动过程"的解释视角，也具有魏昂德所关切的"历史变迁过程"的研究维度。

在研究取向上，国家化更注重研究范式与其实践场域之间的匹配性。中国拥有与欧洲不同的历史进程，因而需要将这种"不同"置于学术研究中并获得其重要性。国家化的研究范式，在中国的国家与社会关系研究中包括两个面向：一是参照和比较的面向。在通往现代化的进程中，中国的国家与经济、社会的转型是否带来"市民社会"的兴起与成长，中国的"市民社会"具有何种特征，与国家之间如何互动、发挥了何种作用。二是本土和历史的面向。如同西方资产阶级在其现代国家形态演化中发挥的重要作用，中国的农民群体与国家形态演化进程相伴始终。新中国建立后，中国的工业化、城市化进程加速，开启中国现代国家建设任务所要面对的也是农民这一广大群体。作为中国社会群体的主体部分，他们的行为及其与国家之间的关系，在很大程度上决定了中国通往现代国家的道路和方向。这一群体及其与国家的关系，既不容许被政治学研究的国家议题所忽略，也很难在西方经典的"国家与社会"的关系框架内寻求严丝合缝的解释力。

  国家与社会的关系是所有政治实体都会面临的问题。对于中国的国家化进程而言，回答这一问题有两个前提：首先需要思考的是"什么样的国家""什么样的社会"，其次才是"什么样的整合""什么样的回应"以及呈现了"什么样的关系和逻辑"。从中国国家形态演进和社会变迁的长时段历史进程中，分析二者的关系与关系的演进，能更好地理解中国的国家和社会形态的变化，以及对这种变化做出更具解释力的模式界定。鉴于国家化研究的目标是，发现未经既有理论表达的一般化逻辑；因此在研究取向上，更加注重理论"建构于田野"而非"取自于书架"。

（四）国家化：一种"可通约"的研究范式

  国家化是一种基于中国本土经验的研究范式，但通过概念、逻辑、方法上的"通约性"，它可以整合既有研究框架，获取超越本土经验和范式竞争性的"一般"研究能力。

  从概念而言，无论"国家"的定义展示了多少种描述角度，"政权"是其核心要素。作为国家核心要素的政权需要在由人口和疆域组成的"社会空间"中运行。无论作为何种形态的国家，其诞生以来，无时无刻不在实践之中。无论政权的组织形式存在何种差别，国家向社会输入意志，建立其在社会中的影响力，将人口和疆域控制在政权范围之内，是作为政权组织形式的国家的共同目的。这一实践过程，在传统国家时期，主要通过直接支配或强制实现；随着现代国家的建立，主要采取间接渗透的方式。[1] 正是在此意义上，国家扮演的是一个重要的社会建构者的角色。[2] 其建构

---

[1] ［美］克里斯多夫·皮尔逊：《论现代国家》，刘国兵译，中国社会科学出版社2017年版，第64页。
[2] ［美］迈克尔·曼：《社会权力的来源》第2卷（上），上海世纪出版集团2005年版，第105页。

的目的，是将一个分化、离散或者具有分化、离散张力的社会，整合为一个拥有国家意识的政治社会共同体。否则，面对社会分化及由此带来的危机，国家将会面临社会发出的"我们是谁"的质疑。但整合并非一个单一进程，作为国家整合对象的社会，会对国家的整合行为做出回应。国家在与整合对象的互动中，既完成了整合社会的实践过程，也完成了自身形态的建构过程。因此，国家整合社会，社会回应国家，是国家实践的一般化逻辑。

不同的研究方法，服务于不同维度的国家研究。国家的实践，可以表现为制度形态的变化，也可以表现为组织结构的变化。但无论制度还是结构，人都是其实践主体。制度或结构的丰富性和差异性，可以通过人或人的行为表现得以观察。人的行为处在特定的制度或结构之中，受到制度或结构的约束，也决定着制度或结构的形成与变迁。因此，人或人的行为，不仅可以打通国家与社会之间的关联，也得以观察国家与社会形态的互动和变迁。国家化以处于制度、结构中的人和人的行为作为分析依据，可视为其研究方法的"一般性"。

通过概念、逻辑和方法的"一般性"，国家化的研究范式，将国家形态、社会形态和二者互动方式的差异，置于其"概念和逻辑的一般性框架"之下。这一"一般性"研究范式，不仅有助于推动基于中国经验的国家理论研究，也有助于对不同时空中差异化国家实践的理解和认识，从而丰富国家理论的研究范式，拓展研究领域，构建更为多样性的国家理论体系。

（原载《南国学术》2021年第4期）

第二篇
社会视角下的中国式国家建构

中国现代国家建构的社会之维
——基于乡村精英的视角

郭忠华*

现代国家建构,是一个包括社会在内的国家与社会的一体化进程。谈及中国现代国家建构,就必须考虑支撑其落地的社会基础,乡村精英的视角无疑是探讨中国现代国家建构的重要的社会维度。本文可以分为五大部分:第一,国家建构的社会维度。第二,概念资料。第三,作为整体的国家。第四,作为基层政府的国家。第五,观点总结。

一 发现国家建构的社会之维

(一)现代国家建构是一个包含多要素的过程

现代国家建构,通常简称为国家建构,它是一个包含多要素的过程。我们讲国家建构,现在讲得比较多的是 state building 和 nation building。

一是政权之维。政权建构(state-building),即国家权力的集中和统一、官僚制的发展(国家机构的分化、专门化和制度化)、现代军事体系的发展、税收和预算国家的建立。二是民族之维。民族建构(nation-building),即民族意识的觉醒、统一国族的形成。

(二)社会维度的挖掘

政权、民族要素是现代国家建构讨论中被讨论得最多的两个要素,但建构要素不止于此,其中"社会"亦是现代国家建构的重要维度。

---

* 郭忠华,南京大学政府管理学院教授。

一是国家对社会的整合。国家对社会的整合，即国家与社会的一体化、国家基础权力的提升。二是国家的社会改造。国家的社会改造，即社会推动国家政权的现代转型，如国家权力的开放性、民主性、回应性、问责性。三是社会的国家改造。社会的国家改造，即国家以自身目的塑造社会，如对社会阶层结构的改造、对社会观念的塑造、对社会精英的塑造、对社会资源的分配等。

从社会的维度来看，社会推动着国家发生现代化，同时国家也会按照自身设定的现代目标对社会进行改造。

（三）从社会角度探讨中国国家建构

探讨中国国家建构的社会视角包括政治参与、关系叠加、税收、预算等多重视角。

一是政治参与视角。如孔飞力在《中国现代国家的起源》一书中提出了以下几个问题：政治参与扩大如何加强国家合法性？政治竞争加强如何与公共利益相统一？国家财政需要如何与地方需要相协调？基层选举、协商的扩大对中国现代国家转型的影响？二是关系叠加视角。如徐勇从血缘、地缘等社会不同维度的关系叠加来理解中国国家的建构与转型。三是税收、预算视角。财政从主要依赖于国企贡献向现代商业税收的转变，给中国现代国家转型带来了何种影响？税收的变化如何导致公民意识的变化？税收给中国现代国家转型带来哪些影响？

（四）中国现代国家是政权与社会之间彼此塑造的结果

社会建构是理解中国现代国家建构的重要视角，但不能把社会和国家看作是界限清晰的两个因果变量，即只有社会推动中国国家转型，反过来，国家也依照自身目的塑造社会，即"社会的国家改造"。从社会维度来看，中国现代国家是政权与社会之间彼此塑造的结果。

（五）国家对乡村社会的塑造

国家对乡村社会的塑造，也是国家建构社会的一个重要维度。乡村社会是中国社会的重要组成部分，乡村精英则对乡村社会产生着决定性的影响。当中国国家建构处于不同阶段之际，乡村精英也呈现出不同的类型，乡村精英与国家的政策、意识形态、治理模式等有所关联，乡村精英很大程度上是国家塑造的结果。

二 概念与资料

（一）国家（米格代尔的国家分层）

国家可以被划分为不同的层次。米格代尔在《社会中的国家——国家与社会如何相互改变与相互构成》一书中将国家划分为四层：第一线分支机构、分散于各地的下层机关、部门的中心机构和最高层领导机构。我将国家划分为两层：作为"整体的国家"和作为"基层政府的国家"。

（二）乡村精英

乡村精英主要指拥有资源优势以及相对于其他村民而言的更大的影响力，并且掌握村庄正式权力资源的村干部。乡村精英变迁是指村干部由一种精英类型向另一种类型的转变。

（三）当前研究路径

一是村庄社会视角。从该视角出发，可以探究宗族、血缘、产权、财富、社会结构等的变化给乡村精英带来的影响。二是国家政权建设视角。从该视角出发，国家被看作是影响乡村精英变化的关键变量，如杜赞奇有关"保护型经纪"向"赢利型经纪"的转换。

（四）进一步研究之空间

当前大部分研究集中在乡村社会视角，国家建构视角的研究较为有限。与此同时，从国家建构角度切入的相关研究，基本上把国家看作一个整体，忽视了国家结构的内部复杂性，国家高层与国家基层实际上发挥着不同的作用。此外，现有研究主要集中在"资源性政策"上，忽视了意识形态、基层制度安排等带来的影响。

（五）总体分析框架

总体上来看，国家角色可以分为作为整体的国家、作为基层政府的国

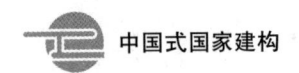

家。对于作为整体的国家而言，我们可以从意识形态话语、基层制度安排、资源性政策的角度分析国家是如何塑造乡村精英的；对于作为基层政府的国家而言，它处于承上启下的地位，在同时面对自上而下的官僚制压力和自下而上的乡村社会压力时，它选择乡村精英的依据有所不同。具体如表1所示。

表1　　　　　　　　国家角色分析框架

国家层级	作为整体的国家			作为基层政府的国家	
塑造力量	意识形态话语	基层制度安排	资源性政策	自上而下的官僚制压力	自下而上的乡村社会压力

（六）资料来源

本文不是基于村庄调查展开研究，而是遵循已形成的研究框架对现有有关乡村精英变迁研究文献进行梳理，从而得出一些较为粗浅的看法。

三　作为整体的国家

（一）总体情况

我们可以从意识形态、基层制度、资源性政策三个层面分析作为整体的国家是如何影响乡村精英的变迁。第一，意识形态层次。即从思想和话语方面分析国家如何影响乡村精英的变迁。第二，基层制度层次。即从人事权角度解释国家如何影响乡村精英的变迁。第三，资源性政策层次。资源性政策改变村庄治理事务的性质和财政权，从而影响乡村精英变迁。国家究竟是从乡村汲取资源还是反哺乡村？不同的资源性政策将对乡村精英提出不同的要求。

（二）意识形态话语

传统中国时期，乡村精英体现在以土地、权力和声望为基础的士绅阶层上，士绅充当了国家与社会之间的"经纪"。传统时期的国家与乡村社会基本上是脱节的，即呈现出费孝通所说的"双轨制"状态，士绅将国家与社会连接了起来。当国家税收汲取不严苛时，士绅充当了杜赞奇所说的

"保护型经纪",反之,则成为"赢利型经纪"。改革开放前,阶层话语和剧烈的政治运动,使乡村精英转变为以"阶级"为基础的政治精英,传统士绅阶层被打倒。改革开放后,以"经济建设为中心"的话语体系,使乡村经济能人上升为乡村精英,此前以阶级为基础的政治精英地位下降。

(三) 基层制度设计

基层制度设计是指国家设计何种制度来治理乡村社会。从中国现代转型的视角来看,基层制度向乡村社会的投射大概经历了三个阶段。

一是传统双轨制。传统双轨制是指由正式权力治理"官僚中国"和由士绅治理"乡土中国"所呈现出的治理格局,乡村社会文化造就了乡村精英。(费孝通)二是人民公社制。人民公社时期,国家权力直插乡村社会,外部政治权威自上而下决定乡村精英,并表现出高度单一化、高度政治化。三是村民自治制。改革开放以后,国家权力在一定程度上有所收缩,乡村社会治理去行政化,由村民实行自治,乡村精英变成由自下而上的民选,乡村社会内部逐步变得高度多元化。

由此可见,国家在不同时期对乡村社会进行治理,其所实行的不同的基层制度将形塑出不同的乡村精英类型。

(四) 资源性政策

一是国家的资源汲取政策。虽然村庄没有设立行政官僚组织层级,而是实施村民自治,但是乡村精英也必须完成征收费税等"政务性"任务。当农业费税在农民可接受范围时,乡村精英主要是"保护型经纪";当费税繁重时,乡村精英则变成了"掠夺型经纪"。上世纪 90 年代,当基层政府摊派增加,农民负担沉重时,为完成费税征收,乡村灰黑势力成为精英的几率明显提升。

二是国家的资源反哺政策。后费税时期,国家不仅取消税费,而且以大量资源反哺乡村,交际能力强、能争资跑项的村民成为乡村精英。

四 作为基层政府的国家

同样地,作为基层政府的国家也对乡村精英的类型变迁产生着非常重

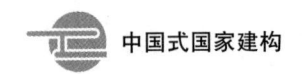

要的影响。

(一) 特殊之处

"作为基层政府的国家"(乡镇政府),既是官僚制组织序列的末梢,承担"自上而下"的官僚制压力,又直接面对自下而上的乡村社会。这两种力量及其对比对基层政府选择乡村精英具有重要的影响。

(二) 压力型科层制

从压力型科层制的角度来看,由于基层政府处于官僚制体系的最末梢,所以就会出现"上面千条线、下面一根针"的现象,即所有的事情基本上都集中在乡镇政府。此外,锦标赛体制、一票否决、乡政村治等都表明,乡镇政府面临着来自上级政府的巨大的任务考核压力,其必须对上级政府负责,其只有在乡村精英的全力配合下才可能完成上级的任务和指标。在此情况下,基层政府所面临的中心工作成为影响其乡村精英选择偏好的核心变量。

(三) 不同时期的偏好

在费税时期,汲取资源、维护社会稳定、计划生育等是中心工作,乡、村的对立情绪大,具有一定暴力资源的所谓"乡村混混"成为精英。在费税取消时期,悬浮型国家的出现使得"老好人"更容易成为乡村精英。在资源反哺时期,争取项目、打造亮点、创造政绩成为基层核心任务,交际能力强、关系网络广、利益在乡村之外的"新代理人"更容易成为乡村精英。

(四) 乡村关系

基层政府落实各项涉农政策依赖于乡村精英,基层政府因而具有强烈的动机干预村民选举。两者拥有的资源(经济、文化、组织、社会资源等)对比,成为影响不同类型乡村精英的主要变量。

(五) 三种关系模式

一是强乡弱村。乡镇拥有雄厚的可分配资源,在东南沿海地区,出现乡村精英"职业化"。二是强村弱乡。具有强大血缘宗亲关系的团结型村庄，其价值再生产和集体行动能力强。从乡村社会内部推选出乡村精英，且主要是宗亲中较有名望者。三是不稳定型的乡村关系。乡、村拥有的资源均有限。在各种特定情况下倒向前述样态。

五 观点总结

（一）国家是塑造乡村精英的关键变量

乡村精英尽管不属于正式官僚制体系，但国家对其形成和变迁仍有着重要的影响。通过前面的梳理，国家从两个层次和以多种方式影响了乡村精英变迁。具体如表2所示。

表2　　　　　　　　国家塑造下的乡村精英变迁

国家层级	作为整体的国家			作为基层政府的国家	
	意识形态话语	基层制度安排	资源性政策	自上而下的官僚制压力	自下而上的乡村社会压力
塑造力量	政治运动→经济建设	人民公社制度→村民自治制度	资源汲取→资源输入	中心工作：税费收取→过渡阶段→资源争取	强乡弱村	强村弱乡
乡村精英的类型变迁	政治型精英→经济型精英	单一政治型精英→多元化精英	"乡村混混"→新代理人	"乡村混混"→"老好人"→新代理人	兼业化→职业化	有声望者

（二）乡村社会精英的变迁反映了中国现代国家建构进程

与传统士绅精英接轨的是传统政治—社会模式——"双轨制"结构模式；与政治型精英联结的是"人民公社制"，其反映出国家权力对村庄社会的高度渗透；与多元乡村精英耦合的是"村民自治制"，其反映出国家权力从乡村社会一定程度的收缩。

（三）社会建构是现代国家建构的核心维度

现代国家建构不仅体现在将社会有效地纳入统治之中，而且在不同时期还会呈现出不同的建构目标和建构策略。国家会根据这些目标和使用各种策略进行社会改造，使之符合自身要求。

(本文主要改编自《上海行政学院学报》2022年第1期的论文《国家如何塑造乡村精英？——关于乡村精英变迁中的国家角色述评》)

社会的国家化：国家建构和"被建构"

陈军亚[*]

上一期徐勇老师讲了早熟的国家建构，就是"统治的国家化"，将中国国家建构的历史脉络拉到了公元前的三世纪，这是理解中国式国家建构的第一个关键要素，时间性。我今天讲的主题是理解中国式国家建构的第二个关键要素，即社会性。

一 早熟的国家建构："统治型国家"和"自治型社会"

"现代"是一个相对性的概念，具有质和量的双重意义。它不仅是时间的量的累积，更包括时间的质的变化。如果我们把视角和方位立足于当下，那么任何与之相对应的"过去"都可以赋予当下某些"现代"的特征。在这种情况下，我们如何讨论现代国家？任何问题只有在清晰的条件界定下，才有进行讨论的可能。现代国家是相对于传统国家而言的一个概念，把视线拉回到从"传统"进入"现代"的门槛之时，现代国家就有了面目清晰的特征，以及我们对它所做的一个界定。

韦伯以及更多的学者，他们正是在这样一个传统相对性的意义上定义现代国家的。相对传统国家来说，它具有一些清晰而且普遍性的特征：集中的而不是分散的、多中心的国家权力；基于理性而不是封建、世袭的官僚组织体系；集中垄断而不是分散自控的暴力工具；国家建构的法治秩序而不是基于自然性社会规范所形成的秩序；基于国家合法统治建构的而不

---

[*] 陈军亚，华中师范大学政治学部、中国农村研究院教授。

是社会自我建构的意识形态等。

在国家形态演进的过程当中，虽然"现代"可能随着时间的推移出现更加丰富的要素表征，但是，相对于传统国家形态而言，这些首先出现且构成基本的、一般性的特征，就成为人们界定现代国家的关键要素。

以这些关键性要素的出现而言，中国的国家建构是走在人类历史上国家形态演进的前列的。早在公元前3世纪，以上这些在根本上区别于"传统"构架的现代特征就已经出现。

这些现代特征使得中国建立了一个统一的中央集权国家，相对于分散的、多中心的、缺乏"统一"组织规则的松散的传统国家控制体系而言，中国早期的国家建构实现了集中统一的"统治"，徐勇老师把它称为"统治"的国家化。

"统治的国家化"是中国国家形态史上的第一次转型，实现了由天子之权和诸侯之权并存的多中心的权力结构向集中的、一元性权力中心的转型。但这并不能称为一次彻底的现代国家的建构。因此把它称为"早熟"的国家建构。它的不彻底性在于：它虽然建立了一个有别于传统和封建的国家统治体系，但这个统治体系只是解决了统治中的央地权力关系问题，即中央和地方的权力配置问题，而没有解决国家和社会的关系问题，即国家进入社会之中的问题。

吉登斯在谈到"国家"概念时，明确区分这样两个概念："'国家'有时指政府机构或权力机器，有时却又指归这种政府或权力所支配的整个社会体系。"[①] 实际上他区分了国家政权和国家政权所支配的社会两个概念。他也明确指出，"应该区分统治的'范围'和统治的'强度'"[②]，他当然是指政权支配的范围和支配的强度。

秦以来逐渐成熟的中央集权的统治体系，建立了一个权力集中的统治型的国家体系，但是这个统治型的国家体系是缺乏"进入社会之中"的能力的，社会疏离于国家的统治体系，在内生规则的支配和治理之下运行，而不是在国家机器的直接支配下运行。

---

① ［英］安东尼·吉登斯：《民族—国家与暴力》，胡宗泽、赵力涛译，王铭铭校，生活·读书·新知三联书店1985年版，第18页。
② ［英］安东尼·吉登斯：《民族—国家与暴力》，胡宗泽、赵力涛译，王铭铭校，生活·读书·新知三联书店1985年版，第10页。

社会的国家化：国家建构和"被建构"

韦伯和吉登斯都对中国的统治型国家体系的建立，以及它的支配能力和支配范围做了相似的论断。韦伯说，中国传统的统治范围非常有限，主要限于城市，一出城墙就管不着了，乡村就是一个自治区。吉登斯沿着韦伯的思路把城市和乡村区分开来，作为分析传统国家的起点。国家缺乏足够的能力对孤立分散的乡村社会进行直接统治，它实行的是一种不干预主义。这种不干预主义也就是说，只要民众不造反，顺从地交纳赋税，不妨碍赋税征收和全面的秩序，他们在日常生活中所做的一切，包括越轨，都不会给国家带来真正的的麻烦，因此国家不干涉。① 这实际上就是我们经常听到的一句形容农民和国家之间关系的俗语："纳完粮，自在王"。

由于统治体系并不进入社会内部，从而形成了一个外在于这个"统治体系"的"自治型的社会"。在"自治型的社会"中，由于国家权力的元素十分稀薄，所以这个社会在内生规则和权威支配下自我运行，相对于国家所建立的统治体系来说，它具有这样一些特征。

第一个特征是"板结社会"。郡县官僚体系确立以来，国家逐步建立了里甲、保甲、乡约等乡村治理体系，也试图通过对地域空间的重构和细分，来加强对乡村社会的管理。可以称之为是一种村镇建设，但实际上，官僚体系的特点是流动性，而乡村治理是一种在地性的。士人乡绅、宗族长老、地方头人等等这样一些乡村权威，他们要么直接进入国家建立的村镇体系当中，要么站在村镇体系的背后。对此，韦伯也做过一些论断，他说这些人就成为国家机器在乡村社会必须切实考虑的力量，因为他们会"私设公堂，一遇冲突，将是危险人物"。虽然建立了一个郡县国家取代了封建的国家形态，但实际上，这些人就构成了"社会当中的封建成分"，对该官僚体系所传达的国家意志具有分离性和消解性。这个观点在我《超越内卷："板结社会"与国家渗透》的文章当中有一些表述。

第二个特征是"缝隙社会"。国家政权需要通过"法令"来传递政权意志，"海内为郡县，法令由一统"②，这是早熟的国家建构所确立的一种形态，但是它并没有成功地把在上层实行的法律准则运用于控制民众的日常行为。中央权威机构的看法很少能够直接影响到地方社会当中的关系，

---

① ［英］安东尼·吉登斯：《民族—国家与暴力》，胡宗泽、赵力涛译，王铭铭校，生活·读书·新知三联书店1985年版，第27页。
② 《史记》卷6《秦始皇本纪》，中华书局2013年版，第300页。

这是吉登斯的表述。虽然"法令一统",但是从社会之中的法治样态来看,疏而有漏,是一个"法治缺失"的"缝隙社会"。基于田野调查中的发现和体悟,我在《法治化、缝隙社会与国家建构》这篇文章中,对缝隙社会的四种样态,做了这样的概括:无法所及、法外难及、有法不及和及而不力。① 这是第二个特征。

外在统治体系的自治型社会的第三个特征,是"私力社会"。"一统法令"需要强制力来保障,国家虽然将诸侯统治的暴力工具逐渐转变为皇权中央所垄断,消除了君权对政治权力多中心化和再封建化的威胁,但实际上,由于垄断能力的有限性,社会之中的私人暴力是大量存在的,而且成为调节社会秩序甚至威胁皇权统治的力量,所以我称为私力社会。结合田野调查的认识归纳了这样几种私力社会的样态。第一种就是宗族武装,一种血缘性组织的暴力垄断权。如果大家去过广东、福建这样一些地区的宗族村庄调查过,即使在现在,我们仍然可以看到当年的炮楼存在。我在广东清远做过一个驻村调查,该村在传统时期就曾经因为宗族之间的械斗,火力猛烈到几乎灭族的命运。这是第一种。第二种匪贼武装,它是一种社会组织的暴力垄断权。像袍哥、帮会等等这样一些秘密会社的存在,它是一种组织化程度非常高的暴力形态。王笛专门做过袍哥这方面的研究,我们院也有博士生,专门写过袍哥组织的论文。这是第二种形态。第三种形态是地主武装。地主武装是建立在土地所有权基础上的一种地缘性组织的暴力垄断权。据我们在安徽、河北地区的调查,在这些地区,过去村里面建有寨墙或者土堡。我们有个同学调查的村是一个佃户村,就是一个地主,其他人全部都是佃户。佃户住在周边,地主住在中间,地主购买枪支放在堡内,遇到盗匪的时候,佃户就自我组织起来,分小组轮流巡逻,这是一种建立在土地所有权基础上的私力武装。最后一种是"地方"武装,主要是地方领主的暴力垄断权。在郡县制覆盖不到的边缘地区,特别是西南的一些边缘地区,还在土司领主制的统治之下。我调查的有一个村就是在傣族的土司领主的统治之下,这个土司领主有武装有家丁。这是几种私力社会当中的暴力形态。

第四个特征是"自力社会"。统治体系建立以后需要税收来维持。农

---

① 陈军亚:《法治化、"缝隙社会"与国家建构》,《理论与改革》2022年第3期。

业社会的税收是很有限的,只能用于支撑国家的统治体系,对民众日常秩序和公共安全的供给能力是不足的。乡村社会主要是自我负责修路、挖渠、防御入侵和公共安全,这样一些事物都是由乡村社会自我提供,国家的公共支出是覆盖不到乡村社会的,所以把它称为"自力社会"。新中国成立后,国家特别强调基本公共服务对乡村社会的均等化供给,就是要将乡村"自力社会"纳入到国家公共服务供给的范围之内。

第五种特征,是"地方'意识形态'社会"。意识形态既是一种统治工具,也为国家统治权力的行使提供合法性的依据。但是在乡村社会,存在着大量的服务于地方性统治的地方文化,我把它称为是一种地方性的"意识形态",对地方性的统治服务,而不是为国家统治提供合法性。这个地方性"意识形态"建构的是对地方性统治力量的认同,而不是对国家统治的认同。比如在传统时期的宗族社会内部,"族规高于国法",对村民来说,当他认同"族规高于国法"的时候,他首先认同的就是自己"族民"的身份,是对族权的认同,而不是对国民身份的认同和对国家权威的认同。在云南村寨,我调查的这个村庄里面主要是一种神秘的祭祀文化。在这种神秘的祭祀文化下,他们相信只有这个村里负责祭祀的寨老,才能给这个村带来好运,才能够保佑村里的人们生活和日常的秩序与发展。这种地方性的意识形态,当然建构的是对地方权威比如寨老的认同,而不是对国家权威的认同。

这是自治型社会的一些特征。那么接下来的问题就是,这个疏离于国家统治体系的自治型社会,为什么可以支撑这个国家形态存续数千年呢?

二 早熟国家建构的稳定性:土地私有制基础上小农社会的自愈机制

早熟国家建构的稳定性,得益于土地私有制基础上小农社会的自愈机制。从公元15世纪才开始的西欧现代国家的形成,是经历了一个漫长的过程的。这个"漫长性"源于社会变迁和逐渐向着"现代"发展的过程。正因如此,大家认为,西欧现代国家的形成实际上是社会变革的副产品:对于马克思来说,它是资本主义发展的一个副产品;对于韦伯而言,它是新教改革之后理性化扩展的副产品。以"统治的国家化"为主要内容进行的早熟的国家建构，为什么在中国存续了几千年呢？因为它所建立的社会基础具有自我稳定性而不是变迁性。

对于早期中国的国家建构而言，社会发生了第一次的重大变迁，即土地的私有化和一个自由的而不是依附的小农社会的诞生。相对于封建制而言，社会形态的变迁支撑了第一次的国家建构，并且为这个早熟的国家建构提供了长期延续的基础；同时也制约了第一次的国家建构向着更为现代的方向转型，使得这种国家形态缺乏进一步向前演变的可能性。

对于这个自我稳定的农业社会而言，它的变迁缺乏两大机制，第一，社会缺乏自我变迁的机制。舒尔茨在《改造传统农业》中说，土地私有制下的小农经济，是完全以农民世代使用的各种生产要素为基础的农业，是一种特殊类型的经济均衡状态。只要没有外在因素的进入和破坏，这种均衡状态就可以形成一种自我稳定和自我循环的状态。在没有外在因素进入的条件下，这种自我均衡社会缺乏打破均衡自我变迁的可能性，所以说社会缺乏自我变迁的机制。

第二，国家缺乏"被社会变迁"的机制。经济权力会带来社会结构的变化，社会结构的变化往往会产生改变政治权力的要求，就会形成这样一种机制。分封制度是通过分封土地而分封了权力，政治权力资源是配置土地经济资源的依据。但是统治型国家的建构，使得基于分封而获取政治权力和土地经济权力的配置方式不复存在。土地私有制取代了土地分封制，成为配置土地资源的方式，这也就意味着基于土地的经济权力和政治权力发生了分离。在郡县体系下，获取政治权力并不必然伴随着获取土地经济权力，科举制度的实行，又使得土地经济资源的集中并不必然意味着能够进入国家政治权力系统，因为它有相对独立的官员的选拔机制。

对这个稳定循环的土地私有制社会来说，有没有可能出现一个重大的变迁呢？它唯一的病症是，土地关系所引发的社会矛盾，这个病症是一种周期性的慢性病，它具有自愈性。当土地兼并和集中达到一定程度以后，这个社会就会爆发农民起义的重症。但是由于土地经济权力和土地政治权力的分离，使得基于土地问题而爆发的起义，往往以土地经济权力的获得为结果，并不必然产生改变政治权力结构的后果。也就是一位学者斯塔夫利亚诺斯所说，中国的农民"有造反无革命"。因此，对于土地私有制社会来说，土地兼并和集中孕育着矛盾，伴随着国家税收负担可能引发农民起义,但是,改变土地资源的分配状况而不是权力的配置状况,就成为国家有效调节社会矛盾的工具,这可称之为社会的自愈性。对于具有自愈性的慢性病来说,由社会突发性变革衍生一个新的国家权力结构形态的机制就没有可能性。

所以对中国的国家建构来说,缺乏社会变迁衍生国家形态变迁的核心机制,不管是马克思分析的资本主义发展的社会机制,还是韦伯的新教伦理的社会机制。在传统中国的权力结构和土地所有制形态下,缺乏一种社会变迁的核心机制,以及社会变迁影响国家变迁的核心机制。这样,一方面就决定了这个早熟的国家具有稳定性,可以延续数千年,另一方面,它也决定了这个早熟国家难以自我突破,进入到更高级的现代国家形态。

所以,支撑了第一次国家建构的社会自愈机制,实际上就成为了新的国家形态建构的自抑机制。那么,向着成熟的现代国家演进的国家再建构如何发生?

三 国家再建构的根本议程:社会的国家化

为什么是社会的国家化?统治型国家建构的稳定性机制和它的前置条件,在19世纪末到20世纪初期被外在因素的进入破坏。这样的破坏虽然也表现在经济社会领域,有些学者观察到,西方现代经济要素的进入对中国社会的影响。修铁路、通商、改革税制币制等等,促进了工业在城市的增长和对外经济联系的加强,将中国经济的某些部分,首先纳入了世界贸易体系。但是如果据此认为,中国的某些经济部分已经出现了"资本主义萌芽",并且"沿着资本主义方向启动社会——经济大改组,显然是可疑的"。西方现代化元素的进入,并没有从根本上改变中国的社会性质和结构。

外在因素进入对这个均衡的稳定体系的破坏,更直接的后果表现在政治领域。首先爆发了政治革命,结果是建立了一个新的国家形态,即国家权力集中于全体人民,而不是集中于皇权中央这样一种政权体制。因为社会没有发生革命性的变迁,这样一个现代政权体制的建立,当然仍然是建立在一个具有传统特质的、自治型的社会基础之上。这就决定了国家建构、再建构的根本议程,就是国家不仅要实现"权力集中于人民的统治",

而且要将这个集中统一的统治进入社会之中，将外在于国家政权力量仍然保持着"自我治理传统特质"的社会，改造为与这个权力集中于人民的现代国家政权相适应的现代社会。这一过程，被称为是"社会的国家化"过程。

社会的国家化，我们可以看到两条线索。

第一个线索，是政权组织体系和能力的建设。首先从土地革命开始，土地革命最直接的政治意义，是打破了这个"自治型社会"当中的"小统治者"的权力基础，我把它称为"板结点"，这些"板结点"由于事实上构成了地方社会内部的权力支配关系，以及与国家权力之间的"分化"和"外在"关系，相当于社会当中的"封建成分"。人民公社体制的确立，实际上是国家政权的组织体系深入覆盖到乡村社会的所有领域。正是因为深入覆盖到乡村社会的所有领域，它抑制了社会的活力，使得这样一种政权组织体系的建设难以为继，所以就有了后来的"乡政村治"，乡村政权建设的调适性架构。当下，我们看到乡村社会的政权建设又出现了一些新的变化。前段时间我们到农村做调查，发现当下又出现了一个"再村政化"的现象。现在的村干部拿的是国家财政工资，比如湖北一个村的主职干部一年可以拿到5万元的工资收入。村两委干部都在国家统一修建的党群服务中心办公，政府的事务进入乡村社会，都通过党群服务中心坐班的两位委员及其他聘用人员去落实。从形式上看，类似于一个政府办事机构，称之为一种"再村政化"的现象。这些现象实际上是国家政权的组织体系在建设的过程当中，不断的发展、不断的调试、不断的完善过程中出现的一种现象。另外还有政权的组织能力建设、统治能力、治理能力的建设。比如"法治社会建设"。送法下乡、三治结合、乡村司法站的建立等都是国家对社会的再建构内容。乡村治理中还有一些新的变化，比如几个村联合起来，成立一个区域性的治理中心，这个治理中心将现代国家治理的一些要素纳入到其中，比如说有专门的法务专员、治安专员等；还有对社会暴力的打击和控制，打击黑恶势力等；还有对宗族文化、民俗文化等地方性文化建设的治理和引导，以及乡村公共服务建设，就是把这个外在于国家公共服务体系的"自力社会"建设成为一个由国家财政支撑下的乡村社会。以上这些，都是政权组织体系建设和前面提到的法治、暴力、地方意识形态还有国家财政等一些现代国家的成熟要素进入乡村社会，用这些现代要素对社会实现再建构的过程。

第二个线索,是对乡村发展能力的建设。现代国家是建立在现代社会的基础上的,完全传统的落后的小农经济,自我发展、自我均衡的小农经济显然无法支撑一个现代国家体系,或者说无法在现代国家体系下存在。国家近年来也采取了一系列乡村发展的战略,新农建设、脱贫攻坚、乡村振兴等都是国家在乡村社会推进的一些重大工程。如果把这样一些战略放到世界的大背景下去考虑,它就更具有鲜明的国家建构意义。我国实施脱贫攻坚和乡村振兴的规模,在世界上任何一个国家可能都十分少见。在中国,它不仅是一项社会工程,更主要是一项政治工程。它实际上是国家要建设一个具有现代发展要素和发展能力的现代社会,这也是中国国家建构在社会当中的一个必要内容。

"社会的国家化",就是将现代国家的组织体系和治理能力输入长期外在于国家组织体系的自我发展和运行的乡村社会。这一过程,构成了国家建构的社会路径。

国家基础权力的发展
——以信访治理中的社工项目为例

王 清[*]

分析国家时,除了从整体上理解国家,还需要从社会的角度理解"作为基层政府的国家"。"国家基础权力"理应成为那些研究"作为基层政府的国家"的学者所必须关注的重要议题。因为现代国家在合法垄断暴力的基础上建立了一套官僚机构,但其有效运转还有赖于其向社会进行的有效渗透,而国家向社会渗透的能力就跟国家的基础权力密切相关。本文以信访治理中的社工项目为例,尝试着阐释双重保护型中间人的形成逻辑,以此分析国家基础权力的发展。

一 研究问题的提出

本文关注的是迈克尔·曼有关国家基础权力的概念。国家基础权力是国家渗透、影响、连接社会的一种权力,是现代国家能力的重要组成部分,孱弱的国家基础权力会给国家带来治理危机。国家基础权力关注的核心是国家究竟该如何扩大其基础权力,那么国家该如何扩大基础权力的发展呢?

学界有诸多关于这方面的研究,我大致把它分成两个大类,一是官僚机构的制度化朝向。该类型的指向是国家基础权力的发展有赖于国家官僚机构的发展。(韦伯 1997;埃特曼 2010)但国家天然具有"利维坦"的扩张特性,且其财政供养压力大。二是非组织化的非正式力量(Dittmer;周雪光 2019)。该类型的指向是国家基础权力的发展有赖于非制度化或非正

---

[*] 王清,中山大学政治与公共事务管理学院教授。

式的力量。例如，Dittmer 指出国家无法完成向基层的渗透，杜赞奇认为中国双轨政治的运转有赖于非正式的乡绅。

但本文认为，第二种类型的导向存在问题。例如，非组织化的非正式力量非常零散，缺乏科层体制制约，没有形成契约关系，具有不稳定性，且易产生政治风险。所以本文尝试以第三条解释路径将正式制度的组织化和非正式力量连接起来。

（一）研究问题

本文的研究问题是，国家如何提升其对社会的影响、渗透和控制力？

（二）研究方法：案例研究法

本文选择一种中国特有的国家基础权力的表现形式——信访制度为研究对象，并将以 A 区信访社工项目为案例，探讨在当代中国，国家基础权力的形成及其发展逻辑。

本文的经验材料来源于 2018 年 6 月至 2021 年 10 月，笔者对 A 区信访局以及承接 A 区信访社工项目的 B 社工组织进行的多次追踪调查。笔者先后访谈了 A 区信访局局长、副局长、办公室、接访科、督查科等多个科室负责人，镇街信访工作人员以及 B 社工组织的负责人及工作人员。此外，2019 年 7 月本研究团队的成员在该局蹲点十余天。笔者还在 2018 年 5 月、2019 年 10 月、2020 年 5 月通过项目评估的方式，参与式观察 A 区的信访社工项目。

二 国家基础权力的分析框架

（一）国家基础权力：概念界定

迈克尔·曼把国家权力分为强制性权力和基础性权力（infrastructural power）。斯考切波在谈及国家基础权力时，则非常强调国家对社会汲取、配置资源，行政管理和实行规则的能力。还有研究认为，国家基础权力是国家渗透能力、汲取能力和国家与经济精英协调的能力，抑或者国家基础权力是国家影响、渗透和控制社会的一种能力。

本文探讨的国家是"作为基层政府的国家"。"作为顶层的国家"与社

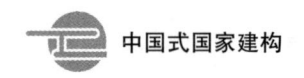

会民众之间存在着一个连接力量——基层政府。古代的"吏"具有亦官亦民的双重身份，本文探讨国家基础权力的发展，实际上就是在探讨"吏"的发展。对于现代国家政权建设中的"吏"而言，早期，"吏"是一种非制度化力量；现代，"吏"是一种制度化力量。

（二）国家基础权力：两种基础结构

1. 正式结构与非正式结构

国家的基础结构存在正式与非正式之分。（迈克尔·曼 2007；黄宗智 2000，2007；杜赞奇 2018；黄冬娅 2009）

国家的官僚机构为正式的基础结构，其权力来源于行政体系。国家依靠官僚科层的力量实现其向社会的渗透。

非正式力量则是非正式的基础机构，在大多数情况下，其权力源自社会，他们是中国国家政权建设中极为重要的一环。非正式力量的身份非国家赋予、财政非国家供给，但却在承担协助收税等国家职能方面呈现出"官"的身份。

2. 正式结构与非正式结构的相互关系：替代论与互补论

正式结构与非正式结构的相互关系存在替代论与互补论之说。

一是替代论。现代国家的发展得益于正式结构的发展和成熟，国家建构实质上是正式结构取代非正式结构的过程，而正式结构得以塑造的重要表现为官僚系统的理性化、制度化。（蒂利 1975；王绍光 2002；沈大伟 2011）

二是互补论。正式结构和非正式结构之间是一种互补关系。即正式结构允许非正式结构的存在，并将其视为补充性力量。（黄宗智 2008，2019）

（三）国家基础权力的分析框架

1. 国家基础权力的四种类型

亦官亦民的这部分人或者组织被放在国家跟社会连接的中间位置，所以他们被称为中间人。本文在前两种基础结构之上，引入两个标准：一是中间人是保护还是掠夺社会，二是中间人是否完成国家意志。基于此，我们可以划分出四种类型的中间人。具体如表1所示。

第一种类型：未完成国家意志却保护社会（保护型经纪人，杜赞奇）。

杜赞奇认为，早期的华北农村由士绅协助治理，士绅产生于社会且具有资历，他们更多的是在保护社会。本文之所以认为他们未完成国家意志，是因为相比于完成国家意志而言，他们更倾向于保护社会。

第二种类型：未完成国家意志且掠夺社会（掠夺型经纪人，赢利型经纪人，黄宗智、杜赞奇）。在日伪时期，国家向乡村社会征税过于严苛，导致士绅不愿承担收税任务，很多土豪劣绅或利益在村外的人就成为了连接乡村与国家的中间人，杜赞奇由此提出国家政权内卷化。这表明，一方面他们不是保护社会而是掠夺社会，另一方面他们没有完全完成国家意志。因为国家每次征收赋税，他们都有可能已经攫取了一部分。

第三种类型：完成国家意志但掠夺社会（汲取型政府、悬浮型政府，周飞舟、张静）。改革开放后的八九十年代，尤其是税费改革前的基层政府，很多学者将其定义为汲取型政府，其虽完成国家意志，但却造成了国家与社会之间非常紧张的关系。

第四种类型：完成国家意志且保护社会（官僚机构＋信访社工组织）。本文的研究发现了一种新类型，即完成国家意志且保护社会的中间人。

表1　　　　　　　　　　国家基础权力的四种类型

完成国家意志＼保护社会	保护型	掠夺型
是	4. 完成国家意志且保护社会（官僚机构＋信访社工组织）	3. 完成国家意志但掠夺社会（汲取型政府、悬浮型政府，周飞舟、张静）
否	1. 未完成国家意志却保护社会（保护型经纪人，杜赞奇）	2. 未完成国家意志且掠夺社会（掠夺型经纪人，赢利型经纪人，黄宗智、杜赞奇）

2. 双重保护型中间人的作用

我将官僚机构跟连接官僚机构的社会组织放在一起分析，并将后者称为"吏"，即双重保护型中间人。双重保护型中间人具有两个特征：一是有正式的结构。因为他是由国家主动发起而成立。二是依赖现代化的社会组织。双重保护型中间人的作用体现在：国家在基层更多是以理性、强制

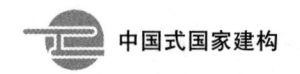

的形象出现,而双重保护型中间人更多是以感性、情感运作方式出现,所以后者柔化了国家在基层的形象。国家发起的保护型中间人通过柔化的方式,渗透社会,钝化国家强制性权力,让基础性权力发挥更大的作用。

三 双重保护型中间人的案例分析

为何是信访?

信访制度是总体型社会中国家链接社会的制度。信访制度产生的动因是反官僚主义和干部的违法乱纪行为,其性质是一种群众运动,是20世纪50年代党和国家践行群众路线的产物,是强化党同人民群众的血肉联系的一种机制。但自20世纪80年代以来,随着一票否决、技术性治理、压力型体制等的出现,国家与人民群众的不信任关系日益凸显,政府协调矛盾的成本日益加剧,信访制度也由群众路线的产物演变成一种行政救济制度。

在政府协调成本加剧的背景下,经济发达地区的一些政府开始引入社会力量参与治理,这种社会力量就是社会组织,更准确地说是社工组织,在本案例中则被称为"信访社工"。"信访社工"是指作为国家代理人的地方政府通过购买服务的方式,让社会工作者介入信访处置过程,协助信访局处理社会矛盾。"信访社工"经历了三个发展阶段:第一个阶段为单案件介入方式;第二个阶段为岗位购买方式;第三个阶段为项目购买方式,如今这一方式已具有全国普遍性。本文所观察的案例——信访社工项目,从2012年运行至今,已先后斩获"粤治·治理现代化"政府治理创新优秀案例奖(2020)、平安中国建设先进集体奖(2021)。

"信访社工"模式在当下中国十分流行,在社会与国家之间建立"防火墙"的做法亦已十分常见。"信访社工"由国家发起,主要体现在以下三个方面:第一,国家投入资金购买服务,决定购买的方式和流程;第二,国家制定项目的委托—代理规则,以明确的合同对社会组织进行监管;第三,国家对项目进行评审与验收,并决定项目的存续与转向。有人可能认为,"信访社工"的作用在于解释法律,但事实并非如此,他其实是做情绪劳动,即在来访群众和接访人员之间进行情绪疏导和矛盾阻断。

(一) 信访社工如何完成国家意志

信访社工完成国家意志主要体现在三个方面。第一，释放集体访的压力。政府在与民众接触时，将面临集体访带来的巨大压力。但在信访社工的运作之下，集体访的次数将大大降低，政府面临的集体访的压力也将得到有效释放。第二，帮助国家了解访民真实意图。不少访民在跟信访局接触的过程中，最初可能隐藏真实意图，由此导致重复访多次发生。但当信访社工介入后，信访社工能够通过情感疏导等途径降低重复访的次数。第三，不以结访为终点，增加社会服从。对完成国家意志而言，信访社工不同于信访局，信访社工并不以结访为终点，信访结束后，信访社工还将探访访民。据此而言，信访社工不仅能完成国家意志，还能增加社会服从。

(二) 信访社工如何发挥保护社会的功能

信访社工的中间人身份是政府有意为之。信访社工在接访大厅与上访人沟通时，其工服、工作牌的颜色与信访局工作人员相异，此外，信访社工并非在信访窗口接待上访人，而是在大厅中的等候区接触上访人。

对于访民而言，在信访大厅与信访社工接触，访民深感兴奋，并将出现在这样场合的信访社工视为政府的代表，通过与信访社工的沟通来将诉求传达给政府。在此意义上，信访社工可以跟民众有更多的接触并在接触过程中将信访矛盾化解。

另一方面，信访社工跟科员所依靠的科层结构不一样，信访社工与访民的日常沟通还体现在"案头"向"田头"的转变。"案头"有两大特点：第一，依赖科层制、理性化、程序化的方式在政府大楼等正式办公场所办公。第二，依赖文档和文书的管理。"田头"有其独特之处，信访社工经常前往访民家中倾听情感诉求，其协调的目的在于帮助访民从"信访人"身份恢复为"社会人"身份。社会问题日益多样化，政府管理日益碎片化，信访社工则正好可以在访民与社会的链接上发挥作用。信访社工的出现，使得访民心理恢复等诸多问题皆可由信访社工进行处理。具体的案例如下所示。

"关于社工在信访大厅和户外的时间，我们一般一天留一个社工在信访大厅，其他四位都外出，去面对案主"（A 区信访社工组织社工 W 的访谈，2020年6月10日）。

"在一个关于拆迁户土地补偿的案例中，上访人曾隐瞒其真实意图。从表面上看，上访人上访是为了为儿子争取拆迁土地补偿，然而，其真实意图则是为了修复父子关系。信访社工在与案主看似随意的日常沟通过程中，发现了上访人的真实需求，并确立了改善上访人与儿子之间的亲子关系的子目标，以此弱化了上访人的上访动机，也维护了其家庭关系。"（A区信访社工组织社工T的访谈，2019年7月19日）。

"在信访局的帮助下，我们与镇街合作次数增多，也建立好了关系。在此之后，只要他们有资源的话，镇街就愿意配合我们的工作，他们也需要我们帮忙化解一些案件"（A区信访社工组织社工T的访谈，2019年7月20日）

通过对案例故事的总结，我们可以发现，案例故事中的中间人具有双重保护型的角色：一方面它完成国家意志，另一方面它发挥保护社会的功能。

四 双重保护型中间人的形成逻辑

为何双轨制社会里的中间人不能完成国家意志，而当下信访社工这一中间人却不仅能完成国家意志，还能保护社会？本文认为，后者的出现是由当下的"强国家"所塑造的。

（一）国家基础权力的困境

当国家依靠正式的官僚机构去处理访民与国家关系时，常常会导致难以解决的问题出现，软硬兼施的策略也难以消解信访压力。

（二）正式路径与传统的非正式路径之局限

一是正式路径。为解决国家基础权力的困境而将信访的触角向基层延伸，依据官僚机构的运行逻辑来看，这容易加重基层负担，容易造成形式化和过于正式化等弊端，实施效果难以保证。二是传统的非正式路径。一般而言，传统的社会精英、"半官僚"等发挥的作用也难以生效。

在我观察的案例中，政府与访民之间存在沟通困难、互不信任的问题。为了解决问题，信访社工被组织了起来。

（三）国家通过保护型中间人克服治理困境

1. 责任外移与寻求帮手：基层政权的双重策略选择（推进保护社会）

政府划清红线，将部分矛盾和责任向社工组织外移，政府并非直接招募零散的信访社工，而是选择与组织化的非正式力量形成稳定的合作关系。信访社工进入"田头"与社会民众建立情感链接，发挥其沟通协调、缓解矛盾、重建信任等作用，。在此情况下，信访社工保护了社会。

2. 国家对中间人的技术监控（保障完成国家意志）

当下中国是强国家，有着十分强大的技术监控能力。发包前，国家可以有效对信访社工组织进行资质考核，以确保寻找可信任的信访社工组织；启动后，国家可以限制信访社工组织的介入资格，为其设立专属办公室；执行中，国家能够有效对信访社工组织进行督导督查；执行后，国家亦能够有效对信访社工组织进行评估考核。通过强大的技术监控能力，国家能够保证中间人完成国家意志。

五　结论与讨论

（一）双重保护型中间人是国家基础权力的一种新的发展形式

本文其实是在讨论国家基础权力发展的一种新形态，或者说是在讨论处于国家和社会之间的"吏"的新类型，即完成国家意志、发挥保护功能的中间人。

在组织结构方面，相对于行政力量而言，中间人只是体制外的一种非正式的社会力量，但他们又依赖于信访局而存在，所以中间人实际上是正式的官僚组织与非正式的社工力量所结合的一种组织形态。在功能方面，中间人发挥着与传统士绅相似的保护社会的作用，又完成国家意志。正是基于中间人的双重功能，本文将其概括为双重保护型中间人。中间人与国家的关系相对紧密，但是受到国家的严密监控。

（二）双重保护型中间人出现的条件

为何会出现双重保护型中间人？在杜赞奇和黄宗智的研究中，当国家权力衰弱时，才出现补充国家作用的中间人。一般而言，乡村能够内生出一种处理问题的机制，由于国家能力弱，在此机制下的中间人，更多的是保护社会而无法完成国家意志，但有时却不仅无法完成国家意志，还可能掠夺社会。本文所讨论的中间人并非出现在国家权力衰弱之时，而是出现在国家权力强大之时，这就是说在国家权力强的条件下，国家为了实现有效治理采用的手段——改造作为中间层的吏的结构——从而通过有效治理提升统治能力。此时，国家面临的是治理危机，而非统治危机。

跟本文案例关联的当下中国是强国家，这主要体现在以下两方面。第一，当下中国拥有非常强大的财政汲取能力，这是保证国家能够找到比较专业的社会力量的一个十分重要的因素。第二，当下中国拥有十分强大的技术监控手段，如庞大而又有效运作的电子监控系统等。

（三）国家基础权力发展中的张力

双重保护的关系表明，在国家和社会之间，中间人更加遵从国家意志，以完成国家意志为主要目标，保护社会只是在这一个过程中产生的副产品。因此，当其他条件不变或两种目标发生冲突时，中间人可能更多选择完成国家意志，而非保护社会，这直接表明国家基础权力在发展中存在张力。

第三篇
行政视角下的中国式国家建构

边界的下沉及其限度：
国家建构的行政逻辑

冷向明[*]

本文主要探讨行政体系向基层社会延伸的能力、基础以及边界等问题。

一 引言：为什么讨论行政体系的边界问题

国家建构视野下的"行政"是指依靠政府机构和制度对国家意志的实施与贯彻。国家和行政是相伴而生的。国家的形成生长过程同时是行政体系的建立与运行过程。一方面国家的建立是对分散的权力集中；另一方面国家又需要借助自上而下的行政体系行使国家权力。

中国场景下谈到的"行政"，大致等同于国家治理体系中的承担行政功能的部分，尤其需要指出的是，它包含党的组织体系中的承担"行政功能"的部分。

为何讨论行政体系的边界问题？这来源于我们对现实的观察。

党的十八大以来，尤其是2015年以来，在基层实践中，党建引领基层治理的政策话语不断被强调。2015年，习近平总书记提出"要把加强基层党的建设、巩固党的执政基础作为贯穿社会治理和基层建设的一条红线"。

经历新冠疫情防控，基层的重要性日益凸显。2021年，国家进一步加强基层组织体系建设，出台《中共中央国务院关于加强基层治理体系与治

---

[*] 冷向明，华中师范大学政治学部教授。

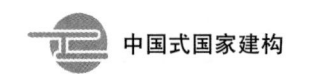

理能力现代化的意见》，治理重心进一步下沉。

为了近距离观察行政体系在基层中的变化，我们启动了大型的"百社十年观察"项目。通过观察发现，武汉市社区推广了1314工作模式。第一个"1"是指健全组织体系，提升党组织的引领力；"3"是指推动自治、德治、法治"三治"融合，优化社区治理；第二个"1"是指健全一个体系，服务凝聚群众，该服务体系包括政务服务、法律服务、生活服务、文体服务、关爱服务、党员服务；"4"是指建立四项机制，矛盾化解在基层，该四项机制包括工作力量全进入，群众需求全收集，分级分类全解决，服务过程全评价。由此我们可以看到，行政体系服务在基层社区不断下沉的实践。2021年，武汉市H区开启"5443"行动计划。从组织体系层面来说，H区建立了"区级党建联盟—街道大工委—社区大党委—小区党支部—楼栋党小组"五级组织体系，实现了党组织体系在基层的延伸。2022年，武汉市H区对"5443"行动计划进行升级，并将其命名为"深根工程"，即将组织体系链条从"楼栋党小组"向下延伸至"党员中心户为动力主轴"，这亦是行政组织体系下沉的表现。

无论是中国式现代化所取得的举世瞩目的成就，还是当前疫情防控的实践证明，中国国家治理体系，中国的行政体系，具有显著的制度优势和强大的治理能力。与此同时，我们发现，在极端状态下，即当一个城市处于完全静止状态，市场机制和社会机制停摆时，"行政机制"的力量也是"有限度"的，还有不少力所不逮之处，与人们对治理体系改革所形成的治理能力的预想存在一定的差距。

现实促使我们思考：国家建构的过程，其中重要的内容是建构"纵向到底、横向到边"的行政体系，那么，国家行政体系向社会"下沉"的边界是什么？换言之，行政机制与市场机制、社会机制的最佳接点是什么？以及行政体系功能有效发挥的社会基础是什么？

二 行政边界的下沉：历史演进与当下场景

要回应上述问题，就必须将视野投放到中国行政体系建设的历史演进与当下场景。

（一）中国传统时期的"行政体系"建设："早熟"的国家成长与"皇权不下县"？

1. 关于"早熟"的国家成长

关于中国传统时期的"行政体系"建设，学界近些年对此有过集中的讨论，其中第一个讨论焦点就是"早熟"的国家成长。

无论是马克斯·韦伯、弗朗西斯·福山、黄仁宇等外国学者，还是梁漱溟、钱穆、徐勇等中国学者；无论是持欧洲中心主义立场的学者，还是持文化保守主义立场的学者；无论是客观呈现事实的学者，还是带有价值褒贬的学者；他们都指向一个共识：与西方国家相比，中国的现代国家要素的出现要早得多，其非人格化的行政官僚体制的出现比西方早了近两千年。

徐勇老师在《政治学研究》发表的《中国的国家成长"早熟论"辨析——以关系叠加为视角》一文中，对中国的国家成长"早熟论"进行系统梳理，并提出了自己的观点。他从历史政治学关系叠加的视角指出，中国早在两千多年前就出现了包括行政官僚体系在内的一系列现代国家要素，但这不是国家"早熟"现象，而是在中国文明和国家进程中自然产生的正常结果。在世界文明和国家进程中，中国很早就是一个规模较大的政治统一体，支撑这一政治统一体的制度性力量包括中央集权、行政官僚、郡县制、户籍制等一系列制度要素。这一中央集权的政治统一源于中国的文明和国家赖以存在的历史条件，其中最主要的是大规模的农业社会。

2. 关于行政官僚体系纵向延伸

关于中国传统时期的"行政体系"建设，学界关注的第二个焦点就是行政官僚体系的纵向延伸，有关这方面的探讨，学界存在着一定的分歧。

一些学者认为"皇权不下县"。这种观点指出，中华帝国皇权的统辖只限于城墙之内，而没有渗透到乡村一级，官僚行政与乡村自治同时存在，体制性的官治对于乡土社会实际生活的支配程度十分有限。这是前些年比较主流的一种看法。

另一些学者认为"皇权下县"。南开大学吴晓林教授是比较有代表性的学者，他系统考察了中国"里治"发展简史，并在此基础上指出，"皇权不下县"很难解释古代基层社会治理。中国自先秦就开始编户入里，

"里"的范围、功能与今天的社区相近,"里治"可被视为古代的社区治理样本。同时他指出,乡里制度、户籍制度与赋税制度是"皇权下县"的三条铁链,构成了古代"家国政治"的制度基础。

郑州大学历史学院刘源的学位论文《西汉乡里官吏与国家建构》,对西汉时期基层行政体系的构成做了比较系统的梳理。西汉的基层体系包括掌管教化的三老、掌管行政的里正、掌管治安与邮驿系统的亭长。他在研究中指出,郡县制度建立及乡里最终统领于郡县的历史脉络,这个过程正体现了中央集权官僚化政治体制取代原有血缘宗族贵族化体制,各个战国国家概莫能外,最终由秦国完成了这个过程,建立了统一的中央集权官僚制国家。国家基层官吏又一直延伸到里聚落,建立起对民众最直接最彻底的控制。这是基于历史维度进行的考察。同时他还研究中指出,汉武帝之后,国家权力在乡里社会有更多影响,加上儒家思想作为国家意识形态影响,使得官僚阶层崛起,宗族豪强在乡里社会有了更大势力,由此也更多影响乡里官吏的选任,乡里官吏也更多地依附于宗族豪强,他们的权力笼罩了基层乡里社会,最终分散了国家的中央权力。

只有通过更多的史料挖掘及其研究,才能更加深入理解传统时期县以下基层行政体系的运转。上述两种观点虽有分歧,但也有共识:在传统时期,国家行政体系对乡土社会的渗透与控制相对较弱,借助文化治理以统合乡土社会是最主要的方式,文化整合是传统时期行政体系在基层发挥影响的基础。这与杜赞奇在《文化、权力与国家:1900—1942年的华北农村》中提出的"权力的文化网络"有内在的一致性。

如果赞同"皇权不下县"的观点,那么从体制性权力和功能性权力两方面来分析的话,"皇权不下县"就主要是指体制性权力"不下县",而功能性权力则不仅"下县",还直达人心,构筑了古人的中国梦。

2018年,我前往厦门大学参加学术会议。在会议闲暇之余,我参观了厦门大学旁的民俗博物馆,看到了闽南地区民俗性房屋上的木雕图像——钳中夹鱼的螃蟹。螃蟹并非抓鱼高手,出于对这种图腾结构的不解,我向馆长询问。馆长解释道:"螃蟹厚厚的壳是'甲',这意味着学子在科举考试中获得功名。"当时我就从图腾中深刻理解到传统时期文化整合的影响力,其直达人心,建构了寻常百姓对生活的期待,"钳中夹鱼"代表经济物质的丰裕,学子在科举考试中获得功名,实际上是国家建构、文化建构的结果。传统时期行政体系的运转，实际是建立在强大文化整合的基础之上。

（二）新中国成立至改革开放前的"行政体系"建设：单位制与人民公社体制

1. 城市：党的组织、基层政权、单位制

单位制及其附着的"工青妇"等群团组织是国家行政体制与社会之间的主要联结机制，单位既是生产和生活的场所，也是国家政权在基层的延伸。国家通过单位及其辅助机构街居系统，建立体制与社会之间稳定的制度关联，并且依靠单位制进行资源的再分配和利益的调节，从而实现对城市社会的全方位管理。

2. 农村：党的组织、基层政权、人民公社制

在农村，国家建构过程就是行政下乡过程，中国的乡土社会得以迅速整合，在相当程度上依靠于强大行政能力的渗透、介入、拓展。在20世纪的中国，中国共产党领导下的向乡土社会渗透的行政机制主要包括：依靠战争时期形成的强大的政治动员，各种自上而下的行政任务的全面介入到农民的日常生活，以及带有半军事化特征的命令体制。行政体制全面介入到农村社会的各个方面形成了全能型的治理结构，如此便将自然的、分散的乡土社会整合为行政的、有组织的乡土社会。

（三）改革开放后的"行政体系"建设：社区制与"乡政村治"

1. 城市：社区制

改革开放后，城市逐步确立了社区制，即社区逐步成为一种由行政体系确立的基层治理单元，它呈现出有着明确地理边界的区划特性。通过横向到边、纵向到底的划分，国家在社会主义市场条件下实现了政权的下沉，社区成为中国治理体系中最基础的部分，也成为基层承担公共服务的平台。

住房货币化改革后，居委会、业委会、物业公司等构成了新的社区治理结构，但不论是业委会还是市场化运作的物业管理公司，它们本质上都是经由体制主动赋权而生长于体制外的第三方力量，它们无法调动体制内资源，更无法解决好跨部门协商以推进社区工作的问题。由于当时的社区

党组织对社区事务缺乏组织抓手，行政体系对社会的组织、动员、回应能力都受到削弱。

党的十八大以来，尤其是2015年以来，党组织直接参与社会治理的过程，由党委部门统筹和负责社会治理工作，在此意义上，基层党组织重塑社会的过程，也就是党建引领社会治理的过程。

2. 农村："乡政村治"

改革开放后，乡村社会逐步形成了"乡政村治"格局，国家建设也由此开启了新的历程，即国家从单纯强调统一性的民族国家向同时尊重作为国家主权者的国民自由选择的自主性国家的转变。乡村治理体制由公社制向村民自治转变，也是国家建构进程的必然产物。党的十八大以来，乡村基层党组织出现再行政化趋势，党群服务中心建设、村庄事务管理、村干部行为，皆表现出理性化、专业化、职业化的特征。

（四）基层行政体系运转的社会基础：从"文化整合"到"组织整合"

通过对上述三个阶段"行政体系"建设的梳理，我们看到，基层行政体系运转的社会基础从"文化整合"转变为了"组织整合"。传统时期的行政体系运转建立在文化治理或文化整合的基础上，使其能够以较低的社会成本，在有限的国家财政可支撑的范围内实现简约治理。新中国成立以来，党的"组织整合"不但替代"文化整合"，成为行政体系运转主要的社会基础，而且作为现代国家建构的方式，它摆脱了传统国家的贯彻危机。

进入新时代，由党组织作为治理主体，以党自身的制度设计和组织扩展重建治理体系，激发社会内生活力，形成了统合治理的模式。统合治理是何艳玲、王铮今年提出的一种治理模式，其核心特征是通过党组织自身能力的强化来完成构建网络、培育社会的任务，这种强化体现在参与治理的主体、机制、程序均生发于体制自身，并重点呈现为党的组织体系发展和党员资源的重新调用。统合治理的首要意义并不在于以"党政分开"或"政社分开"构建分权、多中心的社会网络，也不仅在于以社会参与协助政府科学决策，而是在制度化协商基础上凝聚各主体政策共识，建立共同协作机制并以此完成任务。同时，统合治理将社会纳入治理体系并强调社会组织承担治理功能,这保证了社会秩序的总体稳定和社会活力的持续提高。

回到发言之初的所贯彻的现象以及问题意识,如果将中国行政体系建设看成连续的时间轴,则在改革的上半程,市场化所塑造的社会差异性无疑是架构行政体系建设的主要变量。而在改革的下半程,随着全球化、信息化与市场化进程的高度交织,特别是互联网社会对社会结构的影响日益深化,塑造了社会多元性并对行政体制改革带来了新挑战,社会多元性将成为架构行政体系建设的主要变量。新时代的中国行政体系,既要继续回应社会差异性,又要回应社会多元性。(何艳玲,2020)

这对以政治和政府为主要研究对象的学术共同体来说,应对这个"变动中的当代",无疑是重大挑战而又必须完成的任务。

三 行政边界的限度:一个分析框架

(一)分析框架:功能—体系—能力

基于上述认识,本文尝试建构一个包含功能、体系、能力三个主要变量的行政体系分析框架,并用此框架分析建设了何种行政体系,应该建设何种行政体系,以及如何完成行政体系等。在考量行政体系能力时,本文主张从其统合基础、资源条件、治理成本、综合收益、比较优势等维度建立系统、科学的衡量模式。

(二)几个层面的思考

1. 宏观:探索行政体系建设的时代规定性

对于行政体系建设的时代规定性,杨雪冬教授在20年前就做了非常卓越的探索,并且提出了影响国家建构的两大关键变量:市场发育、社会生长。精准把握这两个变量是建设系统完备、科学规范、运行高效的行政体系的前提。

从行政与市场来看,更有为的行政以使市场在资源配置中起决定性作用,人们在此层面达成了高度共识。从行政与社会来看,本次疫情防控将有助于发掘民众对社会的重要性的认知。新时代的中国行政体系建设,既要回应社会的差异性,又要回应社会的多元性。因此,未来行政体系建设的要义在于：应对多元性，转变政策制定方式；利用多元性，确认并重新理解社会分歧；建构多元性，以此拓展解决公共问题的路径。（何艳玲，2020）

社会作为治理体系主体之一的功能将是今后相当长时间内中国社会的主要面向，但随着市场化、全球化和互联网化进入新阶段，社会的自我管理属性同样需要被重视。这意味着对新时代的社会治理而言，不仅需要重视承担治理主体功能的社会建设，也需要将社会自我管理和居民自治建设纳入到议程中，实现更良性、更稳健的政社互构。

2. 中观：以科学思维破除"自负"与焦虑

徐勇老师在《关系中的国家》提出"关系决定国家"。当前中国已经进入工业化后期，尽管国家能力大幅度提升，但相对于无限的行政事务来说，国家能力仍然有很大的提升空间。因此，我们需要更加科学地考虑"能不能"的问题。当国家有更强的能力来延伸行政体系时，就必须充分考量如何建设系统完备、科学规范、运行高效的行政体系。此外，我们还必须通过进一步提升科学思维、系统思维来克服能力"自负"与秩序"焦虑"。

3. 微观：系统的认知与思考

在此分析框架下，本文主张重视系统的认知与思考。第一，以党建统合破除行政碎片化格局和官僚化倾向。第二，以法治建构秩序。第三，以服务整合社会。第四，以技术提升服务能力。第五，以开放思维替代封闭思维。第六，以系统思维应对复杂情景。

重新思考官僚科层制

马　啸[*]

等级秩序（hierarchy）是人类社会的根本特征之一。个体依据社会关系、专业分工、职位、权力等标准，组成了不同类型的等级秩序。这些等级秩序为减少自然状态下的无序，促进人类合作发挥了重要作用。在形形色色的等级秩序之中，官僚科层制（bureaucracy）作为现代国家的主体，受到了包括政治学、社会学、经济学等诸多学科的重点关注。与官僚科层制有关的议题也成为了社会科学的经典问题：官僚制为什么产生，起到了什么作用？在漫长的历史进程中是什么力量推动了官僚科层制的理性化？作为人类组织社会的形式之一，官僚科层制是否存在替代？现有的官僚科层制又存在什么局限？本文在梳理经典理论作品的基础上，重新思考官僚科层制在国家建构中的作用。

一　原初定义与起源

（一）官僚科层制（bureaucracy）的定义

马克斯·韦伯（Weber 1978）[①] 提出了"官僚"概念。bureaucracy 一词最初即韦伯所创造，现在已经被人们广泛接受。虽然人们现在已经将官僚制度广泛地和政府机构相关联起来，但韦伯在定义 bureaucracy 时却不仅限于政府机构。韦伯定义的官僚科层制的特点包括：固定的专业分工（特定目标、实现手段、专门的执行者），成员受过专业训练，日常管理依照

---

[*] 马啸，北京大学政府管理学院助理教授，北京大学国家治理研究院、公共治理研究所研究员。

[①] Weber, Max. *Economy and Society: An Outline of Interpretive Sociology*, University of California press, 1978.

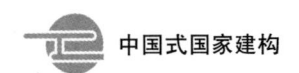

成文规则，科层制以及随着科层渐变的权威，一般性的、去人格化的组织管理规则（可以被学习的规则）等。

如果将科层的概念与现实中的组织进行一一对照，例如如成员是否有固定的专业分工，是否受过专业训练，日常管理是否依照成文规则，组织内部是否拥有自上而下渐变的权威，组织是否有一般性的、去人格化的管理规则（可以被学习的规则），我们会发现，符合这些特征的组织范围十分广泛，不仅包括国家行政组织，还包括宗教组织、医院、学校、公司等。所以在中文里，我倾向用"科层制"来对应韦伯的最初概念，而"官僚"作为科层制的一个子集，则指与国家行政功能相关的科层制机构。从上述定义中可以清晰地发现，官僚科层制是一种依照等级秩序逻辑建构的组织。

（二）韦伯对科层制出现的解释

韦伯刚在提出"科层"概念的同时，在同部作品中也分析了科层制出现的原因，包括货币经济的出现，人口的增长，交通通讯技术的发展，行政任务的增加和复杂化等。在众多因素中，韦伯特别强调货币经济（money economy）对科层制出现所起的重要作用。在货币经济大规模出现之前占主流的是实物交易。可以想象的是，组织成员的收入在实物报酬制度下是相对不稳定的。如果收成、运输、储存、交易过程发生任何问题，实物报酬就很有可能中断。另外，在实物报酬阶段，人与人之间也更容易产生依附关系，这与科层制的去人格化特征相冲突。没有货币经济的支持，大规模的交换也无法出现，一个组织不得不担负起维持组织成员生存所需的多种不同任务，专业化分工也无法出现。直到货币经济出现之后，大规模频繁的市场交易才成为可能，这为组织的分工和专业化提供了前提条件，科层制也因此应运而生了。

二　国家与官僚科层制

在韦伯提出"科层制"的概念后，众多学者从不同视角探讨了官僚科层制的起源。通过对相关文献的梳理，本文将研究国家与官僚科层制起源的解释归为三类。分类的依据是建构解释所采用的视角，分别是主权者的视角、官僚科层自身的视角及主权者与官僚科层融合的视角。

（一）主权者与官僚科层融合的视角

在人类历史长河中，主权者长期是指酋长、领主、国王等政治角色。直到现代民主社会，主权者才变为了普通大众。现代民主国家之中，政治家是作为主权者的大众的代理人，而政治家的政策则由官僚机构负责执行。三者是不同的主体，存在着清晰的委托—代理关系。而在一些研究国家诞生的文献中，研究者并没有区别主权者和行政科层，如查尔斯·蒂利（Tilly 2017）的"战争制造国家"（war makes state）[①]观点和其他的国家诞生、国家建构理论。蒂利是以欧洲为例开展研究的，国家形成的战争解释论（bellicose theory of state formation）也因"欧洲中心主义"而受到诟病。不过蒂利之后有不少学者以其他国家、地区为例证明了战争解释论。一些研究还解释了在国家间战争不容易发生的当代，国与国之间的竞争是如何代替战争促进了国家建构（例如：Thies 2005[②]）。不过无一例外的是，这些解释中的国家是一个复合的概念，即国家不但囊括主权者，而且包含帮助主权者执行政策的科层制官僚。在查尔斯·蒂利的叙事中，国家与社会之间虽然存在博弈，例如国家向财富所有者征税，但这一叙事里的国家同样是复合概念，并未对行政科层进行单独的界定。

与基于欧洲视角的战争解释论相对应的是魏特夫的"治水假说"（Wittfogel 1957）[③]，即所谓的东方国家的早期国家建构来自于对定期泛滥的洪水的治理需求。在本文看来，"治水假说"与"战争制造国家"两者背后的逻辑在本质上是非常类似的。当某地遭遇战争、自然灾害等非毁灭性的外部冲击时，为了应对这些外部冲击所做的努力，包括国家与社会之间的博弈，有可能导致行政机构的理性化和国家能力的增强。但这些叙事都未区分当时作为代理人的官僚科层机构与作为委托人的统治者之间的差别。

[①] Tilly, Charles. "War making and state making as organized crime", *Collective Violence, Contentious Politics, and Social Change*, Routledge, 2017. 121–139.

[②] Thies, Cameron G. "War, rivalry, and state building in Latin America", *American Journal of Political Science* 49. 3 (2005): 451–465.

[③] Wittfogel, Karl August. *Oriental Despotism: A Comparative Study of Total Power*, Yale University Press, 1957.

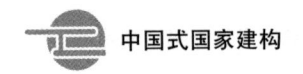

（二）主权者的视角

在第二类的文献中，研究者探讨国家形成和国家建构的问题时，更多侧重了对主权者的分析。在这种分析框架之下，整个国家的运行都被简约为了主权者（统治者）意志的体现，而那些执行主权者（统治者）的行政科层人员可能的独立性却被忽视。

这一类研究中具有代表性的是曼瑟尔·奥尔森（Olson 1993）[①] 关于早期国家形成的解释。他运用抽象的模型比较了流寇（roving bandits）与坐寇（stationary bandits），并认为相比于流寇，坐寇能够在被统治的臣民中建立起某种潜在的契约，进而在建立早期国家的竞争中具备比较优势。他在原文中提到："那些聪明的统治者知道，如果用这种默契的契约让自己戴上皇冠，那么统治就建立起来了。"在这一叙事中，国家的出现，似乎只是主权者（统治者）策略性选择的结果。但众所周知，即便以最小的标准界定现代国家，仅靠一人或几个人，无法建立起真正意义上的有效统治。作为经济学家的奥尔森，追求抽象简洁的故事，因此其忽视了作为代理人的官僚科层成员可能发挥的更为复杂的角色也是可以理解的。

国家形成研究中一位不能忽视的学者是恩格斯，他在《家庭、私有制和国家的起源》一书中，基于人类学的素材，从私有财产与阶级关系视角解释了国家的诞生。[②] 与奥尔森一样，恩格斯在分析国家出现过程时同样着眼于主权者。该书用大量篇幅介绍了家庭形态与私有制的发展和变化，并在最后指出国家随着阶级的出现而产生。该书的实证资料并不是恩格斯的原创，他在前人收集的资料的基础上，运用阶级等抽样概念，解释国家的诞生。但他并未解释阶级如何能使庞大组织——国家的维持成为可能的缘由。马克思主义政治经济学更多地将国家视为阶级统治的工具，而国家机器本身并不具有独立的特征。

（三）官僚科层自身的视角

除了主权者的视角、主权者与行政科层制融合的视角，还存在着官僚

[①] Olson, Mancur. "Dictatorship, democracy, and development", *American Political Science Review* 87.3 (1993): 567–576.

[②] 参见恩格斯《家庭、私有制和国家的起源》，人民出版社2003年版。

科层自身的视角。在这种视角之下，作为国家机器主体的官僚组织能够脱离主权者的意志而存在，具有一定的自主性。

罗森博格（Rosenberg 1958）[①]通过对普鲁士官僚制度的研究，发现了官僚机构不同于主权者的自主性。他发现，普鲁士国家机器内雇佣的大量的专业官僚，他们的行为并不一定与他们的上司（大臣或是国王）的意志完全一致。即便官僚们的上司想要限制官僚的自主空间，职业官僚们也有足够的手段和上司进行迂回博弈。因此对于官僚机构的完全掌控几乎是不可能的。罗森博格的结论在当时并未引起太多关注。20世纪80年代后，随着"找回国家"和"国家自主性"等研究热潮的出现，人们开始接受国家机器并不等同于主权者这一结论：官僚科层机构自身拥有相对独立的运作逻辑。正因如此，政治家对官僚的政治控制问题才引发了关注，并成为比较政治学和中国政治领域非常重要的研究议题。

三 从信息视角理解官僚科层制的诞生与发展

在梳理三种类型的解释的基础上，本文试图从信息的视角理解作为国家主体的官僚科层制的诞生与发展。信息（information）是国家治理的基础性资源。统治者和政策执行者只有在充分掌握了关于治理对象的信息的基础之上，才能制订和执行合理的政策，能防微杜渐，确保国家的长治久安。

（一）统治者（主权者）需要信息

如前文所述，这里的主权者是指统治者，而并非指官僚科层制的官僚。统治者维持疆域内的有效治理离不开信息，这一观念已被研究国家治理、国家能力的学者广泛接受。在对国家能力这一概念进行定义和阐释时，国内外的学者都强调渗透（penetration）、认证（verification）等维度。而这些维度都与国家获取信息的能力息息相关。例如，中国之所以能够在新冠疫情爆发时控制住疫情，是因为拥有健康码、核酸检测等认证居民活动的安排和举措。国家机器对每一个人干了什么，去了哪里，和谁一起去

[①] Rosenberg, Hans. *Bureaucracy, Aristocracy, and Autocracy: The Prussian Experience, 1669 - 1815*, Harvard University Press, 1958.

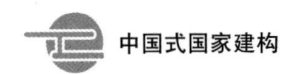

的信息，都有充分的掌握，在此基础之上才能采取措施阻断疫情的传播。但在人类历史发展长河中，尤其是早期国家出现的过程中，信息收集并非易事。对农作物的类型、产出等信息进行认证核实是税赋征收的前置条件，农作物产出直接影响国家与民众之间最关键的博弈——税收。可以想象的是，在前工业时代，人们难以及时获悉几十公里外农民的产出（他们到底种了什么，又收获了多少）。信息收集的问题至今仍然困扰着很多发展中国家，成为阻碍强国家出现的重要因素。

（二）信息与早期国家制度

信息收集的难易程度直接影响了人类早期的国家制度选择。就这个问题而言，本文主要参考经济史学家大卫·斯塔萨维奇和人类学家詹姆斯·斯科特两位学者的相关研究。2020年，斯塔萨维奇撰写了《民主的衰落与兴起：一部纵贯古今的全球史》一书（Stasavage 2020）[1]。他在书中提出，早期人类社会出现代议制民主和比较集权的官僚制度的区别，主要取决于主权者（统治者）收集信息的难易程度。古代欧洲等地，统治者收集有关经济、社会活动信息的难度非常大。不同地方的经济活动存在巨大差异，有的地方种植小麦，有的地方种植土豆，还有的地方种植玉米等。不同地方经济活动的显著差异和当时人类信息沟通技术发展的局限，使得统治者不得不与掌握财富的人分享权力以便获得足够的税收，这可能是早期民主制度出现的一个重要基础。与之相对，在信息收集非常容易的地方，统治者能够相对比较容易建立直接统治，他只需派出税务官，并建立起更加集中的官僚制度就能维持统治。斯塔萨维奇在书中将两种差异出现的原因归结为农作物的种植方式。相比于分散式种植、游牧与分散式种植相结合的地区，大规模集中种植水稻、小麦等农作物的地区，既更加容易收集信息，也更加容易形成集权的官僚制度。而导致两种农业生产方式存在差异的则是自然禀赋，不同地区的自然环境、土壤水分含量有所不同，适合不同类型的农业生产。

达尔文描述了动物是如何受到不同自然禀赋的调适而产生出不同生理形态和社会组织形式的。人类的社会组织形态，也受到自然禀赋条件的约

---

[1] Stasavage, David, *The Decline and Rise of Democracy*, Princeton University Press, 2020.

束，只是中间传导的机制和环节可能会更加复杂。人类学家詹姆斯·斯科特的作品（Scott 2017）①与斯塔萨维奇的发现有异曲同工之妙。在斯科特看来，人类早期国家都是出现在水稻、小麦、高粱等农作物容易被观察到的地区，而不是出现在地瓜、土豆、芋头等农作物埋于地下的地区。因为后者增加了国家认证经济活动的难度，有效的税收制度无法在此建立，基本的渗透基层的官僚制度亦无法在此建立，国家更无法在此出现。当更加先进的交通、通信技术出现时，这些地方也能发展出国家。

（三）非正式制度对行政科层制的补充

在正式的理性官僚科层制之外，如今世界各国的治理之中还存在着大量的非正式制度。徐勇老师在《关系中的国家》一书中提到，基于人际关系的血缘关系网络，容易形成地方性身份认同，促使国家诞生，甚至影响整个中国国家建构的形态。②这表明，非正式制度起着十分重要的作用，人际关系、血缘关系、地域关系与韦伯所说的理性化、专业化的行政科层制存在着很大的区别。从信息视角看，这些非正式制度作为正式制度的补充，也为处于决策地位的政治家提供了有效的信息。

在广大发展中国家普遍存在的恩庇侍从（patron-client relationship）现象，就是将非正式的关系作为一种获取信息捷径的很好例子。例如在非洲国家的选举中，选民把选票投给当地宗族族长的现象十分常见。每逢选举之际，拉丁美洲一些国家的政治家经常找贫民窟中的德高望重者，让其去动员贫民窟里的选民。恩庇侍从关系的作用机制与徐勇老师提及的"关系中的国家"的作用机制非常类似。行政科层制无法向这些地方渗透，人与人之间的原生性社会关系就代替了行政科层制，并成为政治家获取基层信息的一种方式。

另外，由非正式制度所构成的社会关系，还可能与官僚科层制之间存在张力。米格代尔（Migdal 1988）③认为，国家和社会之间可能存在着对

---

① Scott, James C. *Against the Grain: A Deep History of the Earliest States*, Yale University Press, 2017.
② 徐勇：《关系中的国家》（第一卷），社会科学文献出版社2019年版。
③ Migdal, Joel S., *Strong Societies and Weak States: State-society Relations and State Capabilities in the Third World*, Princeton University Press, 1988.

抗关系，即国家和社会中的不同组织永远在争夺人口的支配权。作为社会成员的个体要么听从于国家，要么听从于社会中的其他组织（例如宗族、教会、公司、帮派等），最终会有一方占据支配权。从米格代尔的视角出发，英国殖民者并不直接统治殖民地最基层的地方，而是在当地组建酋长委员会，建立委任统治（例如缅甸）。当英国殖民者离开以后，在原殖民地建立起来的国家就面临着社会势力——酋长阻碍行政科层制向下渗透的困境，而这与"皇权不下县"的逻辑也存在着诸多相似。非正式制度在一些情况下可以成为统治者获取信息的帮手，但在另外一些情况下就会成为获取信息的阻碍。

四 从信息视角重新思考官僚科层制

从信息视角思考官僚科层制，还能发现另一问题：那些已经建立起有效官僚科层的强国家，仍然存在着相当严重的委托代理问题。以中国为例，经历过社会革命的中国，一般被视为强国家。经历过多轮改造、运动后，中国的国家能力能够渗透到基层。但与他国一样，被授权的行政科层官僚所做之事未必是政策制订者想让他们做的。经济学家基于信息角度思考问题时，提出了委托代理概念。当被授权者比授权者掌握更多信息时，委托代理问题就有可能产生，掌握更多信息的被授权者有可能利用自身的信息优势蒙骗上级，或者利用手中权力谋取私利。如何解决这种因信息不对称所导致的治理问题，也成为了政治学研究的重点课题。

（一）选举、媒体的信号作用

现代西方国家的很多政治制度都是围绕着解决委托代理问题而产生的，如为何要有选举、媒体监督等。在20世纪80年代，研究行政科层制的一些学者认为，无论是选举中的投票所释放出的信息，还是媒体报道丑闻所散播的信息，两者都对行政科层制构成了一定的限制（McCubbins & Schwartz 1984）[1]。例如，倘若有某个官员非常不认真工作，其情况很有可

---

[1] McCubbins, Mathew D., and Thomas Schwartz., "Congressional oversight overlooked: Police patrols versus fire alarms", *American Journal of Political Science* (1984): 165-179.

能在选举之日被曝光。选民有可能因为无法忍受而投反对票，投票的结果就是对这种不认真工作的信号释放。所以选举可以被理解为是信息释放的一种方式。

（二）自下而上的游说

我们也可以将自下而上的游说视为对信息问题的一种回应（Austen-Smith 1993）①。在美国、中国等幅员非常辽阔、层级非常众多的国家，联邦或中央的最高决策者，面对国内不同地域的庞杂信息时，存在信息差的问题。他们不仅无法完全掌握地方的具体情况，也未必完全了解不同社会主体的政策需求强度。自下而上的游说行为为政策制定者弥补了这一信息赤字，为更合理的政策制订提供依据。我提出的"地方化博弈"（localized bargaining）的概念，就是对中国地方政府这类府际游说行为及其后果的一个解释（Ma 2022）②。

（三）对行政官僚的任免、考核与奖惩（"贤能/绩优主义"）

与中国政治更直接相关的是中国政府层级内的上级，为了解决委托代理问题，设计了许多制度规范下级的行为，并形成了独具特色的制度优势。例如，政治学、经济学等学科文献都涉及了官僚任免、考核与奖励的制度，以及这些制度如何改变官员行为，促进经济增长和改善治理。这种基于官员表现而给予任免、考核与奖惩的制度化行为，不少人将之称为"贤能主义"或"绩优主义"等。

（四）考核制度下新的信息扭曲

本文的思考在于，上级部门利用考核、任免与奖励解决因信息不对称所导致的委托代理问题，却有可能遇到新的信息扭曲的问题。这种新的扭曲同样会给国家治理带来负面的影响，需要得到学术界和政策界的关注。这种新的扭曲具体体现在如下几个维度。

---

① Austen-Smith, David, "Information and influence: Lobbying for agendas and votes", *American Journal of Political Science*（1993）：799 – 833.

② Ma, Xiao, *Localized Bargaining: The Political Economy of China's High-Speed Railway Program*, Oxford University Press, 2022.

第一，绩效能否被有效的观察与测量。一般来说，绩效考核之所以起作用，是因为它能让被考核者的激励与考核者的激励一致，但这里实际上隐藏着一个未引起关注的基本假设，即绩效是需要能够被观察与测量的。大家现在听到的"晋升锦标赛"等绩效考核模式主要关注经济增长。经济增长这一任务相对而言更容易被观察和测量。但是，有些官僚部门的绩效却难以被观察、测量。例如，宣传部门提出某个口号，进行某种教育，其对人们态度的改变程度该如何被观察、测量？外交部门的任务是维持国家之间的外交关系，但外交关系的质量却无法被轻易测量。即使可以被测量，部门工作人员的努力也无法在短时间内被及时反馈至那些能够被测量的指标上。

第二，科层中官僚的多重身份带来多重目标，但多重目标之间可能发生冲突。早期有关委托代理问题的讨论，都将行政科层官僚人员抽象为简单的理性人。但就个体而言，他可能拥有多重身份认同，进而产生不同的需求。首先，个体官僚是理性人，他追求更好的职业回报（例如高收入）。其次，官僚同时也是本部门的成员，他会去追求本官僚部门内同事的认可，保护本官僚部门的利益，追求本官僚部门预算的扩张。最后，行政科层官僚人员同时还隶属于更大的官僚组织机构，他可能又有其他的目标需求，例如获取上级的注意力以谋求职业发展。这三重身份可能给行政科层官僚人员带来三种完全不同的需求：完成考核的需求、扩张本部门预算的需求、引起上级注意力的需求。

某些领域的考核能够确保三重目标同时完成，而且目标之间互相不冲突。以经济部门的考核为例，如果个体成员业绩突出，经济增速飞快，那么负责经济部门的官僚通过奖励就能同时完成三重目标：既能够让个体成员完成考核，也能让本部门获得更多的预算，更能让本部门引起上级注意（进而获得提拔）。但在另外一些领域，上述三重目标之间可能发生冲突。以食品安全管理部门为例，如果该部门的工作做得非常好，未发生任何食品安全事故，该部门及其成员虽然能够完成考核且不被问责，但却容易在政府部门序列中丧失存在感。该部门难以引起上级的注意，其部门的预算无法得到扩张，干部亦难以得到提拔。

有的时候，当某一部门及其成员默默无闻地将所有事情都做好时，上级有关部门反而无法意识到该部门存在的必要性。这种情况在众多部门都存在。已有的有关考核体制对行政科层制的激励效应的研究，也往往局限于三重身份带来的三重目标同时完成的状况。

对于考核在不同特征部门中的后果、纠正信息扭曲时可能产生的新扭曲等问题，已有的有关行政科层制的研究都未做出满意的解答。这些非常重要但又未得到解答的问题，将成为我未来几年时间重点思考和研究的问题。

第四篇
财政视角下的中国式国家建构

中国财政国家转型:走向税收国家?

马 骏[*]

在过去十年里,从财政社会学角度出发,一些政治学家研究了中国的财政国家转型。其基本结论是,20世纪80年代以来,随着市场化改革的推进,中国开始从"自产国家"向"税收国家"转型。在这个转型中,国家与社会关系开始被重构,纳税人意识开始形成和发展,财政民主的要求开始出现并且越来越强烈,要求国家治理做出回应。[①] 尽管这些研究使得我们从一个全新的视角来理解中国的国家转型,但是,其结论仍然是非常初步的。首先,现有研究局限在预算内收入领域讨论财政国家转型,未能关注中国政府复杂而且多样的财政收入结构及其可能的影响。其次,现有研究主要运用基于西方国家建设经验总结出来的理论来理解中国的财政国家转型,理论视角过于单一。借助财政社会学的最新成果,本文将更加全面地重新审视中国的财政国家转型。本文关注的问题是:经过三十多年的经济改革,中国在多大程度上已发展成为一个税收国家?中国的财政国家转型对国家和社会关系以及国家治理产生了何种影响?本文认为,尽管中国已开始向税收国家转型,但仍然保留着自产国家的痕迹,同时又具有租金国家的特征。

---

[*] 马骏,中山大学中国公共管理研究中心教授。
[①] 马骏:《中国公共预算改革:理性化与民主化》,中央编译出版社2005年版。王绍光、马骏:《走向预算国家》,《公共行政评论》2008年1期;MA Jun. The dilemma of developing financial accountability without election, *Australia Journal of Public Administration*, 2009(68):62-72; Goldscheid, Rudolf. 1917. "A sociological approach to problems of public finance", In Richard A. Musgrave & Alan T. Peacock. Eds. 1958. *Classics in the Theory of Public Finance*, New York: The Macmillan Company.

一 中国的财政国家转型：理论分析

财政社会学产生于将近一百年前哥德谢德[1]和熊彼特[2]之间关于税收国家的一场争论。在这场争论中，两位学者都呼吁建立一门财政社会学。目前，存在两种不同意义上的财政社会学。一些学者将财政社会学看成"税收和公共财政的社会学分析"[3]。另一些学者（例如哥德谢德和熊彼特）则认为，财政社会学的目标是发展一种新的"宏观历史范式"。例如，熊彼特强调，财政体系是理解社会和政治变化的关键，它是社会变化的重要指标和源泉。这样理解的财政社会学就非常接近于一种宏大的历史叙述，一种观察和理解社会的方式，而不仅仅是一个理论。[4] 本文就是在这个意义上运用财政社会学的。

在财政社会学的分析框架中，财政变迁主要是指财政国家的转型，即从一种类型的财政国家转向另一种类型的财政国家。财政国家是根据国家财政收入最主要的来源对国家进行的分类。20世纪以来，最主要的财政国家是税收国家、自产国家和租金国家。税收国家的财政收入主要来自于私人部门缴纳的税收。[5] 自产国家主要是指那些实行计划经济体制的国家，在这些国家，广泛的国家所有制使得国家的财政收入主要来源于国有企业上缴的利润。[6] 租金国家是指那些主要依靠国家垄断的自然资源出口而获取租金收入的国家。[7] 在现实中，国家不可能只依靠一种收入来源就能满

---

[1] Schumpeter, Joseph A., "The crisis of tax state", In Richard Swedberg. Eds. 1991. Joseph A. Schumpeter: *The Economics and Sociology of Capitalism*, Princeton: Princeton University Press, 1918.

[2] Campbell, John, "The state and fiscal sociology", *Annual Review of Sociology*, 1993 (19): 163 – 185.

[3] Moore, Mick, "Revenues, state formation, and the quality of governance in developing countries", *International Political Science Review*, 2004, 25 (3): 297 – 319.

[4] Campbell, John, "An institutional analysis of fiscal reform in post-communist Europe". In John Campbell & Ove K. Pedersen. Eds. *Legacies of Change*, New York: Aldine De Gruyter, 1996.

[5] Musgrave, Richard A., "Theories of fiscal crises". In Henry J. Aaron & Michael J. Boskin. Eds. *The Economics of Taxation*, Washington, D. C.: The Brookings Institution, 1980.

[6] Musgrave, Richard A., "Theories of fiscal crises". In Henry J. Aaron & Michael J. Boskin. Eds. *The Economics of Taxation*, Washington, D. C.: The Brookings Institution, 1980.

[7] Musgrave, Richard A., "Theories of fiscal crises". In Henry J. Aaron & Michael J. Boskin. Eds. *The Economics of Taxation*, Washington, D. C.: The Brookings Institution, 1980.

中国财政国家转型：走向税收国家？

足其所有的支出需要，而不得不同时依赖于一种以上的财政收入。然而，财政国家的划分有助于我们更深入地理解国家的收入汲取行为及其政治影响。在不同的财政国家，国家和社会的关系是不同的，财政国家的转型意味着重新构建这一关系，这最终将导致社会和政治的变迁。关于财政变迁的政治影响，财政社会学有三个版本的理论。第一个理论可以称为"征税—代议制模式"。这是从欧洲近现代国家建设的经验中总结出来的，也是财政社会学中最早的一个理论。在欧洲的领地国家时期，统治者依赖自己的领地收入而生存，因此，不仅国家对社会的依赖比较少，而且国家对社会的影响也是有限的。随着欧洲国家在近现代时期转向税收国家，国家和社会的互动开始变得非常密集而且深入，税收实质上成为国家和社会互动最关键的纽结，国家也开始变得越来越依赖于私人部门。为了获取私人部门缴纳的税收，国家不得不与私人部门讨价还价并在政治上做出让步。这就迫使国家重新构造财政制度和政治制度，最终建立起现代宪政民主制度。[①] 目前对中国财政国家转型的研究，主要受这个理论影响。然而，财政社会学的研究还发展出另外两个新理论，能够帮助我们更好地理解中国财政国家转型的复杂性。

第一个新理论可以称为"租金—国家自主性模式"。这是根据一些发展中国家的国家建设经验总结出来的理论。20世纪70年代以来，这些原来贫穷的发展中国家由税收国家转变成租金国家。其中，最重要的是资源性租金。由于控制了在国际市场上特别有价值的自然资源，这些国家就能够通过出售这些资源而获得租金收入。在20世纪，最主要的自然资源是石油。各个石油输出国的财政收入都主要来自于国家的石油贸易形成的租金收入。由于租金"不是挣来的收入"，租金国家就不需要像领地国家、税收国家那样在政治上或者组织上付出多大的努力就能获得充足的财政收入。这就对这些国家的国家建设产生了巨大的影响。尽管其中的一些国家在20世纪初就启动现代国家建设，例如建立了代议制和选举制度，但是，随着它们转向租金国家，它们的国家建设道路就发生了根本性的逆转。丰

---

① Campbell, John, "The state and fiscal sociology", *Annual Review of Sociology*, 1993 (19): 163–185; Easter, Gerald M. "Capacity, consent and tax collection in post-communist states", In Brautigam, Dedorah A., OddHelge Fjeldstad & Mick Moore. Eds. *Taxation and State-building in Developing Countries*, Cambridge: Cambridge University Press, 2008.

裕的资源性租金大大地降低了国家对公民或者社会的依赖，提高了国家的自主性。由于财政收入主要不是来自于直接影响个人财富的直接税，租金国家的人民也不可能形成政治参与的动机。由于租金收入来源比较集中并且完全在国家的控制之下，其收支相对于税收而言就比较容易隐藏起来逃避议会监督。①

第二个新理论可以称为"税收讨价还价—政治民主模式"。这是从转型国家的经验中总结出来的理论。20世纪90年代，这些国家都开始向税收国家转型。② 然而，由于收入基础和政治情况不同，在转型的过程中，不同国家形成了不同的税收讨价还价模式，进而走上不同的国家建设道路。例如，在波兰，国家的收入基础主要是私有的小企业和个人收入，在政治上尽管也存在着冲突，但在经济与政治改革上社会各阶层的精英已达成共识。波兰在解决税收冲突的过程中逐步形成了"征求纳税人同意"的方式，让那些利益受到影响的社会群体表达他们的意见，同时增强国家对社会利益的回应性。这种将抗议政治疏导进"吸纳性制度"的做法夯实了波兰的民主制度。而俄国的情况则相反。一方面，私有小企业不发达，国家主要从自己控制的能源、出口等高利润部门汲取财政收入；另一方面，国家建设一直是在持久的、两极化的精英内部冲突中展开的。最后发展出来解决税收冲突的办法是一种"精英讨价还价"策略：税收政策是由国家与这些精英们单个地讨价还价而形成的，而且，其中充满了特殊性的优惠。这使得俄国的政治民主出现了一些不甚理想的特征。③ 相对而言，波兰更加像一个真正的税收国家，而俄国则带有一些租金国家的色彩。

对于研究中国的财政国家转型来说，这三个理论都是非常有启发的。目前关于中国财政国家转型的研究主要受第一个理论影响。然而，由于欧洲国家经验的特殊性，仅仅从"征税—代议制"模式出发来研究中国的财政国家转型，极其容易将我们的分析引向一种简单的线性逻辑，即走向税收国家。正如租金国家的国家建设经验以及前自产国家的转型经验告诉我

---

① Campbell, John, "An institutional analysis of fiscal reform in post-communist Europe". In John Campbell & Ove K. Pedersen. Eds. *Legacies of Change*, New York: Aldine De Gruyter, 1996.

② Musgrave, Richard A., "Theories of fiscal crises". In Henry J. Aaron & Michael J. Boskin. Eds. *The Economics of Taxation*, Washington, D. C.: The Brookings Institution, 1980.

③ World Bank, *China: Revenue Mobilization and Tax Policy* (World Bank Country Study), Washington, D. C.: World Bank, 1990.

们的,走向税收国家的道路不是直线性的、单向的,而可能是比较曲折和复杂的。正如一些租金国家的经验表明的,即使一个国家最初已经开始走向税收国家,但是,如果国家越来越依赖租金收入,那么,税收国家的建设历程也会出现逆转。前自产国家转型的经验进一步表明,在走向税收国家的过程中,围绕着税收的讨价还价模式非常重要。这就是说,税收国家的国家建设本身也是充满着复杂性的。有鉴于此,本文将综合运用这三个理论来分析中国的财政国家转型。

从财政国家的角度来看,从1956年完成社会主义改造到1978年实行市场导向的经济改革这一段时间,中国都是一个坎贝尔[①]所说的自产国家:国家的财政收入主要来自于国企利润,财政体系也一直在弱化税收的影响。尤其在1956年完成社会主义改造之后,更是如此。从1957年到1979年的这一段时间,国家财政主要运用各种非税手段来汲取各个部门的盈余:(1)在土地国有的基础上,通过价格上限(尤其是工农业产品价格剪刀差)和国家收购政策来汲取农业部门的盈余;(2)通过低利率和低工资政策来汲取城市家庭的盈余;(3)通过行政手段命令国有企业向国家财政上缴利润。自产国家的建立使得中国的国家建设走上了一条独特的道路。自产国家形成了一种"社会依赖于国家"的国家与社会关系,国家的自主性达到了顶峰。在自产国家,国家对经济资源的垄断使得国家赖以生存的经济资源很少被控制在其他的个人和社会团体手中。恰恰相反,广泛的国有或公有制使得几乎所有的个人和社会团体赖以生存的经济资源都被国家控制。其结果,不是国家依赖于社会,而是社会依赖于国家。无论是国家还是人民都容易形成一种自产国家独有的"财政幻觉",即"国家养人民"。人民因此就很难形成参与政治、影响国家收支政策的要求以及国家财政必须对社会公开、对公民负责的要求。[②] 尽管从短期来看自产国家是一种最佳的财政收入汲取模式,但是,从长远来看,这种模式是存在风险甚至危机的。一方面,在自产国家,由于经济资源高度集中于国家,人民

---

① Musgrave, Richard A., "Theories of fiscal crises", In Henry J. Aaron & Michael J. Boskin. Eds. *The Economics of Taxation*, Washington, D. C.: The Brookings Institution, 1980.

② 马骏:《中国公共预算改革:理性化与民主化》,中央编译出版社2005年版。王绍光、马骏:《走向预算国家》,《公共行政评论》2008年1期; MA Jun, "The dilemma of developing financial accountability without election", *Australia Journal of Public Administration*, 2009 (68): 62 – 72。

的福利乃至生存都高度依赖于国家财政支出，因此，这种支出责任是极其刚性的。另一方面，由于无法建立有效的激励机制和成本较低的监督机制，从长期来看，自产国家必然会出现经济总产出下滑进而财政收入锐减的风险。总之，前三十年的经验证明，作为一种财政收入生产模式，自产国家是低效率的。正是在这种情况下，1978年，中国逐步启动了市场化的经济改革，以创造新的财富，为国家财政收入提供新的来源。[1] 在一定意义上，市场经济改革也是在这种潜在的财政危机之下逼迫出来的，国家必须改革经济体制，为财政收入的汲取创造新的财源。

经济改革以前，国有经营部门之所以能够盈利并为国家提供财政收入并不是因为它们的生产效率高，而是因为国家控制了产品与要素价格并垄断了各个工业行业的生产。然而，经济改革是一种市场取向的改革，它要求减少或者放松国家对产品和要素价格的控制，降低国企对产业的垄断，放松对私营经济的限制。这些都意味着，国家不能再像以前那样去汲取财政收入。首先，逐步由市场来决定产品和要素价格意味着国家不能再像以前那样通过价格控制将农业部门和家庭的剩余转化成工业利润，再转化成国家财政收入。其次，放弃垄断和允许私人经济发展并合法地与国有经济竞争意味着，国有企业不能再获得垄断利润，从而使得国有企业的盈利能力降低。第三，对于新兴的私营企业来说，由于国家不再对这些财富拥有所有权，国家不能再像以前对待国有企业那样运用利润上缴的方式来汲取财政收入。[2] 在这种情况下，国家开始重建财政收入生产体系。这就是为什么从20世纪80年代一直到90年代后期，中国财政改革的重点一直集中在收入方面。在这一时期，国家重建了税收体系，重新发行国债，不断地调整国家和国企的利润分配关系以及中央和地方的收入分配关系。在这个过程中，重建税收体系尤为重要，也是"国家重建"的重中之重。正如世界银行[3]的一个评估报告总结的，经过80年代的两次"利改税"，到80年代末，中国已经重新建立起现代税收体系的雏形，包括企业所得税、利润

---

[1] 马骏：《中国公共预算改革：理性化与民主化》，中央编译出版社2005年版。王绍光、马骏：《走向预算国家》，《公共行政评论》2008年1期；MA Jun, "The dilemma of developing financial accountability without election", Australia Journal of Public Administration, 2009 (68): 62-72.

[2] 马骏：《中国公共预算改革：理性化与民主化》，中央编译出版社2005年版。王绍光、马骏：《走向预算国家》，《公共行政评论》2008年1期。

[3] 岑科：《公民税权手册》，传知行社会经济研究所，2008年。

中国财政国家转型：走向税收国家？

税、商品税、关税等。1994年分税制改革时，国家又进一步完善了商品税体系，增设了增值税。如果说现代税制主要包括商品税、所得税、财产税三大税种的话，经过三十年的税制改革，中国已建立起齐备的商品税和所得税，所缺的只是针对财富而征的财产税。总之，市场取向的经济改革使得中国的财政收入生产模式发生了根本性的转变，中国开始由自产国家向税收国家转型。①

然而，由于国家汲取财政收入的方式非常多样，中国的财政国家转型过程就呈现出复杂的特征。随着税收体系以及征税机构的建立，经济改革以来，税收收入，尤其是来自私人部门（民营经济和家庭）的税收，在国家财政收入中的比重越来越大，中国开始从自产国家向税收国家转型，国家对社会的依赖也随之增强。然而，正如伊斯特②的研究表明的，在向税收国家转型的过程中，从不同类型的经济部门征收税收，会形成不同的税收讨价还价模式，进而对国家与社会关系的调整以及国家建设产生不同的影响。中国实行市场经济改革以来，尽管国企在经济结构中的比重开始下降，但国家并没有采取大规模的私有化，国企仍在经济中占有举足轻重的地位并向国家缴纳相当数量的税收。相对于来自私人部门的税收来说，由于行政隶属关系的存在，国家能以比较低的讨价还价以及监督成本从国企征收税收，来自国企的税收并不会增加国家对社会的依赖。因此，对于税收国家转型来说，不仅要看税收在国家财政收入中的比重，而且要看税收在多大程度上来自私人部门。因此，本文的第一个理论命题是：私人部门缴纳的税收在财政收入中的比重越高，中国向税收国家的转型就越彻底，国家对社会的依赖就越大，民主化的社会要求就越强烈。

更为复杂的是，在向税收国家转型的过程中，尽管税收收入越来越重要，但不是国家财政收入的唯一来源。市场经济改革使得国企面临前所未有的市场竞争，在竞争中国企经营管理机制的低效率暴露无遗，加之在较长一段时期国企改革一直处于探索阶段，这就使得国企的盈利能力减弱，

---

① 马骏：《中国公共预算改革：理性化与民主化》，中央编译出版社2005年版。王绍光、马骏：《走向预算国家》，《公共行政评论》2008年1期；MA Jun, "The dilemma of developing financial accountability without election", Australia Journal of Public Administration, 2009 (68): 62–72.

② World Bank. *China: Revenue mobilization and tax policy* (World Bank Country Study), Washington, D.C.: World Bank, 1990.

其对国家财政的贡献大幅下降。然而，在20世纪90年代末期，国家开始调整国企改革的目标与方式，重新定位国企的角色。这一改革比较成功地扭转了国企的经营状况，提高了国企的盈利能力及其对国家财政收入的贡献。其结果，尽管中国整体上在向税收国家转型，但仍然保留了自产国家的痕迹。同时，从20世纪90年代中期开始，随着土地出让金在地方财政收入中的重要性越来越大，中国在一定程度上具有了租金国家的特征。这意味着，尽管中国已向税收国家转型，但在现阶段乃至一个更长的时期，中国仍是一个混合型的财政国家，除了税收以外，利润和租金也是国家财政重要的收入来源。中国财政国家转型的这一特征影响着而且将会继续影响国家与社会关系的重构以及国家建设的方向。根据财政社会学的理论，本文的第二个理论命题是：在财政收入中，利润与租金的比重越高，国家对社会的依赖越小，国家的自主性越高，民主化的社会要求就越弱。

二 半"税收国家"：税收来源分析

中国从建国到经济改革这一时期，国企利润在国家预算收入中的比重不断上升，税收的比重不断下降。1978年经济改革以来，这两个比重出现了与以前完全相反的变化。随着税制改革的推进，税收的比重迅速上升。从1998年开始，税收比重开始下降，到2005年基本稳定在90%左右，仍是一个很高的比重。同时，由于国企的盈利能力开始下降，亏损面和亏损额上升，国企利润对财政收入的净贡献一直在下降。1985年，国家开始对国企亏损进行补贴，由此，国企对财政的净贡献开始呈负值。1994年，为了扶植国企，国家一方面同意国有企业不上缴利润，另一方面减少对其补贴，这使得国企利润对财政的负值贡献开始缩小，但是在2006年这一比重仍为-0.5%。这表明，经济改革后，预算收入绝大部分来源于税收（图1）。

然而，我们仍不能据此就判断中国已是一个税收国家。这需要进一步分析税收在多大程度上来源于私人部门，即私人企业加上家庭。表1分析了税收收入中不同所有制成分的贡献。[①] 1999年以来，私营经济的贡献一

---

① 在此的分析是税收收入的所有制构成，而不是全部预算收入的所有制构成。不过，21世纪以来，税收收入占预算收入的比重都在90%以上，因此，不会对结论产生过大的影响。

中国财政国家转型：走向税收国家？

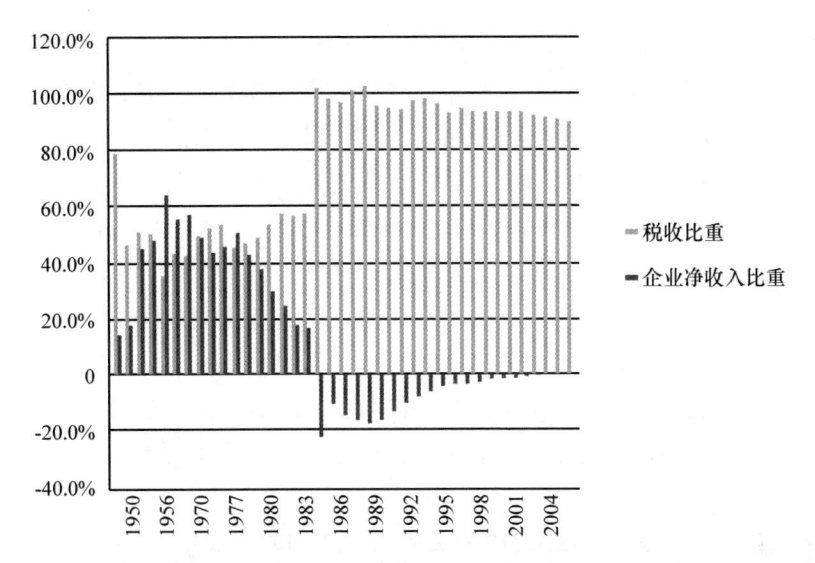

图1　改革以来税收和国企上缴财政的净利润在预算收入中的比重

注释：国企对财政的净贡献是企业上缴收入减去对企业的亏损补贴。

数据来源：1950—1970 年的数据来源于《中国财政年鉴》(2002)，其他数据来源于《中国统计年鉴》(1998, 2007)。

直在稳步上升，从 1999 年的 2.6% 上升到 2007 年的 9.9%。个体经济基本持平，但略有下降，从 1999 年的 5.9% 下降到 2007 年的 4%。这两项加起来就是民营经济在税收中的比重。同时，国企的贡献一直在下降，且降幅很大，从 1999 年的 49.5% 下降到 2007 年的 19.9%。同样也属于公有经济的集体经济的比重逐步下降，而且降幅很大，从 1999 年的 11.8% 下降到 2007 年的 1.7%。在国内的各种经济类型中，除了公私性质极其分明的经济类型外，还有若干混合经济类型，例如，股份公司、股份合作、联营和其他等，这一部分企业缴纳的税收在税收收入中的比重上升很快，从 1999 年的 14.4% 上升到 2007 年的 44.1%。在混合经济中，股份公司的税收贡献增长最为迅猛，从 1999 年的 10.8% 上升到 2007 年的 38.3%。[①]

现在的关键是如何在混合经济中分离出国有经济和私人部门的税收份额。根据《中国统计年鉴》(2003) 的统计指标解释，除了股份合作企业外，在其他的所有制成分中都既包含国有资本也包含私人资本。目前可获

---

①　根据与表 1 相同的资料计算而得。

得的数据无法直接计算私人部门在混合经济中的税收贡献,因而,本文采取了间接估算的办法。首先,根据《中国财政年鉴》(2008)公布的数据计算国企及国有控股企业缴纳的税收在税收收入中的比重。该数据显示,经过1998年以来的"抓大放小"等改革之后,国企的盈利能力上升并成为税收大户。一方面,从2001年以来国企缴纳的税金一直在上升,从2002年开始每年都以1000多亿的速度在增加。另一方面,尽管比重有所下降,但基本维持在一个较高的水平。即使到最低点的2007年也有35%。其次,在该比重中扣除表1中纯"国有企业"的税收比重,可粗略地估算出表1中混合经济包含的国有成分的税收比重,其中剩余的部分则视为私人部门在混合经济中的比重(表2)。当然,这个估算只是粗略的。

表1　　　　各种所有制成分的税收贡献(%),1999—2007年

	1999	2000	2001	2002	2003	2004	2005	2006	2007
国有企业	49.5	41.5	36.0	32.2	29.5	27.2	24.8	22.2	19.9
集体企业	11.8	8.6	7.1	5.6	4.5	3.6	3.0	2.4	1.7
私营企业	2.6	3.5	4.4	5.7	6.9	7.9	9.0	9.5	9.9
个体经营	5.9	6.4	6.2	6.0	5.2	4.8	4.6	4.5	4.0
混合经济	14.4	23.1	27.0	29.5	32.4	35.2	37.6	39.9	44.1
港澳台企业	5.6	6.2	6.3	6.9	6.6	6.5	6.7	6.5	6.1
外商企业	10.1	10.6	13.1	14.1	14.8	14.7	14.4	15.1	14.5
总计（亿元）	9687.87	11855.78	14910.68	16633.02	19991.80	25188.80	30308.78	36949.59	48574.92

数据来源:1999年以及2004—2007年的比重根据《中国税务年鉴》2000年以及2005—2008年公布的数据计算,2000—2003直接引自《中国税务年鉴》2005年。该年鉴中的税收收入是指税务部门征收的税收,不含关税和农业税,但含海关代征的两税。在计算过程中,从2002到2004这三年的有限责任公司份额被加入股份公司。

表2　　　　混合经济中国有部门和私人部门的比重(%)

	国企及国有控股税收比重(%)[1]	国有企业税收比重(%)[2]	混合经济中国有成分税收比重(%)	混合经济中私人部门税收比重(%)	混合经济税收比重(%)[3]
2001	44.82	36.00	8.82	18.18	27.00
2002	39.97	32.20	7.77	21.73	29.50

中国财政国家转型：走向税收国家？

续表

	国企及国有控股税收比重（%）[1]	国有企业税收比重（%）[2]	混合经济中国有成分税收比重（%）	混合经济中私人部门税收比重（%）	混合经济税收比重（%）[3]
2003	38.43	29.50	8.93	23.47	32.40
2004	39.21	27.20	12.01	23.19	35.20
2005	38.02	24.80	13.22	24.38	37.60
2006	37.20	22.20	15.00	24.90	39.90
2007	35.27	19.90	15.37	28.73	44.10

数据来源：[1]国企及国有控股税收来自《中国财政年鉴》（2008），总税收收入来自《中国税务年鉴》（2002—2008年）；[2][3]来自表1。

在此基础上，表3估算了各种所有制中私人部门的税收贡献。从表3看出，来自私人部门的税收占税收收入的比重一直在上升，从2001年的28.8%上升到2007年的42.6%。

表3　各种经济类型中私人部门的税收占税收收入的比重（%）

	2001	2002	2003	2004	2005	2006	2007
私营企业	4.4	5.7	6.9	7.9	9.0	9.5	9.9
个体经营	6.2	6.0	5.2	4.8	4.6	4.5	4.0
混合经济中私人成分	18.2	21.7	23.5	23.2	24.4	24.9	28.7
总比重	28.8	33.4	35.6	35.9	38.0	38.9	42.6

数据来源：表1和表2。

现在，我们需要考虑个人所得税的影响。1994年税制改革后，中国开始征收个人所得税。其后，个人所得税收入稳步上升。不过，它在税收收入中所占的比重仍然偏低。自2000年以来，个人所得税在税收收入中的比重基本上在6%—7%之间。由于本文关心的是财政国家转型对国内的国家与社会关系的影响，因此，我们扣除境外个人缴纳的个人所得税。2003年以来，国内个人所得税在税收收入中的比重一直在6%左右。① 此外，在计算私人部门的税收贡献时，为了避免重复计算，我们不能直接将国内个人

---

① 以上比重根据《中国税务年鉴》2001—2008年数据计算。

所得税的比重与表3中属于私人部门的企业的税收比重相加,而必须首先在表3中扣除由这些企业代缴的个人所得税后重新计算比重,再与国内个人所得税的比重相加。2007年,私营经济和个体经济税收扣除其中的个人所得税后在当年税收收入中的比重分别为9.32%和2.28%,由此得出民营经济的比重是11.6%,同样处理后的混合经济中来自私人部门的税收的比重是25%。因此,来自私人部门的企业缴纳的税收的比重是36.6%。将这一比重与当年国内个人所得税的比重(5.99%)相加,则2007年私人部门缴纳的税收在税收收入中的比重是42.59%。这意味着,中国目前至多只是一个半"税收国家"。

当然,在中国税制中还有其他一些相对较小的税种,例如,印花税、契税、车辆购置税、房产税。尽管这些税收也会来自私人部门,但不会影响我们上面得出的结论。首先,这些税都是些小税种。例如,2007年,印花税是2261.7527亿元,占当年税务部门征收税收的4.66%;车辆购置税876.881亿元,占当年税务部门征收税收的1.81%;房产税575.421亿元,占当年税务部门征收税收的1.15%。另外,财政部门负责征收的契税是1206.25亿元,占当年全部税收的2.5%。[①] 其次,前面分析的各种经济类型的企业也要缴纳这些税,剩余部分是由政府机构、事业单位和家庭缴纳的。尽管缺乏关于家庭缴纳的这些税收的数额,但其占比应不高,最多不会超过3%。因此,在当年税收收入中,私人部门缴纳的份额最多在45%—46%之间,仍然没有超过50%。

最后,由于中国商品税制具有很强的暗税特征,与之相联系的税负被公民感知的程度就很低。在中国的税收体系中,商品税是主体税种。以2007年为例,增值税、消费税、营业税三税筹集的税收就高达6582.7977亿元,占当年税务机构征收税收的62.9%。[②] 此外,还有其他附加在商品和服务销售中的税收,例如,城建税、教育附加等。然而,由于很多商品税都采取"价内税"的方式征收,这些税就变成了"暗税"。公民在缴纳这些税收时,根本感觉不到税负的存在。[③] 总之,由于这一部分与商品税

[①] 契税根据《中国财政年鉴》(2008)数据计算,其他根据《中国税务年鉴》(2008)数据计算。

[②] 根据《中国税务年鉴》(2008)数据计算。

[③] 满燕云、郑新业:《中国公共财政规模与税负再评估》,《北大—林肯政策简报》2010年1期。

相联系的税负不能被感知，它就无助于纳税人意识的形成，制约了中国向税收国家转型。

三 自产国家与租金国家

中国政府的收入结构非常复杂，以税收为主体的预算内财政收入只是其收入的一部分。这就使得中国向"税收国家"转型的进程变得非常复杂。目前的财政统计口径中，财政收入包括税收收入和预算内非税收入，后者包括专项收入、行政事业性收费、罚没收入和其他收入。从财政透明的角度看，中国政府的财政收入还应包括预算外收入（政府基金收入和财政生产管理资金收入）、社会保障基金收入和土地收入。[①] 社会保障基金收入实质上是一种税收，在许多国家都以社会保障税的形式征收，但在中国它是以社会保障费的形式征收的，这在一定程度上淡化了中国向税收国家的转型。此外，20世纪90年代后期以来，随着国企盈利能力的上升以及地方政府对土地出让金越来越依赖，中国向税收国家的转型开始伴随着一定的自产国家和租金国家的痕迹。

由于中国是从"自产国家"向"税收国家"转型，因此，国企改革一直是转型的重点和难点。在这一转型的前期，随着市场化改革的推进，国企利润对国家财政收入的净贡献开始下降。然而，从1997年开始，国家开始调整其国企改革战略，帮助国有大中型企业"脱困建制"，启动了"抓大放小"国企改革。2002年以来，又对国有企业进行股份制改制，建立现代产权制度；为了加强国有资产管理，解决资产流失的问题，建立国有资产管理体制。[②] 这些改革是卓有成效的。进入21世纪，国企赢利能力上升，其利润开始成为越来越重要的财政收入来源。20世纪90年代后期以来，以前国企量多面广和过于分散的状况得到改变，国有资本和国有经济开始集中到关系国民经济命脉的重要行业和关键领域，国企户数从1998年的23.8万户减少到2007年的11.2万户。然而，国企的盈利能力开始上

[①] 张卓元：《导言：中国国有企业改革30年基本经验》，张卓元、郑海航主编：《中国国有企业改革30年回顾与展望》，人民出版社2008年版。

[②] 郑海航：《中国国有企业改革30年历程和思考》，张卓元、郑海航主编：《中国国有企业改革30年回顾与展望》，人民出版社2008年版；国土资源部：《中国国土资源公报》，2008年。

升，盈利企业的盈利额从1998年的3280.2亿元上升到2007年的21220.4亿元，上升了6.5倍。国有资产实现增值，从1998年的48051.6亿元上升到112206亿元，上升了2.3倍。尽管亏损企业的亏损额先降后升，而且到2007年比1998年还高出700亿，但是，其增幅已得到控制。而且，相对于盈利的大幅上升来说，这种亏损已不再像原来那样是不可承受的。1998年，盈利额只稍微高出亏损额，但到2007年盈利额已是亏损额的5.6倍。① 在国企中，中央国企的表现最好。2001年以来，央企利润一直占国企总利润的60%左右，其缴纳的税金一直占国企总税金的40%—48%。②

当然，从1994年至2008年，国企只缴税不缴利润。这主要是因为当时国有企业经营困难，国家因此允许国企不缴纳利润。随着国企盈利能力的上升，国企重新向国家缴纳利润的问题就被提上日程。2007年，财政部会同国资委制定了《中央企业国有资本收益收取管理办法》，规定中央企业应向国家上缴的利润比例。2008年2月，中央政府正式启动国有资本经营预算的编制。2010年，中央政府又提高了央企的利润上缴比例，并将本级国有资本经营预算提交人大审批。尽管目前国企上缴的利润比例仍不高，国资预算的总规模也不大，但是，这一部分收入是国家可以随时方便调用的收入，是国家的"自留地"。

总之，随着国企盈利能力的上升，国企利润开始变成一项重要的财政收入来源。而且，如果国家进一步做大做强国企，其盈利能力将进一步上升，利润收入在财政收入中的比重也会随之上升。这表明，尽管中国已经开始向税收国家转型，但是，中国仍保留着"自产国家"的痕迹。

这将减少国家对社会的依赖，增强国家的自主性。其实，目前的国有资本经营预算只是一个"小国资"预算，只涵盖了国资委管辖范围的国企，而不包括财政部管辖的金融类国有资产，也不包括资源类（例如矿产）国有资产以及国防资产。尽管缺乏其他这些资产的数据，但是，这些资产的总额及其形成的经营收益都是非常庞大的。这些资产及其收益都是国家自主性最坚实的基础。除了国企的利润收入外，数额巨大的租金收入也进一步增强了国家的自主性。目前，最大也是最重要的租金收入当数土

---

① 根据《中国财政年鉴》2008年数据计算。2007年前的负债总额中包含少数股东权益，2007年根据新的企业会计准则调整进所有者权益中反映。

② 央企情况根据《中国财政年鉴》2008年数据计算。

2003—2008年土地出让及招拍挂出让面积和价款变化

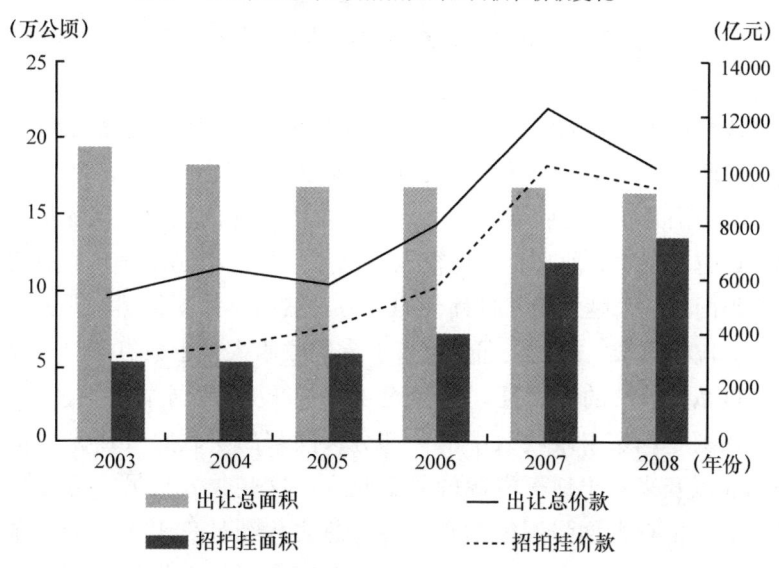

图2　土地出让及招拍挂出让土地的面积和价款（2003—2008年）

数据来源：摘自《中国国土资源公报2008》。

地出让金。土地出让金，实质上是一种租金收入，是作为土地所有者的政府出让土地使用权若干年的地租之总和。1994年分税制后，地方政府越来越依赖包括土地出让金在内的土地收入，形成所谓的"土地财政"现象。如图2所示，2003年以来，土地出让总价款一直在上升。2007年，土地出让总价款已过1.2万亿元，2008年也在1万亿水平。2010年"两会"期间，国土资源部公布的2009年全国土地出让金总额则高达1.59万亿。除了土地出让金外，中国政府还有其他的租金收入。例如，2008年，全国征收海域使用金58.9亿元，探矿权出让价款为63.19亿元，采矿权出让价款为40.34亿元。[①] 这些租金收入制约了中国向税收国家的转型，减少国家对社会的依赖，增强国家的自主性。

[①] Martin, Issac W., Ajay K. Mehrotra & Monica Prasad, "The thunder of history: The origins and development of new fiscal sociology". In Issac W. Martin, Ajay K. Mehrotra & Monica Prasad. Eds. *New Fiscal Sociology*, Cambridge: Cambridge University Press, 2009.

四 财政国家转型的政治影响

财政变迁将会影响国家与社会关系并最终导致社会与政治变化。但这取决于财政变迁的方向与程度，也取决于变迁时间的长短。经济改革以来，随着中国开始向税收国家转型，私人部门缴纳的税收在国家财政收入中的比重越来越大，原来自主性很强的国家开始变得越来越依赖社会，从而也必须面对越来越大的来自社会的压力。然而，中国仍然只是一个较弱意义上的税收国家。首先，即使仅仅考虑税收收入，也只有不到一半的税收是来自私人部门的。而且，有接近40%的税收是国企缴纳的。其次，税收收入只是国家财政收入中的一部分，国家的财政收入还来自国企缴纳的利润以及来自土地等资源的租金收入。这些收入从另一方面减少国家对社会的依赖，增强国家的自主性。总之，经过三十多年的改革，中国已不再是一个自产国家，但也不是一个完全意义上的税收国家，而是一个混合型财政国家：既具有一部分税收国家的特征，又保留了自产国家的痕迹，同时还具备租金国家的特征。中国财政国家转型的这一特征，有助于我们理解现阶段中国政治发展所呈现的某些特征以及令人困惑的现象。

从自产国家向税收国家转型不仅意味着国家的收入汲取模式出现一个根本性的转变，而且意味着国家与社会关系开始出现一个根本性的转变。如果说在自产国家模式下极其容易形成一种国家养人民的"财政幻觉"，那么在税收国家，这种财政幻觉将逐渐消失，人民将逐渐意识到是他们在养国家，而不是相反。这将使得人民逐渐形成纳税人意识并在此基础上逐步发展出公民权的要求。在财政社会学家看来，在很大程度上，公民意识和公民权就是在围绕着征税的国家与社会的互动中逐步形成的。[1] 面对这些社会压力，国家不得不调整国家治理，以获得纳税人对国家税收政策的准自愿服从，缓解社会冲突。[2] 对于改革以来中国人的纳税人意识以及公民权要求，目前仍缺乏经验研究。然而，一个可信的观察是，20世纪90

---

[1] Smith, Craig S., "China's farmers rebel against bureaucracy", *New York Times*, 2000-09-17.
[2] 马骏：《中国公共预算改革：理性化与民主化》，中央编译出版社2005年版。王绍光、马骏：《走向预算国家》，《公共行政评论》2008年1期。

中国财政国家转型：走向税收国家？

年代以来，纳税人意识不仅已经形成，而且正在逐步强化。首先，随着民营经济上缴的税收越来越多，民营经济的所有者开始形成纳税人意识。其次，进入90年代后期，随着国家开始加强个人所得税的征收并实行个人所得税申报，工薪阶层或者中产阶层也开始真真实实地感受到税负的存在及其对个人生活的影响，进而发展出比较强的纳税人意识。在向税收国家转型的过程中，随着纳税人意识的加强，除非国家的收入政策是纳税人同意的而且国家能够从制度上确保纳税人缴纳的税收最后会被使用于公共目的，否则纳税人的税收遵从度就会很低，逃税就会比较普遍。在国家和社会关系紧张的情况下，甚至可能出现抗税乃至暴力抗税事件。经济改革以来，随着国家财政收入越来越依赖于税收，逃税、抗税甚至暴力抗税都开始出现。在20世纪90年代，暴力抗税事件在农村地区越来越多。[①] 这些事件的发生及其在某些地区的激化实质上从反面说明纳税人意识正在形成。对于这些暴力抗税事件，社会学家蒂利是这样评论的：尽管它们并没有在现阶段使得中国走向民主化，但是，它们使得国家意识到社会的不满与抵抗所隐含的风险，使得国家在政策上做出了让步和调整。更为重要的，它们激活了一种机制，使得"国家受到公共政治的制约"，并在更小程度上，"使得民众能够影响公共政治"。总之，在蒂利[②]看来，围绕着征税展开的冲突和妥协在中国开启了初步民主化的迹象。不过，整体上看，暴力抗税事件在中国发生的频率比较少。这一方面是因为国家适时地调整了治理策略（包括征税策略，例如取消农业税），另一方面也因为国家的财政收入大部分不是来自私人部门缴纳的税收。

如果说相对弱势的社会阶层采取了比较激烈的方式来抵制那些不合理的税收，那么，财富阶层——尤其是私人经济——则可以运用他们控制的

[①] Thornton, Patricia, "Beneath the Banyan tree: Popular views of taxation and the state during the Republican and reform eras", *Twenty-Century China*, 1999, XXV (1) (Nov.): 1-42; 刘畅、徐福群：《湖北利川发生严重抗税事件》，《湖北日报》，2000年6月19日; 马骁、庞健：《成都发生严重暴力抗税事件》，《北京晚报》2000年12月17日; Tilly, "Charles. Extraction and democracy", In Issac W. Martin, Ajay K. Mehrotra & Monica Prasad. Eds. *New Fiscal Sociology*, Cambridge: Cambridge University Press, 2009。

[②] Holbig, Heike, "The party and private entrepreneurs in PRC", In Kjeid Erik Brodsgaard & Yongnian Zheng. Eds. *Bring the Party Back in: How China is Governed*, Singpore: Marshall Cavendish International Private Lt. 2004.

经济资源在体制内实现自己的利益。同时，随着私人经济的兴起及其逐渐成为国家重要的财政收入来源，为了将这一新阶层转换成国家的支持者，同时也为了争取他们对国家税收政策的合作，国家开始承认私营经济的合法地位，保护其利益并采取了政治吸纳或者行政吸纳的方式，将私营企业家吸纳进现有的政治框架。政治吸纳是指将这些新的社会精英吸纳进人民代表大会、政治协商会议、中华全国工商联合会等。在现有的政治构架下，参与人大、政协以及其他的政治与群众组织，为这些私营企业家提供了一个表达利益、影响政策制定的政治参与渠道。[1] 最有意思也比较有争议的是，一些地方采取"行政吸纳"的方式争取私营企业纳税大户的合作，即任命私人企业主担任政府及其部门的领导职位。例如，河北省清河县和吉林省江源县。[2] 其结果，这些策略削弱了新兴财富阶层以冲突的方式抵制政府税收的可能，发生在这个阶层的国家与社会的互动也就变得比较和谐。

不过，最能够反映纳税人意识形成以及国家在社会压力之下调整其治理制度的，当数2008年以来逐步增强的预算公开运动。随着中国逐渐向税收国家转型，要求政府公开预算的社会要求变得越来越强烈。2008年深圳市公民吴君亮等人以公民的身份要求一些中央部委以及地方政府公开部门预算，这在全国范围产生了巨大的影响。在这种越来越大的社会压力之下，各级都有一些政府开始公开政府预算。2009年，广州市政府公开了部门预算，成为国内首个公开预算的地方政府。2010年，在全国人大、财政部以及审计署的共同努力下，中央部委开始逐步公开部门预算，预算公开发展成一种全国性运动。[3] 显然，这一切只有在中国逐渐向税收国家转型这一大背景下才能很好地予以理解。如果不是因为中国开始向税收国家的转型，国家开始变得依赖社会，预算公开等民主要求不可能形成并逐渐发展成为一种社会压力，国家治理也不会主动地或者被迫地进行调整。在一

---

[1] ZHENG Yong-nian, "Interest representation and the transformation of the Chinese Communist Party", In Kjeid Erik Brodsgaard & Yongnian Zheng. Eds. *Bring the Party Back in: How China is Governed*, Singapore: Marshall Cavendish International Private Lt. 2004；张涛、刘晓超：《"老板公务员"双重身份有悖于人事制度》，《瞭望》2004年5期。

[2] 林慕华：《重塑人大的预算权力》，《公共行政评论》2008年4期。

[3] 参见人民网（2010年3月25日），《财经日刊》（2010年4月2日），《南方周末》（2009年10月28日）。

定程度上，1999年预算改革以来，中国在预算民主方面的进展也与中国向税收国家转型这一大背景有关。首先，预算改革以来，人大预算监督逐步加强，开始从程序性监督向实质性监督转变，一种横向问责机制开始建立起来。① 其次，一些地方开始试点公民参与预算，进而在财政领域发展出一种"社会问责"机制，包括浙江温岭的"预算民主恳谈"、哈尔滨和无锡的"参与式预算"。② 然而，整体上看，中国社会各阶层民主化的要求仍然比较弱。正如许多研究发现的，尽管经济改革以来，民主化的要求开始形成，公民要求国家治理回应公民诉求的声音也在不断强化，但中国社会各阶层对自由民主的兴趣却不是很强烈。③ 这使得那些坚信经济发展会导致政治民主化的政治学家非常困惑。政治学家赖特④认为，这主要是因为中国采取了国家主导的经济发展模式、在后工业化和全球化条件下私人企业需要国家提供的保护以及分割的社会难以形成共识，等等。毫无疑问，这些因素都影响着现阶段中国社会各阶层对国家与社会关系的理解，进而影响着他们的政治认知。然而，从财政社会学的角度出发，还有一个同样重要的解释变量，即国家财政收入的来源。尽管与改革前相比国家财政收入越来越依赖于私人部门缴纳的税收，但是中国仍然只是一个半税收国家。尽管归根到底土地出让金乃至国有企业的利润收入都是来自私人部门，但是，由于这些收入的汲取是间接的，隐蔽性非常强，私人部门不会直接地感受到这些负担。这就会削弱私人部门的民主化要求。

与此相一致的是，国家治理的民主化程度仍然不足。直接选举目前主要在县、乡一级人大代表选举以及村委会和城市居委会选举的层面展开。前者仍主要是一种"半竞争性的"选举⑤，后者虽然竞争性比较强，但不

---

① Goldscheid, Rudolf, 1917, "A sociological approach to problems of public finance", In Richard A. Musgrave & Alan T. Peacock. Eds. 1958. *Classics in the Theory of Public Finance*, New York: The Macmillan Company; Wright, Teresa. *Accepting Authoritarianism*, Stanford University Press, 2010.

② Goldscheid, Rudolf, 1917, "A sociological approach to problems of public finance", In Richard A. Musgrave & Alan T. Peacock. Eds. 1958. *Classics in the Theory of Public Finance*, New York: The Macmillan Company.

③ CHEN Jie, YANG Zhong, "Why do people votes in semicompetitive elections in China"? *The Journal of Politics*, 2002, 64 (1): 178–197.

④ CHEN Jie, YANG Zhong, "Why do people votes in semicompetitive elections in China"? *The Journal of Politics*, 2002, 64 (1): 178–197.

⑤ 马骏:《中国预算改革政治学》，《中山大学学报》（社会科学版）2007年第3期。

涉及一级政权。预算民主的推进也只是方兴未艾，仍然面临许多挑战。尽管人大预算监督已经兴起，但是，即使在那些人大预算监督进展比较突出的地方，预算过程仍然是行政主导的，人大加强预算监督仍然面临着许多政治约束。①公民参与预算目前也主要只在哈尔滨、无锡、浙江省温岭市这几个最初试点的地方开展，其他地方政府几乎对此缺乏兴趣。在越来越强的社会压力下，2010年中央政府已经明确表示了预算公开的决心，但是，绝大部分地方政府对此仍然心存疑虑。对此，尽管政治学家可以引入各种政治变量进行解释，但财政收入汲取方式应是一个重要的影响因素。正如蒂利②所说的，国家是自己生产自己所需的资源，还是通过垄断的产品而获得资源，还是从人民那里汲取这些资源，将影响着国家统治的特征。从长期来看，民主化只会发生在那些统治者所需的资源依赖于人民服从的地方。尽管中国已经开始向税收国家转型，但在现阶段中国仍不是一个完全的税收国家而是一个混合型财政国家，国家财政收入对社会的依赖比较小，国家的自主性比较高。在这种情况下，要求国家治理民主化的社会压力比较小，国家主动进行民主化的动机也比较弱。

五　未来走向

从长期看，财政国家转型将影响国家与社会关系的重构。在财政社会学看来，这种影响甚至是决定性的。中国最终将演变成何种类型的财政国家？这主要取决于三大因素：1）市场经济改革是否会出现方向性的转变；2）财政预算体制改革；3）自然资源禀赋。

经济改革以来，私人经济在经济总量中的比重不断上升，而国有经济的比重逐步下降。但是，从20世纪90年代后期开始，随着国家调整国企改革思路，国有经济的资产和盈利都在上升。如果国有经济在经济中的比重继续上升，中国是否会回到自产国家？2009年，随着国企在经济刺激中

---

① Goldscheid, Rudolf. 1917. "A sociological approach to problems of public finance", In Richard A. Musgrave & Alan T. Peacock. Eds. 1958. *Classics in the Theory of Public Finance*, New York: The Macmillan Company.

② Holbig, Heike. "The party and private entrepreneurs in PRC". In Kjeid Erik Brodsgaard & Yongnian Zheng. Eds. *Bring the Party Back in: How China is Governed*, Singpore: Marshall Cavendish International Private Lt. 2004.

中国财政国家转型：走向税收国家？

扮演着极其重要的角色，加之一些地方出现了"国进民退"，这就引发了比较激烈的经济体制改革是否出现"国进民退"的讨论。如果真的出现了经济上的"国进民退"，而且这个趋势得以持续加强，中国的确可能会回到原来的自产国家时代。不过，本文认为，这不可能发生。首先，至于最近几年是否出现"国进民退"本身就是一个可以争议的问题。其次，国家并未放弃建立社会主义市场经济的改革目标，中国的经济体制也不可能回到计划经济体制。最后，为了汲取财政收入，国家也不会选择自产国家的模式。对于从自产国家转型过来的中国来说，这方面的教训应该是非常深刻的。21世纪以来，国企之所以能够盈利是因为国企主要集中在一些垄断行业。如果国家进一步铺开国有经济的覆盖面，则国企整体的盈利能力就会下降。

同时，这些年来，尽管私营经济缴纳的税收以及个人所得税在税收收入中所占的比例仍然不高，但它们的增速却很快。从1990年到2001年，私营经济税收的年增长率一直都维持在50%的高水平，此后，虽然逐渐下降，但仍然较高。从1999年到2007年，私营经济的年平均增长率高达45.8%。1999年以来，个人所得税一直保持着一个相对平稳而且较高的接近30%的年平均增长率。除个别年份外，私营经济税收和个人所得税的年增长率都高于同期财政收入的年增长率。[①] 在未来，随着市场经济改革进一步深入，私营经济将进一步壮大，家庭收入将逐步上升，则私营经济税收和个人所得税的重要性将会上升。这将推动中国进一步向"税收国家"转型。从财政预算体制的角度看，中国也存在着继续向税收国家转型的可能。首先，庞大的社会保障费在将来转变成社会保障税的可能性很大。最近这几年，这种呼声一直未断。一旦开征社会保障税，其影响将如同个人所得税，中国将进一步向税收国家转型。其次，土地出让金最终将被物业税取代。目前用土地出让金缓解地方财政支出压力的办法是一种短期行为，缺乏财政可持续性。而且，土地出让金也是推高国内房价的一个重要因素，而高房价已带来巨大的社会不满。因此，这几年开征物业税的呼声一直很高。一旦物业税出台，不仅会推动中国进一步向税收国家转型，而

---

① 私营经济和个体经济的税收增长率根据《中国税务年鉴》（1990—2008）数据计算，财政收入增长率引自《中国统计年鉴》（2009）。

且会使得中国远离租金国家。从自然资源禀赋的角度来看，中国在未来发展成租金国家的可能性也很小。尽管中国号称地大物博，但实质上是一个资源短缺的国家。最后，从税收公平的原则看，中国也应在未来改革商品税的征收方式，实行"价外税"征收。如果这样，纳税人对税负的感知将进一步增强。

总之，中国存在着进一步向税收国家转型的可能。但是，中国不可能发展成一个完全的税收国家。这主要是因为，由于体制惯性以及意识形态方面的原因，国企将继续在中国经济进而在财政国家体系中扮演着非常重要的角色。尽管中国将会进一步向税收国家转型，但极其可能的是，中国将是一个以税收国家为主体但同时具有自产国家特征的混合型财政国家。

结论与讨论

从长远来看，财政国家的转型将会引起社会与政治转型。正如熊彼特（1918）所说的，国家对私人部门征税将对社会产生巨大的影响，它将塑造一种特定的现代经济，一种特定的社会文化与价值。在塑造了一个本身能够逐渐发展的公共官僚体制的同时，征税也塑造了人民，塑造了一种特定的国家与社会关系。过去三十年的市场经济改革使得中国开始从自产国家向税收国家转型，这使得国家开始依赖社会，人民开始形成纳税人意识并初步发展出公民权的要求，这就使得国家开始面对政治民主的社会压力。不过，中国财政国家转型的复杂性在于目前中国仍是一个混合型财政国家，中国还同时保留了自产国家的遗产并具有租金国家的特征。这就使得在现阶段国家对社会的依赖仍不是很高，纳税人意识仍然不高，公民权的要求也不是很强，同时，国家的自主性很大。

尽管财政变迁已经对中国的国家和社会关系以及国家治理带来了影响，但这种影响仍然是初步的。一切仍只是在变化的早期。实际上，财政社会学关注的国家和社会关系的变化通常要经过较长的时期才能比较清晰地显现出来。中国未来的国家与社会关系以及国家治理将向何处转变取决于中国将转变成何种类型的财政国家。本文认为，随着中国经济体制和财政预算体制改革的深入，中国将进一步向税收国家转型。然而，尽管中国在未来将不再具有租金国家的特征，但是，中国仍将保留自产国家的遗产，中国将是一个税收国家与自产国家的混合。毫无疑问，这将对未来的国家与社会关系产生重大的影响。这里涉及一个规范性的问题。对于一个好的治理来说，国家是否需要保留相当的自主性，应该保留多少。由于篇幅所限，本文不能对此问题进行深究。不过，有一点想说明的是，面对充满不确定性的现代市场经济，应该允许国家保留一部分对社会依赖性较少的资源，具备一定的自主性。最后，需要指出的是，尽管从财政社会学的角度，财政变迁是影响国家建设的一个决定性的变量，但这并不意味着它是唯一的影响因素。

(原载《吉林大学社会科学学报》2011年第1期)

国家构建的税收动力
——税收国家转型与官僚化进程

张长东[*]

本文内容源于本人著作"Governing and Ruling: The Political Logic of Taxation in China"的第三、四章，本文从税收与国家建构理论、改革开放40多年来财税体制大变动的背景两方面展开论述，在市场转型和央地关系背景下以县为个案讨论其官僚化进程的发展。

"Governing and Ruling: The Political Logic of Taxation in China"一书提出了两个问题。第一，中国作为一个单一制国家，地区间治理绩效差异很大。就当下的防疫政策而言，各地执行的力度、效度以及人性关怀差别很大。中央一直强调的营商环境，各地差别也非常大。第二，改革开放40多年来，同一地区的治理绩效提升很大，其变化速度、变化程度也不相同。无论是地区间治理绩效还是同一地区治理绩效提升的差异，这些差异的背后都与政府官僚化进程高度相关。国内部分地区营商环境差，其实质是官僚"掠夺性行为"的体现。本文将营商环境置于税收国家转型的背景下，以分析为何存在动态改进和地区差异。

一 研究对象及论点

（一）研究对象

本文的分析单位主要是县一级，并将浙江"热河县"、山西"冷山县"作为主要个案。选择这两地具有一定的偶然性，两地官方统计的2009年人均GDP几乎一样，很符合个案比较研究中的控制变量要求。两县的基本情

---
[*] 张长东，北京大学政府管理学院教授。

况具体如表 1 所示。

表1　Comparing County Warm River and County Cold Mountain in the Late 2000s

	GDP per capita 2009（Yuan）	Population 2009	Industry（asset mobility）	Governance quality
County Warm River	28.200/49.499（2015）	390,000	Light industry（high asset mobility）	Medium to high: high level of bureaucratization, good government service and infrastructure. less corruption, and responsive government.
County Cold Mountain	28.035/43.816（2014）	490,662	Coal mining（low asset mobility）	Low: low level of bureaucratization; predatory government, bad infrastructure, rampant corruption, and unresponsive government.

Sources: Two county governments' reports.

Note: Given most fieldwork was conducted in 2010, the comparison is mostly based on that time period with some updates on 2014 and 2015 data.

本文的一个基本论点是：导致不同地区治理绩效差异的一个重要因素是当地产业结构，尤其是与产业结构相伴随的资产流动性。在资产流动性较高的地方，如以轻工业为主的地方，政府的治理绩效相对较高；在资产流动性较低的地方，如以煤矿开采业为主的地方，政府的治理绩效相对较差。通过对其他县的调研发现：总体来看，经济发展水平不但与治理绩效相关，而且也与资产流动性相关。七县的基本情况具体如表 2 所示。

表2　Two Primary and Five Secondary Cases

County	Province	Economic development（2009 GDP per capita）	Industry（asset mobility）	LPC	Level of bureaucratization and Governance quality
County Warm River	Zhejiang	28,200（390,000）*	Light industry（high asset mobility）	Active LPC	High: good government service and infrastructure, cleaner and responsive gov't.

续表

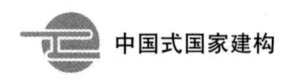

County	Province	Economic development (2009 GDP per capita)	Industry (asset mobility)	LPC	Level of bureaucratization and Governance quality
County Cold Mountain	Shanxi	28,035 (490,662)*	Coal mining (low asset mobility)	Inactive LPC	Low: predatory government, bad infrastructures, rampant corruption and unresponsive gov't.
County Wenling	Zhejiang	Very high (40,893)	Light industry	Active LPC	High
County D	Shanxi	Medium (21.544)	Coal mining	Inactive LPC	Low
County X	Hunan	Low (14.424)	Agriculture	Inactive LPC	Low
County Yiwu	Zhejiang	Very High (41.933)	Light industry	Active LPC	High
County Z	Chongqing	Low (9,820)	Light and heavy industry	Inactive LPC	Medium

Note: * Population 2009.

(二) 论点

改革开放以来，随着市场化改革的进展和经济发展，中国经历了市场转型，即由80年代初的计划经济体制逐步转型为社会主义市场经济体制。国外有些学者认为，这是局部的市场转型，不是完整的市场转型。中国现在的政治经济体制更多的是国家资本主义，而不是西方资本主义形态。

在这个过程中，国家也经历了自身的转型——官僚体制的重建。计划经济时期的官僚体制更接近韦伯所述的理想型官僚体制，在80年代初"分灶吃饭"的财政体制下，原有的官僚体制遭到严重破坏，出现了"再封建制"。经过1994年"分税制"改革及与之相配套的一系列经济社会体制改革后，官僚体制才逐渐建立起来，但也还存在较多问题。

税收国家转型是市场转型和国家转型之间的重要纽带。原先存在税收，但税收比例不高，国家是通过国有企业、农村集体化收取税费。经过上世纪的八九十年代改革后，中国现在是"半税收"国家，国家20%左右的GDP

源于税收，15%左右是非税的财政收入，因而35%左右的GDP源于国家的财税收入。在此过程中，国家和市场、国家和社会的关系发生了较大变化。

地方层面官僚体制的重建，与市场转型、国家转型和税收国家转型同步进行、相互影响。三个因素之间到底是谁影响谁？洪源远在《中国如何跳出贫困陷阱》书中系统解释了"经济发展和好的制度，谁先谁后"的问题。本文基于税收角度提出税收机制，并将其视为地方政府竞争过程中不同激励机制的产物。

我国于上世纪50年代实施了计划经济体制，并于改革开放的前十几年开启局部市场化历程。伴随着乡镇企业的快速发展，1994年后以分税制改革为主，兼有金融体制改革等各种市场改革的推动实施，使得中国的社会主义市场经济体制逐步形成。

与三个阶段相伴而生的是不同类型的税收国家。计划经济体制时期的中国实行统收统支制度，不看重税收，被某些学者称为共产主义的税收国家。在"分灶吃饭"、财政高度分权时期，中国实行分税制，出现了预算外收入比例非常高的状态，被北大的李强老师视为"再封建化"问题。"再封建化"问题，即由原来的单一制退化成各自为政、封建化的状态，其背后之意是官僚制遭到打击，退化厉害。1994分税制改革实施后，中国被视为"半税收"国家，税是一回事，支出管理又是另外一回事。国家在上世纪90年代中后期也推行了一系列财政体制改革，试图合拢收支两条线，确保国库统一支付、归置预算外收入。税收国家在改革开放前后发生很大变化，与之伴随的是经济体制的变化，而且它对官僚体制、国家形态也产生重要影响。经济体制与税收国家类型之间的对应关系具体如表3所示。

表3

	Economic system	Type of tax state
Before 1980	Under-developed planned economy (M economy)	a communist state: Unitary remittance and unitary expenditure
1980–1993	Partially liberalized market, rapid development of TVEs	a feudal state: Fiscal contracting system (FCS), tax farming and rampant extra-budgetary fund
1994–	Toward a socialist market economy (or state capitalism)	a half-tax state: Tax Share System, high reliance on non-tax revenue and indirect taxes; efforts to monitor extra-budgetary fund. Merge SAT and LBT in 2018

二 文献综述：税收与国家建构的理论研究

(一) 中国发展的政治经济学主流理论

一是戴慕珍提出的"地方政府公司化"理论。她意识到财政分权的重要性，财政分权使得地方政府及其官员拥有非常强的动力发展乡镇企业，由此导致地方政府公司化。在该研究的启发下，后续很多研究均看到这种现象好的方面，即财政分权带来了经济发展、农村工业化等。也有学者讨论其负面情况，当时中央经济改革的一个重要目标是实现"政企分开"，而地方政府公司化却与"政企分开"的目标相对立，当时还出现了楼继伟在90年代提及的"诸侯经济""政企不分"等"再封建化"现象。所以，需要综合考量改革带来的正面和负面效果。

二是钱颖一提出的"市场维护型联邦制"。他认为地方政府之间的相互竞争对于中国的经济发展非常重要。此外，也有学者强调非正式制度的重要性，如洪源远老师提出了市场和国家相互演化理论。在这些研究的启发之下，本文借助米格代尔"国家与社会相互形塑"的理论，更加强调国家与社会、国家与市场之间的相互影响。

(二) 税收与国家能力的研究：已有研究

税收和国家能力的研究成果十分丰硕，中国比较有名的是王绍光、胡鞍钢老师的《中国国家能力报告》。2011年，Slater与其学生Fenner合写的一篇文章阐明了税收对于维持政府运转的重要性。但另一方面，与国家构建理论更相关的是，税收涉及企业、个人信息的收集，国家要做到这一点，就定会倒逼有内聚力、有能力渗透到社会里面的官僚体系的形成。官僚体系与现代税收相伴而生，它会取代之前的"包税制"。

(三) 理想型官僚制组织的特征

韦伯提出了理想型官僚制组织的特征，如法制化、层级节制、公私分开、专业化、专职化、效果的可预见性等。本文重点强调"公私分开"这一特征，即官僚制行政管理把官厅活动活动视为与私人领域有明显区别的事情：由公职人员及其自的物质设备、文书档案组成的办公机关，与公职人员的私人住所分开；职务工作与私人往来分开，职上的财物与私人财物分开；行政管理人员与行政管理物分开（即他们本人不占有自己管理的物资）。韦伯认为，这是区分"家产制"和"官僚制"非常重要的标准。

上世纪八九十年代"分灶吃饭"时期的政企不分其实并未完全做到。如戴慕珍所言，乡镇书记是乡镇企业的董事长，乡长是乡镇企业的总经理，在此情形下，政府随时可以用乡镇企业的钱。这种情况与理想型官僚制存在差距，韦伯在《经济与社会》一书中就理想型官僚制进行了讨论。本文在这里借用斯维特伯格所做的总结，他重新对韦伯的财政社会学进行了梳理，提出了非常有洞察力的观点。

（四）中国：早熟的官僚制？

马克斯·韦伯对古代的中国有过"早熟官僚制"的经典论述。从财政角度来看，日本学者提出了"原额主义"，国家财政的"原额主义"造成了地方官府财政经费不足，导致了正额之外的附加性或追加性征收项目与数量日益膨胀，而不断增加的额外负担又不均衡地加之于社会各阶层之间。中国人民大学何平提出了"不完全财政"。清政府的财政支出是按照其"经制"来安排的，《会典》《则例》等法典式文献对国家每年正常的财政收支规定相对固定的额度。无论社会经济情况发生怎样的变化，均不得突破经制所规定的支出范围和额度。这种不能因事设费、在制度上存在支出缺口的财政体制，我们称之为"不完全财政"。

从财政角度来看，封建王朝时期的中央政府、地方政府正式规定可以收的税很少，但实际上收的税远远超出规定数额，这种情形在地方政府更为突出，这就造成了何平老师所述的"国民两困"等问题。国家官员日子不好过，百姓负担也非常重，即出现了所谓的"黄宗羲定律"。一直到农业税取消前，这个问题在农村地区都非常突出。

这套财政体制使官僚出现了各种问题。《州县官的银两：18世纪中国的合理化财政改革》是比较有代表性的研究成果，该书从制度视角来看官员的财政行为，将雍正皇帝的"耗羡归公"视为一种合理化财政改革，即通过提高合法税收来改善财政体制。《文化、权力与国家：1900—1942年的华北农村》提出了"政权内卷化"，其核心概念是强化农村汲取的国家建构进程不仅没有得到有效推进，反而还造成了国家"政权内卷化"，其背后的原因是官僚制没有被很好地建立起来。有关"胥吏"的研究表明，相比于更接近官僚制度成分的官员，胥吏基本脱离了官僚制的状态。

此种情形在中国存续了上千年，但为何新中国之后开始发生大的变化？如果从国家建构、财政社会学角度来看，会有很多新的发现。

前文已经区分出三个阶段不同的经济体制、税收国家类型，表4则更强调官员收入来源，预算外收入如何管理，以及这些钱花在何处等，并由此反映出官僚化的阶段和维度。

表4

	Fiscal	Functional	Personnel
Before 1980: command administration	Unitary remittance and unitary expenditure; very limited revenue	Undifferentiated. no Boundary between government. enterprises and social organizations	No exam. revolutionaries
1980-middle 1990s: re-feudalization	Fiscal contracting; Tax farming and extra-budgetary fund, very limited public services; increased revenue	Separating government from enterprises to some degree, local governments as corporates, predatory behaviors	No exam, patron-clientelism; recruiting some educated people to government; over-staffed with temporary workers
Middle 1990s-present: modern bureaucracy formation	Tax sharing system, toward budgetary management, more public services	Further separate government from enterprises, more differentiated	Recruitment exam; maintained presence of temporary workers

三 Mixed-methods design 定性与定量的结合使用

为证明该论点，本文将定性的比较个案研究与定量研究相结合。通过深度个案研究，本文试图将改革开放40年来的历史划分成不同阶段，并考察市场体系与官僚体系是如何相互影响的。一方面，二者都在变；另一方面，二者的变化均受双方影响，二者既是自变量又是因变量。同时，不同的县在横截面上会有差异。为增加研究的可说服性，在两县个案研究的基础上，本文还结合其他一些地区的数据展开定量研究，以验证个案研究得出的结论。

四 财政联邦制和官僚化进程

中国虽然是单一制国家，但其财政权力在某种程度上却是高度分权的。自上世纪80年代至今，中国的财政收入权越来越集中，如国税、地税合并，但其支出方面却呈现出高度分权状态。所以，有学者认为，从财政来看，中国是联邦制国家。其主要原因在于地方政府间的竞争，周黎安提出的"地方政府锦标赛"则是有力例证，从历史来看，此种情形主要发生于1994年分税制改革后。

改革开放前，国家财政体制的重要特征是计划经济、统收统支与国有制和集体所有制相结合，公民依附于国家。国家的官僚体制虽然更接近韦伯制的，但却存在一个很大的问题，即个人积极性缺失，民众出工不出力，从而造成经济停滞。文革结束后，鉴于前期出现的问题，国家开始实行分权，即实行财政承包制或"分灶吃饭"。在高度分权的情况下，一方面，乡镇企业崛起，经济快速发展；另一方面，官僚体系出现了封建化，即"政企不分"。在此过程中，地方政府之间只存在有限竞争，其很重要的一个原因在于，商品、生产等要素的流动比较有限，如农民工作为一种劳动生产要素在区域之间流动，但农民工大规模的迁徙却开启于上世纪80年代末90年代初，更不用说资产等其他要素的流动。1994年分税制改革后，国有中小企业、乡镇企业的私有化浪潮席卷全国，此时区域间的竞争日益激烈，地方政府锦标赛也逐渐开始，与之相关的商品流动性、资产流动性、生产要素流动性都随之流动起来。对于地方政府来讲，其发展策略由发展乡镇企业转变为搞开发区招商引资，改善营商环境，要实现这一转变，关键在于重塑官僚体制，杜绝政府部门"吃、拿、卡、要"。

如下面的表5所示，相关研究可以分为三大阶段。第一阶段与"分灶吃饭"时期高度重合。分税制改革后，以房地产行业的兴起为界，该阶段又可分为两个阶段。在此过程中，该县从农业县变成了轻工业县，其资产流动性由低变高，地方政府发展策略由垄断市场，发展集体乡镇企业转变为招商引资，推进公司私有化进程，改善营商环境，建工业园区等。经过这些变化后，民营企业家不管是用脚投票还是通过其他政治参与渠道，他们均能够发挥一些作用。就官僚体制而言，在上世纪八九十年代，官僚体制更多是所谓的家产制或封建制。在九十年代中后期，官僚体制更多表现出现代官僚制的特征。2008年后，房地产经济的兴起为地方政府带来了诸多效益，政府既可以去投资，也可以改善公务员待遇，这有利于官僚化。但与此同时，房地产经济也为特殊部门、行业带来了负面影响。具体内容如表5所示。

表5

Time/Policy Period	Industry	Asset Mobility	Government's Development Strategy	Private Entrepreneurs' Bargaining Power	Bureaucratization
Stage 1: early 1980s to 1990s	From Agriculture to Light industry	Low to medium	Monopolize the market and build collectively-owned enterprises, set market barriers for different regions	Medium	Feudalism and patrimonialism
Stage 2: after mid 1990s		High	Keep the capital within the jurisdiction and invite outside investment by creating good investment environment	High	Emergence of modern bureaucracy
Stage 3: After mid 2000	Rise of real estate industry. Light industry keeps growing	Low	Inviting investment, government-led investment based on land finance	Medium	With some degeneration of modern bureaucracy

如下面的表6所示，本文参照洪源远的官僚和市场互演模型，基于财政社会学的视角，从机制层面对官僚与市场的互演进行分析。如表6右框所示，财政分权，一方面导致官僚退化，另一方面带来市场经济、乡镇企业的兴起。基于此，中央开始实施分税制改革，私有化、资产流动性大大提升，地方政府开始改变发展开始改变发展策略，即改善营商环境，提高官僚化程度。官僚化程度越高，更为规范、更好的市场越容易发展起来，官僚化与市场之间呈现出相互影响的状态。

表6　　　　　　　　　Coevolution of Bureaucracy and Market

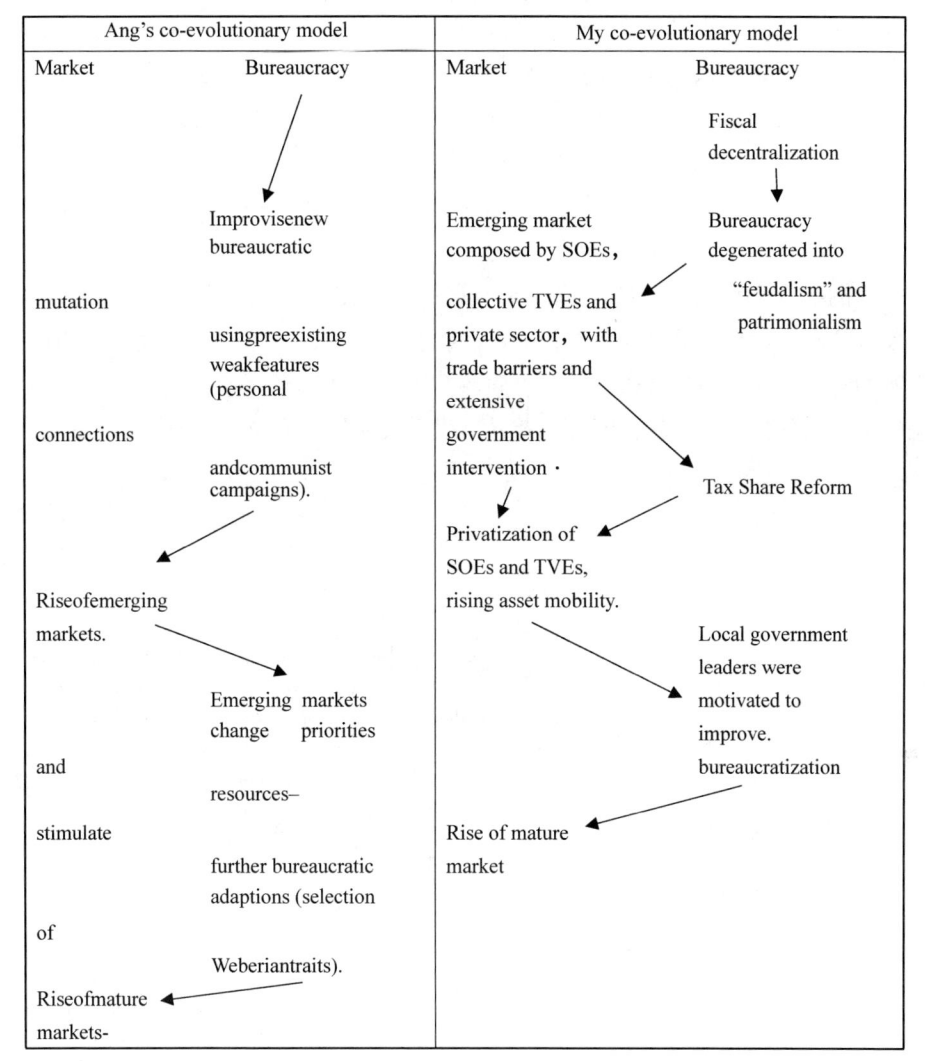

Ang's co-evolutionary model		My co-evolutionary model	
Market	Bureaucracy	Market	Bureaucracy
			Fiscal decentralization
mutation	Improvise new bureaucratic	Emerging market composed by SOEs, collective TVEs and private sector, with trade barriers and extensive government intervention.	Bureaucracy degenerated into "feudalism" and patrimonialism
connections	using preexisting weak features (personal and communist campaigns).		
			Tax Share Reform
Rise of emerging markets.		Privatization of SOEs and TVEs, rising asset mobility.	
and stimulate	Emerging markets change priorities and resources—		Local government leaders were motivated to improve. bureaucratization
of	further bureaucratic adaptions (selection of Weberian traits).	Rise of mature market	
Rise of mature markets-			

五　结论：两个机制

（一）机制一

浙江的热河县，在80年代后期、90年代初期，在招商引资过程中，一些县领导、具体的职能部门，当时热衷于"吃、拿、卡、要"，但后来发现这样一来，企业都跑到旁边的县。旁边的县也意识到这个问题，尤其是经济落后的县，拼命的"放水养鱼"以吸引资本投入。当地的县领导及人大常委中有一小部分企业主，提议制约官僚权力，改善营商环境。地方政府的党政领导人只有通过改善营商环境，私营企业家们也更愿意配合党政领导人的努力。所以，通过十几、二十年的努力，官僚化程度的水平发生差异。这是我在不同地区做的简单比较。

上世纪八九十年代的浙江热河县政府部门在招商引资过程中，热衷于"吃、拿、卡、要"，由此导致企业跑到其他县。当众多的县，尤其是经济落后的县都意识到问题的严重性时，它们都拼命"放水养鱼"以吸引资本投入。当地的一小部分企业主，提议制约官僚权力，改善营商环境。地方政府的党政领导人也只有通过改善营商环境才能留住私营企业。经过一二十年的努力，各县的官僚化程度发生差异。表7反映的是不同地区的简单比较。

表7

Industry	Natural Resource Mining	Light Industry
Asset Mobility	Low	High
Local Party government leaders' incentive and strategy	Easy revenue weakens their incentives to create an investment-friendly environment	Strong incentive to keep local investors and attract outside investors; therefore, they seek to rationalize the government bureaus, provide better public infrastructure to create an investment-friendly environment; ally with private entrepreneurs to achieve these goals
Private entrepreneurs' bargaining power	Low	Medium to high
Private entrepreneurs' strategies	Evade tax, build personal connections, achieve more prestigious political titles	Evade tax, build personal connections, achieve more powerful political titles; sometimes collectively lobby for better infrastructure and government service
Bureaucratization	Low	High

表7反映出，资产流动性越高，治理质量越高。就浙江、山西的个案而言，2014年—2015年，浙江走在前列，现今又被定义为中国发展的重要窗口，而山西却出现"塌方式腐败"，其背后与资产流动性存在明显的因

果关联。定量研究的结果也的确反映出两者之间的相关性。

（二）机制二

从当地党政领导人和私营企业家策略角度来看，资产流动性越高，地方政府领导越有积极性，企业家也越有意愿去做；反之，就会造成截然不同的结果。

本文基于财政社会学对几个县进行比较、历史分析，以发掘出税收影响国家建构的具体机制。具体如下面的表8所示。

表8

		Political leaders	
Private entrepreneurs	Willing to challenge the state	Highly motivated to discipline gov. bureaus	Low motivation
		High governance quality (Warm River and Wenling)	Low or medium
	Prefer personalized connections	Low or medium governance quality	Low (County Cold Mountain)

（本文主要来源于2021年密歇根大学出版社出版的《Governing and Ruling: The Political Logic of Taxation in China》第三、四章）

中国式现代国家构建的财政逻辑
——以财税体制改革为主线

颜昌武[*]

本文基于财税体制改革的视角,从税收与现代国家构建的关联、新中国税制改革的历史变迁、税制改革的内在逻辑三方面呈现中国式现代国家构建的财政逻辑。

2022年1—4月,除广州之外各大城市财政收入的增幅均呈下降态势,深圳4月份的增幅更是下降44%,堪称腰斩,这可能跟二三月份的抗疫形势有关。如果仅看这一组数据,我们可能会对中国经济持悲观态度,当再看另一组关于增值税发票数据时可以发现,今年1—4月深圳市开票销售收入同比增长4.7%,其中4月单月增长2.5%,发票数据是经济发展状况的直观、真实反映。由此可见,我们可以从不同数据来对经济发展状况进行解读。

2008年3月16日,十一届全国人大一次会议记者招待会,时任国务院总理温家宝讲道:"一个国家的财政史是惊心动魄的。如果你读它,会从中看到不仅是经济的发展,而且是社会的结构和公平正义。在这5年,我要下决心推进财政体制改革,让人民的钱更好地为人民谋利益。"约瑟夫·熊彼特在《税收国家的危机》一文中讲道:"一个民族的精神、文化水平、社会结构及其政策所部属的行动,所有这些以及更多的东西都被写进它的财政史之中……谁懂得如何倾听它的信使的声音,谁就能在这里比其他任何地方更加明了地识别世界历史的雷鸣。"温家宝总理与约瑟夫·熊彼特的论述有许多值得关注的地方。

---

[*] 颜昌武,暨南大学公共管理学院教授。

税收不仅是经济层面的事务，更重要的是，它还关系到国家的社会结构、公平、正义等。但长期以来，经济学家、会计学家往往能够依据其专业的技能主导税收议题，税收的经济、技术属性被过度强调，税收的政治属性没有凸显，税收也未进入政治学的研究范畴之内。党的十八届三中全会提出"财政是国家治理的基础和重要支柱"这一重要命题，这与"财税体制改革是经济体制改革的突破口"的表述明显不同，这是冲破传统经济学思维，彰显鲜明的政治学意蕴的体现。

本文以新中国成立以来的财税体制改革为主线，聚焦税收对于现代国家构建的意义，探讨中国式现代国家构建的财政逻辑。

税收反映了作为征税方的国家与作为纳税人的公民之间的关系。众多学者从不同视角对税收进行了解读。管理主义的视角强调纳税人对国家负有纳税义务，权利主义的视角突出公民的权利及与之相对应的国家责任，契约主义的视角主张国家与公民是平等的互负给付义务和请求权利的契约关系。无论是哪一种视角，都表明税收承载了国家与公民之间的权利义务关系。

一 税收如何关联现代国家构建

从更宽泛的角度来说，现代国家构建就是国家为提高治理能力而与社会各利益主体进行建设性互动以获取支持和资源进而实现其公共目标的过程。

国家构建的基本任务是优化国家权力的结构性配置，其主要解决两方面的问题：一是国家权力的边界问题，即如何处理好国家、市场和社会三者之间的关系，如何使市场和社会不仅成为相对独立于国家的领域，同时使之成为约束国家掠夺之手的重要力量。二是国家权力体系内部分工问题，即如何重建国家治理权威的内部结构问题，具体到横向层面，是处理国家立法、行政、司法等国家权力机构之间的关系问题；具体到纵向层面，是处理中央政府和地方政府的关系问题。

中国式现代国家构建的过程是政府、社会、市场关系不断调整和优化的过程，是政治权力、社会权力和经济权力之间关系的合理化构建过程，是公共权力不断寻求国家与社会、市场关系合理化的持续历史进程。由于

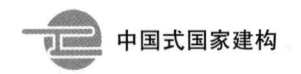

中国共产党在我国现代国家构建中起着总揽全局、协调各方的领导核心作用,因此党的领导内嵌于上述所有关系之中,并突出地表现在党政关系中。基于此,本文提炼出中国现代国家构建的四个基本维度:党政关系、政府与社会的关系、政府与市场的关系、中央与地方的关系。

二 新中国税制改革的历史变迁

考虑到汇报的主题,本文将基于财税体制改革,并主要从央地关系、政府与社会的关系两个维度解读中国式现代国家构建的财政逻辑。这两对关系是如何通过税收进行转换和衔接的?要回答该问题,就必须阐释新中国税制改革的历史变迁。税收在新中国的发展演变,不只是一个单纯的技术问题或者经济问题,本质上还是一个政治问题。新中国财税体制一直在探索中不断变革,税制改革的历史变迁反映了中国现代国家构建艰辛而恢弘的历史进程。从财政社会学的角度看,以一国财政收入的主要来源为依据,我们可以区分出自产国家、租金国家和税收国家等不同财政国家类型。不同财政国家类型反映着国家治理能力的强弱。

经过70余年的发展演变,我国财政资源汲取方式的变化大体经历了三个阶段。第一阶段是利税并存、以利为主、以利代税的自产国家时期。第二阶段是从改革开放之初进入到利改税、税利分流的改革时期。第三阶段是分税制改革之后开始进入到以税收收入为主、非税收入为辅、国债筹资补充的税收国家时期。

一部税制改革的历史,就是一部央地关系调整的历史。新中国成立后很长一段的历史时期,我国税制变迁反映的是中央和地方的关系,并不主要反映国家和社会的关系。

(一) 集权:以"统收统支"为表征

第一阶段,即集权阶段,是以"统收统支"为表征的自产国家时期(1949—1978年)。新生的中华人民共和国的当务之急是集中国家权力,增加国家财力,迅速恢复被百年战乱破坏的国民经济。据此而言,如何获取财政收入和强化财政汲取能力就成为中国现代国家构建所必须面对的基本命题,它构成了影响国家和社会之间资源配置的基础性制度安排。

以"统收统支"为表征的集权逻辑主要体现在三方面：第一，建立集中统一的财税体制，体现了集权的逻辑。没有统一的财权，就没有统一的政权；税政的集中统一，既是当时经济社会发展的必然要求，也是适应计划经济体制的必然体现。第二，简化税制，以利代税，体现了自产国家的特征。自产国家的财政收入主要来源于国有企业上缴的利润，其财政体系也一直在弱化税收的作用。在理论层面，坚持"税收无用论""繁琐哲学""条条专政""管卡压"等；在实践层面，则遵循简化税制的思路，以利代税。第三，改革过分集中的财税体制，体现了在放权收权间的来回摇摆。

集权带来了一系列负面影响。第一，以利代税，税收被上缴利润的形式所取代。税收占全国财政收入比重较低，国家财政收入更多来自于企业上缴的利润。在改革开放前，税收收入占全国财政的比重一直低于50%。即使到了1978年，企业收入占当年国家财政收入的比重仍高达50%以上。第二，税收组织收入和调节经济的功能遭到严重弱化。第三，正常的税收征管秩序受到冲击。第四，上缴利润的形式效率低下，难以真正实现"为国聚财"的目标，更容易诱发财政危机，不利于国家的长足发展。

（二）放权让利改革

1978年，国家面临着如何重新认识税收的问题。1978年4月8—27号召开的全国税务工作会议的主要内容是"为税收恢复名誉"，并设立财政部税务总局。国家当时的经济管理体制的突出缺陷是权力过于集中。党的十一届三中全会针对性地提出，应该大胆下放权力，财政体制率先成为先行一步的突破口。随后，1980年起下放财权，实行"划分收支、分级包干"的财政管理体制（"分灶吃饭"）。它打破了以集权为特征的统收统支模式，通过放权让利调动地方企业、公民个人的积极性，从而使其成为现代国家建设的重要力量。在一定意义上讲，日常所述的"分灶吃饭""大包干"，都是开始实施放权让利的突破。这个突破既体现出中央和地方关系的重新调整，同时也反映出国家和社会关系的调整。以"利改税"为例，它在一定程度上使国营企业只能向国家缴纳利润，国家不能向国营企业征收所得税的税收理念禁区被突破，从而使得国家和企业分配关系发生历史性的转变。1985年的"分级包干"、1988年的地方财政包干，实质上都是财政包干体制，都是为了打破原来财权集中过多、分配统得过多、管得过死的僵化局面。

经过一系列改革后,国家和企业的关系有所变化。如果说"利改税"之前是"以利代税"的话,那么"利改税"在一定程度上可被视为"以税代利",加之国家实行了地方分级包干制,"以利代税"就意味着国家和企业的利润分配关系发生了变化。1987年财政部再次推出进一步改革国家和企业的分配关系方案,它亦被称为"税利分流"改革。无论是分两步走的"利改税",还是"税利分流",都体现了如何理顺、规范国家与企业之间的利润分配关系。

从财政社会学的角度来看,经过上述一系列改革后,中国已经由以"统收统支"为表征的自产国家逐步转变为以"放权让利"为表征的税收国家。此前的"非税制"和"税收无用论"都被彻底抛弃,税收的名誉不仅得以恢复,税收在整个国家经济调节中的作用也得以强化。国家税务机关地位的逐步提升就是一个十分典型的例子。财政部税务总局最早设立于改革开放之初,1988年升格为国家税务局,1993年升格为国家税务总局,由原来财政部的归口管理变为国务院直属机构,同年由原来的副部级机构变成正部级的机构。

由此可见,一方面国家与市场、企业的关系发生了转变,国家减少了对企业的直接干预,扩大了企业的自主权、财力;另一方面中央和地方的关系也发生了变化。据此而言,税收国家的典型特征得以凸显。

(三)分税制改革:强化国家汲取能力

分税制改革后,税收国家才得到充分发展。大包干后,中央财政收入占总财政收入的比重持续下降。1993年12月,国务院发布了关于实行分税制体制改革的决定。1994年7月1日,分税制改革正式实施。在机构设置上,国家分设国家税务局和地方税务局,其中国家税务局系统实行垂直管理。分税制改革的亮点是,打破了过去"分灶吃饭"和"放权让利"的传统思路,中央不再委托地方税务机关完成征税工作,而是建立了自己的税收系统——国家税务局系统,这样就最大限度地避免了地方政府对国税工作的干扰。

从此意义上来讲,分税制改革是全方位的、根本性的改革,也是新中国成立以来规模最大、范围最广、内容最深刻、影响最深远的一次税制改革。首先，分税制改革显著提升了中央的财力和宏观调控能力。纵观分税制改革前后，1993年中央财政收入占全国财政收入的比重是22%，但经过分税制改革后，1994年中央财政收入占全国财政收入的比重就达到了55.7%，增加了33.7%。其次，分税制改革明确规定了中央和地方的利益边界，规范了中央和地方之间的财政分配关系。分税制的一个显著特征是，它仅对中央和省的收入分成进行调整，而没有更明确规定省以下的收入分成。省以下的财政体制在一定程度上并没有进入到分税制的轨道，从而呈现出讨价还价、因地制宜的状况。此外，分税制改革强调收入侧的改革而非支出侧的改革，它很少从支出责任的角度来对央地关系加以约束，也就是我们通常说的收入向中央倾斜，而支出向地方倾斜。这就使得地方在一定程度上不得不依赖于土地财政，地方政府呈现出某种租金国家的特征，即依靠土地出让金来维系的土地财政大行其道，地方治理陷入困境。

（四）新的税改方向：健全地方税体系

十八届三中全会提出新的税改方向是深化税收制度改革，完善地方税体系，逐步提高直接税比重。无论是中央政府还是地方政府，都承担着一定的公共服务职能，有职能就会有支出，有支出就应当有税源。为保证政府职能的履行，每一级政府都应当有自己稳定的且与事权相对应的财源。

作为公共服务的提供者，不同层级的政府对应不同类型的公共服务。那些与保证中央集中财力和维护全国统一市场正常高效运行、实现全局性经济调节关系密切的税种，应划归中央税；那些有利于发挥地方信息优势和征管优势、更具多样性，且受益范围限于当地的税种，应划归地方税。

党的十九大提出明确的改革目标：加快建立现代财政制度，建立权责清晰、财力协调、区域均衡的中央和地方财政关系。此时，财政国家的第四种类型——预算国家的特征在中国开始凸显。预算国家在一定程度上不仅关注"收"的问题，它还注重"支"的问题，这样就有了预算。2009年，南方周末报道了一名深圳企业家吴君亮的故事，说他以一己之力推动了预算的公开和透明。当时他给很多地方政府部门写信，要求公开收入和支出。广州市政府成为全国率先吃螃蟹的地方政府，开始向市民公开其收支状况。预算国家这扇门一经打开就再也关不上了。

三 税制改革的内在逻辑

如果从收支角度考虑,"收"主要指"掠夺之手","支"主要指"扶助之手",十八届三中全会前后税收对国家的重要作用发生了重大变化。十八届三中全会之前,重心在税收收入(掠夺之手)。税收收入对于保证财政收入所具有的特殊意义,也就是说以前我们设计的税收制度主要都是在围绕税收收入及时、足额、可持续的入库这个大前提下进行的。

新一轮税改更多地反映了党和国家对于税收制度本身所应当具有的公平正义的要求(扶助之手)。现代国家治理的核心问题是使政府对人民负责任。新一轮税改同时关注收入和支出,使税收从政府管理公众的工具,变成了公众监督政府的工具,实现了从"治民之术"到"治权之术"的转变,从而确保地方政府对人民负责。

四 结语

税收不只是一个融资范畴,更是一个再分配范畴。税收不仅体现了国家的汲取能力,更体现了国家的再分配能力。改革开放前税收的功能被简化为替国家聚财,它使得个人生活高度依赖于国家供给,由此很容易产生"国家养人民而非人民养国家"的财政幻觉。但八二宪法明确规定:"中华人民共和国公民有依照法律纳税的义务",从该规定可以看出,国家已经开始重视通过税收来调整国家与公民的权利义务关系。财税体制改革的历史变迁表明,税收对国家建设的作用不仅在于为国家提供岁入,更在于塑造国家与社会的关系,规范中央和地方的关系,促进社会公平与正义。现代意义的税收制度是要通过现代意义的直接税制度去支撑的。

但迄今为止,只有6%的税收收入来自于自然人的缴纳。这一方面表明,国家与公民之间的税收联系渠道比较狭窄,不利于国家培植负责任的、有担当的公民意识;另一方面表明,间接税过高容易出现高收入者低税率、低收入者高税率的现象。所以从这个意义上来讲,税收实际上承载着促进社会公平与正义的作用。从中国税制改革的发展历程来看，税收本身承载着调整国家与社会关系的重任。但十八届三中全会前，税收调整的是中央与地方关系，十八届三中全会后，税收才体现出其调整国家和社会关系，促进社会公平正义的政治意义。

（本文主要改编自《学海》2021年第1期的论文《中国现代国家建构的财政逻辑》）

国家建构与财政：历史社会学的视角

李钧鹏[*]

一 国家建构的分析视角和国家特性

（一）阶级视角：20世纪60年代的马克思主义研究

阶级视角是分析国家建构的一种历史悠久的视角。一般而言，谈及阶级，我们就会将其与马克思主义相关联，但阶级视角并不等同于马克思主义视角。在国家建构这一研究领域中，与之更为直接的关联发生在20世纪六七十年代的英国和法国，这两个国家出现了一批所谓的后马克思主义者或新马克思主义者，他们开始用从阶级视角来研究国家建构。但是，持有阶级视角的人，并不一定持有马克思主义。阶级视角关注的是国家的经济内嵌性，阶级冲突作为经济与政治变迁的驱动力。相关的经典著作是小巴灵顿·摩尔（BarringtoonMooreJr.）的《民主与专制的社会起源》。小巴灵顿·摩尔深受马克思主义的影响，把国家建构看作充满冲突的历史过程，并得出结论：这样的过程从来就不是一帆风顺的，中间充满了大量暴力活动。

当然，该视角牵涉到工具主义与结构主义的张力问题。正统马克思主义在很大程度上把国家视为更大的经济关系的一种体现。但在此也有争议，有学者认为，马克思主义将国家看作是统治阶级具体行动或逻辑的体现，此观点把国家视为工具；与之相对应的结构主义则认为，国家本身处于更大的结构网络之中。从20世纪六七十年代至今，阶级视角一直试图通过关系主义调解工具主义与结构主义之间的张力。在国家建构

---

[*] 李钧鹏，华中师范大学政治学部教授。

的议题上，关系主义认为，阶级通过特定时空情境中的关系影响国家，并不存在简单的因果律。

（二）自由主义视角

自由主义视角包括现代化理论、多元主义、公共选择等理论。现代化理论的代表人物是塞缪尔·亨廷顿（Samuel Huntington），他持有线性的历史观念，认为新兴的亚非拉国家不可避免地要走上西方发达国家的发展道路，因此而遭到众多学者的强烈批判。多元主义的代表人物罗伯特·达尔（Robert Dahl）认为，美国没有单一的国家权力所有者，国家权力分散在不同的行动者和群体中间。公共选择理论认为国家存在失灵的情况，国家形式是一群行动者妥协的产物。上述具体的理论，都把国家看成策略行动的场所，但这就引出"搭便车"现象。曼瑟·奥尔森（Mancur Olson）所著的《集体行动的逻辑》系统地对此现象进行了分析。以征税为例，任何征税对象都存在搭便车的动机，国家面临的问题是要设计出一种选择性激励机制，一方面奖励征税者，另一方面惩罚逃税者。该视角还涉及论述征税合法性的问题，国家作为向其国民征税的组织，必须要论证合法性的问题。

（三）新韦伯主义

新韦伯主义是当代社会科学影响最为深远的视角。马克斯·韦伯（Max Weber）是19世纪末20世纪初的德国社会学家，他将权力视为统治者强迫行为主体做违背其自身意愿之事的能力，权力体现在统治者用各种更巧妙的手段让行为主体做不愿意做的事，或者做违背自身利益的事。韦伯对国家也下了明确的定义，将国家视为拥有合法垄断暴力手段的群体，认为只有国家才能合法拥有法院、军队、武器。国家既是管理性、强制性的组织，也是做出集体决策的组织。部长、司长虽然只是一小群人，但这些人的决策却代表着整个国家。

新韦伯主义由此衍生出有关国家建构的众多视角，如历史制度主义、"社会中的国家"、"社会权力的来源"等。历史制度主义的代表人物西达·斯考切波（Theda Skocpol）在20世纪八九十年代系统地研究了美国的国家建设过程，乔尔·米格代尔（Joel Migdal）撰写了《社会中的国家》,迈克尔·曼(Michael Mann)则提出了社会权力的四种来源,如此种种都跟国家有密切关联。20世纪80年代初,彼得·埃文斯(Peter Evans)、迪特里希·鲁施迈耶(Dietrich Rueschemeyer)、斯考切波等人出版了《找回国家》一书,他们认为国家具有一定的自主性,国家体现特定的权力,其决策并不是对于所依附的群体或阶级关系的简单机械反应,国家行动有其组织逻辑。基于此,我把"找回国家"学派的理论脉络也放在新韦伯主义视角之下。

(四) 文化视角

在20世纪70年代整个西方社会科学发生文化转向的大背景下,包括米歇尔·福柯(Michel Foucault)在内的学者在学界的影响与日俱增,文化视角也被引入到对国家建构的研究之中。许多学者从意识形态的角度研究国家建构,并认为在国家建构过程中,需要一套意识形态机器为其服务。新韦伯主义强调通过强制手段维系中央政权,而在文化视角看来这是不够的,还需建构人们对国家的认同意识,使人们从心灵深处服从于国家。在我看来,菲利普·戈尔斯基(Philip Gorski)的《规训革命:加尔文主义与近代早期欧洲国家的兴起》便是运用文化视角分析国家建构的典范,该书讲述了荷兰、普鲁士自上而下和自下而上通过文化,更准确地说是通过宗教对于民众心灵的规训,来建构国家政权的方式。

(五) 国家特性

一是非人格化特性。国家建构涉及各种各样的行政官僚角色,是行政官僚角色赋予了行动者相应的权力,而不是行动者赋予自身权力。二是正式化特性。国家具有一系列正式的规章制度。三是排他性特征。

二 国家建构与财政

财政社会学(fiscal sociology)已有100多年历史,最早由奥地利经济学家约瑟夫·熊彼特(Joseph Schumpeter)提出。1918年熊彼特在《税收国家的危机》(The Crisis of the Tax State)一文中指出,税收榨取对于国家的经济组织、社会结构和政治命运具有举足轻重的作用。简而言之，他所设想的财政社会学是对国家向其臣民征收税赋背后的社会过程和后果进行的研究。西方世界有三本以"财政社会学"为标题的十分重要的书。奥地利学派经济学家理查德·瓦格纳（Richard Wagner）运用公共选择视角撰写了《财政社会学与公共财政理论》（Fiscal Sociology and the Theory of Public Finance）一书；《百年财政社会学》（Fiscal Sociology at the Centenary）为纪念约瑟夫·熊彼特而写；《新财政社会学：比较与历史视角下的税务》（The New FiscalSociology：Taxation in Comparative and Historical Perspective）在很大程度上则是为纪念查尔斯·蒂利在国家建构的财政视角方面所做的贡献而写。这三部著作（尤其是最后一本）是研究国家建构的财政视角所绕不开的书籍。

三　历史社会学的视角

（一）军事冲突（地缘政治）的视角

已有众多学者从历史社会学的角度研究国家建构与财政的关系，军事冲突（地缘政治）便是视角之一，该视角主要考查征税和战争的关系。迈克尔·曼主编过一本从众多维度研究国家建构的书籍，该书重点解读了征税和战争的关系，他出版的《社会权力的来源》则从历史角度详细论述了征税和战争之间的关系。查尔斯·蒂利在《发动战争与缔造国家类似于有组织的犯罪》一文中提出"国家发动战争，战争缔造国家"，并在《强制、资本和欧洲国家（公元990—1992年）》一书中对此有更明确地论述。本文认为，《强制、资本和欧洲国家（公元990—1992年）》是历史社会学著作中谈论国家建构与财政之间关系最为重要的一本书。

公共选择理论学派认为，国家面临战争时会选择征税，但国民对税收有一定的忍耐力。战争结束后，税负的水平不但不会轻易下降，而且可能会维持在相对较高的水平，这会导致国民对国家持有敌意。这也可以很好地解释很多西方国家出现财政赤字的原因。迈克尔·曼对此也有过论述，但他的结论与公共选择理论并非完全一致。新马克思主义认为，国家相对于资本具有一定的自主性，前者在战争期间可能向后者征税，但资本可以撤离国家，这在很大程度上限制了国家的征税能力，由此得

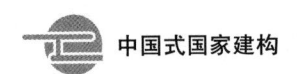

出"税收在战时的增加源于经济约束的减弱"的结论。理性选择理论认为，生存与利益问题改变了统治精英选择的优先序。玛格丽特·利瓦伊（Margaret Levi）的《统治与岁入》从理性选择理论视角指出政治群体会进行理性计算。当政治精英面临战争时，该群体首先考虑的是自身的生存问题，在此情况下，该群体会将征税而不是资本撤离放在其理性计算的优先序列。

（二）经济状况的视角

斯考切波等人对美国进行了长时段的考察，发现减税可以作为刺激经济的手段。虽然减税被看成最为常见的刺激经济的手段，但从历史角度考察实际情况时，却会得出更为复杂的结论。弗雷德·布洛克（Fred-Block）在考察征税和经济形式之间的关系时发现，有时候统治者会通过征税刺激经济。但国家却面临着困境：一方面，国家往往以增加开支的方式促进经济增长，如修建铁路、公路等；另一方面，国家因面临国内群体的抵制而需要避免增加税收。这在很大程度上也是西方国家出现经济危机的重要原因。虽然有各种群体抵制税收的增加，但受阶级斗争、利益集团等因素的影响，税收还是会增加。后续很多学者则试图从多元角度考察刺激经济的手段。

（三）征税的后果

1. 反抗

征税将引起人民的反抗。查尔斯·蒂利（Charles Tilly）在《从动员到革命》（*From Mobilization to Revolution*）中提出税负的增加是引发社会反抗甚至民间起义的诱因。在上世纪七八十年代，诸多学者从其他角度研究农民革命，他们认为不是税负增加，而是僵化的税收体制诱使民间反抗运动发生。斯考切波在《国家与社会革命：对法国、俄国和中国的比较分析》一书中研究了法、俄、中三国的社会革命，杰克·戈德斯通（Jack Goldstone）的《早期现代世界的革命与反抗》则重点研究了英国革命。他们通过考察得出结论：征税水平不高，往往是导致国家崩溃的原因。这里存在很明显的悖论：一方面征税过高会引发抗议活动；另一方面征税过低会导致国家崩溃。因此，有关这方面的因果机制需要后续学者进行更为细致的梳理。

2. 国家建构

征税是国家建构的重要手段，除了军事战争因素，政治精英的权力扩张也是国家建构的一个重要维度，政治精英在扩张权力时将同时面临内部竞争者（宗教势力、贵族等）与外部竞争者（其他国家）所带来的压力。征税除了能够向国家部门提供资金，还将产生一系列相应的机构、机制、法规等。以政治参与机制为例，迈克尔·曼的研究指出，在西方国家建构的过程中，上层阶级为了获得更多的权力，愿意主动承担更多的税负；相反，下层阶级的权力由于其自身不愿承担更多税负而无法得到落实。

3. 征税的形式与程度

征税形式、程度对国家建构具有重要影响。有学者研究指出，拉丁美洲的很多国家曾长期征收国际贸易征税，而不对国内经济活动进行征税，由此导致国家政权相关部门不够完善，并很大程度上影响国家建构的过程（Gallo，1991）。国家建构过程很大程度由税收所推动，同时税负高低和国家经济职责存在一系列对应关系（Poggi，1978）。

四 蒂利的财政—军事模型

查尔斯·蒂利在《强制、资本和欧洲国家（公元990—1992年）》中将军事竞争看成国家建构的重要驱动力，他不仅不反对基于阶级关系的国家政权理论，还认为经济基础在国家建构过程中扮演着重要角色，但强调这并不能解释所有国家。即使只考察西欧，在同样的经济发展层次上，欧洲不同国家的形式也不一样。蒂利指出，在资源匮乏的国家和地区，政治精英倾向于使用攫取性的行政手段获得所需资源；在资源密集地区，政治精英倾向于与资产阶级订立契约。基于这样考察，查尔斯·蒂利区分了国家建构的三重路径：强制密集型、资本密集型、资本化密集型。他重点关注第三种路径，从资本化密集型的角度（军事和财政之间的双重驱动）解释了为何当下欧洲将民族国家而不是其他类型的国家作为最通行的国家形式。本书除研究国家之外还涉及城市，认为城市和国家存在相互推动的过程。城市是资本密集的群体所在地，国家则垄断着军事，财政渠道实现了国家与城市两者之间的联结，两者最终达成妥协并推动了资本化密集型的国家建构之路的形成。

中国学者研究的最终落脚点要放到中国的国家建构过程中，这一方面有非常多的经验素材供我们研究。未来研究的突破点在于通过方法论上更加严格的比较视角来得出更具抽象度的结论。

第五篇
政党视角下的中国式国家建构

作为政治学知识体系的政党中心主义

杨光斌[*]

山东大学历史学家王学典老师撰写了一篇题为《中国学术的第三次革命》的文章。单从标题来看，中国学术的第一次革命开始于1949年，革命史观塑造了中国历史学等其他学科；中国学术的第二次革命开始于1980年，西方史观或个人主义史观深刻影响了中国人文社会科学；第三次革命就是我们当下所说的自主性知识体系层面的变革。历史学家尚且如此呼唤学术、知识、范式的转型，作为哲学社会科学工作者的我们应该对这个问题的感受更为深切。历史学家尽管史观不同，但他们研究的史实基本上是确定的。而就社会科学而言，由于研究范式、史观不同，社会科学对非历史性史观的影响更大。

作为政治学知识体系的"政党中心主义"是相对于什么而言的呢？1980年以来中国形成的知识体系无外乎两种，本文将首先说明知识体系的形成过程。在本文看来，尽管中国人民大学团队提出的历史政治学与华中师范大学团队提出的田野政治学，这两个概念虽然说法不同，但确实有异曲同工之妙。

政治理论如何而来？政治理论源自主要国家的制度变迁方式。那为何主要国家的制度变迁方式不同？基于此，历史政治学提出了历史本体论问题，即将历史分为两种：一种是以欧美为代表的社会史，另一种是以中国为代表的政治史。历史属性不同，必然带来差异。起点的差异性导致制度变迁方式的差异性，进而导致政治理论的差异性。在知识论的前提下审视我们既有的知识体系，可以发现，这基本上与中国无关，如

---

[*] 杨光斌，中国人民大学国际关系学院教授。

我们非常了解的"个人主义""社会中心主义"的知识体系。简单地说，这样的知识体系是根据英国、美国现代化历程的历史经验发展起来的。

英国制度变迁的主要特征是自治和渐进，尤其是自治在英国历史上影响很大。同样地，自治传统在美国也得到了发扬光大，如美国人在西进运动中创立了"自警治"概念，即向西进发的美国人自己组织法庭审判偷盗等行为，这十分典型地反映出了"个人主义""社会中心主义"。历史制度变迁方式下形成的政治理论包括我们所熟悉的社会契约论、自然权力、天赋人权、自由主义等，这些都属于"社会中心主义"理论体系的范畴，"社会中心主义"是英国、美国经验的政治理论体系。

我们非常熟悉的第二个政治理论体系是"国家中心主义"，它是相对于"社会中心主义"而言的，并且主要源于德国、法国的历史经验。普鲁士腓特烈大帝瞧不起洛克，他认为，如果普鲁士按照洛克的理论发展，普鲁士将变得一塌糊涂。因此他花费50年时间让法学家专门制定出与英国海洋法系所不同的大陆法系，该法系是自上而下制定的。在此基础上，官僚制理论被加工出来了，官僚制起着非常重要的作用，马克斯·韦伯是主要代表人物。其实从洪堡到弗兰克，这一路下来的德国的历史主义都强调自己的差异性，即相对于普遍性的差异性，但不管怎样，国家都是最核心的概念。这是涵盖政治学、经济学、社会学在内的整个社会科学所熟知的两套知识体系，这两套知识体系都是主要国家制度表现方式的政治理论的写照和总结。

如果说这些知识体系都是那些主要国家的国家建设的经验写照，那么中国的经验是什么？作为一个国家，中国很早就诞生了，但作为一个现代国家，它来得相对晚，晚清以后才开始构建。该如何解释晚清以后中国的经验？我觉得"社会中心主义"应该是首选的范式。清朝后期的商人、社团固然起着一些作用，但就推动国家发展的角度而言，晚清民国时期的商人、社团的力量是不值一谈的。到了北洋政府时期，国家已经支离破碎，呈现出孙中山所说的"一盘散沙"状态，《剑桥中华民国史》也将当时的中国称为"土匪王国"，四分五裂的国家亟须新的组织者——政党。

列宁是组织国家的代表者，塞缪尔·亨廷顿在《变化社会中的政治秩序》中将列宁和美国的开国之父们进行比较，如果说杰弗逊等人发现了代议制，那么列宁则发现了政党。在中国，国民党最早提出一党建国、一党治军、一党治国，但国民党内部军阀性质严重，派系林立，这最终导致了它的失败。最后成功的是实行民主集中制的共产党。中国共产党当下的治理结构，如党组、党委、党管干部、垂直管理等，基本上都是20世纪50年代建立起来的。我们可以看到，"社会中心主义"与"国家中心主义"是比较而言的，知识体系的国家性、国家品格非常鲜明，前者带有英美色彩，后者带有欧洲大陆色彩。基于历史而言，作为文明集体的中国，历史悠久，规模庞大，它的经验也自然应该成为社会科学知识体系的重要组成部分。

从学科史的角度而言，中国政治学从晚清至今已有一百二十年，其可以被分为三个阶段。第一阶段是晚清民国时期。中国人学习的是欧陆的、制度主义的政治学，政治学的知识产品皆由那个时代最强的国家所提供。第二阶段是1949年至1980年。中国政治学主要是从苏联舶来的科学社会主义。第三阶段是1980年至今。中国政治学主要是从美国引进的"理性选择主义"和"个人主义"。由此可见，中国政治学知识体系主要来自那些主要国家的主要经验，如"国家中心主义""社会中心主义"等。此外，各个时期流行的政治学知识产品都是同时期一流国家提供的。

中国有自己的经验，并空前接近中华民族伟大复兴。中国学术的第三次革命发生于此关口，应该是水到渠成之事。放在十年、二十年前，该话题将被视为笑话，并被嗤之以鼻，而放在当下谈论，则是恰逢其时。这是我对知识体系源于主要国家的主要经验的理论总结。

就中国经验形成的"政党中心主义"而言，与政党密切相关的问题主要有两个。第一，政党与大一统的关系。西方政党是社会利益集团的概念，西方政党理论不适合被用来讲中国故事。在中国，政党与大一统的关系背后是共产党的民主集中制与大一统的关系。第二，马克思主义政党的人民性与民本思想的人民之间的关系。在第三波民主化浪潮中，苏联、东欧共产党纷纷垮台，但中国共产党屹立不倒，其原因包括两个方面。其一，虽然中国共产党和西方政党都被称为政党，但两者却有本质的不同。其二，苏联共产党和中国共产党都是共产党，前者失败、后者成功，主要是因为后者体现了马克思主义政党的人民性与民本思想的

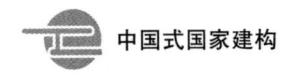

人民之间的紧密关系。

　　实际上，我只是想基于中国实际说明两个结合。第一，马克思主义与中国实践的结合，中国从革命时期到建设时期一直都在推动这项工程。第二，马克思主义与中国优秀传统文明相结合。学术界一直都在推动这项工程，与此同时，官方提出的命题也对学术界造成了重大影响。以国家治理现代化为例，此前学术界也在谈论国家治理问题，但当官方提出"国家治理体系和治理能力现代化"以后，与之相关的研究才得到更进一步的推动。我在做国际问题研究时发现，如果按照西方国际关系理论分析国家安全问题，有些问题就难以说清楚。当官方提出国家安全命题后，与国家安全学有关的研究得以较快推进，国家安全学也成为西方国际关系理论的替代品。概而言之，一方面学者会设置议程推动学术进步，如学者开创田野政治学、历史政治学的研究路径推动政治学的发展；另一方面由于官方通过实践对问题有了更加直观、深刻的认识，许多重大议程的设置也来自于官方，如实事求是原则、协商民主等议程设置。上述问题都值得研究，有关这些问题的研究成果的呈现都是对知识增量所作的一种贡献。

　　以社会、个人为中心，终将导致国家治理的失衡，如自由放任主义导致了大危机，1980年至2010年的新自由主义导致了西方经济的金融海啸。也就是说，如果过于强调"社会中心主义""个人主义"，而不注重国家的制衡，其所带来的沉重后果在历史上比比皆是。同样，"国家中心主义"过度强调国家官僚制、军队的作用，而不重视个人权利，其引发的德国问题已是众所周知。

　　当谈及政党中心主义时，一方面要认识到领导性政党的作用，这是由历史、现实共同决定的；另一方面要动态平衡国家、社会、个人权利的作用，这是出于均衡性的一种思考。当强调某种主义时，这是对历史或经验的一种抽象，但在现实生活中，过度强调某种抽象或某单方面的因素，就可能会忽视掉其他因素，进而导致某方面治理问题的出现。概念的抽象是为了解释问题，当然，解释问题和现实生活存在一定的距离，真正的国家治理肯定是动态的均衡。

　　基于历史的比较，我曾思考过中国改革开放四十年来取得伟大成就的秘籍，并将其归纳为"坚持方向，混合至上"八个字。坚持方向是指，坚持中国共产党领导社会主义道路。混合至上是指，从文化、经济、社会生活等方面来说，每个人的诉求、观念、利益不一，没有任何一种政策、观念、理论能够同时满足所有阶层不同人群的观念、利益诉求，因此国家治理一路向前，必然是动态的均衡，即混合至上。

中国现代国家建构的政党进路
——成就与挑战

景跃进[*]

本文主要涉及以下四部分内容：第一，现代国家建构：议题设置的意义。第二，现代国家建构的历史—实践起点。第三，政党政治的演化：走向"政党—国家"。第四，中国政治学研究面临的挑战。

一 现代国家建构的议题重设是中国政治学的一个重要转向

二十多年来，大家关注的政治学议题从现代化、第三波民主化转向当下的国家建构。20世纪70年代，美国学界就讨论过国家建构议题。当下再"回归"该议题，已经不是简单的"回归"，而是更高阶段的"回归"。

现代国家建构是跨学科共同关注的议题。政治学、历史学、社会学、民族学、人类学等都关注这个话题，这不是由学者自我主观选择所决定的，而是由中国的发展格局、世界第三波民主化格局所导致的。从现代国家建构的角度思考和讨论问题可能比现代化论、民主化论更具可欲的广度和深度。

这张图背后反映的问题是：中国政治学的根本研究议程究竟是什么？闾小波、徐勇都曾发文探讨过中国政治学的根本研究议程。广义的国家建设包括内外两部分，外部主要涵盖民族解放、主权/领土完整等内容；内部又可以分为民族建设和狭义的国家建设两部分内容。狭义的国家建

---

[*] 景跃进，清华大学社会科学学院政治学系教授。

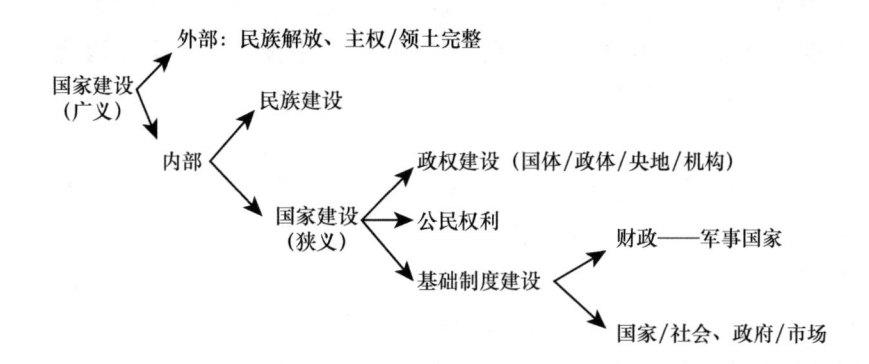

```
                  ┌─ 外部：民族解放、主权/领土完整
   国家建设 ─┤
   （广义）    │        ┌─ 民族建设
                  └─ 内部 ─┤
                              │                    ┌─ 政权建设（国体/政体/央地/机构）
                              └─ 国家建设 ─┤─ 公民权利
                                   （狭义）    │                        ┌─ 财政——军事国家
                                                  └─ 基础制度建设 ─┤
                                                                            └─ 国家/社会、政府/市场
```

设包括三方面的内容：一是政权建设（国体/政体/央地/机构）；二是公民权利；三是基础制度建设。基础设施建设又可以分为财政—军事国家建设和国家与社会、政府与市场关系建设。在广谱系的现代国家建设中思考问题，就可以把历史与现实的差异，不同国家之间的道路差异反映出来，还有助于拓宽我们的视野。

现代国家建构是一个十分宽泛的话题，已有学者从理论、社会、行政、财政等多重视角对其进行过探讨，本文主要从政党视角研究该主题。中国现代国家建构的最大特点是政党驱动，从孙中山开始，"以党建国"成为一种历史的选择。这与西方国家的情形迥然相异。因此，在某种意义上，抓住了政党这个牛鼻子，也就把握住了理解现当代中国现代国家建构进程的命脉。

二 中国现代国家建构的历史—实践起点

在弗朗西斯·福山看来，中国现代国家的建构可以追溯至公元前221年，但1648年《威斯特伐利亚和约》的签订才标志着近代民族国家的建立，据此而言，中国的现代国家建构具有外烁性。政党——作为现代国家建构的领导者和组织者，也是从西方舶来的。因此，迄今为止的大多数学者都把中国现代国家建构的起点定在晚清。当然也有一些学者将中国现代国家建构的起点定在其他时期，如李怀印将其定在1600年，斯蒂芬·哈尔西则将其定在1850年。

但时间并不是空虚的，它与历史意义联系在一起。对于理解当代中

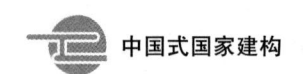

国,清朝很重要。清朝是历代中国版图最清晰的朝代,清帝也以一统中国为荣,有史学家称之为"早期疆域国家"。中国现代国家建构就是在清朝留下的版图上打造的。

接下来是实践起点(问题导向)。孙中山将中国比喻为"一盘散沙",但从社会学角度来看,中国并非"一盘散沙",因为中国有各种各样的组织(家族、宗族、帮会、庙会、民间宗教)、脉络、关系等。那为何"一盘散沙"的概念依然被接受?原因在于,这些传统组织根本无法提供现代国家建构所需的强有力的政治动员。在此情况下,"组织起来"成为最响亮的口号;而政党是最为重要的组织工具。

现代国家建构的两个起点似乎是矛盾的:一方面是大一统传统(没有凝聚力是会散架的);另一方面又是"一盘散沙",面对外部挑战和内部动荡,可谓捉襟见肘,无力胜对。事实上并不矛盾,相反,这两者合力于同一个逻辑:"一盘散沙"促成了政党的诞生,承担"组织起来"的历史使命。大一统及其面临的风险深刻影响了政党的"整体性代表"。换言之,在列强环伺环境下,中国的"组织起来",不是基于部分或局部利益,而是整体利益。西方的选举工具到中国之后成为"救国工具"。在西方组织起来是为了社会—政治动员,以获取更多的选票争夺执政权;而在中国,"组织起来"是为了克服"一盘散沙",重建国家。

因此,中国的政党从一开始便具有与西方不同的性质和功能。中国政党的组织形式虽然是从外面学来的,但是其承担的历史使命和政治功能是中国式的。在这个意义上,中国现代国家建构的历史起点,也是中国道路的逻辑起点,二者是相通的。

三 政党政治的演化:走向"政党—国家"

讲政党政治宜从国民党说起——从兴中会到同盟会,从老国民党到新国民党。在中国近现代政党政治演化的谱系中,我们才能正确理解和认识中国共产党诞生和奋斗的意义。在政党政治的演化过程中,中国政党没有成功地从革命党转型为选举党而是最终通过列宁主义政党模式而回归革命党。国共两党都走上了"以党建国"的道路,军事是政治的延续。尽管国共两党存在诸多差异,但在"整体性代表"问题上,具有相似的性质。整体性代表的一个特征是排他性,所谓"一山不容二虎"。政治竞争以军事斗争的方式结束,这正是邹谠所说的全输全赢或者零和博弈。

在此过程中发展序列很重要,因为过程不是中性的,以党建国的结果是"政党—国家"。孙中山的"以党建国"思想集中体现在《中华革命党总章》中:除党本部之外,还设置协赞会,分立法院、司法院、监督院、考试院四院,与本部并立为五,革命成功之后转化为国家机构。中国共产党是马克思主义政党,在夺取全国政权之前,有地方建制的经验,其核心是"党的一元化领导"。1949 年之后,中国共产党把"民主集中制"和"支部建在连上"这两条组织原则推及全国。东西南北中,党是领导一切的。一般认为,中国政治的关系是如何处理党政关系,这很有道理。但从学术角度来看,最为关键的是政党在国家与社会关系中的结构性位置。中西政治的关键区别就在于此。

政党与国家关系是一个具有普遍性的议题,但处置方式中西有别。

(一) 西方政党与国家关系的演变

政党诞生之初,是市民社会的一个组成部分,其功能是围绕选举进行活动,推出政纲和候选人,动员选民投票获得支持。政党后来经历了一个"政党国家化"的过程,如议会党团被合法化/建制化,政党获得国家财政资助,政党本身成为立法对象等。政党在国家与社会关系上出现了一个重要的位移:从市民社会组织逐渐演化为介于市民社会和国家之间的(半)公共机构。这个变化典型地发生在欧洲。

(二) 中国政党与国家关系的演变

中国政党与国家关系的演变不同于西方。西方国家是先有国家,后有政党,中国的"以党建国"则意味着先有政党,后有国家,因此不存在西方意义上的"政党国家化"问题。"政党—国家"意味着政党本身成为公权力的构成部分,或者说政党的高层或者政党的一部分。这一点特别重要。政治学一般将公权力和国家等同起来,国家宪法以及其他法律法规成为行使、限制公权力的依据。在中国,党是国家公权力机构,但宪法却无法覆盖它,这是"政党—国家"体制的一个最大的结构性问题。当下强调依法治党和党规党法的重要性，就是要修补这个漏洞。但如果是这样的话，一个很有意思的现象就出现了，即中国没有一个综合性的概念，"政党—国家"或党和国家，只是两个词的连词，而非抽象的单个词。用两个词的连词"政党—国家"来解释中国政党与国家之间的关系，这表明，中国至今还未找到能够合适解释中国政党与国家关系的抽象的单个词，中国的概念抽象程度还不够。党政无法分开的奥秘正在于此。

在处置党政关系问题上的反复实践，最终定格于十九届三中全会做出的"关于深化党和国家机构改革的决定"，即不再强调党政分开，而是主张统筹安排。在此情形下，党和国家、宪法、法律的边界可以突破，或者说存在一种更高且未成为文本的法律。这是中西方在党和国家关系上的重要区别。

在此之前，以党政分开和分权为特征的"政治体制改革"一词已让位于十八届三中全会"国家治理体系和治理能力现代化"的表达。在以党建国，尤其以党治国的过程中，我们一直都在摸索如何处理好政党与国家关系的经验和向前发展的经验。

四　中国政治学研究面临的挑战

我们的一个重要任务就是说清楚"政党—国家"。如何在政治学的范畴"讲好中国故事"？迄今为止，许多东西我们现在还说不清楚，更何况它还在与时俱进、不断演变，如"工作专班"。造成这种情况的一个重要原因是比较政治学的分析工具大多基于西方历史经验。尽管西方比较政治学对"政党—国家"有不少研究，但其视角是负面的，它基于"民主—专制"二分法研究"政党—国家"，并将"政党—国家"视为需要转型的对象和西方民主的对立面。如果基于该假设研究"政党—国家"，概念、预判都会出现问题。

当我们从客观、理性的眼光分析当代中国政治时，会强烈感受到比较政治学的诸多概念是有缺陷的，难以准确地描述中国经验，更别提相关理论了。这种情况迫使我们自己动手。这门学科建制以来，进口是一种常态，拿来主义和消费主义盛行，赤字累累，支撑这一做法的信念是普遍主义。现在看来，这一局面应有所改变，要立足中国现代化经验，将从事理论创新的工作提上议事日程。再靠引进他人概念描述中国政治的不适感将越来越明显。

在从事这项工作时，强调中国特殊性是可以理解的，也是走自己道路的必要一环（反对全盘照抄）。但这种合理性不应无限扩大，进而否定普遍性。问题的实质不在于是否存在普遍性以及要不要普遍性，而在于重构普遍性，达致真正的普遍性。

自法国大革命以来，普遍性的建构使得全球越来越紧密，甚至成为一个命运共同体。在此过程中，普遍的交往规则、行为准则、道德观念逐步被建构，这是一个历史过程。尽管西方推崇历史终结论，其他国家照搬西方模式即可，但是普遍性的建构过程至今并未终结，因为世界各国的地域、文化、政治状况等差异显著。这一建构既涉及经验维度（政治科学），也涉及价值维度（政治哲学）。两者在逻辑上可以区分开，但在实践中相互交织，彼此支撑。与之相同的是，中国式国家建构这一命题既包含了经验维度，也包含了价值维度。

现代化的先行者在普遍性建构过程中具有优先权，这是客观事实。但是这一权力有可能被"滥用"的可能——将某些特殊性包装成为普遍性。就此而言，西方学者概括的普遍性很可能是一种混合物，夹杂着特殊性的普遍性。

后发国家现代化的任务是双重的：一方面要学习先发国家的经验（普遍性的东西），另一方面又要警惕教条主义和文本主义，学会鉴别，将特殊性的东西从普遍性的单子上剔除出去。也就是说，中国现代化的经验，一方面是学习、借鉴西方经验的成果，另一方面也是判断西方理论是普遍性还是特殊性的试金石。

这是一个实践摸索的过程。越是早期，越是容易犯教条主义和文本主义的错误。随着中国改革开放的成功和中国的崛起，我们拥有越来越大的话语鉴别权，基于中国经验、国家实力重构普遍性便成为一件自然之事。

因此，关于中国现代国家建构的理论思考，可能会超越西方既有的相关理论；具体而言，我们面临着双重任务：一是在比较视野中建构具有中国特色的现代国家理论；二是在中西现代国家建构的历史经验之上，重构一般性的/普遍性的现代国家理论（分析框架）。这是"鸟之两翼，车之两轮"，应该同时进行。

显然这是一项非常艰巨而充满挑战性的学术任务，需要学术想象力和理论原创力，这是我们面临的真正挑战。它注定是一项跨学科、跨代际的学术工程。当下我们需要思考的问题是，如何系好理论建构的第一个纽扣。

作为一种政治形态的政党—国家及其对中国国家建设的意义

陈明明[*]

一 引言

政党、国家与社会三者的关系是当代中国基本的政治关系。[①] 一般的国家和社会关系理论预设了政党的"社会政治角色"属性,有一个政党通过动员社会支持以"合法进入"国家的过程,从而认为政党是一种"非国家公权"的组织[②]。但在当代中国,政党并不是靠选票"进入"了国家方才获得"运作"国家的资格,它是靠革命手段"缔造"了国家于是成为国家的灵魂,构成了国家最深刻的内容。中国现代历史的逻辑已经赋予了政党内在的"国家身份",这是当代中国政治关于从革命党到执政党改革所面对的理论和现实问题之一。我们需要从中国政治的现实出发来分析和理解这一问题,一个基本事实是,无论是结构性的制度形态(以人民代表大会制度、中国共产党领导的多党合作和政治协商制度、民族区域自治制度以及基层群众自治制度为基本制度框架),还是功能性的政治过程(以党的领导、人民当家作主和依法治国三者有机统一为基本价值规范并使之贯彻于理论与实践、认知与行动、权利与责任、中央与地方、政府与公民、国家与社会各个方面),中国共产党的领导地位和领导原则以及由此决定的党和国家与社会的关系都是当代中国政

---

[*] 陈明明,复旦大学国际关系与公共事务学院教授。
[①] 本文为教育部人文社会科学研究项目(项目批准号:12JJD840001)内容之一。
[②] [英]戴维·米勒、[英]韦农·波格丹诺:《布莱克维尔政治学百科全书》,中国政法大学出版社1992年版,第521页。

治发展最为重要的影响全局的支配性因素。

这种支配性的作用,在中国共产党开国建政后相当长一个时期,主要表现为党运用政权的力量从三个方面对社会经济组织结构进行大规模的变革与重组,它们实际上是中国革命的内在要求:一是政治上通过阶级斗争摧毁乡村家族宗法组织和城市旧的社会势力,建构新国家的阶级关系;二是经济上对前资本主义和资本主义的所有制实行社会主义改造,奠定新国家的经济基础;三是思想文化上以马克思主义消解、破除和取代传统的观念,确立马克思主义意识形态在新国家的统治地位。这种大规模变革与重组的重要结果是,党和国家结成了一个有机的整体。改革开放以来,国家逐渐从社会领域退出,社会有了更多的自主空间,但是,中国共产党作为一个特殊的政治支配力量,在国家生活和社会生活中仍然发挥着极其重要的作用。

二 作为一种政治形态的政党—国家的特征

在欧美工业化国家,现代意义的政党是伴随着代议民主制而出现的,是为了适应阶级和阶层利益的表达和综合,最大限度进行选票动员,进而获得组织政府的权力而存在的[1]。西方学者认为政党是介于国家和市民社会界面的政治组织[2],政党的权利不过是宪法规定的公民权利的组织化的延伸,政党只有进入国家,并通过既定的程序和方式以国家的名义说话和行事,才能成为政治生活中和国家机关具有某种同等分量的因素。但在中国,政党的出现并非自由分权传统的结果,政党也无议会民主政治资源可资利用,政党的存在及其与国家的关系同欧美国家不可等量齐观,最明显的区别是,政党无法在体制内依靠既存的机制从事政治动员并由此获得国家权力,这迫使它不得不从体制外谋求社会改造和推动政治发展。20世纪中国政治史表明,政党最初是旧国家的敌人,经过

---

[1] 见 John Kennety White, "WhatisaPoliticalParty?" in Richards Katz & William Crotty (eds.), *Handbook Of Party Politics*, Sage Publications, 2006, pp. 5–7.

[2] 如萨托利认为,"政党是社会和政府之间的核心中介组织"。见[意]G. 萨托利:《政党与政党体制》,商务印书馆2006年版,第2页。另剑桥大学内斯特·巴克也指出,政党是"一端架在社会,另一端架在国家上的桥梁"。转引自刘红凛《政党政治与政治规范》,上海人民出版社2010年版,第89页。

作为一种政治形态的政党—国家及其对中国国家建设的意义

规模、性质和暴烈程度不等的革命取得国家权力，才进而变成新国家的支柱。孙中山的以党建国、以党治国是如此，共产党的社会革命、开国建政亦是如此。政党经由这种方式立国主政，政党就成为国家特殊的支配性的组织和力量，因而可以把政党的组织、制度和价值输入国家，从而决定国家的命脉、形构、方向、进程和特征。这样一种融政党于国家并与国家权力高度结合的政治形态，通常就称为"政党—国家"或"党—国体制"（partystate system）。

政党—国家的政治特征有三重面相：（1）作为一种动员型政治，政党是国家和社会政治运行和变革的发动机，政党的意识形态充当了"启蒙"和"唤醒"国民、推动现代政治进程的工具，并由此获得了统摄、规划和引领人们的观念和行为规范的地位。（2）作为一种整合型政治，政党的各级组织机构遍布国中，按照中央制定的路线方针政策，自上而下将地方机构、社会团体和政治人口"整编"纳入既定的政治框架中，形成行政性的组织化的政治社会。（3）作为一种全控型政治，政党通过垄断全部暴力资源和大部人力、组织资源，主导国家的政治方向，规定国家的政治过程，决定政治价值的配置，政党由此成为国家和社会政治体系的核心结构，使整个社会政治生活具有浓厚的党治色彩。政党—国家政治的典型结构是党国同构、党国一体。党国同构指政党与国家的制度逻辑是相同的，政党与国家的行为规则是相接的，政党与国家的利益偏好是相通的。党国一体表现为，在国家与社会领域缺乏明确界分的情况下，政党、国家与社会三者边界彼此重合，功能高度重叠；在国家与社会出现某种分离的情况下，政党与国家二者相互联结，作为相对于社会而存在的一个整合结构，压倒性地制约和影响着社会。

如前所述，作为一种政治形态的政党—国家，其赖以支撑的核心组织力量是政党，以及适应政党活动的政党体制。当然，不是所有的政党都具有建构政党—国家的意愿和能力，也不是所有掌控了执政权力的政党都意味着必然走向政党—国家的形式。建构政党—国家的政党至少需要具备几个条件或特质：（1）有一套精致而系统的理论学说作为思想基础；（2）有一个关于未来社会远景的构设作为奋斗目标；（3）有精心设计的并获得理论支持的战略和策略作为实现目标的手段；（4）有统一严密的中央、地方和基层组织网络作为行动支撑；（5）有成熟而富有经验和激情的职业化政治精英集团作为协调行动的"总参谋部";(6)有倡导为主义不惜献身的精神教育作为党员的道德律令。这样一种政党又被称为"使命型政党"、"动员型政党"或"意识形态型政党"①。在中国现代政治史上,具备这些特质的政党屈指可数——孙中山仿苏俄方式改组后的国民党可算一个,它曾试图按此方向建设和提升党的品质,但终了只是在一定形式上获得其中的某几项特征,相比之下,完全符合以上特质而且一直坚持将其作为党建任务的政党则是中国共产党。

中国共产党是一个强调把马克思列宁主义原理和中国具体实践相结合的政党。作为共产主义革命的产物,它具有和一般意义的政党不同的特征。按西方政党多元主义的分类定义,共产党无法满足西方语境中多党竞争的一般条件,一些人把共产党视为一种特殊类型的政党,因为它在政治动员过程中表现出对权力一元化的强烈取向②。其实,马克思主义并不讳言共产党的"特殊性"③,这种"特殊性"正是来自它的"使命性","使命性"则来自它的自觉的阶级性,以及由此实行的恢宏的社会改造计划,在这一点上,它和政党世界中的其他政党——以选举为中心展开日常活动从而实际上成为通过大众选举以组织政府的工具——的确是大异其趣的。另一方面,作为落后农业国家推动现代化转型的精英领导集团,它也具有和其他国家的共产党不同的风格,一开始就是把马克思主义作为观察国家命运和富国强兵的工具加以接受的,这使得它重

---

① "使命型政党"的提法来自复旦大学唐亚林教授,在多次的研讨会议上,他反复提到中国共产党这一区别于其他政党的特质,使笔者深受启发。复旦的一些学者在出版物中也正式使用过这个概念,见刘建军、周建勇、严海兵:《创新与修复:政治发展的中国逻辑》,中国大百科全书出版社2011年版,第208页。"动员型政党"、"意识形态型政党"见金观涛、刘青峰《开放中的变迁》(第9章),香港中文大学出版社1993年版;Franz Schurmann, *Ideologyand Organization In Communist China* (Chap. 1: Ideology), University of California Press, 1971.

② 前者见 Leon Epstein, *Political Partiesin Western Democracies*, Transaction Books, 1980, p. 9; Sigmund Neumann, "Towards a Comparative Study of Political Parties", in H. Ecksteinand D. Apter (eds.), *Comparative Politics: A Reader*, The Free Press, 1963, p. 352; DavidL. Sills and Robert K. Merton (eds.), *International Encyclopedia of the Social Science*, Vol. 11, Mac-Millan Free Press, 1968, p. 428, 后者见[意] G. 萨托利:《政党与政党体制》第2、7章,商务印书馆2006年版。

③ 恩格斯说:"无产阶级必须(马克思和我从1847年以来就坚持这种立场)组成一个不同于其他所有政党并与它们对立的特殊政党,一个自觉的阶级政党。"载《马克思恩格斯选集》第4卷,人民出版社1972年版,第469页。

视中国在世界的方位、中国的历史和国情、中国社会的需求,在社会革命改造的过程中创造性地发展出一套符合中国特点、具有中国特色的微观机制,如"农村包围城市"、群众路线、军民关系、统一战线等富含实用理性的战略策略。因此在世界共产主义运动中,它不仅是"国际的",也是"民族的";不仅是"阶级的",也是"人民的";不仅是"精英的",也是"群众的"。

改革开放以来中国共产党将它的执政的合法性定位于代表先进生产力、先进文化和最广大人民根本利益,而不是像以往那样诉诸阶级阵线、阶级革命、总体决战这些意识形态色彩鲜明的口号,极大扩展了党的社会包容性和群众基础,因而呈现出某种"世俗化"的倾向,但是,这并不意味着党失去了或放弃了它的使命型政党、动员型政党或意识形态型政党的特征。第一,党仍然强调它的工人阶级先锋队的政党性质(现在也扩增为"中华民族先锋队"),这种强调延续了中国革命和列宁主义的传统,在意识形态上,它对未来社会理想和"终极价值"的体认和论证仍然被认为在理论上是有效的,在行动上是有约束力的。第二,党仍然强调它是中国现代化事业不可替代的领导力量,这种强调来自它对中国国情即社会结构、历史文化、资源禀赋、问题危机的认知,在主观上,它充满了引领民族复兴"舍我其谁"、主持国家大业"当仁不让"的强烈的历史意识,在客观上,它仍然起着维系中国社会平稳转型的权威保障的作用。第三,党仍然强调它在整个国家政治生活中的轴心和支配地位,对重大事项和决策的决定性作用,这种强调和它追求"长期执政"的目标紧密联系在一起,因而不允许有摆脱一党控制或挑战现存政治秩序的任何倾向存在。

三 研究文献中的政党—国家的三重含义及其问题

一党制国家是第一次世界大战后出现的[①],和一党制有内在关联而被指称为一种国家体制的政党—国家概念,则是第二次世界大战后才逐渐出现于比较政治研究的文献中。这一方面是因为政党及政党政治已经成为现

---

① [意] G. 萨托利:《政党与政党体制》,商务印书馆2006年版,第60页。

代民主政治的主要表现形式,而比较政治研究在战后政治潮流的推动下,其研究视野上开始超越西方工业国家的地域,研究方法上也试图超越传统的制度主义、法条主义①的限制,这些都激起了政治学者对新兴国家政党与政治发展的研究兴趣,以及对其如何构成对西方代议民主模式的挑战的关注。另一方面,即使是在二战前的具有自由宪政传统的欧洲大陆,也出现过一些政党与国家关系非常不同于主流传统和政体类型的国家(如德国、意大利),它们有力地反失业、反通货膨胀、反危机,迅速治愈一战的创伤,从战争废墟中崛起成为庞大的军事—经济共同体,给人们留下深刻的印象。另一个传统上属于欧洲的国家——苏俄,以及典型的东方国家——中国,在共产主义革命和社会主义建设中,借助党和国家的力量推进国家的现代化,取得了令人瞩目的经验和成就。这些事实不能不引起人们关于政党与国家关系的思考。政党—国家概念正是在这种背景下提出来的,它主要在三种意义上来使用:其一是对政党在政府决策过程中关键性主导作用的描述,并根据这种主导作用的政策取向而给政府贴上党派的标签;其二是将其纳入政党体制来讨论,即把它作为政党体制中的一党制的特殊类型;其三则是强调它对比较政治学关于政体分类的特殊意义——这种分类不再局限于以往那种关于政府的正式的法律的层面(formal-legal aspects of government),而是着眼于国家与社会关系、政府与公民关系的结构与过程的互动,在这里,政党—国家概念构成了一种政体类型。后面两种含义又因政党体制与国家体制的内在联系而经常交互使用。

就第一种意义而言,政党—国家不过是对议会民主国家政党掌控议会多数或行政权因而得以配置政治资源的一个借用说法。例如,《布莱克维尔政治学百科全书》对"政党国家"的解释是:"自第二次世界大战以来,……狭义的'政党国家'是指,党的领导人和党在议会中的领导人对政府的组成拥有几乎是唯一的决定权。这种国家很少存在,最多只有比利时、荷兰和意大利仍可称之为这个意义上的政党国家。"② "狭义的政党国

---

① 法条主义即认为法律制度由一整套形式化的意义明确的法规条文构成,法律的运用是一个对确定无疑的法律事实作出解释和适用,即通过法条的逻辑推演而导出结论的过程,法条主义政治学研究把复杂的政治关系归结为法条化的法律和政治制度,而在法律和政治制度的研究中倾向于排除一切社会、经济、伦理、宗教和文化的因素。

② [英]戴维·米勒、[英]韦农·波格丹诺:《布莱克维尔政治学百科全书》,中国政法大学出版社1992年版,第523页。

作为一种政治形态的政党—国家及其对中国国家建设的意义

家"其实表达了议会制条件下政党领袖或议会党团领袖对政府组成拥有压倒性决定权的事实,政党挟选票和民意进入国家,在此过程中似乎成了国家组织的一个部分。在揭示大多数工业民主国家与政党的内在普遍联系时,其他学者使用了另外一个与"政党国家"含义相近但程度相对较弱的概念——"政党政府"(party government)。美国政党学者卡茨(R. S. Katz)认为,"政党政府"的存在须满足三个条件,(1)"根据政党纲领,通过选举来选拔人员,由他们来制定政府的所有重大决策,或者政府的决策者由他们来任命并对他们负责";(2)"如果存在'一党'政府,那么由执政党制定政策;如果存在联盟政府,则由各政党协商制定政策";(3)"最高官员(如内阁成员,尤其是总理)必须在本党内选择,并通过他们所属的政党对人民负责"①。可见,"政党政府"是对代议民主制条件下政党在政府公共决策过程中的发挥主导作用的一种概括,这在工业民主国家是普遍的现象,它和《布莱克维尔政治学百科全书》的"狭义政党国家"并无性质的不同,只有程度的差异而已。当然,"当政党控制了社会,并且政府完全控制了国家时,政党政府就有成为党治国家(即政党—国家——引者注)的潜能。"② 这自然是另一种景观了。总之,在这里,无论是"狭义的政党国家"还是"政党政府"都可以从两个角度来理解,一是指"政府的政党性",即政党对政府的正式控制,政府一般而言总是具有党派色彩,故有"工党政府"、"保守党政府"诸如此类的称谓;二是指"政党的政府性",即政党总要通过对公共政策的建议和竞夺公职的行为来显示它对价值分配所具有的影响力,虽然这种影响力可能随政府权力或政客对政府控制力的强弱而程度不一③。

值得注意的是政党—国家在第二种意义上的用法,即把政党—国家和特定的政党体制联系起来。传统的政党体制分类,按照法国政治学者迪韦尔热(Maurice Duverger)的观点,最简单直观而又最易把握的表述是一党

---

① 见[法]让·布隆代尔、[法]毛里其奥·科塔:《政党与政府》,北京大学出版社2006年版,第2页,第40页,第42页。
② 见[法]让·布隆代尔、[法]毛里其奥·科塔:《政党与政府》,北京大学出版社2006年版,第42页。
③ 见[法]让·布隆代尔、[法]毛里其奥·科塔:《政党与政府》,北京大学出版社2006年版,第42页。

· 183 ·

制、两党制和多党制，而政党—国家可归入一党制①。另一些政治学者则把政党体制分为竞争性与非竞争性两种类型，一党制属于"非竞争性体制"，而政党—国家则是一党制的极端形式②。如意大利政治学者萨托利指出，一党制的最大的特点是不能构成独立的次体系，也不允许次级体系的自治，而政党—国家则是这个"单一政党体制"的摹本③。在政党—国家形态中，（1）公共行政事务基本上是党务的副产品，虽然所有政府官员不一定都是该党的党员；（2）政党官僚体制和政府官僚体制同时并存，政党控制政府官僚有利于行政效率的提高；（3）国家机器的启动要求政党必须吸纳技术人才，这样政党官僚与技术专家间便存在着关系的调整问题；（4）国家政治机构间（如警察、军队和政党组织间）也存在着关系的协调问题，其复杂性包含着巨大的变数④。显然，这种研究是以西方政党多元主义为参照的，即以存在不同"部分"（政党）的相互作用所构成的体系（萨氏认为这才是真正的"政党体制"）为常态，通过两相比较来概括政党—国家的行为特征："在一元中心的政治实体中，类似体系的特性存在于政党—国家的相互作用中，因而这样的体系是以缺少次体系自治为特征的。'一党体制'并不存在，并且不能这样称呼，因为在这种情况下实际所指的是'国家体制'，政党在其中的作用是服务于国家的目的而不是社会的目的。政党体制（即多党体制）承认分歧并使反对势力制度化；党国体制则否认分歧的正当性并且压制反对势力。多元体系中的政党是表达的工具，一元体系中的政党则是选拔的工具。"⑤

从一党制里面推出政党—国家（"党国体制"），把单一的政党"作为整体的政党"，进而把这个"整体的政党"等同于"总体国家"，这迎合了20世纪中叶以后比较政治学提出的政体新分类法。这种新的分类法超越

---

① 迪韦尔热并没有专辟章节来讨论政党—国家，但他在一党制与多党制、准军事性政党与竞争性政党的比较研究中，通过对一党制中那些以"支部"方式、"小组"方式和"部队"方式活动的政党的讨论触及到了苏俄式政党体制（党国体制）的特点。见 Maurice Duverger, *Political-Parties: Their Organization and Activityin the Modern State*, London: Methuenl Co., 1964.

② [意] G. 萨托利：《政党与政党体制》，商务印书馆2006年版，第2、7章；PaulLewis, "Party States and State Parties", in Richard Katz and William Crotty (eds.), *Hand book of Party Politics*, Sage Publications, 2006, pp. 471–474.

③ [意] G. 萨托利：《政党与政党体制》，商务印书馆2006年版，第72、71、74页。

④ [意] G. 萨托利：《政党与政党体制》，商务印书馆2006年版，第72、71、74页。

⑤ [意] G. 萨托利：《政党与政党体制》，商务印书馆2006年版，第72、71、74页。

作为一种政治形态的政党—国家及其对中国国家建设的意义

了传统的君主、共和（议会共和或总统共和）政体的法律结构划分，而根据政治的实际运行过程，把政权形式分为"民主政体"、"极权政体"和"威权政体"。这三种政体的区别大体上遵循三个标准，其一是国家与社会的分离（分立）程度；其二是公众对政府政策的影响程度；其三是宪法和法律对政府构权、行权和更迭的约束程度，其中最重要的是第一个标准，后两个标准都是由此派生而出。在这里，对政党—国家（党—国）的讨论采取了"极权政体"和"威权政体"两种模式，主要是"极权政体"模式。萨托利正是据此来区分一党制的不同类别。在他关于一党制三个类别中，"极权主义—党制"区别于"威权主义—党制"、"实用主义—党制"的地方在于，前者代表了政党对公民全部生活经验的渗透、动员和垄断控制的最高程度，这种渗透、动员和控制来源于它强烈的、排他性的、全面的意识形态；来源于它高强度的对社会资源的提取力、对社会的强制力、对民众政治参与的动员力；来源于它对社会所有团体的一元整合；来源于它高度的内部凝聚力；来源于它决策模式的专断性①。显然，在萨托利那里，政党—国家既是一种极权式的国家政体，也是一种极权式的政党体制，或者说，极权式的国家政体恰恰是由极权式的政党体制塑造和支持的。

撇开政体分类隐含的意识形态价值判断不论，以上这些概念对于我们理解政党、国家与社会的关系，以及国家通过特定政党体制向社会扩张的强度、特点及结果有一定帮助，但是，作为一种过于抽象化的概念，这种抽象"囊括众多的、在性质上差异甚大、或彼此没有相似之处的政权形式"②，舍弃了特定国家的具有重要历史和文化意义的不同，遮蔽了这些国家通往现代国家之路的内部需求、时代方位、变革取向、政治逻辑、力量对比和公共选择等等因素，无法解释为什么在一个"标签"之下的所谓"类家族"，其路径、方式和结果何以有如此巨大的区别（如同为"极权主义"的中国和苏联的差异，或同为"威权发展主义"的中国和拉美、非洲、东亚等国的分殊）。就"极权政治"的结构的高度稳定的性质和特征而言，它的结局似乎唯有革命或崩溃一途，这使它无法有效揭示当政者在

---

① ［意］G. 萨托利：《政党与政党体制》，商务印书馆2006年版，第307页。
② 景跃进：《如何认识中国政治？》，http://www.21ccom.net/articles/zgyj/xzmj/article_2010 102122433.html。

所谓"极权"状态下如何成功地发动国家与社会关系的重大变革[1]。其实，对于把握中国政治过程而言，"政党—国家"（或"党—国体制"）概念无须以"极权政体"或"威权政体"来支撑，它本身就兼具结构和历史的双重维度，阐释的背后包容了中国国家建设的历史逻辑及中国与外国、中央与地方、军治与民治、权威与自由、革命与解放、精英与民众的一系列互动的深刻意涵，是一个描述、分析和理解20世纪中国政治的适切的概念。我们需要的是回到中国的语境，讨论为什么在中国现代国家建设中会出现政党—国家的政治形态，这种政治形态的历史贡献和面临的问题是什么，如何对它作出恰如其分的评价。

四 为什么有政党—国家：历史与理论

关于政党—国家缘起的原因，一般有四种观点：其一是政治危机论，其中以美国比较政治委员会所提出的发展中国家危机综合征和亨廷顿的现代化危机分析影响最大[2]。这种观点认为一党制是应对现代化动员及随之而来的过度参与引发政治危机的产物，政党—国家实行一党制可收抑制政治需求、维护政治稳定、提供现代化转型所需的政治秩序之功。其二是经济决定论，主要倾向于从社会条件尤其是经济结构来解释政党—国家体制的形成。如保罗·路易斯指出，"单一政党出现的国家典型地是被战争削弱或处于早期发展阶段的国家，国家经常不得不和恶化的经济状况作斗争，这是一战后的苏俄、意大利和德国，以及1945年后的中国面临的基本条件。这些条件给作为一个政治调控和指导的机构的单一政党提供了领导、控制、采取有目的的行动和担负特殊责任的特殊机遇。在此背景下，单一政党成为社会整合的基本手段。"[3] 其三是精英主导论，即政党—国家是政治精英理念、经验、策略和因应重大变革的结果。斯考切波在论述俄

---

[1] 邹谠：《中国革命再阐释》，香港牛津大学出版社2002年版，第136页。

[2] 参见 Lucian Pye, *Aspects of Political Development*, Little, Brown and Company, Inc., 1966, pp. 62-67; Joseph La Palombara & Myron Weiner (eds.), *Political Parties and Political Development* (Chap. 1: The Originand Development of Political Parties), Princeton University Press, 1972；[美]亨廷顿：《变动社会中的政治秩序》（第5章、第7章），上海译文出版社1989年版。

[3] PaulLewis, "Party States and State Parties" in Richard Katz and William Crotty (eds.), *Handbook of Party Politics*, SagePublications, 2006, p. 472.

作为一种政治形态的政党—国家及其对中国国家建设的意义

国革命和中国革命后果的两章中分别冠之以这样的标题："俄国无产阶级专政国家的出现"（第六章）、"中国大众动员型政党国家的兴起"（第七章），二者都是政党—国家或"党国"的一种表述。社会革命是中央集权官僚制国家的发动机，但共产主义革命则是更为集权、更为官僚化的政党—国家的酵母，因为共产主义革命面临着更为严酷的环境，领导和从事革命的精英集团必须把自己锻造成一支严格纪律、严密组织、高度集中、高度统一的"严整的部队"，于是负责行政管理的政府与负责决策、协调，以及监督的政党一起便形成了一种有区别但是密不可分的组织体系①。其四是社会政治化论。这是萨托利的观点，他相信政治化社会的出现是一党制的先决条件。"政治化社会"意味着数量广大的人口进入政治过程，政治被高度关注，由此大大加剧了"引导"和"沟通"大众的功能压力；此外，这样一个"政治化社会"并非"市民社会"，而是"大众社会"，而"大众社会"又意味着中间阶层和中间组织的薄弱，弱小的中间阶层和组织无法平衡民粹主义与精英主义结合导致的政治动荡。在这样一个"政治化社会"里，一党制获得了丰厚的土壤。

以上四种观点并不是彼此对立的观点，它们都从一个侧面揭示了政党—国家发生的某些原因，也都包含着彼此合理推演且可以相互援引的因素。例如，萨托利的"政治社会化"的观点和亨廷顿的政治发展的危机理论并无大异，都是对现代化转型中的政治反应的描述和分析；而经济决定论所经常提及的经济失败、战争（包括内战）、革命等因素何尝不是政治危机论的危机诱因和表现形式？在一定程度上它们也完全可以结合起来构成斯考切波结构主义社会革命路线图的注脚，这种结构主义的两条主线——国内社会政治结构影响下的不同境遇的群体间关系、阶级间关系或阶级结构；以及世界资本主义经济和跨国性结构（国际关系）影响下的阶级集团与国家官僚组织间关系，同样是理解现代化进程中政党—国家兴起的有益的路径。这些观点都具有浓厚的"以社会为中心"的分析理路风格，即从政治体系所处的社会经济环境的变迁来把握政治的走向，即使试图唤起人们对国家自主性给予新关注的斯氏的阶级结构和国际关系，在某种意义上仍然属于一种宏观的社会历史理论。

---

① ［美］斯考切波：《国家与社会革命》，上海人民出版社2007年版，第314页。

以这样一种社会历史理论来解释中国政党—国家政治形态（党—国体制）的发生，需要注意两点：其一，要把中国共产主义革命置于20世纪中国现代化的世界历史场景之中，一方面看到中国与外部世界接触后出现的结构性的总体危机，这种总体危机集中表现在政治领域，但其根源在于社会和经济，在于内部结构受到国际环境的强烈影响——包括中国在国际权力结构中地位的变化，发达国家提出的挑战与提供的模式，资本主义世界经济和政治的输入和入侵。这是一个基本的结构约束。另一方面要看到结构的约束不是机械的、静止的、线性的，结构本身不过是人们集体行动的产物，因此行为主体在结构中仍然拥有选择的自由，在一定条件下能够随着宏观历史与行为主体的交互作用而改变这种结构。其二，要有一个能把中国共产主义革命和中国现代国家建设联系起来的中观视角（"中层理论"），通过这样的中观视角来使宏观历史场景成为一个有理论假设和经验事实支持的"具体的宏观和具体的抽象"，它其实并不排斥关于中国可以和西方社会分享现代性因素发生和建构中的历史方式的论证，所需要的只是将此置于逻辑和证据有机关联的基础上，通过比较中国国家建设和西欧国家建设的异同来揭示革命与现代化在中国的特殊历程。例如，精英如何对大众动员，建立一个强有力的政党，用它的政治力量、组织方法，深入和控制每一个阶层每一个领域，达到改造或重建社会国家和各领域的组织制度，以最终克服结构性的总体危机。在这里，这种中观视角的旨趣之一就是20世纪初中国社会的组织化状态及其理论解释。下文将简要述及这种组织化状态与政党—国家兴起的历史关联。

一般认为，源起于西欧的现代化在政治上就是民族国家建立的过程[①]。民族国家的建立伴随着三个现象：（1）原来属于封建贵族和地方精英集团的权力（立法、司法、行政、税收、铸币等）逐渐收归国家，国家的法律、政令通过政治统一、功能分化的官僚体制和官僚队伍贯彻到基层，中央权威在封建贵族和地方精英被剪灭或被收编的过程中确立起来；（2）国家在对内统治和对外战争中组建起受控于中央政府的常备武装力量和用以维持日常统治秩序的警察体制，国家对这种军事性和警备性设施的独占，是国家法律和政令统一贯彻的强制性的基础，是国家区别于

---

① 钱乘旦：《世界现代化历程》，江苏人民出版社2010年版，第174页。

作为一种政治形态的政党—国家及其对中国国家建设的意义

"领地"、"城邦"、"帝国"以及常备军区别于雇佣军、地方军阀的根本所在;(3)中央集权的建立除了设计新的政府形式来有效管理人口及其事务以外,还创造出新的机制来获取人口对政治共同体的效忠和认同,这就是以自由、人权、法治为内核的公民文化及其社会化的机构和制度,它们成为打破旧的地域共同体、建构新的政治身份和形成集体归属感的国家意识形态。

按照经典现代化理论,传统国家的重新组织化的动力来自市民社会的资本及其相关组织的扩张要求,如城市自治组织,契约观念塑造的市民团体与制度,和财产、能力、才智及职业活动相关的"中产阶级",采用资本主义原则经营投资与放贷的商人集团、银行、企业、运输系统等私人机构等等,正是这些初步自我组织化的资本的力量("现代性的因素")逐步构成了布莱克所说的"现代化的领导",从而开启了"经济和社会的转型"——从乡村和农业的生活方式转变为城市和工业的生活方式,表现在政治上,其标志性事件就是法国大革命,最终达成"社会的一体化"——社会结构的根本性改组[①]。换句话说,在西欧民族国家的成长过程中,中世纪后期出现的市民社会组织为经济和社会的转型以及现代国家的到来提供了不可或缺的组织资源,没有市民社会的自组织,很难想象有民族国家的再组织。

在这方面,中国的民族国家建设和它是完全不同的。19世纪中叶以后,中国在外强入侵和内部危机频发的环境下开始了自己的现代国家建设,但它可资利用的组织资源是相当匮乏的,主要表现在三个方面:第一,在(州)县以下不设职能性官员和机构的乡村地区,中央集权政府办理治安、赋役、诉讼等地方事务主要依靠里甲、里社等乡里组织。终清一代,这种组织弊端丛生、腐败不堪,早已成为"新政"革除的目标之一,所以基层社会的治理很大程度上只能靠地方士绅集团[②]。但是,1905年科举制废除后,作为"乡村组织的基石"的士绅集团急速分化解体,科举时

[①] [法]伯纳德·布朗:《法国的现代化经历》,载[美]西里尔·布莱克:《比较现代化》,上海译文出版社1996年版,第238—269页。另见[美]C.E.布莱克《现代化的动力》,四川人民出版社1988年版。

[②] 魏光奇:《官治与自治——20世纪上半期的中国县制》,商务印书馆2004年版,第7—55页。

代对于收拢农民起过重大社会作用的乡绅向城市不断单向迁移，滞留于乡村的士绅日益沦为"土豪劣绅"，地方精英集团的品质迅速恶化，导致了地方社会秩序的溃疡①。第二，在社会团体相对集中的通商口岸，各种商业组织既缺乏严密的专业分工，也缺乏市场竞争性的自主交往性质，业缘性的城市组织（如行会）被地缘性和血缘性的同乡组织所覆盖，凭借于宗族和乡籍关系，这些组织成功地在异地环境中保住了自己的利益，也保持了与整个城市社区的隔膜②。在某些民用工业领域，由于一开始就采取了"官督商办"的办法，结果导致了"商人"、"绅士"、"买办"和"官吏"之间身份角色的模糊不清③，对行业帮会的依赖和对官府的依赖限制了这些组织的正常发育。第三，晚清官僚机构在开创治局和维系社会秩序方面，更多的是依靠伦理纲常而不是正规组织，更多的是专注于基层政治安全而不是地方、区域和全国性整合的统治目标，由于其治理方式是伦理性的而非行政性的，官僚录用是诗文性的而非技术性的，统治取向是维持性的而非变革性的，主导社会的组织原则是分散化的而不是动员化的，因此极大地抑制了统治者创造各种有效组织手段的动力，也极大地限制了统治者开发各种组织资源的能力。

中国社会这种组织状态，一言以蔽之，即低组织化状态，是中国现代化失败的主要原因，这在当时已为大多数先进的中国人所认识。例如孙中山的"宗族团体论"、梁启超的"新民团体论"、梁漱溟的"集团生活论"、毛泽东的"民众大联合论"，等等，都是针对这种低组织化状态开出的"组织革命"的药方。他们都认识到"团体"、"组织"这些社会政治要件对于中国现代国家建设的决定性作用，中国人惟有通过组织，才能激活民族的"机能"，振奋民族的精神，而在一个缺乏"组织"的国度，"组织起来"天然具有一种"根本解决"（李大钊④）、"急进革命"（陈独秀⑤）、"刻不

---

① 王先明：《近代绅士》，天津人民出版社1997年版，第343—346页。
② ［美］吉尔伯特·罗兹曼：《中国的现代化》，江苏人民出版社1088年版，第220—224页。
③ 见张玉法：《中国现代化的动向》，载罗荣渠、牛大勇编：《中国现代化历程的探索》，北京大学出版社1992年版，第89页。
④ 李大钊：《再论问题与主义》，《李大钊文集》第3卷，人民出版社1999年版，第6页。
⑤ 陈独秀：《复东荪先生的信》，《新青年》卷8，第4号。

作为一种政治形态的政党—国家及其对中国国家建设的意义

容缓"（毛泽东①）的性质——这是来自西方的个人主义在20世纪的中国迅速屈从于同样来自西方的团体主义、社会主义的根本原因。总之，中国不发动一场组织化运动，就不能摆脱后发现代化国家面临的内外困境。

组织化的途径曾有不同的构想（如合宗族为民族、联职业团体为国家），但是比较而言，最直接、最有效、最能代表中国人学习西方民族国家建设经验的努力、因而也最具"现代化"的方式就是组织政党。当时的舆论认为："欧西各国政治，皆操之于政党。政党者，聚全国爱国之士，以参与一国之政；聚全国舌辩之士，以议论一国之政者也。凡设立内阁，则内阁之大臣，皆政党之魁首。召集会议，则议会之议员，皆政党之名士。用以抵抗暴政，则暴政绝迹而不行；用以代表民情，则民情无微而弗达。……故吾国国民而坐视吾国之亡则亡，苟不忍吾国之亡，则必大声疾呼，号召国之志士，联为大群，不论为士为农为工为商，苟痛心疾首以四万万之水深火热为己忧者，皆听其入会，立一中国三千年来所未有之大党，其而后中国之元气，乃聚而不散，一而不纷，风霜不能侮，刀火不能侵，暴君民贼不能制，异国异族不能灭，非中国历史上一大盛事乎？"②这种主政采行西方议会政治、政党政治，以政党形式把中国人"联为大群"、"合为大党"的呼声表明，中国的政党时代到来了。虽然"毁党"、"造党"的争议时有起伏，但随着西方政治观念的不断传入，政党对于民族国家建设的重要作用渐成为共识。

民国初年是政党组织纷呈迭出即多党政治的黄金时代，几乎所有的西方政党类型都可以在中国找到。连孙中山这样的革命党人也一度认可多党竞争的必要性与合理性。不过人们很快发现，多党竞争的必要性与合理性只能停留在西方政治的理论层面，而在中国政治土壤中却发生了橘枳之变。随着袁世凯称帝运动的表面化，议会政治、政党政治的乐观情绪很快便被冷峻的利益较量和严酷的武力政治所湮没。政党的引入本来是为了组织社会进而组织国家，但在一个民族资本发展缓慢、专制势力强大、缺乏自主参政和政治妥协传统、内外危机日益深重的国家，其结果却加剧社会

---

① 毛泽东：《民众的大联合》（一）、《民众的大联合》（三），载中共中央文献研究室、中共湖南省委《毛泽东早期文稿》编辑组：《毛泽东早期文稿》，湖南出版社1990年版，第338、390页。

② 《政党说》，载《清议报》第78册，中华书局1991年版，第4908—4909页。

和国家的非组织化。人们注意到民初的政党政治败于政治强人,但政治强人不是凭空而出的,政治强人之所以能够运用非法律非程序的强力左右政治的进程,恰恰说明这个社会在性质上存在着一种集权政治的逻辑:分散的社会需要强有力的政治才能整合,强大的专制需要更强大的力量才能制服,在政党来临的时代,要形成更强大的力量,只能组织更强大的政党。适合这样一个强大政党的活动及其诉求的政治条件,必定是一个更有效的政党体制,它不能是原来的多党体制,因为"在任何进行现代化的国家里,多党体系都是软弱无力的政党体系",更不能回到无党体制的时代,因为作为无党体制基础的传统君主政体已经被打破①。事实表明,多党体制和无党体制都不能改变中国的低组织化和非组织化的现状,都不能完成现代民族国家建设的使命。于是,组织化的话语便转化为社会革命的话语,政党政治的话语便转化为党建国家、党治国家即政党—国家的话语。

1921 年,在共产国际的扶持下,中国出现了马克思列宁主义的共产党。三年以后,在多党政治的失败中饱经创痛的国民党,在苏俄和中国共产党的帮助下,开始了"以俄为师"的党务革新。国民党的改组,奠定了"党治国家"的思想和组织基础,在成功北伐之后,形成了中国第一个"党国体制"的政党—国家政治形态;共产党在其后与国民党的战争中摧毁了国民党的党国结构,并依托在革命动员过程中积聚起来的强大的政治权威,以一种更为有力的方式,刷新和重建了"党治国家"赖以存在的社会组织网络,最终把政党—国家的政治形态发挥到了极致。总之,无论是国民党还是共产党,按照列宁式而非西方式政党结构,实行党治国家战略,本质上都是 20 世纪中国在现代化压力之下,欲采取革命动员方式摆脱中国社会"低组织化状态"约束,进行现代国家建设的一种选择。

五 政党—国家的比较:国民党与共产党

政党—国家是 20 世纪不发达国家发动社会革命解决现代化危机的产物。作为一种政治形态及其实践,它最早发源和成形于苏俄,但作为一种

---

① [美] 亨廷顿:《变动社会的政治秩序》,上海译文出版社 1989 年版,第 456、434—435 页。

作为一种政治形态的政党—国家及其对中国国家建设的意义

制度构想，按民国政治学者陈之迈的说法，则是孙中山的贡献。孙中山1914年就明确提出党治理论，即以党建国、以党治国的理论，这比1917年爆发的俄国十月革命要早三年。所以陈之迈指出："本来以党建国的制度可以说是本党总理孙先生最先发明的。本党推翻满清，创立民国，就是以党建国的开始；后来苏联继起，德意仿行，都以党员的努力完成了革命，复兴了国家。所以以党治国的理论实际为孙先生所创始，苏联革命的成功，不过使我们对于这个办法益增信念而已。"① 不过，党治理论遂成定制，是1924年国民党第一次全国代表大会宣布效法苏俄实行改组，即按照列宁主义政党的样式把国民党改造成一个动员型的革命政党以后的事。在这个意义上，以党建国、以党治国的政党—国家理论和实践又属于20世纪中国共产主义革命的范畴。

根据孙中山的政治发展方略，"党治国家"是介于"军政时期"和"宪政时期"的"训政时期"的政党—国家体制。它有五个要点：（1）"政权由党行使"。《训政纲领》第一条规定，"中华民国于训政时期由中国国民党全国代表大会代表国民大会领导国民行使政权"。（2）"政府由党产生"。依照《国民政府组织法》和《训政时期约法》，国民政府最重要的官员一律由国民党中央执行委员会选任，其他"政务官"亦由国民党中央政治委员会议决任命。（3）"政府向党负责"。根据《确定训政时期党政府人民行使政权治权之分际及方略案》，国民政府在训政时期受党指导监督并对党负责。（4）"重要法律由党修正及解释"。《训政时期约法》本身虽无修正程序的规定，但其解释权依该法第八十五条归"国民党中央执行委员会行使之"，而《国民政府组织法》的修正与解释按《训政纲领》第六条则由"国民党中央执行委员会政治会议议决行之"。总之，"在党治主义之下，党权高于一切；党的决定，纵与《约法》有所出入，人亦莫得而非之。"（5）党外无党。训政时期全国只有一个合法政党，即国民党，除国民党外，一切政党均属非法，"中华民国人民须服从拥护中国国民党始得享受中华民国之权利。"②

公允而论，国民党的"军政、训政、宪政"国家建设方案的确反映了

---

① 陈之迈：《中国政府》，上海人民出版社2012年版，第30页。
② 以上所引见陈之迈：《中国政府》，上海人民出版社2012年版，第31—36页。

中国民族国家建设的客观要求。在一个低组织化的后发的现代化国家，若要实现社会转型，一个重要条件是要有一个现代化取向的动员型的政党，以及由该政党控制的国家权力，使之对各种社会力量和社会关系进行有力和有效的干预调节。然而，这个国家建设方案本身并无宏观的社会发展理论引为依托（国民党缺乏一个理论明晰、论证自洽，且能把中国社会发展基本要求有机融入其中的总体战略），尤其未与底层民众的经济社会诉求（如土地改革）和中间势力①发展资本主义的要求发生紧密的联结（国民党的动员能力受其社会基础和党内复杂的派系所限制），实际上成为一个孤立的政治设计。说起来，国民党和共产党都是20世纪列宁主义意义上"东方革命"的产物，但较之共产党，国民党是一个相当矛盾的综合体，它师从苏俄，却拒绝阶级斗争理论；它欣赏欧美，却迷恋中国旧传统的价值；它声称反帝反封建，却和国际资本与乡村士绅保持千丝万缕的联系；它与资本主义在中国的发展具有亲和性，却宣示其反资本主义的立场（见蒋介石《中国之命运》）。因此这个把德式权威主义、俄式政治理念、中国传统治理之道、美式民主理想等相互对立的思想资源融为一体的三段论的设计，由于理论上具有内在的紧张，不能不导致实践中的尖锐冲突。它本质上是一种希望通过训政来维护党国政治安全的"保育政治"，但又由于它承诺了宪政目标，这就使得它在党外自由势力要求兑现诺言施行改革时而常常落入严重的政治危机的困境之中。国民党无法援引经济社会发展之"必须"予以自辩，因为它的经济社会改革措施乏善可陈，它也无法给资本主义的独立发展提供切实保障，因为它的政治效能被消耗在党内派系党外政治的冲突之中，终其一生（到1949年），它是一个糅杂传统与现代、独裁与自由的弱势政权，它和中间势力处于统治与抗争的脆弱的平衡之中。

前面说过，能够建构和支撑政党—国家的政党至少需要具备几个条件或特质，其中最重要的是组织建设。说共产党胜在组织良好，国民党败在

---

① "中间势力"概念来自胡绳，指知识界、教育界、工商界等社会集团，中间势力不是一个严格的阶级概念，尽管它涵盖民族资产阶级，而是一个政治社会学概念，主要指介于国共两党之间的政治上处于中间状态的群体，在宽泛的意义上也包括中下阶层如职员、店员以及尚无政治倾向的农民，后者以往多被称为小资产阶级。见《胡绳论"从五四运动到人民共和国成立"》，社会科学文献出版社2001年版，第4页。

组织不力，海峡两边大概都无异议。台湾中研院近代史所研究员吕芳上指出，国民党在大陆统治的失败，症结在组织结构呈现倒金字塔型，只重上层不重下层。党政自成系统，双轨并行，纠纷不断，党组织在地方少权力、无威望，不能生根，地位弱化。他引国民党党务主管陈果夫的日记说："党的宣传为民主自由，党的训练为军事化，党的组织外表为学苏联，内部是中国的。如此东拼西凑，不成一套，如何是好？"① 中国社科院近代史所研究员王奇生也指出：国民党"从来不是一个具有严密组织和高度内聚力的政党"，"党的组织长期处于派系纷争和软弱涣散的状态中，其离散而有限的'党力'在相当程度上制约了它的训政的力度。"② 国民党的软肋恰恰是共产党的强项。共产党在组织上建立了高度统一、集中、严整的系统，在和国民党的对决中表现出强大的竞争力，所谓"党的建设"（毛泽东誉为共产党战胜国民党的"法宝"之一）其重要内容就是构筑高度社会动员能力和组织凝聚力的组织建设，这种组织建设的有效性连蒋介石也不得不承认——蒋的日记写道，他看中共延安整风文件，看完以后非常认可，觉得中共的这些整风文件，对加强组织纪律性，凝聚政党非常好③。

　　造就共产党强健的组织特性主要来自三个变量，即政党的目标；政党为实行其目标所运用的方式；以及政党的生存环境。共产党以推翻地主资产阶级统治秩序为己任，这就把自己推到了这个秩序的对立面；共产党运用暴力手段改造专制的政治社会结构，就使自己与这个秩序之间的关系具有极度紧张与不妥协的性质；这两点决定了共产党生存环境的压迫性与严酷性。列宁在俄国社会民主工党组织问题上与马尔托夫等人争论所坚持的一个著名观点是，一个处在专制政府高压统治下的革命政党不能采行松散的民主的群众性的政党结构，党试图像德国社会民主党那样提出按照"广泛的民主原则"来建设自己的组织结构是有害的，因为"广泛的民主原

---

① 《陈果夫日记》，1948年10月20日，台北，国民党党史馆藏。转引自吕芳上《政治转型的挑战——近代中国"党国"体制的发展与省思》，载《共识网》（http://www.21com.net/article_2013061785713.html）。

② 王奇生：《党员、党权与党争》，上海书店出版社2003年版（作者自序）。

③ 转引自中国社会科学院近代史研究所副所长金以林教授在"蒋介石是如何丢失大陆"讨论中的发言，原文载刘维开、沈志华、王奇生等《蒋介石是如何丢掉大陆的?》，腾讯文化燕山大讲坛（2013年7月14日），胡耀邦史料信息网（http://www.hybsl.cn/beijingcankao/beijingfenxi/2013-07-23/39065.html）

则"所依赖的两个条件，即"完全的公开性"与"一切职务经选举产生"在俄国如此恶劣的政治环境中根本无法实行①。因此，在列宁看来，共产党不能建成一个边界模糊、结构松散的组织，而必须建成一个人数不多、组织严整、实行集中制并由以革命为职业生涯的精英集团主持的战斗部队，共产党的指导原则应是"最严格地保守秘密，最严格地选择成员"，无条件地接受"职业革命家的训练"和服从"像军事纪律那样的铁的纪律"②。很容易可以看出，各国共产党（特别是亚洲）的组织结构至少在草创期不过是俄国共产党模式的复制，在以后的发展中虽然有所变化，但只是程度上的，其基本特征则是一贯的。从根本上说，共产党的生存环境仍然是其组织建制最重要的约束条件，专制独裁的国家越是强大，党的组织结构就越是趋向集权，非如此不能积聚起更加强大的力量以制服这个强大的敌人。按照列宁主义原则建党的中国共产党在革命时期形成的高度集权的组织结构和领导体制应作如是观③。

　　这种高度集权的政党结构在其意识形态的指导下，不仅履行一般政党所具有的宣传、联系、沟通、发动、组织的功能，而且还直接从事军事、情报、经济、财政、政权等非政党性的活动。中国共产党的基本特色在于当它被暴力排除在既存的国家体制之外（1927年后）便实行武装割据，建立与既存国家体制相对抗的军党合一、党政合一的革命政权（如井冈山根据地、江西中华苏维埃、鄂豫皖根据地等），并由此形成了运作政权的独特方式——群众动员。一般而言，国家可以通过广泛的大众动员来加强中心国家对边陲社会的控制，但问题是，国民党政府是一个低制度化的权威主义城市性政权，它与中国传统社会旧式精英的天然联系以及与列强的依附性关系使其不能亦不愿唤起民众——它严重缺乏广泛而深刻的动员能力（这在抗战中表现得尤为明显），因此在中心国家与边陲社会之间便出现了大大小小的缝隙。而对于"落草"于这些缝隙中谋求生存和发展的红色割据政权来说，大规模的群众动员则是其"生命线"。对底层社会群众的动员恰好反过来削弱中心国家与边陲社会本来就十分脆弱的联系，使边陲社

---

① 《列宁选集》第1卷，人民出版社1972年版，第348—349页，第210—211、345页。
② 《列宁选集》第1卷，人民出版社1972年版，第348—349页，第210—211、345页。
③ 陈明明：《革命党、统治党、执政党》，肖滨、郭忠华：《中大政治学评论》第5期，中山大学出版社2005年版，第54页。

会与红色割据政权混融一体,从而成为颠覆国民党的压制性国家体制的堡垒。在中国革命运动中,组织严密且功能完备的共产党积累了巨大的政治权威与超强的社会推动能力,它所建立起来的政党—国家体制,较之国民党"党国体制"具有一些不同的重要特点,其结构的系统性、严整性、内聚性远非国民党"党国体制"所能比拟,其功能的广泛性、整合性、一致性更在后者之上。

第一,新中国的政党—国家的合法性深植于共产主义革命的意识形态之中。新中国的临时宪法(《共同纲领》)和第一部宪法("五四宪法")虽然没有在条文上规定党与国家、党权与政权的关系,更没有在政府组织法(《中国人民政治协商会议组织法》、《中华人民共和国中央人民政府组织法》、《中华人民共和国国务院组织法》)和人大组织法(《中华人民共和国全国人民代表大会组织法》)中载入任何类似国民党"训政时期约法"那样的党代"国大"、党建政府乃至具体到何种职位由党选任的文字,但是明确规定中国人民民主专政是"以工农联盟为基础,以工人阶级为领导"的"人民民主统一战线的政权"("《共同纲领》序言")[①],明确指出"中国人民经过一百多年的英勇奋斗,终于在中国共产党领导下","建立了人民民主专政的中华人民共和国"("五四宪法序言"),并在"五四宪法"第一条开宗明义宣布:"中华人民共和国是工人阶级领导的、以工农联盟为基础的人民民主国家。"[②] 在这里,"工人阶级领导的以工农联盟为基础的人民民主国家"是关于国体的关键表述,而阶级与阶级统治是关键的关键。在马克思主义意识形态中,阶级是国家构成的必要条件,阶级斗争必然发展为政治斗争,政治斗争的中心问题是政权问题。无产阶级作为一个阶级的行动不能自动形成,需要通过党来发动实施,无产阶级的阶级统治,必须由党来领导和体现,因此,"工人阶级领导"的内涵就是"共产党领导"。可见,宪法虽然没有出现党治的条文,但宪法规定的国体、政体实际上渗透了"党国"的精神(例如,宪法第二条规定各级人民代表大会和国家机关"一律实行"的"民主集中制"就是党的组织原则)。而构成政党—国家体制的真正的来源,不是宪法和法律,而是法背后的由共

---

① 《建国以来重要文献选编》第 1 册,中央文献出版社 1992 年版,第 1 页。
② 《建国以来重要文献选编》第 5 册,中央文献出版社 1992 年版,第 520、522 页。

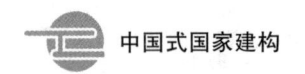

产主义革命意识形态阐释的革命和历史的逻辑。

第二，新中国的政党—国家无论在中央还是地方层面都形成了一种相互支持、彼此对接的机制，以共同维系体制的完整和效能。共产党在中央层面的这些制度安排都是国民党欠缺的，国民党在中央政府内部并无党组、党委之设，只有一个中政会（以及中常会）"为党与政府之连锁"，但中政会因委员人数膨胀而渐流为"追认备案之机关"，中常会则因主理党务而疏于政务，致使"以党统政"徒有法理上的"国民党代国民大会行使中央统治权"。而在地方层面，国民党更无法与共产党相比拟。毛泽东所强调的"大政方针和具体部署一元化"在中央是落实在党的政治局，在地方则落实在党的各级委员会，也就是说，地方各级政府必须成为同级地方党委的执行机构。为了适应地方党委直接指挥同级地方政府的模式要求，从50年代开始党便设立了各种与政府职能机构相对应的党的工作部门，实行对口管理与领导，权力的集中是一个非常明显的体制特征，它有两条线索，纵向是地方政府的权力资源流向中央政府，中央控制着地方；横向是各级政府的权力资源流向各级党委，党控制着政府。因此集权的过程本质上是党集权的过程，在中央就是权力集中于党中央，在地方就是权力集中于地方党委；中央与地方关系本质上是党的中央与党的地方各级组织的关系，由于民主集中制的党的组织原则，党内权力关系一经确定，则地方政府与中央政府因经济、地域利益形成的矛盾，都可以通过党内权力关系的运用（包括协调、斗争和强制）获得解决。

第三，政党—国家在推进社会主义革命和国家工业化的过程中，成功地对城市资本主义工商业和农村小农经济关系实行改造，并在此基础上完成对城市生活的控制与乡村秩序的重建。社会改造的动因之一来自党的社会发展纲领，即"由新民主主义国家转变为社会主义国家"，必须经过一个社会主义革命，以彻底消灭传统的剥削制度，变革传统的生产关系，向更高的社会发展阶段过渡。生产关系的变革并不是马克思意义上的生产力的自然的发展所提出来的任务，而是列宁主义的基于生产关系对生产力的"反作用"原理而主动地创造生产力发展的社会条件的结果，显然，这种"主观能动性"对政治权力的运用存在着极大的需求。社会改造的另一个动因是现代化。因为"由新民主主义国家转变为社会主义国家"必须伴随着"由农业国转变为工业国"的过程①,没有工业化,不可能有现代意义的社会主义。在一个经济落后、资源贫乏的国家,这种现代化必然强调政治(政府)主导的作用,必然打上计划的、分配的、动员的、可控的鲜明印记,同样对政治权力的运用存在着极大的需求。政党—国家体制正好满足了政治权力的供给问题。如前所述,政党—国家从根本上说就是为了克服长期困扰中国现代化的低组织化状况而应运而生的一种制度安排,通过这种制度安排,国家可以比较有效地压制反对社会主义改造的力量,以廉价的赎买政策化私人资本为国家资本,打击城乡资本主义自发势力,维护社会主义改造的成果;也可以比较容易垄断和集中资源,通过工农业产品价格剪刀差的隐性方式把农业资金注入工业部门,从而以比较低的成本完成工业化所需要的原始积累②。

第四,政党—国家的超强的整合趋势湮灭了政治领域与非政治领域的界限,使整个社会变得日益高度政治化。所谓政治领域,是指以国家权力为中心、以国家活动为经纬的公共空间,非政治领域则指以市场为基础、以民间生活为常态的私人空间,在1956年以前,这个私人空间大体是存在的,此后所谓政治与非政治的界限已经不大清楚了。进入60年代,特别是到"文化大革命",残存的民间社会因素终于被彻底剪除,从而也彻底消除了政治与非政治的边界。共产党强大的组织网络穿透了国家与社会之间的屏障,把公共空间与私人空间联通起来,社会各阶层成员,通过各种组织关系被编入"国家机构"中——城市的各种"单位"如工厂、机关、学校、街道等都被赋予了行政等级,成为一种"类国家"机构或国家的代理机构;农村的人民公社既是经济组织,又是政治组织,既管理生产建设,又管理财政、粮食、贸易、民政、文教卫生、治安、民兵和调解民事纠纷及其他基层行政任务,实行工农兵学商结合,成为经济、文化、政治、军事等的统一体。国家和社会按照同构的方式交相重叠在政党—国家的偏好与逻辑之上。

---

① 《毛泽东选集》第4卷,人民出版社1967年版,第1371页。
② 见陈明明《在革命与现代化之间》,《复旦政治学评论》第1辑,上海辞书出版社2002年版,第240—246页。

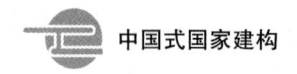

六 政党—国家为中国国家建设做了什么

中国共产党开国建政后，政党—国家的发展大致可划分为三个大阶段：第一个阶段从1949年到1957年，其中，1949到1953年是新民主主义时期，政权的性质属于"统一战线的政权"，政党—国家的特征尚未突显；1954到1957年是向社会主义过渡时期，借由经济、社会的改造，政党—国家的要素逐步健全。第二个阶段从1957到1977年，前后20年，特别是后十年，国家的政治生活经历了一个从激进主义到极端主义的年代，在"文化大革命"时期达到了它的高峰。政党—国家在"无产阶级专政下继续革命"理论的指引下，具有鲜明的绝对性、独占性和排他性色彩。第三个阶段是改革开放年代，1980年邓小平发表"党和国家领导制度的改革"一文，政党—国家形态随着国家与社会关系的调整开始出现变化。1992年中国市场化改革进程加速，1993年十四届三中全会通过建立"社会主义市场经济体制"的决定，1997年十五大提出"建设社会主义法治国家"，2004年十六届四中全会提出"构建社会主义和谐社会"，政党—国家越来越呈现出世俗化（非意识形态化）、包容性（"人民"政治范畴的扩大）和调适性（改革、创新、调整）的特点。

如果将新中国成立以来的发展分为前后两个三十年，则前三十年即改革开放前三十年，政党—国家的政治形态对中国国家建设的贡献主要表现在这几个方面[①]：

第一，结束了中国百余年外侮内争的历史，在政治上统一了中国大陆，为现代化奠定了坚实的权威基础。晚清以来中国现代化运动所追求的国家的"权力"与"财富"这两项目标，尤其是前者，1949年后大体上都实现了。最明显的标志是中央集权国家对外有效地维护了国家主权独立和领土完整统一，对内按照民主集中制的原则建立了相对完备的国家政治与行政体系（各级人民代表大会制度和各级政府制度），中央政府的政令贯彻到基层。保证这种政治一体化格局的核心要素是党的组织网络及其所

---

① 陈明明：《党治国家的理由、形态与限度》，《复旦政治学评论》第7辑，上海人民出版社2009年版，第243—245页。

支撑的政党、国家与社会关系:"党全面领导国家、国家全面主导社会,党通过国家和自身组织领导社会。……党、国家和社会的这种关系,为权力高度集中提供了政治、经济和社会基础。"①

第二,形成了多民族的政治共同体,促进了民族及其地区的融合。民族建设在共产党看来是一个和国家政权建设紧密联系的政治建设的过程,即通过阶级革命摧毁旧制度、建立新政权的政治建设的过程,其中心内容就是以阶级解放和民族平等为取向的民族区域自治制度的建设。在国家结构形式上,民族区域自治制度实际上是共产党放弃原有的联邦制构想、在多民族国家条件下实行单一制的一种准联邦性的制度安排,这个制度在坚持中央政府统一领导和民族平等原则的前提下,赋予各少数民族地方自治机关相当的自主权,照顾和保护了少数民族的文化、传统和权益,维护了民族关系的整体和谐与边疆地区的稳定。

第三,以阶级斗争的方式重组了中国社会,实现了各阶层的政治经济平等。1956年对农业、手工业和资本主义工商业的社会主义改造及其前后相随的思想改造,结束了私人经济、资本主义经济和社会主义经济和平竞争的"混合经济"时代,传统的经济、社会、文化精英集团彻底退出历史舞台。工人阶级和农民阶级结盟构成了共和国制度的政治基础,他们在组织化过程中和国家的政治结构、政治运行、政治录用发生紧密的联系。社会学的等级差别(官僚集团与大众以及行政、职业之间)仍然存在,但在阶级倾斜政策下,尽管尚未改变总体的贫困状况,他们在性别、劳动保障、文化、受教育、医疗卫生等方面获得了中国有史以来最大的平等和前所未有的尊严。

第四,推行赶超型的国家发展战略,初步建立了独立的相对完整的现代工业和国民经济体系。从1956年到"文化大革命"前夕,一批新兴工业部门迅速建设起来,形成了一个门类比较齐全、有相当生产规模和一定技术水平的工业体系。科学技术领域先后取得了重大研究成果,1964年、1965年两次原子弹爆炸试验和1966年导弹核武器发射的成功,表明了中国在科学技术应用方面大大缩短了与发达国家的距离。沿海工业基地得到进一步加强,内地和边疆少数民族地区兴建了不同规模的现代工业,内地

---

① 林尚立:《中国共产党与国家建设》,天津人民出版社2009年版,第163页。

工业产值占全国工业产值比重显著提高。交通运输状况发生了明显改变,除西藏外各省、直辖市、自治区通了火车,公路、航运、邮电通讯也有了迅速发展。农田水利建设方面取得很大成绩,淮河、黄河和海河三大水系得到治理,灌溉面积、机耕面积、机灌面积在全部耕地总面积、灌溉总面积中的比重大大增加,农村植树造林、农业耕植技术、农业气象预报都有很大进步①。和1949年以前相比,中国的面貌发生了根本性的变化。

第五,发动大规模的群众政治参与,完成了有史以来最为深入广泛的国民政治训练,主要表现为:(1)主流政治象征符号走入民间,消解了原来束缚大众的宗族意识、村落意识、地域意识等小团体意识,使他们超越狭隘的情感、信仰和视野,由一个自在的群体变为一个自为的群体;(2)在底层社会生活与上层国家生活之间提供了流动的渠道,国家可以依据参与者在政治运动中的政治忠诚度考虑对其吸纳和录用,底层社会可以通过个人的积极努力进入国家体制而在某种程度上完成社会身份的变换;(3)第一次把无权的大众引入国家的政治生活,唤醒他们潜藏的政治能力、政治表现欲和政治创造性。从50年代到"文化大革命",中国人关于时代、历史与"我们"及其关系的认知程度、对国家政治和外部事务的关注程度、对政治变迁与个人命运之间联系的意识程度、对政治语言运用与政治事务描绘的夸张程度,都达到了无与伦比的高度。

然而,政党—国家的政治在现代国家建设中造就了巨大成功的同时,也隐含着严重的危机,或者说,它的成功与危机经常相伴随,并随危机的非制度化解决而程度不同地削弱了成功的实际意义。它最大的政治危机不仅表现在党和国家权力体系内部(由高度集权走向个人专断),而且表现在党、国家与社会的关系方面。作为一个高度集权化的体制,政党—国家政治从根本上改变了传统国家无力渗透社会的现实,以政治动员把社会组织起来,从而克服了中国社会的低组织化状态,这是它成功的一面;但是另外一面,作为一个高度一体化的体制,政党—国家政治通过党的组织网络、精英录用机制和意识形态全方位进入社会,实现了对社会生活的全面

---

① 杨树标、梁敬明、杨青:《当代中国史事略述》,浙江人民出版社2003年版,第363—366页;马洪、刘国光、杨坚白:《当代中国经济》,中国社会科学出版社1987年版,第364—368页。

控制，这种社会高度政治化与国家化的党国结构带来一系列严重的问题。第一个问题表现在经济增长缺乏动力，因而发展不可持续。第二个问题表现为社会自主性和创造力的萎缩，社会陷入普遍的困顿。这种国家与社会关系的极度失衡导致第三个问题，即国家高度扩张的同时，反过来不是强化了国家能力而是削弱了国家能力。国家在一个时期似乎显得很强大，实际上，国家针对社会发起的历次政治运动消耗了社会积聚起来的成果，社会在国家竭泽而渔式的经济动员和一网打尽式的政治动员中日益凋敝，反过来伤及国家本身。事实上，到"文化大革命"后期，国家的扩张不过是国家话语的扩张而已，国家扩张的能力相当程度上已被政治权力的滥用所抵消了。

1978年12月中国共产党十一届三中全会发表的会议公报指出："实现四个现代化，要求大幅度地提高生产力，也就必然要求多方面地改变同生产力发展不适应的生产关系和上层建筑，改变一切不适应的管理方式、活动方式和思想方式，因而是一场广泛、深刻的革命。"[①] 这场革命不仅突破了计划经济体制的束缚，触动了政党—国家政治、行政的集权架构，而且培育了进一步要求全面变革传统体制的各种政治和社会力量，包括获得自主权的地方政府、企事业单位和民间组织。十一届三中全会由此成为中国政党—国家后三十年体制改革的标志性事件。

七 结语

20世纪80年代以来的改革开放引入市场体制，许多要素从国家流入市场，使一个相对自主的社会成长起来，市场和社会的发展要求分散和分权，于是在集权逻辑身边出现了另一个逻辑，即分权的逻辑。人们呼吁的自由化、民主化、法治化，就是这种分权逻辑的表达。在分权逻辑作用下，中国有选择地加入全球化体系，开始承受和消化着发达国家制度、资本、技术、价值的冲击，在内部则由于市场体制的建立，国家与社会出现相当程度的分离，改变了中央与地方、政府与公民、社会不同群体间的竞

[①] 《中国共产党第十一届中央委员会第三次全体会议公报》，《人民日报》1978年12月24日。

争交易规则，形成了"权力、资本与劳动"三边结构的互动局面，也出现了"权利、责任与制度"三重关系的整合要求。这就使政党—国家体制面临着前所未有的挑战。

这是一个不无矛盾的过程，一方面，民生、发展、调控等目标对集权有迫切的需求——这是政党—国家政治存续的理由；但另一方面，在发展过程中，民众对政治绩效的评价越来越重于对经济绩效的评价，换言之，仅靠经济绩效已经无法满足民众的进一步发展的要求，因此，民主、人权、法治这一类目标又强烈地支持着分权的要求——它们则成为改革政党—国家政治的理由。显然，在今天，政党—国家政治事实上是在双重逻辑的作用下运行的，它不可避免具有双重性的特点，例如，中国仍然是一个党治国家，但改革开放三十多年来已成长起许多法治的要素，形成了党治与法治兼具的双重性体制。反映这种双重性体制的双重逻辑——集权逻辑和分权逻辑的确存在着内在的紧张，但它们是当代全球化背景下历史中国和现实中国、本土中国和世界中国交织汇合的产物，轻易否定哪一个逻辑都可能给中国的国家建设造成消极的影响。寻求这双重逻辑在制度上的平衡——比如寻求党治与法治的平衡，权威和自由的平衡，公平和效率的平衡，稳定和发展的平衡，而不是各执一端，应该是我们考虑中国政治改革的出发点。

政党—国家政治的最大优点是强大的组织动员能力，它的问题在于坚持中央集权，发挥这种强大的组织动员能力的同时，如何有效防止权力的滥用，如何保障公民的权利和经济社会的可持续发展。所以政党—国家政治的集权逻辑应有分权逻辑来节制，分权逻辑的最大优点其实主要不在于调动社会和个人的积极性，而在于它本质上提供一种制衡的机制，使个人的权力转化为制度化的权力，无限的权力转化为有限的权力，任性的权力转化为依法行使的权力。在双重逻辑的交互作用下，就关键的变量而言，对执政党来说，有一个党内民主建设和执政方式变革的过程；对国家来说，有一个发展代议民主和协商民主、确立宪法权威和司法独立的过程；对社会来说，有一个培育公民参与和基层群众自治的过程。在未来的三十年间，我们仍然需要充分利用和发挥政党—国家政治的效能，同时依靠民主、法治和社会的力量，继续推动经济和综合国力的发展，逐步健全和完善国家政体形式，逐步构建和发展公民授权体系，逐步实现国家治理体系和能力的现代化，在宪法的框架内，完成中国现代国家建设和中华民族的复兴。

（原载《江苏社会科学》2015 年第 2 期）

中国共产党领导的现代国家建构逻辑

燕继荣　王江成[*]

推动并实现国家现代化、建设一个强大的现代国家，是近代以来中国人民最渴望实现的国家发展目标。中国共产党作为探索救亡图存、国家统一、民族复兴之道的中国人民和中华民族的先锋队，围绕现代国家建构的基本任务，走过了"以党建国"的发展历程。不同于早期现代国家所产生的议会型政党，中国共产党诞生于传统中国深陷内忧外患困局的危难之时，是国家转型过程中具有救亡图存意识的仁人志士中最有组织性和战斗力的"使命型团队"。历史和现实昭示，中国共产党是探索和开辟中国式现代化道路的坚强领导核心。党的领导展示了强政党驱动国家现代化的中国逻辑，实现了"从建党的开天辟地，到新中国成立的改天换地，到改革开放的翻天覆地，再到党的十八大以来党和国家事业取得历史性成就、发生历史性变革"[①]。本文尝试从政党驱动国家现代化的视角来审视中国共产党领导中国现代国家建构的特定逻辑，并对这一过程的未来方向进行展望。

一　现代国家建构的基本任务

现代化研究的知名学者艾森斯塔德（S. N. Eisenstadt）从历史解释学

---

[*] 燕继荣，北京大学政府管理学院、北京大学公共治理研究所、北京大学国家治理研究院教授；王江成，北京大学政府管理学院出站博士后，中国社会科学院民族学与人类学研究所助理研究员。

本文为2021年度国家民委民族研究项目"国家治理视阈下的中华民族共同体建设研究"（2021-GMD-008）的研究成果，同时受2018年度国家社会科学基金重大研究专项项目"新形势下化解群体性事件的新机制新手段研究"（18VFH019）的资助。

[①]《加强政治建设提高政治能力坚守人民情怀，不断提高政治判断力政治领悟力政治执行力》，《人民日报》，2020年12月26日。

的角度对现代化这一概念作出定义:"就历史的观点而言,现代化是社会、经济、政治体制向现代类型变迁的过程。"① 当代发展理论家从一般性的角度,把现代化一词理解为从传统社会向现代社会(工业文明)转变的过程。20世纪70年代,塞缪尔·P. 亨廷顿(Samuel P. Huntington)从学者们对于现代化过程的研究中,总结出现代化过程的九个特征,即革命的、复杂的、系统的、全球的、长期的、有阶段的、同质化的、不可逆转的、进步的过程。② 任何古老的国家都必然在这个过程中得到整体性的再造,这种整体性再造的过程被冠以一个学术概念,就是"国家的现代转型"。

世界现代化进程的起步可以追溯到18世纪中叶英国开启的工业革命。艾森斯塔德认为,现代化从17世纪至19世纪形成于西欧和北美,而后扩及其他欧洲国家,并在19世纪和20世纪传入南美、亚洲和非洲大陆。今天,经典现代化理论认为现代化包含两个基本过程:一是工业革命以来西方国家的深刻变化,二是后发国家追赶西方发达国家的进程。这两个过程皆绕不开"国家由传统向现代的转变"。不同的是,前者更多以现代国家"自然"形成③及其向民主国家的过渡为主要内容;后者则首先需要"建国",并以强国家推动传统社会的整体性变革。"对于绝大多数后发国家来说,虽然不排除企业、教育、军队等领域零星、自发的现代化变革,但全面启动现代化建设,往往都是以一个具有较强的组织动员能力的现代国家的建构为起点。"④ 进一步讲,后发国家的现代化及其国家转型任务更加艰巨。中国的现代化处于后发国家追赶先进国家的进程当中,与大多数后发国家一样,建构一个现代国家、摆脱国家积贫积弱的窘境也是中国现代化追求的首要目标。

按照马克斯·韦伯(MaxWeber)的论述,领土、主权、合法性、公民权、科层制、暴力垄断权、权力的非人格化被看作是一个现代国家不可或

---

① [以] S. N. 艾森斯塔德《现代化:抗拒与变迁》,中国人民大学出版社1988年版,第1—2页。
② [美] 塞缪尔·P. 亨廷顿:《导致变化的变化:现代化,发展和政治》,载西里尔·E. 布莱克:《比较现代化》,上海译文出版社1996年版,第44—48页。
③ 西欧社会的现代变迁过程在一定程度上遵循了自然逻辑。正因为如此,查尔斯·蒂利(Charles Tilly)在后期的研究中更愿意用state formation(国家形成),而不是state building(国家建构)来表述西欧国家形态的演进。
④ 何显明:《中国现代国家建构的内在逻辑》,《浙江学刊》2020年第6期。

缺的要素。芬纳（Samuel E. Finer）认为，典型的现代国家具有五个特征，它们可以被概括为领土之上的人口、政权、主权、民族情感、公共性[1]，而公共性强调权利和义务在共同体全部成员中的分配，预示了现代国家的民主性。诺斯（Douglass C. North）则把现代国家视为"权利开放秩序"，包括政治的发展、大而分权的政府、较少的经济负增长、大量的社会组织、平等多元的信念、社会权利的开放、法治等，他更加重视民主，并特别强调非人格化关系对于现代国家的重要意义。[2] 这些学者提到的要素和特征反映了西方现代国家所追求的大致目标，体现了现代国家建构的丰富意涵。根据马克思主义国家理论，国家是统治阶级实行阶级统治的工具，西方现代国家的这一本质并没有改变，但是在形态上，"现代国家形态"已经混合了官僚制组织（政权组织在领土范围内的集中统治）、民族国家（国家认同）、民主国家（限制国家权力保护公共利益）的任务特征。相较于现代国家的官僚制版本，更高的版本认为，"现代国家乃是集领土、国族—国民（nation）和国家统治系统（state）等为一体的人类共同体，其实质是以国界精确划分的领土为地理基础，享有对内对外的国家主权，以国族、国民为内在根基，以新型国家统治系统为外壳，包括统治系统和被统治者在内的人类共同体。"[3] 不仅如此，现代国家还包含有民主—国家（democracy-state）的特性[4]，人民性是国家现代性建构的主要内容。从经验认识出发，今天人们所说的现代国家，一般就是指那些享有共同领土主权和统一政府治权的人民所组成的政治共同体，它们有的由单一民族所组成，有的由多民族所组成。[5] 基于对"现代国家"形态的一般性理解，我们可以将现代国家建构的任务分解为三个方面。

1. 国家（country）主权的确立。国家主权是指国家对内对外的最高权力。主权的确认是表示国家的领土和治权统一不仅得到国际社会的承认，而且也得到国内民众的认可，它意味着国家权力边界的确定获得国家

---

[1] [英] 塞缪尔·E. 芬纳：《统治史》（第一卷），华东师范大学出版社2014年版，第3页。
[2] [美] 道格拉斯·C. 诺思、约翰·约瑟夫·瓦利斯、巴里·R. 温格斯特：《暴力与社会秩序：诠释有文字记载的人类历史的一个概念性框架》，格致出版社2017年版，第10—11、113—114页。
[3] 肖滨：《扩展中国政治学的现代国家概念》，《中国社会科学评价》2020年第2期。
[4] 徐勇：《"回归国家"与现代国家的建构》，《东南学术》2006年第4期。
[5] 燕继荣：《现代国家及其治理》，《中国行政管理》2015年第5期。

间的相互承认和尊重，国家内部最高治权的确定获得国民的认可。

主权概念最早由法国政治思想家让·布丹（Jean Bodin）提出。针对中世纪晚期西欧社会四分五裂、封建割据的混乱状态，甚至一国之内存在大小不同的多个"君王"的情况，布丹主张把一国的最高权威集中于一个君主手中，并在强大君主的领导下，协调一国的行政统治体系。之后，荷兰国际法学家胡果·格劳秀斯（Hugo Grotius）把主权问题由国内权威的集中统一扩展到"国际关系"行为体的相互承认，在《战争与和平法》（1625）一书中提出了国家间的主权独立问题。① 1648 年欧洲三十年战争结束，通过战争各方签署的《威斯特伐利亚和约》，国家间处理相互关系的准则正式确立②，该和约的签订通常标志着欧洲民族国家的形成。

主权原则的确立具有重要意义，一是主权的划分确立了各个绝对主义国家的管辖范围，国家间有了明确的边界，产生了"一种新型的能反思性地得以监控的国家体系"；③ 二是国家内部出现了集中统一的趋势，国内居民开始有了一种从已有秩序脱离出来的共同体意识。这两方面的意义揭示了主权观念蕴含着官僚制、国家能力、国族建构等国家整合的内容。

值得注意的是，主权观念是绝对主义国家的重要特征。"从某种意义上说，王朝国家（欧洲的绝对主义国家）作为一种新的国家形态对基督教普世世界国家的最终胜利，就是获得了国家主权"④。也正是主权观念锻造了现代国家的雏形，为现代国家的形成准备了条件。进一步说，与王权兴起相伴随的绝对主义国家的产生，是欧洲现代国家形成的开始。欧洲历史表明，王权在与教权的斗争中取得胜利，使绝对君主"对其主权范围内的领土实施统一的行政控制"⑤，实现了"现代国家将更大范围内例行的、正式的、合理化的（rationalized）制度加于其公民和地域上"⑥ 的事实，从

---

① 王哲：《西方政治法律学说史》，北京大学出版社 1988 年版，第 134 页。
② 《国际条约集》（1648—1871），世界知识出版社 1984 年版，第 16 页。
③ ［英］安东尼·吉登斯：《民族—国家与暴力》，生活·读书·新知三联书店 1998 年版，第 126 页。
④ 周平：《对民族国家的再认识》，《政治学研究》，2009 年第 4 期。
⑤ ［英］安东尼·吉登斯：《民族—国家与暴力》，第 144 页，生活·读书·新知三联书店 1998 年版。
⑥ ［英］迈克尔·曼：《社会权力的来源阶级和民族国家的兴起（1760—1914）》（第二卷）（上），上海人民出版社 2018 年版，第 65—66 页。

而巩固了民族国家的地位。在之后王权和民权的长期较量中，王权受到限制，民权得到彰显，绝对君主主权转变为人民主权，实现了国家权力性质的变革，初步完成了现代国家转型。

2. 国家（nation）认同的形成与整合。与国家主权相伴随的是国家认同的产生，即国家内部成员对于同属于国家共同体的身份认同，这种认同使自己作为某国国民与其他国家的国民区别开来，这也就是通常区分诸如"日本人""英国人""美国人""中国人"等称谓的根源。统一的国家认同是国家形成或建构的重要标志和任务。民族（国族）国家是现代国家的主要形态，"在民族国家建构中，国家权力体系与国族主体承载是紧密联系在一起，这就是民族国家（nation state）与国族（state nation）的内在贯通性结构，两者的一般关系是，前者是后者的国家权力呈现，后者是前者的民族支撑形态"①。国家认同整合的结果是形成所谓的民族国家，也就是具有国家归属感的"国族"意识。因此，现代国家的形成过程，实则也是国族的建构过程。正如有学者指出，国族是与国家互为表里、互为条件、相互依存、相互塑造的国民共同体。② 国族的建构超越自然和自发因素，更具明显的政治属性。现代国家试图建构统一的国民共同体，这就要求不同地域、宗族、种族、教派的人们，必须形成统一的自觉与其他国家国族相区分的整体性国民身份认同。

现代国家以统一的国族来表达国家认同，实现语言文字的标准化、构建权益平等的国民身份，反映了国族性是现代国家的重要特性。作为现代国家基础性的社会政治机制，国家认同（国族身份）机制集中体现了国家整合的软性任务，包括人口国民化、国民整体化等。③

3. 国家（state）的人民性（公共性）改造。传统社会的政治统治在大多数时候都是个人或家族的统治，传统权力是一种高度人格化的权力，而现代社会则是建立在一种非人格属性的公共权力的统治之上④，由此而

---

① 任剑涛：《中国现代建国中国族与国家的错位与接榫》，《武汉科技大学学报》（社会科学版）2021年第6期。
② 周平：《国民对现代国家的意义》，《武汉大学学报》（哲学社会科学版）2021年第2期。
③ 周平：《现代国家基础性的社会政治机制——基于国族的分析视角》，《中国社会科学》2020年第3期。
④ Chandra Mukerji, "The Territorial State as a Figured World of Power: Strategics, Logistics, and Impersonal Rule", *Sociological Theory*, Vol. 28, No. 4, 2010.

形成的国家联合体需以公共权力为代表，这种公共权力无论在名义上还是实质上必须代表和体现人民的利益。

国家形态演进的历史显示，现代国家与传统国家的最大区别在于，国家作为一个具有统辖边界的组织，其"公共性"和"私人性"关系的改变。在这一转变过程中国家的公共属性不断扩展，相应地国家的"私人属性"或"私家属性"以及"集团属性"被遏制，其组成和行为受到"法律"和"民意"约束。进一步说，现代国家具有如下特征：（1）国家不再是强力集团的"私家天下"；（2）国家的统治者变成了人民委托的"代理人"，而不再是家族统治的继承人，相应地理性官僚角色和组织化的政党取代过去的"皇帝"和"家族"成为国家统治的执政者；（3）国家的政策变成了以人民意志为依归的公共政策，不再是皇帝诏令或利益集团的"霸王条款"。

因此，现代国家建构的过程也是"众利"和"众意"通过实质性整合，转化为"公利"和"公益"的过程。换言之，国家要实现最大限度的公共性，即人民性。实现这个过程就要求提供国家内部不同层级聚公利、集民意的制度化渠道，并在理念、原则、制度和政策等方面给予确认和安排。

综上所述，国家主权的确立、国家认同的形成、国家行为的公共化是现代国家建构的三个基本任务。这三大任务决定了现代国家的基本定义：即现代国家是主权得到国际认同的国家，现代国家是国民以"国族"为身份认同的国家，现代国家是坚持人民主权理念并在制度和政策上予以保障的人民民主国家。相对于建立在"自然秩序"或武力征服基础上的各种形式的传统国家而言，现代国家建构以国家独立与统一，国家认同的整体性获得、保持与增强，人民主权原则的确立，法治与民主问责制的建立，以及制度和政策的人民性保障为基本内容和目标。

国家的现代转型和现代建构是一个长期的过程。从欧洲早期现代化的国家来看，通过三十年战争，国家统治疆域的主权得到确立，之后经过国民身份化过程确立民族国家（nation）认同，在后来不断的政治运动、政治革命中，国家得到了民主化、法治化改造：作为国家代表的"王权"受到限制，作为国家"机器"的政府及其机构和官员角色行为受到宪法和法律的相应约束。上述现代国家转型的历史过程和任务，主要是对欧洲现代国家建构实践的总结，事实上，不同国家在实现国家主权独立统一的条件与路径、建立国家认同的逻辑与模式、实现国家行为人民性（公共性）转化的制度与政策等现代国家建构任务方面存在不同情况及选择。对于后发现代化国家而言，主权的独立和统一是现代国家建构的首要任务。其中，实现国家内部的整合尤为重要，因为国家内部区域发展差距、民族宗教文化差异、社会利益分化、政治观念分歧等都会造成国家整合的困难，其严重表现就是国家内部不同势力割据、战乱不断甚至国家分裂。所以，克服国家内部分散、分化、分离、分歧的困境，形成国家统一的意志和集体行动，是后发现代化国家现代转型的基础性任务。

二 中国现代国家建构中的政党驱动

政党是现代政治组织，它的产生和运行本身就是对传统政治的否定，因此，政党是国家现代转型的重要动力。作为"连接民众与政府的桥梁"，政党直观的作用在于组建政府、执掌国家政权、实施国家政策；而且，作为现代国家政治标志的政党，是形成社会"利益聚集"、完成国家"政治整合"和实现大众"政治社会化"的重要渠道。

政党是现代国家民主政治运行的重要工具。"从西方政党政治的发展历程看，政党政治与现代国家建构有着密切联系，可以说，政党政治植根于近代'民族国家'之内，但它又不满足于'民族国家'的属性，政党成功地利用'民族国家'的母体，把'民族国家'驯化成'民主国家'"[①]。西方社会在国家既有体制框架下、通过议会政治而逐渐形成的议会型政党，开展旨在限制王权的立法斗争，实现了国家的现代化（公共性）改造。在后发国家，特别是第三世界国家，政党驱动国家现代化的特征更加明显，第二次世界大战后，亚非拉国家普遍存在的民族主义政党所领导的反殖民运动就是典型的例子。像中国这样的传统大国，面临内忧外患的困局，最终不得不走上通过政治与社会革命来"重建国家"的道路。

就中国而言，由政党及其领导的社会政治力量来推动国家的现代化具有历史发展的必然性。正如有学者指出的那样，"理解现代中国国家建构的关键，在于厘清政党国家的兴起、兴盛与走势。从历史的角度看，政党国家的兴起，是由于帝制中国内部很难生长出民族国家，需要先知先觉的

---

① 许忠明：《民初政党政治与国家建构的内在逻辑》，《理论与改革》2012年第1期。

建国者促成中国的现代国家转型。"① 中国共产党接过中国现代化长跑的接力棒，肩负起完成中国现代国家建构的艰巨任务。中国共产党的领导和作用贯穿在"以党建国""以党治国"的中国现代国家建构全过程之中。中国共产党与国家独立或民族解放，与国家内部的统一或权力的有效运行，与国家的族际政治整合、地方整合或认同整合，与国家的人民性实践或公共权力的人民性改造等联系在一起，成为实现国家主权独立与统一、实现中国社会变革与发展的决定性力量。

中国共产党"领导人民成功走出中国式现代化道路，创造了人类文明新形态，拓展了发展中国家走向现代化的途径。"②"党领导人民建立新中国"，"为中国人民谋幸福、为中华民族谋复兴"，"铸牢中华民族共同体意识"等表述集中反映了中国现代国家建构的特定内涵、任务和逻辑。在中国共产党与人民的互动过程中，中国国家现代化的主题得到了全面的展现。首先，中国共产党希望建立一个实现独立统一的现代国家，并通过革命的方式建立"人民当家做主"的"新国家"。其次，中国共产党以超越民族、地域的全国统一性的政治组织和执政党的身份，以实现中华民族的伟大复兴和中国国家利益为任务，推动统一文明国家的整体转型。最后，中国共产党坚持中国工人阶级先锋队以及"三个代表"的大众立场，以建立和发展社会主义为目的，通过最广泛的社会变革，并在经济、政治、文化、社会、生态文明等领域贯彻"以人民为中心"的原则，以推进国家全面发展，把保持国家"人民性"作为中国现代化的方向和动力。中国现代国家建构的这三大历史任务互相交织，演绎了中国共产党领导的现代化基本逻辑。

三　中国共产党与国家主权再造

中国的现代化有着自身的条件和基础。如果从 1840 年鸦片战争算起③，中国现代化进程已经走过 180 余年。在中国共产党建立之前的 80 年

---

① 任剑涛：《以党建国：政党国家的兴起、兴盛与走势》，《江苏行政学院学报》2014 年第 3 期。
② 《中共中央关于党的百年奋斗重大成就和历史经验的决议》，《人民日报》2021 年 11 月 17 日。
③ 孔飞力认为，从乾隆到嘉庆转换的这十年间，是中国历史由前现代向现代演变的重要转折点，危机有着内外两方面的根源。参见 [美] 孔飞力《中国现代国家的起源》译者导言，生活·读书·新知三联书店 2013 年版，第 12 页。

里，中国近代无数仁人志士、政治派别，为改良、革新、"建国"而努力求索，先后酝酿和实施了洋务运动、戊戌变法、辛亥革命等重大政治革新事件。国民党虽然在形式上实现了全国统一，但终因传统守旧势力强大、社会利益分化严重，相应地缺乏足够强大的主导和整合能力，以及未能重视人民群众的主体作用等原因，未能完成国家的统合任务，因而未能真正实现国家主权的独立与统一，也不能从根本上改变国家贫穷落后、人民生活艰难困苦的局面。

中国共产党建立以后，中国现代化迎来了新的契机，出现了对于国家建构的新探索及新方案。中国共产党的建立有着广泛的社会基础和深刻的历史必然性。新文化运动启迪了民智，五四运动使马克思列宁主义在中国得到广泛传播，这些要素为新型政党的建立创造了思想条件和组织条件。中国共产党的诞生，提供了一种不同以往的国家现代化改造方案。这种方案确立了社会底层民众的主体地位，建立了"大众动员型的政党国家"①，是一种超越近代其他政治派别，打破了军阀、财阀、地主、资本家阶级主导的现代化探索；这种方案抓住了中国最大的实际，即从农民和工人等广大劳苦大众的立场出发来寻求解决问题；这种方案放弃为"病入膏肓"的旧中国寻找"良药"的努力，直奔"建造一个新中国"的目标。

不同于早期西欧现代国家的形成及其通过政党实现由民族国家向现代民主国家过渡的模式，中国现代国家的建构在外力刺激下被动开启，并在传统社会发生剧变的基础上一步步"重建"。中国共产党肩负建构一个"新国家"的历史使命，开启了中国现代国家建构的新过程。在中国共产党的领导下，中国现代国家建构凸显了"以党建国"的特征，并首先指向国家主权独立与统一的目标。在这个过程中，中国共产党领导人民反帝反封建，抵抗日本帝国主义侵略，推翻国民党统治，建立了新民主主义国家，为国家主权独立作出了伟大贡献。在中国共产党建立之前的十年里，中国面临帝制复辟、军阀割据、列强欺凌等困局，国家现代化及其国家建构的进程举步维艰。中国共产党的建立，为中国的现代转型注入了强大动

---

① [美]西达·斯考切波：《国家与社会革命：对法国、俄国和中国的比较分析》，上海人民出版社 2015 年版，第 289 页。

力，国共合作以及轰轰烈烈的大革命加速了国家"组织化"统一的进程。然而，国民党右派势力的背叛，使得这一崭新的政治进程重新回到地方割据的状态，中国的现代化进程重新陷入"旧世界"的无序争斗之中。日本军国主义的入侵使中华民族到了最危险的时候，中国共产党高举民族抗战的大旗，促成了第二次国共合作，建立了抗日民族统一战线。抗日战争的胜利激发了民族精神，中华民族的整体意识得到前所未有的加强，民众渴望国内和平并希望建立联合政府，以恢复经济、推动国家建设。但是国民党罔顾民意，重新挑起内战，国家统一的现代化进程再次被搁置。中国共产党领导的人民解放战争取得了胜利，于1949年建立了一个全新的国家。新中国的成立，标志着中国共产党领导的现代国家实现了真正的独立自主。

不同于中国共产党建立之前近代中国社会政治力量的改良、革新等"救国"主张，中国共产党采取革命路径追求建立一个崭新的现代国家，通过一系列的政治革命和社会革命，实现了国家内部的真正统一和社会的彻底变革。在坚持革命建国的历程中，中国共产党超越旧民主主义革命的不彻底性和不充分性，依靠人民，充分发动群众，开辟了新民主主义革命的伟大征程。在这一过程中，中国共产党通过土地革命解决了农民参与中国革命的问题，进而一步步实现政治革命的目标，即领导包括工人、农民和城市小资产阶级在内的广大人民群众夺取全国政权，实现人民当家做主。

新中国成立后，在边疆多民族地区或少数民族聚居地方，如何实现国家权力下沉，即实现在民族地区建"政"设"治"仍面临一系列复杂的政治经济社会问题。政治方面，民族地区传统的"政教合一""家支奴隶""山官"、土司、头人等政治体系及结构仍发挥着重要影响；经济方面，民族地区生产方式参差不齐，生产资料被少数民族剥削阶级占有，生产力十分低下[1]；社会方面，民族地区基本保留了人类社会从原始社会到封建社会等各个阶段的发展形态。在这样的背景下，党中央、中央人民政府确立了"慎重稳进"的工作方针，并根据民族地区的特殊情况，逐步改革民族地区传统的政治结构，逐步废除存在剥削的奴隶主、领主、地主等生产资

---

[1] 李洪烈等：《当代中国的民族工作》，当代中国出版社1993年版，第381页。

料所有制形式，逐步过渡到社会主义社会。① 民族地区的民主改革为民族区域自治的实践扫除了障碍。同时，新中国通过民族区域自治制度，对经过民主改革后的少数民族"新社会"进行了合理安置，把少数民族社会重新整合起来，有效地实现了民族地区社会与国家的统合。

改革开放之后，随着中国国力的增强，中国共产党领导人开始考虑收回香港、澳门主权。1997年7月1日中国在香港成立中华人民共和国香港特别行政区，标志着香港结束英国殖民统治，中国恢复行使对香港的主权；1999年12月20日在澳门成立中华人民共和国澳门特别行政区，又恢复了对澳门行使主权。通过和平谈判的方式收复主权、通过"一国两制"实现国家统一，是中国共产党实现国家主权再造的又一贡献。

四 中国共产党与中华民族复兴

中国共产党把为中国人民谋幸福、为中华民族谋复兴确立为自己的初心使命。习近平总书记在庆祝中国共产党成立100周年大会上的讲话中指出，"一百年来，中国共产党团结带领中国人民进行的一切奋斗、一切牺牲、一切创造，归结起来就是一个主题：实现中华民族伟大复兴"。"实现中华民族伟大复兴，就是中华民族近代以来最伟大的梦想。这个梦想，凝聚了几代中国人的夙愿，体现了中华民族和中国人民的整体利益，是每一个中华儿女的共同期盼。② "实现中华民族伟大复兴"蕴涵着对建构一个强大的现代国家、实现人民幸福生活的追求。

中国共产党从中国近代的历史现实和需求出发，确立了自己的使命和责任。中华民族具有悠久的历史，为世界文明发展曾经作出重要贡献，但是由悠久历史和文明铸就的民族自信心在近代以来遭受打击。1840年鸦片战争以来，西方民族国家的"条约体系"冲击着东方古老王朝国家的"朝贡体系"和"天下国家"观念，近代中国面临"三千年未有之大变局"，并开始沦为半殖民地半封建社会，国家蒙辱、人民蒙难、文明蒙尘，人民

---

① 在进行民主改革和社会主义改造的过程中，一些处于原始社会或奴隶社会的"少数民族"未经民主改革便直接过渡到社会主义社会，实现了社会制度的根本变革。这些民族在后来被称之为"直过民族"。

② 《习近平总书记深情阐述"中国梦"》，《人民日报》2012年11月30日。

生活日渐困苦。但中华民族并未被命运所折服,近代无数仁人志士、政治派别不断发起抗争,期盼着"救国""建国"的民族复兴。就是在中华民族的抗争与自我觉醒中,中国共产党致力于挽救民族危机,推动民族"再生",成为民族的"主心骨"。

中国国家形态演进的自然逻辑在王朝国家末期被打破,西欧列强的坚船利炮敲醒了国人中的先觉分子。在列强的蚕食鲸吞下,近代知识分子(严复、康有为、梁启超、孙中山等)产生了最早的种族危机感,在统治者内部也出现了"中体西用""师夷长技以制夷""师夷长技以自强"的改良思想。然而,腐朽的枝干终难结出新果,洋务运动以失败而告终。1894年甲午海战及其失败,击碎了统治者及国人"天朝上国"的迷梦。以康有为、梁启超为首的维新派把改良中国的希望寄托在一个没有实权的皇帝身上。戊戌变法失败后,梁启超流亡日本,感受到民族运动的巨大潜力,惊叹于日本在民族主义影响下快速崛起的能力,提出了较为完整的"中华民族"观念。在国家改良无望后,孙中山在中国最早竖起民主革命的旗帜,最早提出"振兴中华"的民族复兴口号,并领导建立"中华民族"的资产阶级民主共和国。资产阶级革命派变革社会的不彻底和发动群众的不充分,使革命的果实很快被守旧势力所窃取。在尝试了各种救国方案并都失败以后,新文化运动带来的思想启蒙、俄国十月革命的影响,将新一批先进知识分子(李大钊、陈独秀等[①])的目光引向马克思列宁主义,最终酝酿了"南陈北李相约建党"的大事变。中国共产党的诞生为实现中华民族伟大复兴找到了坚强的领导力量和可期的改造方案(即砸烂一个旧世界,建立一个中华民族的现代新国家)。李大钊等中国早期马克思主义者,把实现"中华民族之复活"或"复兴"的希望寄托在了中国工人阶级及其先锋队中国共产党的身上,决定走俄国十月社会主义革命的道路,这便是中国共产党人的道路选择。[②]

在民族观念的冲击下,近代社会政治派别形成了对"中华"的不同认知,并直接影响到对"中华现代国家"的建构。革命派在推翻清朝统治的

---

① 在成为马克思主义者之前,李大钊提出了"青春中华之创造""中华之再生""新中华民族主义"等中华民族复兴思想,把复兴中华民族的希望寄托在中国青年身上。

② 郑大华、张弛:《近代"中华民族复兴"之观念形成的历史考察》,《教学与研究》2014年第4期。

民主革命目标下,曾提出狭隘的"以汉民族为一国家"的政治主张。随着清末民初不同社会政治力量的互动妥协,"五族共和"观念的提出以及"中华民国"的建立,使中华文化的整体延续获得了"民国"的确认。1949年中国共产党执掌政权以后,在国家统一领导下,各少数民族聚居的地方实行民族区域自治,使民族区域自治制度成为中国基本政治制度之一。长期以来,中国共产党坚持民族平等,维护民族团结,实施民族区域自治,尊重少数民族风俗习惯,尊重少数民族宗教信仰自由,大力发展民族地区经济文化事业,通过政府投资和政策工具,推进边疆民族地区经济发展、公共设施、公共服务、公共管理均等化水平提升。

中国共产党的诞生为中华文化本身的转型提供了新的条件,注入了新的要素。承认中文化的包容性,继承和弘扬中华优秀传统文化,实现不同民族的国民在文化上的高度认同,并以此为基础推进中华民族共同体建设,这是中国共产党领导的社会主义国家建设的重要内容。近年来,中国共产党领导人反复强调,要珍视民族团结,要增强各族群众对祖国的认同,并把对国家的认同与对中华民族、中华文化、中国共产党、中国特色社会主义的认同统一起来。习近平总书记指出,"文化是一个国家、一个民族的灵魂。文化兴国运兴,文化强民族强"[1]。未来,中华民族共同体建设将更加注重文化层面的有力涵养和支持。

五 中国共产党与国家人民性实践

现代国家建构的一个关键维度是实现人的自由与解放。有学者指出,"人类历史从古代迈入现代的根本标志就是:人从一种被决定的力量逐渐解放为一种决定性的力量。于是,人成为现代社会与现代国家的逻辑起点"[2]。马克思主义学说为实现人的自由解放和全面发展提供了科学指导,用"人民"的话语来阐述人的这种自觉变化,提出了人民的立场和"国体"问题。中国共产党的"人民性"本源于马克思主义政党的本质属性。马克思、恩格斯在《共产党宣言》中就指出:"过去的一切运动都是少数

---

[1] 习近平:《决胜全面建成小康社会 夺取新时代中国特色社会主义伟大胜利——在中国共产党第十九次全国代表大会上的报告》,《人民日报》2017年10月28日。

[2] 林尚立:《现代国家认同建构的政治逻辑》,《中国社会科学》2013年第8期。

人的，或者为少数人谋利益的运动。无产阶级的运动是绝大多数人的，为绝大多数人谋利益的独立的运动。"① 马克思主义唯物史观认为，人民是实践的主体，人民是历史的创造者，人类从事的一切实践活动必须充分发挥人民的主体作用。

在马克思主义中国化的过程中，人民立场得到中国共产党的坚持和发展。中国共产党建立伊始就把人民性放在突出位置，把人民确立为建立国家的基石。作为马克思主义政党，中国共产党以确立社会主义制度、建设社会主义国家、实现人民当家作主作为中国现代国家建构的目标和主题。中国共产党通过长期不懈的社会主义实践和全过程人民民主探索，推动了中国国家的人民性改造。

首先，中国共产党领导中国人民自主探索社会主义建设道路，旨在使中国人民真正"站起来"。在中国共产党领导的新民主主义革命即将胜利之际，党的七届二中全会对国家现代化建设作出了展望，毛泽东提出"使中国稳步地由农业国转变为工业国，把中国建设成一个伟大的社会主义国家"②的目标，并阐述了以工业化带动工业、农业各领域现代化的发展思路。经济上，1953年春，全国土地改革基本完成，农民（生产者）拥有了自己的土地，实现了部分生产资料的人民性改造。1953年开始实施的第一个五年计划超任务完成，使新中国得以在"一穷二白"的基础上建立起自己的工业体系和国民经济体系。1956年底，社会主义三大改造基本完成，中国的经济社会结构发生了根本性变化，标志着人民渴望共享发展的社会主义现代化探索的正式开启。政治上，随着1951年西藏的和平解放，中国人民的解放事业在祖国大陆获得了完全胜利。全国各地纷纷建立起人民政权，党和人民实现了在全国范围内的建"政"设"治"。之后，在外交上，制定"和平共处五项原则"、"三个世界"的划分、与周边国家的国界勘定、恢复在联合国的合法席位等理论与实践，为中国坚持走独立和平发展道路赢得了宝贵的外部空间和国际支持。

其次，中国共产党领导中国人民开辟中国特色社会主义现代化道路，努力让中国人民"富起来"。经历了新中国头30年的艰难探索，党更加认

---

① 《马克思恩格斯选集》第1卷，人民出版社2012年版，第411页。
② 《毛泽东选集》第4卷，人民出版社1991年版，第1437页。

识到后发国家推进现代化必须走自己的路。1979年3月,在党的理论工作务虚会上,邓小平明确提:"现在搞建设,也要适合中国情况,走出一条中国式的现代化道路"①,并要求聚焦工业、农业、国防和科学技术"四个现代化","从八十年代的第一年开始,就必须一天也不耽误,专心致志地、聚精会神地搞四个现代化建设。"② 在这个阶段,党对中国现代化道路的探索最终形成了"以经济建设为中心"、坚持四项基本原则、坚持改革开放的中国特色社会主义现代化道路,实现了人民生活水平显著改善的目标。

最后,中国共产党领导中国人民为全面建设社会主义现代化国家而奋斗,并朝着实现中国人民"强起来"的民族复兴目标进发。2012年以来,党开创了治国理政的新局面,中国现代化进入了新阶段。此时,中国现代化的内涵已经发展为实现"五位一体"的总体布局。习近平总书记为统筹推进"五位一体"总体布局提出了"以人民为中心"的发展思想,指出"人民是历史的创造者,是决定党和国家前途命运的根本力量"③。2017年召开的党的十九大对新时代中国特色社会主义发展作出战略安排,明确了中国现代化的远景目标和路线图。2019年举行的党的十九届四中全会提出坚持和完善中国特色社会主义制度,把国家制度和国家治理体系的优势全面转化为现实的治理效能。2020年党的十九届五中全会进一步制定了2035年远景目标,提出了全面建设社会主义现代化国家、实现中华民族伟大复兴的中国梦的宏伟蓝图。中国共产党这一系列纲领、路线、建议、规划,汇集了人民对美好生活的向往,正在党的领导下一步步成为现实。

六　中国现代国家建构展望

中国国家现代化要实现三大任务:现代国家主权的确立和确认,基于民族复兴的国家认同的塑造和确立,国家制度和政策的人民性改造。过去的一百年,在中国共产党领导下,国家独立统一、中华民族复兴、人民民

---

① 《邓小平年谱(1975—1997)》(上),中央文献出版社2004年版,第502页。
② 《邓小平文选》第2卷,人民出版社1994年版,第241页。
③ 习近平:《决胜全面建成小康社会　夺取新时代中国特色社会主义伟大胜利——在中国共产党第十九次全国代表大会上的报告》,《人民日报》2017年10月28日。

主建设这三大主题不断推进。回顾中国现代化的历程可以看出，中国共产党作为承担解救国家存续危亡、构建理想社会模式双重使命的革命型政党，不仅要探索国家救亡之道，还要在全面发展的基础上，构建一套现代国家的制度体系，并为这套体系的有效运转提供组织保障。中国共产党在中国现代国家建构中的重要作用，可以从两个层面、两个阶段来予以说明和理解：在国家危亡阶段，中国共产党扮演了革命主力军和国家缔造者的角色，演绎了"以党建国"的国家转型逻辑；在国家发展阶段，中国共产党扮演着全方位国家建设者和国家治理现代化推进者的角色，承担着社会主义制度创设、政策供给、组织保障（责任主体）、价值引领和利益整合的任务。

在中国共产党的领导下，中国的现代国家建构和发展平稳推进，国家治理能力明显增强，并形成了自己的特点和优势。党的十九届四中全会指出，中国国家制度和国家治理体系具有多方面的显著优势，这一系列的制度安排与中国现代国家建构的成就相得益彰。同时，中国的发展模式为后发国家推进现代化提供了有益借鉴。今天的中国，在对外交往中更加独立自主，国际地位更加重要，并展现出自信、负责、合作、共赢的交往姿态；在对内治理中实现了中央与地方、整体与局部、内地与边疆在民主、开放基础上的集中统一，国家的整体性更加稳固。今天的中国，56个民族凝聚组成中华民族共同体，国家现代化的美好愿景成为国家认同的坚强基础。今天的中国，坚持"以人民为中心"的发展思想，并将这一思想熔铸于统筹推进中国特色社会主义"五位一体"总体布局当中，更加凸显制度的人民性和制度绩效。

当然，不容否认的是，中国现代国家建构在新的历史时段也面临新的挑战。今天，"世界正经历百年未有之大变局，新冠肺炎疫情全球大流行使这个大变局加速演变，单边主义、保护主义上升，国际格局深刻调整，不稳定不确定因素明显增多"[1]。对中国而言，国家主权和安全在某些领域和空间仍受到挑战，国家统一大业尚需努力，国际传播及中国形象急需重塑，城乡差别、区域差距、民族宗教差异、居民收入差距、行业和单位福利待遇分殊等结构性议题仍客观存在，教育、医疗卫生、就业、社会保

---

[1] 习近平：《在浦东开发开放30周年庆祝大会上的讲话》，《人民日报》2020年11月13日。

障、住房保障、文化体育、环境等领域存在的供给不足和机会不均的问题需得到进一步解决。

  古老的国家实现现代转型，需要国家的重新建构，而国家的现代建构是一个长期的过程。中国共产党成立通过 28 年的革命奋斗，夺取了国家的政治领导权；之后经过执政后 70 多年的社会主义建设和 40 多年的改革开放，探索形成了符合中国国情的现代化道路。今后，围绕实现 2035 年远景目标和 2049 年国家现代化的第二个百年目标，要进一步推动国家内部的一体化发展，形成强大的国家整合能力和国家治理能力；要推动中华民族共同体意识和行动走向深入，形成不同区域、民族、文化之间相互嵌入的国民化机制，增强国民身份认同；要重点解决贫富矛盾，在共同发展的基础上推动实现共同富裕；要保障和改善民生，高质量推进基本公共服务均等化，不断提升公共服务水平，增强人民群众对党和国家制度与政策的认同，保证党和国家长治久安。

（原载《政治学研究》2022 年第 3 期）

以双重革命构建新型现代国家
——基于中国共产党使命的分析

陈军亚 王浦劬[*]

"国家建构"是政治学国家理论的核心命题,西方现代国家建构理论集中关注国家建构中的政权建构,即"regime constructure",它以构建现代国家政权体系为目标,以制度建设为主题。按照这些理论,在现代化进程中产生的国家,基本特征在于构建了一个集中统一的国家政权。这种现代国家的建构是一个过程,实际体现为将传统社会散落于地方的权力集中构建为统一的国家政权,形成国家政权主导的权力结构,同时,将国家权力无差异地行使于国家的全部疆域。因此,在西方理论中,"现代国家建构"的典型特征包括现代国家政权的建立和权力的集中统一行使。

西方现代国家建构理论的经验基础,来自西欧现代国家构建的历史进程。近代以来,西欧先发型现代化国家,是在资本主义市场经济及其社会结构基础上形成的。这一过程缓慢而漫长,"大致说来,从十五世纪后期到十八世纪中期的西欧,在经济上是各国商业资本和大西洋贸易兴起并向海外殖民扩张的过程;在政治上是王权兴起及随之而来的重商主义和中央集权化过程"。[①] 为此,西方现代国家建构研究的焦点是一个不同于传统形态的现代国家政权的建构,主要关注的内容是西方现代国家组织机构、制度体系的形成过程,比如迈克尔·曼(Michael Man)对欧洲国家建构的两种形态描述:"一种是以动员选择为基础的法兰西模式,这种国家建立起

---

[*] 本文为国家社会科学基金重大招标项目"新中国七十年来农村基层建制变动资料收集与数据库建设"(19ZDA124)的研究成果。陈军亚,华中师范大学政治学部、中国农村研究院教授;王浦劬,北京大学政府管理学院、北京大学国家治理研究院、北京大学习近平新时代中国特色社会主义思想研究院教授。

① 罗荣渠:《现代化新论:世界与中国的现代化进程》,商务印书馆2004年版,第137页。

大型的、绝对主义的中央集权的军队和行政人员；另一种则是以财政选择为基础的英格兰模式，它发展成为宪政国家。"①

中国的现代化和政治发展背景与西方具有巨大的差异。中国共产党人在建构现代国家时，面对的是半殖民地半封建社会，这个社会呈现为政治经济发展的高度不均衡，社会内在结构的多层次和异质性，以及碎片化社会基础上的军阀割据。中国共产党领导人民进行了新民主主义政治革命，建立了统一集中的国家政权；此后运用人民政权进行社会主义革命，通过社会革命，实现社会结构的革命性改造。中国现代国家建构的这一特征，源于社会主义在中国发展的历史逻辑和中国共产党领导这一进程的初心使命。社会主义以人民的解放和人的全面发展为目标，达成这一目标的途径是政治革命和社会革命的有机结合。中国共产党是社会主义和共产主义的实践者，它秉持为中国人民谋幸福、为中华民族谋复兴的赤诚初心，肩负着促进政治发展和社会发展的双重使命。党在实现自身历史使命的同时，建构了新型现代国家，从而实现了双重超越：不仅超越了传统的国家形态，而且超越了西方现代国家的建构实践。党不仅通过政治革命建立了一个现代意义上的国家政权，而且通过国家政权进行社会革命，构建了政治与社会高度同质化的社会，从而将国家政权根植于社会之中，为国家政权的稳定发展奠定了牢固根基。

习近平总书记指出：要加强对中国特色社会主义国家制度的理论研究，总结新中国成立70年来我国制度建设的成功经验，构筑中国制度建设理论的学术体系、理论体系、话语体系，为坚定制度自信提供理论支撑。②事实证明，只有从中国现代国家建构的实践出发，从实践中提炼和构建中国现代国家建构的历史性命题，形成关于中国现代国家历史跨越的理论，才能深度解析中国特色社会主义政治发展道路，为坚定中国国家制度自信提供理论支撑。本文以相关文献和社会调查资料为依据，分析中国现代国家建构的历史起点和实践路径，阐述其基本特性，并分析其对现代国家建构理论的意义。

---

① 郭忠华、郭台辉：《当代国家理论基础与前沿》，广东人民出版社2017年版，第208页。
② 习近平：《坚持、完善和发展中国特色社会主义国家制度与法律制度》，《求是》2019年第23期。

以双重革命构建新型现代国家

一 中国现代国家建构的核心命题

国家建构是一个世界性学术议题，这一议题具有很强的现代化发展经验性。西欧早发现代化国家的经历，为人们描述现代国家形态提供了地方性经验依据，如韦伯将现代国家描述为实现暴力的合法化垄断和理性官僚制度扩展的理想组织类型，蒂利（Charles Tilly）在西欧国家成长的现实观察的基础上，将现代国家描述为通过战争所实现的基于资本的强制，认为国家建构就是国家政权获得上述特征的过程。米格代尔（Joel S. Migdal）扩展了现代国家的研究路径，认为现代国家存在于与社会的互动之中，并在与社会博弈的竞技场中表现出有限性。国家作为一个整体处在"由其他力量组成的构型之中"。[1] 从其基本内涵来看，西方国家建构理论的研究重心和内容具有一定的封闭性，常常将现代国家建构与国家政权建构等同起来，如福山在其研究中对国家建构的定义：国家建构是指"建立新的政府制度以及加强现有政府"。[2] 孔飞力在研究中国现代国家建构时，也遵循这一路径，认为中国现代国家建构的根本性问题在于政治参与、政治竞争和政治控制为主轴的国家建制议程的形成。[3] 因此，在西方的国家建构理论中，国家建构研究着力关注的是国家的内部构造和组织结构，强调的是国家内部构造和组织结构在何种因素的影响下形成，这就把现代国家建构限于政治层面，从而难以解释和说明现代国家建构的社会成因和社会基础。

因此，基于地域性经验形成的西方现代国家理论，缺乏相对于其他社会的普适性。相形之下，中国社会具有自身独特性，中国的现代国家建构亦有其独特性。正因为如此，无论在内容还是路径上，西方国家建构理论的话语体系都难以有效解释中国现代国家的建构实践和发展过程。

中国是一个地域十分辽阔且在政治上以"统一体"形式长期延续的国

---

[1] [美]马克·利希巴赫、[美]阿兰·朱克曼：《比较政治：理性、文化和结构》，中国人民大学出版社2008年版，第285页。

[2] [美]弗朗西斯·福山：《国家构建：21世纪的国家治理与世界秩序》，学林出版社2017年版，第7页。

[3] 参见[美]孔飞力《中国现代国家的起源》，三联书店2013年版，第2页。

家。在进入现代国家之前，这个统一体国家的内部同时存在着政治形式的统一性与地方社会的差异性。在古代中国形式统一的国家体系之下，是一个由众多地方社会权力所组织和控制的异质性社会。这些地方社会权力包括：与国家政权保持代理合作关系的家族长老权力；将国家权力隔离于地方社会之外甚至使得民众无法感知国家存在的领主性权力；阻隔、截留或者不同程度消弭国家权力、并造成国家建构"内卷化"的士绅权力等。① 这些异质性的地方社会，与国家政权之间保持着疏离状态，国家政权的组织体系和意志要求实际上难以深入地方社会内部；而且，在这些异质性的地方，内生于社会的权力主体往往拥有当地民众的更多认同和忠诚，并按照他们的意志主导着乡村社会的运行和秩序，这些自立山头、封闭运行的基层社会在一个形式上"统一"的国家之下，实际上构成了中国社会彼此独立的大大小小的"基层朝廷"，从而使得国家呈现表面统一而实质一盘散沙的结构状况。面对这种状况，中国现代国家建构首先要解决的任务是建设一个统一而强有力的现代国家政权。

　　20世纪初，中国的现代国家建设进程，首先开始了现代政权建构的政治改革甚至革命，如清末新政中实行的财政革新、建立警察和新军、划分行政区域及建立自治组织等。这些改革措施，体现了中国近代改革的先行者竭力借鉴和学习西方，建立现代国家的探索和努力。作为政治革命的辛亥革命，结束了晚清统治，1912年3月颁布的《临时约法》规定国家主权属于人民，建立国会、内阁、法院行使国家权力，实际是试图以一个西方政体模式，取代传统中国的古老政体。② 但由于未能从根本上改变传统社会形态，这样一个设想如同"空中楼阁"，虽经努力但不可能实现。战争及地方军阀割据，使得中国的现代国家建设不仅屡遭重挫，而且把国家拖入了半殖民地半封建社会，国家权力与地方社会之间的疏离不仅仍然存在，而且强烈地呈现为地方军阀割据的典型形态，如同毛泽东同志指出的

---

　　① 关于传统时期家族长老、地方乡绅等地方社会权力已有诸多研究，可参见如［美］费正清的《美国与中国》（世界知识出版社2000年版）、费孝通、吴晗的《皇权与绅权》（华东师范大学出版社2015年版）、科大卫的《皇帝和祖宗：华南的国家与宗族》（江苏人民出版社2009年版）等。［美］杜赞奇在其《文化、权力与国家：1900—1942年的华北农村》（江苏人民出版社2010年版）中，阐述了地方社会权力作为国家权力和乡村社会之间的中间经纪人，阻碍了国家权力向基层社会的渗透和扩张，由此造成了"政权内卷化"的结局。

　　② ［美］费正清：《剑桥中华民国史》，中国社会科学出版社1994年版，第203页。

那样,"中国实际上处于长期的不统一状态,又由于中国的土地广大,中国的经济、政治和文化的发展,表现出极端的不平衡。"①

为了推进中华民族伟大复兴和现代化事业、建立新中国,中国共产党领导人民进行了艰苦卓绝的探索和斗争。早在 1927 年,毛泽东在考察湖南省的湘潭、湘乡、衡山、醴陵和长沙等县的农民运动后指出,农民运动的伟大历史作用在于扫除封建地主阶级对中国农村的统治,改变传统政权"几千年专制政治的基础",这一点正是孙中山致力于国民革命几十年而未能做到的。对于中国这样一个农民占 90% 以上的农业大国,仅依靠上层政权的变革,而不改变其社会基础,新政权的建立缺乏根基。只有发动农民这一"天然是工人阶级之同盟者","打翻乡村的封建势力",才能实现真正的革命目标。② 1949 年中华人民共和国的成立,结束了地方割据军阀的统治,创立了统一的中央政府,为中国现代国家建设向社会的深化创造了政治条件。而这一深化进程的历史和逻辑起点,恰恰是传统中国社会长期存在、在半殖民地半封建社会得以延续的大大小小蜂窝状的封闭割据结构,这一结构使得中国社会呈现"非统一性"和"疏离性",并且是彼此封闭孤立的多元模块集合状态。这一起点,决定了新中国面临的现代国家建构的重要任务,是将国家政权延伸到乡土社会内部,通过社会革命,改变国家与基层社会和民众之间不同程度、不同形式的疏离状态,在国家和民众之间建立最直接的有机联系,有效整合社会,并通过社会形态的改变,将国家根植于社会和民众内心。

由此可见,建立政权"只是万里长征走完了第一步"。③ 因为,中国共产党"不但善于破坏一个旧世界","还善于建设一个新世界",④ 建立政权只是"建设一个新世界"的必经过程和必要手段。对于中国的现代国家建构而言,政权建构和社会形态建构是接续进行、密不可分的两个阶段,它们统一于中国现代国家建构的历史过程。

中国现代国家建构的任务和领导这一进程的中国共产党的历史使命,决定了中国现代国家建构的内涵与西方语境下的国家建构具有实质性差异。

---

① 《毛泽东选集》第 2 卷,人民出版社 1991 年版,第 631 页。
② 《毛泽东选集》第 1 卷,人民出版社 1991 年版,第 15 页。
③ 《毛泽东选集》第 4 卷,人民出版社 1991 年版,第 1438 页。
④ 《毛泽东选集》第 4 卷,人民出版社 1991 年版,第 1438、1439 页。

首先，它不仅是创立现代意义上的国家政权的政治革命问题，而且是改造旧有社会形态的社会革命问题。中国的国家建构并不仅仅意味着实现国家政权的组织形式从传统向现代的转变，还承担着改造社会、促进社会发展、建设一个"现代社会"的任务。政权建构是现代国家建构的重要任务，但并非唯一任务；现代政权建构只是手段，并非最终目的，其功能是实现对社会的改造、建设和发展，使得社会和民众能够共享现代化发展的成果，从而建立民众对国家政权的认同，"政权建构"和"社会形态建构"统一于中国现代国家建构的内涵和进程。

其次，它不是一般性的国家权力对于社会的渗透，而是通过国家政权进行持续不断的社会形态改造和建构，从而获得民众对国家的累积性认同，由此将新国家持续不断地根植于新社会的基础之中。迈克尔·曼将国家权力分为专制性权力和基础性权力，后者指国家对社会的渗透，即在其统治领域内有效贯彻其决策的能力，比如国家可以不经同意而对其国民的收入和财富进行评估和课税；能够存储和调取国民的信息；能够在其统治地方在一天之内快速执行其意志；能够直接为大多数人提供生活资助等。[①] 但是，中国的国家建构不是一个国家政权的简单扩展，也不仅是国家权力有效治理社会的问题，而是通过国家权力改造社会形态，在经济社会形态持续不断的革命性变革中，实质性地整合社会，深化民众对国家政权的累积性认同。

最后，承担中国现代国家建构历史使命并且领导这一进程的政治力量，是遵奉马克思主义唯物史观的中国共产党。西方的选举型政党作为部分利益和价值观念的共同体，形式上通过法定选举程序获得执政地位，从而实现部分人的利益和理念；中国共产党遵循马克思主义所揭示的历史规律和实践逻辑，代表绝大多数人根本利益，集政治革命和社会革命的使命于一身，以实现共产主义远大理想为最高和最终目标，建构现代国家实质是其实现使命和理想的重要途径。为此，中国共产党诞生以来，经过长期的政治革命，建立了新中国，实现了国家政权的根本性变革；在此基础上，运用集中统一的强有力的国家权力，推进社会革命，实现社会改造，将国家政权根植于社会和民众内心，建立基层社会民众对执政党和国家政

---

① [美]迈克尔·曼：《国家的自主权：起源、机制及结果》，郭忠华、郭台辉编：《当代国家理论：基础与前沿》，广东人民出版社2017年版，第54页。

权的高度认同,这是中国共产党在推进中华民族伟大复兴和现代化事业过程中,建构现代国家的基本任务和使命。

新中国的创建和新中国成立后开启的社会改造,正是中国共产党基于中国革命和建设的规律与自身的任务和使命展开的伟大实践。

二 历史起点:不均衡的社会形态与国家与社会的"疏离"

中国现代国家建构的特殊性,决定了对中国社会的认识和理解是中国现代政权建构和国家建构的前提和基础。毛泽东正是在分析中国社会性质的基础上,明确了新民主主义革命和社会主义革命的性质、对象、任务和动力。习近平总书记指出,"中国特色社会主义政治制度之所以行得通、有生命力、有效率,就是因为它是从中国的社会土壤中生长起来的。"[1] 只有将中国现代国家建构置于中国的本土经验和历史脉络之中,认识根植于中国历史和社会土壤之上的具体进程,才能构建具有中国主体性的国家建构理论。

中国传统时期的经济社会形态及其与国家的关系,决定了中国现代国家建构的起点和进程。为此,理解中国现代国家的建构进程,必须始于认识这一进程的历史起点。

(一)社会形态的不均衡性

自秦以来,传统中国就建立了统一的中央集权的政权体系,这个政治统一体长期延续。不同于"欧洲从未丧失其多国体系,中国则从未真正经历过永久的分裂",[2] 这是传统中国的"统一性"特征。但是,这一"统一"的政权体系实际上建立在一个十分不均衡的社会形态基础之上。[3] 这

---

[1] 《习近平谈治国理政》第2卷,外文出版社2017年版,第286页。

[2] [美]王国斌:《转变的中国:历史变迁与欧洲经验的局限》,江苏人民出版社2010年版,第80页。

[3] 关于传统时期不同区域间社会形态的差异,部分观点来自华中师范大学中国农村研究院"深度中国调查"的认识。既有研究中的代表性文献如鲁西奇从区域视角描述中国历史道路的差异性,在其著作《中国历史的空间结构》中,将中国历史发展划分为中原道路、南方道路、草原道路、高原道路、沙漠—绿洲道路共五种区域性道路,从自然条件、人群以及人与自然的关系等方面解释了不同道路形态之间的区域差异。

种不均衡性集中体现在：一是经济发展水平的差异。传统中国是一个以农业为主的国家，由于不同区域自然地理环境的差异，农业产业形态存在极大差异，既有农牧业之分，也有种植农业内部的形态差异。传统中国以"一家一户"精耕细作的小农生产方式为主，但在西南地区，还存在以"刀耕火种"为主的原始农业地区；在中国的北方边疆地区，主要以部落游牧业为主。产业形态演进的阶段性，体现的是经济发展水平的差异。二是多形态类型的并存。由于帝国主义的侵略，传统中国社会并未自然发育进入资本主义社会。在传统社会形态的演化中，实际上呈现多形态并存的复合特征。在中心区域，私有制关系较为发达，家户小农构成社会的主体成分；但在游牧业为主的地区，部落通常是生产和社会组织的基本单元，人们放牧、流动、抵御风险和冲突等通常以部落为单元，部落具有更强的整体性；在西南边境"刀耕火种"的旱作农业地区，人们的生产、生活、娱乐、消费、婚姻和社会交往等，主要在村寨内部进行。在以部落制和村寨制为基础性制度的社会之中，由于生产力发展水平低下，由财富积累所形成的社会分化并不显著，但在"一家一户"的小农社会内部，基于血缘关系所形成的身份差异，与社会、政治身份的差异相叠加，形成社会内部的分化、等级关系。在这些非"家户农业"地区，社会分化更主要体现为血缘身份的差异，如在云南彝族地区，族群内部的家支等级主要由血缘身份而形成；在云南南部西双版纳"刀耕火种"村寨，集体生产、共有产权基础上形成的是一个只有血缘、性别等自然身份差异而政治、社会身份的不平等关系并不明显的低度分化的社会形态。

（二）不均衡社会中的"小统治者"对国家权力的隔离

不均衡的社会形态使得传统中国的国家政权与地方社会之间难以形成实质上的"统一"，国家权力难以真正深入地方社会内部，大量权力散落于社会分割控制者手中；"小统治者"如同一个"看不见的政府"和大大小小的"基层朝廷"，主导着基层社会的运行和秩序，并与国家权力之间形成实质上的疏离。

传统时期，国家元素在基层社会中呈现"碎片化"的分布状态和运行形态。自秦朝即建立的国家统一的赋税征收体系，到19世纪仍未得到统一有效的实行①，调查发现，在赋税征收方式和对地方社会的控制程度方面，也存在显著差异。在华北村庄，国家权力的轨道实现了"进村入户"，"乡—村—闾"的建制体系不仅强化了国家的税收征取能力，也强化了对乡村社会的控制，但是，从税源控制和征收方式等方面来观察，国家对乡村社会的介入十分有限。对江南村庄的调查发现，国家不仅在乡村社会建立了专门的税收征管体系，而且还实现了对税基的严格管理和征收过程的"入户"控制。②在华南等地，自然村落由单姓同族村民组成，国家的"保甲"建制实际上并未打破自然村落的界限，而是形式地覆盖在自然村落之上，使得国家政权与村落社会中的族权在同一地域范围内运行；国家征税、派兵等权力实际上难以完全进入宗族村落社会内部，而是依托族长、领主或者乡绅实施代理治理。但是，族权并不能保证严格执行国家的征兵政策，而是基于本族利益和规则确立执行依据，如对于那些有本族供养的读书男子以求取功名仕途的家庭，在族长的授权下，可免于承担出丁、纳税等义务。在内蒙古地区，国家的税收征管受到商户的更多干预，商人通过对基层官员的控制，使得国家权力受到限制，国家一统治理的政治理念甚至无法彻底执行。③

"碎片化"的国家形态之下存在着的，是分散于不同地方基层社会中的"小统治者"。虽然人们将中国的乡村社会形容为"一盘散沙"，但"散沙"式的社会之所以并未导致国家政权陷入"四分五裂"的格局，是因为基层社会内部存在着士族乡绅、家族长老、部族头人、地方强人等地方内生权威，他们是一个个村落社会的"小统治者"，实质性地支配着乡村社会的运行和秩序。因为村落的社会结构不同，这些"小统治者"的权力来源不同，运行形态各异。在国家"统一性权力体系"之下，这些各不相同的"小统治者"在村落社会中"各行其是"，不同程度地垄断着乡村社会的权力和秩序。士族乡绅作为乡村社会的传统力量，其权力源于传统儒家思想和礼俗秩序；家族长老依据长幼尊卑等血缘规则，赋予族人不同

---

① 萧公权：《中国乡村：19世纪的帝国控制》，九州出版社2018年版，第45页。
② 陈军亚：《因税而治：区域性国家治理的机理——以区域村庄形态调查为依据》，《云南社会科学》2019年第4期。
③ 赖惠敏：《满大人的荷包：清代喀尔喀蒙古的衙门与商号》，中华书局2020年版，第431页。

身份资格和权利,进而构建其权力逻辑;① 部族头人大多基于某种神秘习俗而获得统治乡村社会的权力,这些神秘习俗,或者赋予某种血统的高贵性,或者基于某种神秘信仰赋予特定姓氏以神圣力量。地方强人等灰色势力在国家政权控制的空白领域产生,这些势力一方面试图进入国家正式官僚体系,以求权力的合法化,另一方面也基于暴力等强制手段,构建权威和服从关系。②

这些自我组织的内生性权威,在维持乡村社会内部秩序和凝聚力的同时,将国家不同程度地隔离于乡村社会之外,不同的"小统治者"的权力意志,实际上主导着乡村社会的运行和秩序。

(三) 社会结构不均衡性叠加地理空间的疏离

国家在不同区域的政治活动,构成了不同的政治区域。在不同的地理区域内,存在不同的政治组织形态,以及不同文化和行为特征的人口,形成一种区域之间的差别政治。从国家形成的动态过程考察,国家的中心区域是国家权力的枢纽区域,国家整体是在中心区域扩展的基础上形成的。③国家的组织结构和影响力从中心区域向外不断扩展的过程,也是国家成长的过程。

对于中国这样一个超大规模国家来说,国家成长在地理空间上具有不同步性,这种不同步性现实地表现为一种地理意义的非均衡政治关系。在国家的中心区域分布着成熟的国家政权的核心元素,包括国家统一的组织机构及更为强大和直接的影响力;而在距离国家中心区较远的区域,国家统一的组织机构未能确立,对该区域的控制和影响力也较为间接、弱化一些。这些距离中心区较远的区域,不仅构成地理意义上的边疆地区,也构

---

① 参见徐勇《祖赋人权:源于血缘理性的本体建构原则》,《中国社会科学》2018年第7期。
② 传统时期的"灰色势力"指既位于国家正式权力体系如保甲制度、地方领主制之外,又非地方乡绅、家族长老等具有乡土合法性的力量,如四川地区的袍哥,他们建立了具有一定强制力的组织,对乡村社会秩序产生实质性的影响。王笛在其著作《袍哥:1940年代川西乡村的暴力与秩序》(北京大学出版社2018年版)一书中描述了20世纪三四十年代四川地区袍哥组织及近代基层社会的权力运作。王章基在其博士论文《袍哥治理:国家政权衰败时期的社会控制与秩序——基于川西平原岳村的历史考察》(华中师范大学,2019年)中,考察了袍哥组织与国家政权之间的互动关系。
③ 王恩涌:《政治地理学:时空中的政治格局》,高等教育出版社2014年版,第25页。

成国家政治形态上的"边疆"地区。

　　传统中国的中心区域位于黄河、长江流域,皇权统治的影响力相对集中于这一区域。从国家的组织体系来看,自秦朝统一以来所确立的统治体系,县以上设置州县衙门,县以下设置保甲(警察)和里甲(税收),这些组织为此后历朝政权所沿用,是国家进入并控制基层社会的"统一的行政组织体系"。在"郡县制"下,"郡"和"县"的官员由皇帝直接任命,国家政令也通过"郡县"体制直接下达、传递。"郡县制"的建立,从体制上实现了皇权中央对地方的直接领导和控制,但是,这一套"统一的行政组织体系"在全国并未得到统一推行。在中国的西北、西南等地区,"郡县制"并未有效延伸到这一区域,在漫长的历史中,这些地方延续的是地方领主制,如西藏地区的庄园领主制、云南等地的土司领主制等,[①]作为地方统治者的领主由地方社会产生,皇权对这一产生方式予以默认。国家不仅不直接干预地方治理者的产生,而且通过"郡县"传递的政令也并不直接作用于这一区域,相对于"郡县"行政区域而言,"地方领主制"区域具有较大的自主权和自主行动能力。这些地区不仅是传统中国地理意义上的边疆地区,也构成了制度体系和国家影响力意义上的"边疆"地区,并与"中心国家"形成政治空间上的疏离。

　　传统中国的国家与地方社会的疏离,使得国家权力被不同程度地阻隔于社会之外,国家"统一"的组织体系缺乏落地的社会根基,由"疏离"所带来的自我运行的社会及由此形成的社会形态的巨大差异也为建构"统一"的现代国家留下巨大难题。

三　建构进程:改造社会形态以建构现代国家

　　传统中国的国家与地方社会疏离的双重结构和治理难题,使得政权常常面临社会周期性动乱可能引发的危机。近代以来,这一历史性难题由于

---

　　① 20世纪50年代,全国人大民族委员会和国务院民族事务委员会组织了若干调查组,对各少数民族的社会和历史进行了大规模的调查,并出版《中国少数民族社会历史调查资料丛刊》,描述了20世纪50年代、60年代初期少数民族的社会历史形态。关于地方领主制的专门性研究,多杰才旦的《西藏封建农奴制社会形态》(中国藏学出版社1996年版),贵州民族学院民族研究所的《中国南方少数民族社会形态研究》(贵州人民出版社1987年版)也有相关研究。

外国入侵而造成空前深重的民族危机、政治危机和社会危机，正是在这种危机中，建构现代国家的历史性议题被提上了日程。孙中山领导的民主革命力图解答这一历史性议题，其方案是建立一个资产阶级共和国，但是，孙中山领导的革命政治层面与社会层面严重脱节，使得其资产阶级共和国方案无法植根于中国土壤而终告失败。

中国现代国家建构的实质性努力开始于中国共产党的成立。中国共产党诞生以来，通过艰苦卓绝的斗争，取得新民主主义革命的胜利，建立了人民民主的国家政权。作为马克思主义的政党，中国共产党不仅要建立现代国家政权，而且要通过持续不断地进行社会革命建设新社会，促进社会主义社会的发展和成熟，并最终实现"政治形式和社会关系的内容统一"①"将产生于社会但与社会相脱离的力量重新归还社会，或曰社会收回"的最终理想。② 因此，中国共产党领导的中国式现代化，遵循唯物史观的发展规律和要求，在领导中国人民建立新的国家政权的基础上，运用国家政权的力量，实施社会革命，改造旧社会，建设新社会，促进社会的发展，实现人的全面解放和发展。这一现代化进程，既是中国式现代化的历史逻辑，也是中国共产党的初心使命和一切政治行动的根本出发点。

中国共产党遵循的历史逻辑和初心使命，决定了中国现代国家建构的内容和进程：以政治革命建设一个新型国家政权，以社会革命实现对社会的改造和发展，将国家政权建立并根植于全新的社会基础上，由此获得国民对国家的认同。

（一）瓦解传统社会的"小统治者"，建立人民民主专政的国家政权

中国现代国家建构，根本问题是建立一个不同于传统形态的国家政权，这个问题的核心在于改造传统社会的"小统治者"，将"小统治者"对乡村社会的控制权和支配权集中于新的人民民主的国家政权。

在传统国家统治的中心地区，这一任务通过阶级斗争所推动的土地改革而实现。不同于西欧由资本主义的发展所引发的社会结构变化和政权形

---

① 王沪宁等：《政治的逻辑：马克思主义政治学原理》，上海人民出版社2016年版，第624页。
② 王沪宁等：《政治的逻辑：马克思主义政治学原理》，上海人民出版社2016年版，第624页。

态转型，中国开启现代国家建构面对的是以农业为主体的农民社会。土地是农民生存之本。在农民社会内部，土地分布十分不均衡，大约70%的土地被10%的少数人所拥有。① 少数拥有土地的乡村"小统治者"，不仅控制着农村财富，而且成为乡村社会的支配阶级。毛泽东曾指出，传统中国农村社会受四大权力支配：地主政权、族权、神权和夫权，地主政权是一切权力的基干。② 早在20世纪20年代，中国共产党就提出了土地革命纲领，土地革命战争时期各苏区实行了"打土豪分田地"的政策，20世纪40年代又领导了解放区的土地改革。新中国成立前，占全国面积约三分之一的东北、华北等老解放区已基本完成土地改革。1949年新的国家政权建立后，首要任务就是在乡村社会发动阶级斗争和土地改革运动，阶级斗争瓦解了村落社会中"小统治者"支配民众的心理和精神基础，以阶级关系重新分配土地，建构农民认同新政权的利益基础。阶级斗争和土地改革运动使得农民的政治情感发生了根本性的转变，杜润生把土地改革的政治效应形象地总结为："农民取得土地，党取得农民"。③

不同于欧洲地区进入现代国家进程所面临的单一类型的资本主义社会形态，中国的社会形态具有多类型共存的复杂性。与中心地区较为成熟的农业社会形态不同，在国家的边缘地区，经济社会发展水平较低，社会分化程度不高，其社会形态仍具有较多原始社会形态的特征，如在一些以部落、领主制度为主的地区，私有土地制度并不发达，土地并不构成人们财富的来源和获取支配权的依据。对这些地区历史上长期形成的"小统治者"，主要采取和平协商的方式，通过赎买土地分给农民完成土地改革，瓦解"小统治者"的支配地位；在一些阶级分化不明显、土地占有不集中、经济社会发展水平十分落后的民族地区，则不进行土地改革，20世纪50年代以后，通过合作化运动直接进行社会形态的改造。

将权力集中于国家政权，是国家的重要特征。以阶级斗争或和平协商方式实行的土地改革，实际上是由土地改革所实现的政权革命；它改变了

---

① 《解放区的土地改革》，国讯书店1948年版，第457页，转引自张立华《从宗法关系到阶级关系——民主革命时期中国农村社会秩序的颠覆性重构》，《中共中央党校（国家行政学院）学报》2020年第2期。

② 《毛泽东选集》第1卷，人民出版社1991年版，第31页。

③ 杜润生：《杜润生自述：中国农村体制变革重大决策纪实》，人民出版社2005年版，第17页。

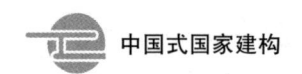

传统社会的基本结构，摧毁了传统社会"小统治者"存在的经济基础和社会基础，将乡村社会中散落的"支配权"和"控制权"集中到新建立的人民民主的国家政权手中，完成了政权建设的第一步。

（二）改造传统社会，将人民民主专政的国家权力延伸深入社会

土地改革运动实现了国家权力的集中，解决了国家统治权的最终归属问题。集中的国家权力如何延伸深入基层社会，实现其统治的一体化，也是一个现代国家政权的基础性问题。传统时期国家与地方社会的疏离，造就了千差万别的社会形态。要实现国家权力的延伸深入，就要对传统的社会形态进行改造，解决新政权的社会根基问题。社会主义公有制的所有制关系所形成的社会基础不可能在旧的社会形态中产生[①]，新中国要实现国家权力的延伸深入，就意味着改造传统社会的所有制关系：在工业化建设的同时，实现对农业、手工业和资本主义工商业的社会主义改造；改造的主要任务，是把资本主义私人所有制改造成为全民所有制，把以农民和手工业者个体劳动为基础的私人所有制改造成为劳动群众集体所有制。

生产资料的社会主义改造，改变了传统社会的经济形态，过去因占有生产资料而取得支配地位的"小统治者"的经济基础不复存在。通过在新的社会基础上重构政治组织单元，中国共产党实现了集中的国家权力向基层社会的延伸和深入：在城市，单位是全民所有制的基本组织单元，也是国家政权的基本组织单元；农村以生产队为基础构建国家政权在乡村社会政社合一的组织体系。迈克尔·曼将国家权力对社会的延伸称为现代国家的基础性权力，在中国，这一基础性权力的延伸，在改造的社会基础上得以实现。单位和公社在一定意义上都扮演了国家行政区的角色，具有政治、经济与社会三位一体的功能。同时，国家通过户籍制度，将就业、住房、医疗、子女入学、生老死葬等社会民生的方方面面实现高度的组织化，将民众纳入国家权力的组织范围。

（三）以"经济建设"为中心推动解放和发展社会生产力

中国共产党建立新政权的目的，是将中国建设成为一个富裕强大的现

[①] 林尚立：《走向现代国家：对改革以来中国政治发展的一种解读》，黄卫平、汪永成主编：《当代中国政治研究报告Ⅲ》，社会科学文献出版社2004年版，第23—48页。

代化国家。实现国家权力的集中并且运用集中的国家权力改造基层社会，初步完成了现代国家建构的任务。但是，中国共产党以实现共产主义远大理想为其历史使命。改革开放后，中国共产党在总结经验教训的基础上，认识到贫穷不是社会主义，"以经济建设为中心"，打破传统体制对经济发展的束缚，就成为中国现代国家建设的下一主题。

国家的现代化建设面对的基本情况是：经济发展水平落后，各地发展参差不齐，农业经济是国民经济的支撑；同时，国家规模超大，人口众多，但国家能力严重不足。强国富民的目标追求，受到"发展参差不齐"和"国家能力有限"的双重约束。"工业优先发展"是突破约束的发展战略，据此，国家建立了实施这一战略的高度集中的资源配置体制。在国家统一配置资源的体制下，社会主义工业体系和国民经济体系得以快速建立，但高度集中的计划经济体制也束缚了经济发展的活力，突破经济体制对生产力的束缚，解放生产力，成为建构"共同富裕"社会的重要问题。为了解决超大规模国家"发展水平参差不齐"情况下推动发展和推进"共同富裕"的难题，邓小平提出，允许和鼓励一部分地区、一部分人先富起来，然后实现共同富裕。"我们提倡按劳分配，对有特别贡献的个人和单位给予精神奖励和物质奖励；也提倡一部分人和一部分地区由于多劳多得，先富裕起来。"[1]"鼓励一部分地区、一部分人先富裕起来，也正是为了带动越来越多的人富裕起来，达到共同富裕的目的。"[2]

改革开放后，中国打破传统体制对生产力发展的束缚，确立社会主义市场经济体制，现代经济元素开始逐渐进入和渗透社会，激发了社会财富的增长活力：在农村，表现为以市场化和商品化为导向的家庭经营和乡镇企业崛起；在城市，表现为外资的进入和国有企业的市场化、公司化改革，以及有利于个体私营经济发展的系列措施。这些措施完善了市场主体，构建了竞争和利润导向的市场制度环境。市场是财富的发动机，一部分被市场要素高度渗透和重构的产业和地区，在国家允许和鼓励先富的政策措施下，很快显示了较强的财富生产能力。

---

[1] 《邓小平文选》第2卷，人民出版社1993年版，第258页。
[2] 《邓小平文选》第3卷，人民出版社1993年版，第142页。

(四) 以平衡协调发展构建共同富裕新格局

社会主义的本质是促进社会生产力发展,实现共同富裕。中国的改革开放进程,极大地促进了生产力的发展,增强了综合国力,提高了人民生活水平,全面建成了小康社会。在这一改革和发展的历史进程中中国共产党也同时意识到:实现共同富裕,意味着以人民福祉为出发点和落脚点,要在这一出发点和落脚点基础上,实现社会的公平正义;否则,解放和发展生产力作为实现共同富裕的前提就失去了意义。在解放和发展生产力的基础上,深化促进公平正义的发展战略,是国家治理的重要内容和职责。发展问题从来是发展与治理交叉互动的政治经济学问题:通过市场力量和经济建设"做大蛋糕",同时通过国家治理公平公正地"分好蛋糕",只有二者兼顾,才能构建人人参与、人人共享的共同富裕发展格局。

党的十八大以来,中国共产党牢牢把握"两个一百年"奋斗目标和中国特色社会主义本质要求,贯彻创新、协调、绿色、开放、共享的新发展理念,以新发展理念实现不同区域、不同领域的平衡协调,构建发展新格局。在宏观战略层面,中国共产党正确处理发展中的重大区域关系,在微观层面,加大制约平衡、协调、充分发展的基础设施等的建设力度,补齐发展短板,克服发展瓶颈,增强发展后劲;在此过程中,领导人民精准扶贫治贫,取得了彻底摆脱绝对贫困的历史性胜利。在现代化建设第二个百年征程开始之际,适应我国社会主要矛盾的变化以及更好地满足人民日益增长的美好生活需要,以习近平同志为核心的中国共产党把促进全体人民共同富裕作为为人民谋幸福的着力点,进行了统筹部署,① 这一战略部署,正是在建设社会主义现代化国家新征程中推进社会革命的再出发。

(五) 以交通、通信、文字、信息技术等消除国家的空间疏离

传统时期,在由"封闭的小统治者"所形成的"看不见的政府"治理下,中国的乡村社会是一个个彼此不同且分散的地方性社会。在这些地方性社会内部,文字、语言的阻隔,地理空间的距离等是造成国家与民众以及"中心国家"与"边疆社会"疏离结构的重要因素。

---

① 习近平:《扎实推进共同富裕》,《求是》2021年第20期。

以双重革命构建新型现代国家

如何通过必要的技术手段，将国家政权的意志贯彻到广阔而分散的乡村社会，形成一体化的国家治理，是现代国家建设的重要内容。[①] 新中国成立以来，针对广大农村社会绝大部分人口还是文盲的情况，党和政府在全社会大规模开展扫盲运动。国家推广的扫盲和识字政策，不仅为农民与国家之间建立联系提供了条件，更是由此建构了农民统一的国家意识。此外，新中国成立以来，国家也大力推动交通基础设施的发展，表现为公路、铁路、通讯电缆、机场、车站等物质设施的改变。基础设施的背后体现的是政府的治理能力，一个国家的基础设施水平是其政府治理水平的体现。因此，高质量的基础设施往往被包含在那些度量政府治理水平的指标体系之中。[②]

国家所推动的语言文字信息技术和交通基础设施的发展，不仅给人们的生活带来福祉，也疏通了国家和民众之间的沟通渠道，使得国家向基层贯彻治理意志和影响力不再具有信息上的阻隔，尤其对于传统时期距离国家"中心地区"较远的地区，交通、通信交流信息技术的推广，消除了由于地理空间距离所造成的国家与地方社会之间的疏离。因此，从此只有地理意义上的边疆地区，不再有因"政令难达"而形成的政治上的"边疆"地区。

四 中国现代国家建构：国家根植于社会之中

1949年新中国成立所开启的现代国家建设进程，是中国共产党领导亿万人民实施的建设现代国家的进程。中国共产党的初心使命和有效领导，决定了中国现代国家建构进程的本质特征及独特性：中国不仅要建构一个新型的现代国家政权，实现国家政权从传统形态向现代形态的转型，而且要通过对社会形态的改造和建设，建构一个与国家政权同质的社会基础。在这一过程中，政权建设是手段，实现中华民族的伟大复兴、人民的共同富裕和人的全面发展是目标。通过这一国家建设过程，中国共产党也将社会主义现代国家的制度价值根植于民众内心，获得民众内心深处的高度认

[①] 徐勇：《国家化、农民性与乡村整合》，江苏人民出版社2019年版，第376页。
[②] ［美］巴林·诺顿：《中国经济：转型与增长》，上海人民出版社2010年版，第310页。

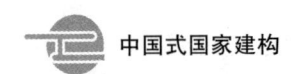

同，从而将国家政权建立在稳定的社会根基和土壤之中。

总体来看，中国现代国家建构具有如下特征。

一是内涵的拓展性。中国现代国家建构并不仅仅是政权的组织形式或者结构体系的建设问题，还包括如何通过这种组织形式或结构体系进行社会改造和建设，并以此为路径建立和巩固社会民众对国家政权的认同。从二者的关系看，政权建设不是目的，最终目的是要实现对这种政治经济社会发展水平参差不齐的传统社会的改造、治理和发展。毛泽东在中国共产党第七届中央委员会第二次全体会议上就指出，"夺取全国胜利，这只是万里长征走完了第一步"，如何建设国家是国家政权未来需要面对的更为长久的事情。[①] 因此，对中国的现代国家建构而言，"现代国家建构"和"现代社会建构"具有同步性，社会建构包含于国家政权建构的进程之中，并与国家建设相互促进。在这个意义上，中国的现代国家建构不仅包括政权建设，还包括国家发展和治理的多重内容。

二是过程的丰富性。政权建构和社会建构虽然同步于中国现代国家的内容和进程，但由于起点的不均衡性，其进程也具有差异性，也恰恰是在这种差异性中，体现出现代国家建设的丰富性。从国家权力来看，传统中国的国家权力在社会中分布不均；国家权力进入并统治基层社会的方式和程度也存在着地区和层级的巨大差异性。国家政治经济和社会在不同地区的差异性和非均衡性，决定了中国现代国家建构路径和过程的丰富性。在经济较发达地区，国家建构的主题是实现从"传统国家形态"向"现代国家形态"的跨越；在经济社会发展落后的边疆地区，长期的国家建构具有"双重跨越性"：从一个"无国家"的传统形态，"一步跨越千年"建构一个现代国家政权；从一个贫穷落后的初级社会形态，通过社会改造跨入社会主义社会，并且进一步全面建成小康社会。

三是任务的自觉性。现代国家是一个"建构性"国家。中国共产党领导人民进行的现代国家建设，具有鲜明的政治自觉性，这种自觉性源于历史潮流和发展规律，也源于国家建设的领导者所具有的历史使命。虽然部分学者将中国国家发展道路置于对外部世界的冲击—回应模式之中予以理解，但是，这只是现代国家建设进程中的外部关系方面，实际上，中国的

---

① 《毛泽东选集》第4卷，人民出版社1991年版，第1438页。

现代国家建设对外部冲击做出回应，只是中国国家建设的行为表现之一，并非国家建设的主体进程。中国的主体进程始终具有鲜明的合乎大势潮流性和基于规律逻辑的总体"规划设计性"。过程的丰富性和不同时期任务重点的演进，源于一种掌握规律和基于使命的"政党自觉"。

四是历史进程的长期性。中国的现代国家建构是一个长期的历史过程。长期性源于国家的超大规模以及由此带来的发展不均衡性。从社会建设的角度看，在现代国家的建设进程中，虽然每个地方都程度不同地出现了现代国家的元素，但其发展速度和分布状态是不均匀的，既有城乡之间、区域之间的非均衡性，也有政治、经济、社会等方面发展不同步性。在现代国家建设的过程中，整合不均衡的社会，建立实质上集中统一的现代国家和社会，实现国家和社会中人的全面发展，是中国现代国家建构的长期历史进程。因此，"改革""发展"和"治理"是伴随这一长期历史进程的命题。

五　中国现代国家建构的理论意义

中国的现代国家建构，并不仅仅是如何建立一个现代意义上的国家政权问题，即韦伯和蒂利意义上的国家政权的官僚化、合理性问题，以及迈克尔·曼意义上的国家决策的执行力等权力的渗透问题，而且是通过政权建设并且在国家政权主导下的经济社会形态改造，是将国家根植于社会和民众内心，从而深化民众对国家的认同的历史过程。这一特性由中华民族伟大复兴的现代化建设逻辑和中国共产党的初心使命所决定。基于中国现代国家建构的经验历程，中国的现代国家建构具有自身的理论内涵。

（一）中国现代国家建构的双重超越性

国家组织及其设施是物理的存在，在社会和文化层面，国家是心理的存在。在政治文化意义上，国家存在于民众的内心和意识中。如果国民在内心不认同国家，那么，国家只是形式上的物理存在。对于现代国家而言，仅仅国家组织和制度结构的现代化，还不足以使一个国家成为现代国家。历史证明，如果国家政权未能实现对社会的改造和建设，从而未能将现代国家意识和价值植入民众内心，获得国民对它的认同和忠诚，国家政权组织就没有与社会文化和心理有机融合一体，国家就没有建立在稳定的社会土壤和政治合法性根基上，这样的国家和制度难以获得稳定性和持续性，实质意义上的现代国家建设也就难以获得成功。

中国现代国家建构的核心内容是建立国家政权，进而通过政权力量改造经济关系和建设社会，从而将国家政权建立在稳固的经济和社会基础之上。在此意义上，中国的现代国家建构实现了双重超越：它不仅超越了传统中国的历史形态，而且超越了既有国家建构的模式和路径。

传统中国建立了历史悠久的皇权体制，但是，与千年不变的皇权体制相伴随的，是治乱循环的历史规律。这一规律发生和发展的根源之一，在于这一皇权体制与其社会基础的长期疏离。从社会基础看，地主和自耕农是国家赋税的主要承担者，是皇权统治的主要社会基础。

但是，经济过程的规律总是倾向于将自耕农的土地通过土地兼并转化为地主的土地。[1] 与社会保持疏离的皇权缺乏对社会基础的改造和治理，自耕农破产则会引发社会动荡甚至危及皇权的危机，从而使得这个拥有千年皇权体制的国家始终伴随着"治乱循环"的周期。虽然皇权为了维持其统治常常试图采取"变法"等调节措施缓解或延缓危机，但并未从根本上改变国家的经济和社会基础，因而未能从根本上消除"周期性"的趋势或规律。中国现代国家建构的任务是建立一个新的国家，这个新的国家不仅是建立一个新的国家政权，而且要通过对经济社会基础的改造和建设，彻底打破传统中国基层社会结构，将国家政权置于与之相适应的新的经济关系和社会基础之上。由此可以认为，改造和建设政权的经济和社会基础，使得这个新的国家以政治革命与社会革命有机结合的共产党人，找到了破解"治乱循环"历史周期律的途径。

中国的现代国家建构也超越了西方国家建构的模式和路径。西方国家建构的经验叙事集中于国家政权的扩张，查尔斯·蒂利等将国家建构称为"国家政权建设"，主要体现为政权的官僚化与制度化，如为军事和民政而扩大财源，乡村社会为反抗政权进入和财政汲取而与国家的斗争，以及国家为巩固其权力而与新的"精英"结盟等，[2] 福山将之定义为政府机构的

---

[1] 胡如雷：《中国封建社会形态研究》，生活·读书·新知三联书店1979年版，第34页。

[2] [美] 杜赞奇：《文化、权力与国家：1900—1942年的华北农村》，江苏人民出版社2010年版，第2页。

加强。① 中国现代国家建构的进程表明，政权建构并不只是组织机构和制度体系的延伸、扩展或者汲取能力以及动员能力的建设问题，还表现在通过社会革命，实现国家政权对经济和社会基础的改造，从而将国家政权的组织机构和制度体系建立在可靠的社会基础之中。

如何维系政权的长期稳定，是所有国家都需要面对的世界性难题。在传统中国，这一难题表现为"治乱兴衰"的历史周期，在传统欧洲，表现为不断分裂的"多国体系"。现代国家建构的实践表明，时间上的延续性和空间上的稳定性，是现代国家的基本特征。这一基本特征的实现有赖于建立一个制度性国家权威。但是，国家权力的制度化不可能一劳永逸地解决社会对于国家的认同并获得持续的"政权稳定性"。对这个制度性国家政权所获得的认同，可能因社会基础的变化而变化。现代化进程本身伴随着社会分殊化和多元化，由此可能产生社会撕裂和对立，从而使得国家政权面临"社会撕裂"而发生"认同分裂"危机。中国构建现代国家的努力，是通过政治革命和社会革命的接续展开，通过深刻的改革开放和有力有效的再造社会的过程，将国家政权持续不断地植根于与之相匹配的社会基础及其发展变化之中，从而避免了因"社会撕裂"带来的政治和国家认同危机，由此获得政权本身的稳定和现代国家的发展和连续。在此意义上，中国的现代国家构建，不仅在内容上丰富了国家构建这一世界性议题，也在实践中破解了"构建一个稳定延续的现代国家政权"这一世界性难题。

（二）基于中国共产党历史使命的超越性

理解中国共产党，是理解中国现代国家建构的关键。当代中国的政治体制，是中国共产党创设的制度。理解现代中国，必须从理解中国共产党开始。② 将国家政权根植于社会基础之上，从而实现双重超越性的国家构建实践，源于这一实践的领导主体——中国共产党的历史使命。

传统中国国家与社会之间呈现疏离状态，国家权力未能充分进入社会

---

① ［美］弗朗西斯·福山：《国家构建：21世纪的国家治理与世界秩序》，学林出版社2017年版，第7页。

② 姚洋、席天扬：《中国新叙事：中国特色政治、经济体制的运行机制分析》，格致出版社、上海人民出版社2018年版，第3页。

之中，自我封闭运行的多元社会模块与专制主义皇权治理的双重结构，持续反复着"兴衰交替"的历史规律，皇权治理由此也呈现出"治乱周期"。中国共产党自诞生起以中国人民的幸福、中华民族的复兴和人的全面解放作为自己的宗旨和理想，其领导中国革命实践的理念和主张，源于其运用马克思主义理论和方法，对中国社会结构的深刻分析和实际考察。在深刻认识社会结构的基础上，中国共产党人逐渐形成了实现自身目标和理念的纲领和路径。1945年，毛泽东在阐述其建国主张时即提出，中国共产党的最高纲领是建立社会主义社会和共产主义社会，但当下阶段的目标是建立一个脱离其他国家控制和脱离传统形态的独立的新政权。[1] 在中国的条件下，只有首先建立这样一个国家政权，才能实现包含各种经济成分的社会的发展，才能有利于社会的向前发展。[2] 也正是在此种认识下，在1949年新中国成立前夕中国共产党的七届二中全会上，毛泽东才断言，建立新政权"只是万里长征走完了第一步"。中国现代国家建构的实践路径及主题，正是源于中国共产党的最高理想及其理想的实践路径。

学者沈大伟认为，西方对中国共产党的一个重大错误认识是，中国共产党仅仅依靠经济增长和民族主义两个支柱来维护其执政地位。他认为，中国共产党是通过经济改革满足社会不同阶层的需求来不断获得执政合法性。[3] 沈大伟的这一认识是一种基于现象的表层解释，更深层的原因在于，满足社会不同阶层的需求，实现全体民众的共同富裕，最终实现人的全面解放和发展，是中国共产党人基于其历史使命的责任。这一使命感和责任感所提供的目标和方向，决定了中国的现代国家建设具有深刻把握历史规律的自觉性。不同于在国家政权或社会发展常常深陷"撕裂"和"对立"困境之后出现"应对性"的调整或者陷入难以"应对"的政治动荡，深刻把握历史规律的中国现代国家建构实践主要基于中国共产党人"使命的逻辑"而非基于"被动的应对"。这也许是一些外国学者或观察家从未停止对中国做出"崩溃"的"预期"，而历史进程并未按照"预期"发生的原因。

---

[1] 《毛泽东选集》第3卷，人民出版社1991年版，第1059、1059—1061页。
[2] 《毛泽东选集》第3卷，人民出版社1991年版，第1059、1059—1061页。
[3] 沈大伟：《中国共产党：收缩与调适》，中央编译出版社2012年版，第1页。

（三）人民性国家：执政党与现代国家和社会的融合

政党理论源自西方，其出现与代议制政府的出现密切相关。根据西方政党理论，政党不是国家权力结构的组成部分，只是国家机构与市民社会机构联系起来的一种机制。[1] 在与政府的沟通中，政党的功能是一种"表达的手段"，为负责任的政府对民众需求做出反应提供渠道。[2] 政党只有通过法定程序和选票方式"进入"国家，才拥有与国家权力同等的重要性。但是，在中国走向现代化的历史进程中，中国共产党通过政治革命建立政权，"缔造"了国家，获得了内在的"国家身份"，[3] 并在组织和意识形态层面融入国家权力体系，实现其政治领导，[4] 从而在事实上构成国家权力的核心组成部分。[5] 从中国的国家权力结构来看，其政治构成和政治过程具有鲜明的执政党特性：政党不仅缔造了国家政权，而且将其组织属性和价值偏好输入国家权力运行全过程，塑造了国家政权的价值偏好和组织属性。

因此，中国共产党领导人民建构现代中国的进程，不仅使得自身成为"国家（政权）"的有机构成，而且在对社会的改造和建设过程中，成为现代中国社会的有机组成部分。中国共产党代表中国人民的根本利益，具有改造和建设社会，从而为全体中国人民谋求利益的意志和使命。代表最广大人民利益要求的执政党通过国家政权对社会进行改造和建设，建构一个现代国家。这一现代国家的建构进程，既是国家和人民性的扩展过程，也是人民获得这种国家性，并建立现代国家和政治认同的过程。在此意义上可以认为，现代中国是中国共产党领导的人民性国家，国家的性质由党和人民高度统一的意志决定。

---

[1] ［英］戴维·米勒、［英］韦农·波格丹诺：《布莱克维尔政治学百科全书》，中国政法大学出版社1992年版，第521页。

[2] ［意］萨托利：《政党与政党体制》，王明进译，商务印书馆2006年版，第56页。

[3] 陈明明：《作为一种政治形态的政党—国家及其对中国国家建设的意义》，《江苏社会科学》2015年第2期。

[4] 王浦劬、汤彬：《当代中国治理的党政结构与功能机制分析》，《中国社会科学》2019年第9期。

[5] 景跃进：《将政党带进来——国家与社会关系范畴的反思与重构》，《探索与争鸣》2019年第8期。

将地域性经验的内在联系或逻辑抽象化和概念化，进而提炼为一种理论体系，这是基于实践的学术研究的传统。但是，地域性经验的有限性，常常会限制其作为一般理论的解释力。经过概念化和抽象化的西方国家建构理论，主要基于欧洲现代国家的经验。这些理论在国家建构领域具有强大的影响力，以至于在学术界，"一个研究国家形成的严肃的学者，无论对哪个地理区域感兴趣，都应该将欧洲国家的形成视作参照点"[①]。当然，这种"参照"有助于形成比较，发现差异。实际上，正是一些"关键性差异"，构成了"本国的主体性"。只有认识和理解这些"关键性差异"，才能避免既有理论的误导，着眼于发掘具有"本国主体性"的实践所表达的真实逻辑，从而将学术研究和理论表达建立在基于实践的"真实而具体"的依据之上。由此可以认为：一个研究国家建构的学者，无论对哪个地理区域感兴趣，都应该致力于发现和解释那些构成决定性影响的"关键性差异"。中国国家建构的"关键性差异"在于理解中国共产党。研究中国现代国家建构，只有认识到这一"关键性差异"，才能构建真实而科学的中国现代国家建构理论。无疑，中国共产党带领人民深入探索和切实推进中国式现代化道路的进程，丰富了人类社会走向现代化和建设现代国家的不同选择，开拓了发展中国家建构现代国家的新的发展道路。

（原载《政治学研究》2022年第1期）

[①] ［美］罗伯特·E. 戈定主编，［美］卡尔斯·波瓦克斯、［美］苏珊·C. 斯托克斯编：《牛津比较政治学手册》（上），唐士其等译，人民出版社2016年版，第212页。

现代国家核心能动者的更次呈现：
国共两党的比较

贺东航[*]

一 政党主导现代国家构建的原因

现代国家的构建是一个不断寻求国家、政党与社会、市场关系合理化的持续性历史进程，这种持续性不仅体现在诸多民族国家演进的共时性，也体现在单个民族国家的发展过程中。

现代国家是以这个辖域内特有的历史、文化和人民作为背景，在历史与现实、国家与政党、国家与社会、国家与市场多元关系的复线互动中构建出区别于其他民族和国家的独特的现代国家形态。因此，通过理论与历史的对话，将有助于我们了解政党主导现代国家建设的原因。

从现代国家的世界史来看，其发端的地区为英国、法国、西班牙与瑞典等欧洲大陆国家。在四五百年前，它们开始进入了能够合法垄断暴力并向人民征税的现代国家历程，逐渐形成了能够对广大领土行使主权的现代行政官僚体系，国家有能力提供秩序、安全、法律与财产权，并让现代性经济世界得以出现。截至1700年，传统的分权制（或封建制）已在欧洲大陆销声匿迹，现代主义者和现代国家缔造者——君主大获全胜。这是第一批现代国家成长的特征，即君主是这一阶段现代国家的承担者或称核心能动者。18、19世纪出现政党后，政党逐步成为国家政治生活的主导力量，而欧洲国家君主专制也逐步走向了君主立宪，君主在政治生活中的地位下降。随着政党这种组织形态在世界政治范围的出现，在19世纪末与

---

[*] 贺东航，复旦大学社会科学高等研究院教授。

20世纪上半叶的后发国家，如俄国、中国以及第三世界地区的现代国家构建历程中，政党成为主要政治力量和现代国家的承担者（核心能动者）。

在中国现代国家形成的场域中，我们要了解两个问题：第一个问题，政党是成为中国现代国家构建主导力量的背景？第二个问题，在"党导国"式的中国现代国家构建，为什么中国共产党会最终党胜出？

1905年清末新政开启了中国现代国家构建的序幕，但当时中国面临最重要的是组织问题。20世纪初国家转型所需要的组织（或者说核心能动者问题）是中国在国家构建过程中要解决和找寻的问题。现代中国的政治转型是在特定的历史场景中展开的，面对巨大的政治、经济和外部军事压力，中国传统的政治体制显然难以应对挑战，而中国传统社会的阶层或阶级自身是无法凝聚成为引领社会发展的力量，这时就需要新的组织力量来主导中国社会的现代化进程，在现代政治的条件下，这个力量就是政党。因此，在中国现代国家早期建设时，孙中山就提出"以党建国、以党训国、以党治国"的构想，希望通过政党进行现代国家建设，这是20世纪中国现代国家构建的最本质特征——"党导国"的最早思想来源。

中国国民党与中国共产党实际上都是在政党主导现代化国家建构这个谱系的，都致力于党治国家和党建国家为目标的政党，但两者的结局不一样，最终以列宁主义指导思想和布尔什维克政党为组织原则的中国共产党具有显著的优势而胜出。

回溯20世纪上半叶的历史，在诸多政治力量的竞争中，中国共产党和中国国民党逐渐成为力量较大的两支政治力量。国民党因比共产党建党时间早，首先成为主导现代中国政治生态的政党，孙中山提出了军政（用武力建立统一国家主权）—训政（地方基层自治先行）—宪政三部曲。1920年代，孙中山建立党治国家的构想得到了苏俄的支持，而苏俄已经有了这样的实践经验，孙中山认为苏俄的一党制比欧美的议会政党制度更有优势，对孙中山来说，苏俄制度中的高度集权的组织和严明的纪律措施是最大的吸引力。苏俄的做法是：以党领军（党对军队的严密领导）和主义建军（向官兵灌输党的思想）。不过，在1921年中国共产党成立后，中国共产党在曲折中迅速成长，很快成为中国现代国家新的承担者。下面我们对两党进行比较分析。

二 两党在现代国家三要件（组织力、价值引领力、社会整合力）的比较

（一）国共两党在组织要素力的比较

两党组织力的比较可以从宏观、中观和微观三个层次对两党进行比较，由于从宏观层面比较会受到意识形态因素的制约，容易陷入注经式的研究路数，或满足于重复某些先入为主的定论。因此，本研究通过两党在地方的组织（县级层面）运用进行比较，并以个案的方式展开讨论。

1. 中国国民党在基层的组织力：以"县党政谈话会"为个案

我们以"县党政谈话会"为案例来看国民党对地方政府的组织影响力。1927年9月22日颁布南京国民党政府颁布了《县党部与县政府之关系条例》（以下简称"条例"），为了处理县党部与县政府之间关系，设立了一个协调中国国民党与地方政府关系的机构——"县党政谈话会"。

《条例》中关于这一机构的人员组成和运作机制规定如下：县党部的执监委员、县政府县长及各局局长。每两周召开一次。由县党部、县政府轮流召集。条例中比较关键的两句话是："县党部对于县政府有监督职权，及建议之责，但不得强制县政府执行。""交换意见，团结精神，共谋县党治之进展。"根据《条例》，同级党部与同级地方政府之间只是平行关系，这一组织起到的是类似政治协商功能。在某种意义上削弱了"党国体制"的一元性。地方党部的职权只是发展组织、宣传党义、培植地方自治基础、协助地方政府推行地方自治，地方政府则负责处理具体的政务工作，党政分开，互不干涉。由于县级党部拥有的资源极其短缺，职权范围十分有限，人员编制也远远少于县级政府，党部书记大多无足轻重，沦为县行政长官的附庸，因此"党国体制"的地方实践充满不协调和阻力。

那么，国民党在市级层面的组织力如何？以上海市为例。1932年至1934年间，上海市爆发抵制日货运动。上海市党部主张坚决抵制的态度与上海市政府的政策产生了冲突，最后"以党的官员的严重受挫而告终"。南京国民党政府虽然在执政期间选拔和鉴定了一批有相当质量的文官和公职人员，他们在一定程度上提高了国民政府的现代国家成分，曾有一批受过良好教育甚至有着留学国外背景的优秀人才被纳入国家官僚体系，如当

时的国防设计委员会和资源委员会,汇集了一批国际关系、经济、工商、教育、科技领域的著名专家学者。但关键的现代国家构建承担者(核心能动者)——中国国民党的组织统摄力弱,致使整个行政科层官僚队伍只有"专业性"而缺乏"政治性"。

由此可以看出,国民党对于党化国家的构建无论在理论上还是政治实践中都严重滞后,孙中山对于国民党党化国家的构建属于其晚年的政治应急举措,蒋介石更侧重于对党军的强化,党建只属于急功近利的安顿,时强时弱。从严格意义上讲,国民党在大陆主政期间并没有完成党化国家构建的政治任务,"党导政"机制运作并不顺畅,国民党对政府行政队伍并没有能力起到所谓的"训政"功能。

2. 中国共产党在地方的组织力

从政党基因来看,虽然中国共产党是师法苏俄,按照布尔什维克原则所建立的无产阶级政党。但中国共产党在以毛泽东为代表的第一代领导人领导下,做了更精细的党建工作,将从政党的思想作风、组织路线、政治建设进行全方位打造(党建)。事实上,在获得全国政权之前,中国共产党已经在全国广大乡村基层建立起了组织力,深深地扎根起来,实现了对部分农村地区的有效治理。

在土地革命战争时期,中国共产党就建立了乡村苏维埃基层政权组织作为党的各项具体方针政策贯彻执行的平台,这些基层政权为动员群众积极支持和参加土地革命发挥了重要的作用。不过,由于土地革命时期战事吃紧,中共对农村地方政权建设的一系列配套改革措施并没有跟上。

在抗日战争时期,中共取得了合法建构政权的地位,在地方政权建制上,"党对政权领导"的一元化模式开始尝试。中共在《延安时期党支部建设的几点经验及启示》中指出:"政府的重要工作,也是党的工作";"政府的一切日常工作(计算解决较大问题等)都需要拿到党委会讨论"。在制度层面,在陕甘宁边区制定的党在基层的组织有党小组、党支委、党分部。支部委员必须是政治坚定有工作能力的党员,党在陕甘宁边区下设各种工作委员会,有"书记、组织、宣传、军事、工会、农会"等中共委员会,领导和管理的范围涵盖宣传、锄奸、工运、青运、妇运等工作,力图实现党的领导的全覆盖。在开会设置上,规定乡村党组织必须七天召集会议一次。中共的根据地政权建设各有特色,但存在共性。一是中国共产党直接领导的地方政府体制，二是在组织制度上实行议行并列和民主集中制。

到1946年初解放战争爆发时，中国共产党领导的军事组织从原来贫困偏远的乡村挺进到亚洲工业最发达的东北地区。"党指挥枪"的组织原则使中国共产党的军事力量第一次成为令对手生畏的战争机器。加上中共持续不断地向基层渗透之后所产生的惊人组织力，为其军事组织提供了大规模的人力和后勤支援。至1948年底，中共以晋察冀和晋冀鲁豫解放区为基础成立了华北人民政府，为建成新的民族国家政权进行探索和准备。

1949年第三次内战结束后，中国共产党蜕变成为现代国家构建中新的承担者，建立了中华人民共和国。而"党导政"这种新的行政价值理念也为新中国公共行政体系的建立打下了基础。中华人民共和国成立后，形成了以中国共产党组织体系为核心、以行政科层体制为主体、以军队为保障、以意识形态为推动力的制度结构，构成了民族国家政权的新三大体系——政党体系、政府体系与军队体系（党政军）。第一，管理主体的一元化。在国家政权建设过程中，中国共产党顺理成章地成为行政科层体制建设的决定性因素，形成了在现代国家构建中比较特殊的公共权力体系一元化管理结构——"以党导政"的格局，这一格局在20世纪50年代中后期得以完全确立。第二，体制的条块结合。从中央经省、市、县直达基层，在纵向结构上表现为条条化和各级党委和行政，形成层层隶属、金字塔式的等级结构。在横向结构上，每级党和政府又分为综合部门、职能部门，形成了门类齐全、各成体系的平行结构。第三，单位制建设。每个单位的最高负责人是单位的党委书记，党委领导的单位成为一个集政治、经济、安全、福利所有职能于一身的组织。

（二）国共两党价值要素力的比较

作为一个现代国家的核心能动者，必须要有强大的价值表达系统，以取得对国家统治的合法性。现代国家合法性不单来源于民选所获取，合法性更需要意识形态的宣传，以加强民众对国家的认可，因此，构建和完善"党导国"的价值表达系统十分重要。

1. 国民党价值表达系统的混乱

国民党政府与中国历史上任何政权不同，它有一套独特的价值表达系统，即三民主义（民族主义、民权主义和民生主义）。在国民党官方政治话语中居于正统地位。尽管国民党成功地将其意识形态塑造成新的正统思想，但三民主义未能成为国民党打造现代国家政治认同的有效工具，反而使得国民党统治的合法性不断遭到内部不同派系及党外的严厉批评。

第一，三民主义这一价值表达系统的最大弱点，它是一个无所不包的政治行动方案，而不是一种逻辑一贯、理论复杂和有说服力的成熟思想体系。由于缺乏理论连贯性且只是一个无所不包的框架，三民主义被赋予不同的解释，因此实际上助长了政治分裂和对立。在抗日战争时期，汪精卫的亲日派和毛泽东主席领导的中国共产党（新民主主义），都能够对同一套意识形态做出不同解释，以使各自的存在合法化，增强各自与三民主义的中国国民党在价值表达体系的竞争力。第二，由于三民主义缺乏足够的说服力，蒋介石未能借助这一说教在党内打造统一的思想。第三，国民党宣传三民主义的最终目标是实现民权和民主，但是因为面临"内忧外患"，国民党从"国家大局"出发要求全民族团结，于是其一党专制的现代国家建设政治主张得以出台，结果造成更多的价值表达体系混乱，在三民主义的实践中互相矛盾。

2. 共产党的价值表达系统

中国共产党则建立了整套完整的价值表达系统。中国共产党的意识形态思想来源于马克思列宁主义，马克思列宁主义本身就具有一套严密的逻辑系统。到1940年代，毛泽东成为党的领袖之际，毛泽东以坚实的意识形态基础，根据中国革命特有实践，创建了一套新的思想，后来被称为"毛泽东思想"，毛泽东将其政治思想变成中共意识形态的能力，加上他巩固组织的不懈努力，使党内形成了高度认同和团结。为了建立自己在思想领域的影响力，毛泽东在1939年底和1940年初撰写了一系列文章，提出了系统的新民主主义理论，其定义明确且结构连贯，与三民主义截然不同。新民主主义理论为中国共产党存在的合法化提供了一个有效的工具，毛泽东将中国革命分"新民主主义革命"和"社会主义革命"两步。毛泽东认为，新民主主义革命既是反对帝国主义压迫的国民革命，也是反对国内封建压迫的民主革命。

为了让这一意识形态达成共识，中国共产党在1942年2月发起了"整风运动",并于 1945 年通过《关于若干历史问题的决议》阐释了毛泽东思想作为全党指导思想的重要性。"党在奋斗的过程中产生了自己的领袖毛泽东同志。毛泽东同志代表中国无产阶级和中国人民,将人类最高智慧——马克思列宁主义的科学理论,创造地应用于中国这样的以农民为主要群众、以反帝反封建为直接任务而又地广人众、情况极复杂、斗争极困难的半封建半殖民地的大国,光辉地发展了列宁斯大林关于殖民地半殖民地问题的学说和斯大林关于中国革命问题的学说。"[①] 中国共产党通过价值表达系统的"定于一尊",使中国共产党在思想上获得了巩固和统一。

(三) 国共两党对社会整合力的比较

1. 国民党对社会的整合力

应当承认,在民国时期,民间社会组织成长所需的公共舆论空间、社会传播媒介和法律制度环境都获得了一定的发展,无论是从民间组织的数量还是从公共领域的成长来看,这一时期的民间社会力量都开始崭露头角。南京国民党政权成立后,国民党的训政体制试图想以各种方法对民间社会力量进行政治挤压,但收效甚微。国民党对社会的控制呈现一种非常态的特征,或由于时局的稳定而放宽控制,或由于战乱而收紧,国民党无法在两者之间做到平衡,民间社会与国民党之间的关系呈现严重的"二元对抗"现象。结果,即使是在中国传统社会都长期存在的"国家与社会"共生合作现象也无法在民国时期显现出来。

2. 共产党对社会的整合力

中国共产党采取的办法与国民党不同,在中国共产党的理念中,是将社会由国家—社会两元分立的现象改变为一个"整体性社会"。在这种理念的驱使下,在新中国成立后,中国共产党在强烈的愿望与巨大的组织能力推动下,就将各种单位和人民团体从属到国家范畴体系里,行业性职业性组织实现"国家化",党对大量存在的各种社会团体进行改造。事实上,将社会功能向国家转移,打造为民服务的"全能政府",这符合中国共产党"党建国家"的理念。

---

① 《毛泽东选集》第 3 卷,人民出版社 1991 年版,第 952—953 页。

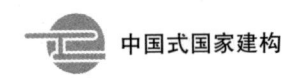

三　结　论

以上，通过现代国家核心能动者——中国国民党和中国共产党的更次呈现，我们可以看到：

第一，中国共产党经过 28 年的不懈努力，从平凡走向伟大，最终脱颖而出，在组织力、社会整合力、价值引领力上胜出中国国民党。

第二，中共并没有高贵的出身，也不曾有如电影史诗一般的华丽出场，之所以能在组织力、社会整合力和价值引领力上压过对手，是因为注重"党建"的训练。任何人加入共产党组织后，就需要在革命实践中服用"党建胶囊"，其配方就是政治建设、组织建设、思想建设和作风建设，在矛盾复杂的场景中锻造出"政治势能"[1]，使党在险恶的政治环境下凝聚思想和战斗力，成为领导中国国家构建的核心力量。

第三，现代国家的中国路径——就是政党提供给现代国家的基本理念、制度设计、基本能力和人文品格，政党的引导性价值可形塑中国现代国家发展的整体面貌。

第四，在百年历程中，中国的政治家们终于找到了有效治理超大规模国家的制度机制和制度体系——"党导国"的制度体系，形成了中国治理场域的第二套治理逻辑（第一套治理机制为"科层官僚制"的治理逻辑）。因此，如何在宪制层面制定"领导法"，将是未来中国现代国家构建要面对的重大课题。

第五，中国现代国家构建史涵盖了百年来中国政治文化社会，而这百年正是中国共产党的奋斗史，因此，中国式现代国家建构的研究与党史研究密切相关。也是现代国家研究者所不能回避的。

---

[1] 贺东航、吕鸿强：《新时代中国共产党治国理政的政治势能》，《东南学术》2019 年第 12 期。

第六篇
法治视角下的中国式国家建构

法治化、"缝隙社会"与国家建构

陈军亚[*]

党的十九届六中全会指出，法治兴则国家兴，法治衰则国家乱。认识中国的法治建设不仅要从制度和法条视角来考察，还需要置于中国现代国家构建的关系中加以理解；不仅需要从国家建构的法治维度理解，还要进一步从法治建设的社会维度理解。后者需要回到历史深处，从法治视角进一步认识传统中国社会的特点。从法治视角来看，传统中国是一个国法疏漏甚至缺失的"缝隙社会"，这一"缝隙社会"随着近代以来的国家转型而进入现代国家的建构进程。如果不清楚传统中国社会的"历史样态"和它对当下法治建设的约束，就不可能理解当下法治建设的方向和重心。

一 国家建构的法治视角

法治是现代政治文明的成果，是现代国家的基本要素。法治在国家形态演进中的含义，简言之即实现依靠法律统治人民，治理国家。要实现这一点，就要将法律确立为国家的最高规范，使其对全民具有普遍的约束力。作为具有普遍约束力的"国家规范"，韦伯将法律称之为"现代权力制度的理性规则"[①]，不仅政府受到理性规则的约束，社会全体民众也都置于理性规则的普遍约束之下。实现法治需要两大条件：一是规范的统一并由国家的最高权威机构制定。二是确保这一规范具有最高权威且能够得到

---

[*] 陈军亚，华中师范大学政治学部、中国农村研究院教授。基金项目：国家社科基金重大招标项目"新中国七十年来农村基层建制变动资料收集与数据库建设"(19ZDA124)。

[①] [德] 马克斯·韦伯：《经济与社会》上卷，林荣远译，商务印书馆1997年版，第669页。

民众普遍的遵守和执行。这两大条件的获得与国家形态的演进相关。

在人类政治文明的演进过程中，法治并非一个孤立的要素和进程，它是国家形态高度发展的结果。传统国家通常建立在血缘、伦理或宗教关系的基础之上，其形态包括部落联盟体系、城邦体系、封建国家体系和大型帝国体系等。由于"封臣的封臣不是我的封臣"，国家统治的最高权威未能得到真正意义上的确立。传统国家的权威和权力中心是分散的、碎片化的，黑格尔由此将封建社会的国家主权概括为一种"多头政体"①。国家被分割成若干城邦、盟国所组成的"地方国家"，缺乏一个统一的国家最高权威，其普遍性规则也无从谈起，国家治理被分割成若干按照地方规则进行的治理。现代国家是人类政治文明进程中迄今为止最高级的政治组织，国家只有经过现代时期才得到充分的发展。② 与传统国家不同，现代国家的权力集中于国家最高政治机构，在其统治疆域内拥有最高的、绝对的统治权力是现代国家的一般特征。它不仅能够合法化地垄断暴力工具，还能够通过理性化的意识形态和官僚体系实现行政权的集中。③ 国家权力的集中和最高权威的确立，以及统一的行政组织体系，为作为最高规范的国家法律的制定，以及在其疆域内对全体国民按照国家法律进行治理提供了可能。

权力集中于国家这一最高政治权威为全国统一的普遍规则的制定提供了可能性，但并不意味着法治得以实现。普遍规则的贯彻执行需要一定的强制力。法律作为治理手段，需要国家暴力机关的维护。传统国家时期，各个政治中心的行政控制能力十分有限④，"各类组织均发展出某种法律规程，而反过来，各种法律又都牵涉到由行政官员通过这样或那样的方式来实施制裁，这种行政管理方式是依靠直接或间接的暴力威胁得以维护的。"⑤ 由

---

① [德] 黑格尔：《历史哲学》，王造时译，上海世纪出版集团、上海书店出版社2001年版，第396页。
② [德] 马克斯·韦伯：《经济与社会》上卷，林荣远译，商务印书馆1997年版，第84页。
③ [英] 安东尼·吉登斯：《民族—国家与暴力》，胡宗泽、赵力涛译，生活·读书·新知三联书店1998年版，第5页。
④ [英] 安东尼·吉登斯：《民族—国家与暴力》，胡宗泽、赵力涛译，生活·读书·新知三联书店1998年版，第4页。
⑤ [英] 安东尼·吉登斯：《民族—国家与暴力》，胡宗泽、赵力涛译，生活·读书·新知三联书店1998年版，第17页。

法治化、"缝隙社会"与国家建构

于未能实现行政权的集中和统一，国家范围内分散着各类组织所拥有的"地方暴力"。现代国家实现了对暴力的垄断，为国家最高权威机关制定的普遍性规则的贯彻和执行提供了保障。福山因此将国家建构和法治视为现代国家相互促进的两大要素。随着现代国家的进一步发展，国家不仅能够垄断暴力工具，有效的意识形态体制、专业的官僚科层结构、严明的司法体系等均强化了现代国家的统治能力。现代国家时期的社会，是一个被国家权力高度渗透的社会，现代国家的成长，就是将人们不断地从地方性约束中解放出来，直接面对国家的全民性规范，即实现韦伯所言的"对所有'国家公民'有普遍约束力的法律规范统治的形式的理性化"。[①] 随着国家法律代替其他地方性规则，最终成为社会中的最高权威，社会对法律的普遍遵守和自觉约束成为现代社会的特征，暴力制裁手段也随之变得相当微弱，仅成为统治者用以维持其"统治"的间接资源。就此而言，现代国家的军事统治远不同于传统的统治模式。[②] 法治而不是暴力成为国家治理的主要工具。

由国家最高权威机关制定的全国统一的法律规范能够得到民众的自觉遵守和执行，并自觉确立为其行为准则，就是法治化的过程。对于现代国家构建来说，法治化既是目标，也是过程。作为目标，它提供了一种人人知法懂法守法的社会愿景和国家治理的理想形态；作为过程，则意味着理想与现实之间的距离，实现一个理想的法治社会需要漫长的建设过程。

从中国国家形态演进的历史来看，中国早在公元前3世纪就开始了这一进程。在封建国家时期，所谓诸侯有三宝：土地、政事和人民。政事分散于诸侯国之中，即意味着国家的最高权威和治理民众的普遍性规则无从确立。秦以来围绕统一国家的建构，采取了"废分封，行郡县"的制度变革，使得"海内为郡县，法令由一统"。[③] 相对于分封体制而言，郡县体制确立了国家统一的最高权力机构，并建立相应的行政组织体系，消除了地方性政治中心对统一的最高权威的权力分割，从而消除了分封诸侯所形成的地方性规则对国家统一规则的分割，由此实现了"法令一统"。正是在

[①] [德] 马克斯·韦伯：《儒教与道教》，王容芬译，商务印书馆1995年版，第38页。
[②] [英] 安东尼·吉登斯：《民族—国家与暴力》，胡宗泽、赵力涛译，生活·读书·新知三联书店1998年版，第5页。
[③] 《史记》卷6《秦始皇本纪》。

· 259 ·

此意义上可以说，"秦政制"已经获得了"现代国家的元素"。韦伯、福山等学者据此将传统中国称为一个早熟的现代国家，如福山指出："中国在秦国统一全国时就发明了现代国家，比早期现代欧洲出现国家整整早了一千八百年。中国人创造的国家是中央集权、官僚治理和非人格化的，统治幅员辽阔的领土，其整齐划一的程度远远超过罗马帝国。"① 相似的进程，欧洲直到15世纪才开始进行。

郡县体制的确立，解决了因地方分封而形成的国家权力的多元分散问题，"一统的法令"从"中央政府"发出，经由郡县体制到达地方。但是，这个"一统的法令"并未穿透地方进入社会，并未解决"国家规则和社会控制"之间的关系问题：既未能将国家权力的组织体系延伸进入社会之中，也未能实现通过"一统的法令"对其疆域和国民的直接控制和治理。对此，吉登斯曾评价：人们通常以为，中国唐朝时期，是能成功地把在上层实行的法律准则运用于控制民众行为的典型传统社会形态。这实际上是一种双重的误解。因为国家权威的确立并非基于法律的感知，中央权威机构的看法也很少直接影响到地方社区中的社会关系。② 因此，这个先于欧洲近两千年所建立的具有"现代要素"的国家体制，并未实现以法治为基础的社会治理。从法治视角看，如同费孝通先生所言：作为国家强制力所维持和保障实施的规则，中国的法律是不进入社会之中的。徐勇称之为"国家法律只是包裹在社会外层的规范，并未延展到乡村社会内部"。③ 法网恢恢、疏而不漏，法力无边，是现代国家的法治特点，法的力量覆盖每一处疆域，直达每一个国民，从而实现法律无处不在，在场的法律无所不及。但是，对于传统中国这个早熟的国家体制而言，既未能实现法律无处不在，也未能实现在场的法律无所不及。中国的传统社会，虽然"法令一统"，但是疏而有漏，是一个"法治缺失"的"缝隙社会"。

政治学不仅要给我们提供明辨是非的能力，还要给我们提供思考这些是非何以存在、何以产生的能力。相对而言，上层建筑的改变是更加革命

---

① ［美］弗朗西斯·福山：《政治秩序与政治衰败：从工业革命到民主全球化》，毛俊杰译，广西师范大学出版社2015年版，第357页。

② ［英］安东尼·吉登斯：《民族—国家与暴力》，胡宗泽、赵力涛译，生活·读书·新知三联书店1998年版，第70—71页。

③ 徐勇：《国家化、地方性与乡村整合》，江苏人民出版社2019年版，第189页。

和迅速的，社会的变迁是自然而缓慢的，它更多保留了传统的基因和成分。如果不理解和认识这些传统基因和成分，就难以理解当下正在发生的事实，也无法明晰未来的走向路径。

二 法令未统的"缝隙社会"：传统中国社会的法治形态

法律和政治组织具有彼此促进的关系，法律需要通过行政机构及其组织体系加以推广确立和维护，政治组织需要通过法律加强其权威性。黑格尔以波斯帝国为例，说明二者的关系和重要性。波斯没有建立一个具有完全组织的帝国，没有把他们的原则"昭示"被征服的各地，不能把各属地造成为一个和谐的"全体"，而是一个种类万殊的个体的集团。波斯人在这些民族中并没有获得内在的承认；波斯人没有把他们的法律原则或者敕令条例树立起来，而在政治组织方面，他们也只顾到了他们自己，而没有顾到整个帝国。波斯帝国建立的原则是一种无组织的、不具体的统一。与希腊相比，这是波斯相形见绌的弱点。①

对于传统中国而言，法律未能进入社会之中成为其基本原则，也与传统中国的组织体系有关。虽然郡县体制的确立实现了"法令一统"，消除了地方性规则对"一统法令"的分割，但是，由于国家正式的行政组织体制止步于郡县，这个"一统的法令"也未能实现进入社会之中的目标。在传统中国的乡村社会，运行其中并提供秩序的不是国家"一统的法令"，而是内生于乡村社会的地方性习俗。相对于实施于全体国民的"国家规范"而言，这些地方性习俗与国家规范之间并不保持完全的一致性。"缝隙社会"即由于地方性习俗与国家规范之间的张力，国家规范与社会行为规范之间的差距等原因，造成的国法疏漏甚至缺失的"缝隙样态"。以下以"深度中国调查"所掌握的事实材料为依据，将"缝隙社会"归纳为四种类型。②

---

① ［德］黑格尔：《历史哲学》，王造时译，上海世纪出版集团、上海书店出版社2001年版，第220—221页。
② "深度中国调查"为华中师范大学中国农村研究院自2015年开始实施的调查工程，主要调查1949年以前村庄和农户的传统形态。本文的事实材料均取自这一调查项目，特此说明。

一是无法所及。郡县制建立了传递国家法令的行政组织体系，但是，这一行政组织体系并未在传统中国得到一致推行。在中国的西北、西南等边远地区，长期延续的是地方领主制。地方领主由地方社会产生，国家不仅不直接干预地方领主的产生，而且通过"郡县"传递的法令也不直接作用于这一地域。相对于"郡县"行政区域而言，地方领主制区域具有更大的自主权和自行动能力，它们"在行政、财政等方面所享有的自治权，远比内地的省府州县要大得多"。① 这些地区不仅是传统中国地理意义上的边疆地区，从制度体系和国家影响力而言，也构成了政治上的边疆地区。② 尤其在中国西南的部分地区，"国家政权"悬浮于这些地方社会之外。民众"不知国家为何物"，事实上生活在一个"无国法"的社会。"深度中国调查"在西南区域的调查发现，在中国云南的边疆村寨，寨民从出生到死亡，从定居到迁徙，从结婚到生育，从生产到交往等，都在古老而神秘的寨老规则的约束之下。如在婚姻关系上，"同姓不婚"是从周时即延续而来的传统禁忌，并为"国法"所禁止。唐宋时对违反规定的处分是徒刑二年，明清律中规定"各杖六十，离异"。③ 但是，村寨实行寨内婚，这一习俗一直保持到20世纪90年代，复杂的血缘和姻亲关系相互交织。而且，无论是结婚还是离婚，其形式比较随意，只需要报告寨老。男女恋爱称为"串姑娘"，夫妻二人离异分开后，寨老绕着寨子在寨内喊一遍：某某和某某分开啦，串姑娘的可以串姑娘啦！一直到20世纪90年代，寨内还有人延续着这种"喊婚"的习俗。

二是法外难及。在大型传统国家中，实存的或潜在的军事力量之至关重要的部分，几乎总存在于中央国家机器的控制范围以外。④ 这是在合法垄断暴力机构的现代国家出现之前传统国家的普遍形态。由于统一的"国家规范"未进入社会之中，社会缺乏一个具有普遍权威的暴力调节机制，不仅存在大量基于地方自卫的私人武装力量，而且在发生暴力冲突时，这些武装力量往往带来更大的社会冲突和失序。"深度中国调查"华南区域

---

① 白钢：《中国政治制度史》下卷，天津人民出版社2016年版，第849页。
② 陈军亚、王浦劬：《以双重革命构建新型现代国家——基于中国共产党使命的分析》，《政治学研究》2022年第1期。
③ 瞿同祖：《中国法律与中国社会》，商务印书馆2010年版，第105页。
④ ［英］安东尼·吉登斯：《民族—国家与暴力》，胡宗泽、赵力涛译，生活·读书·新知三联书店1998年版，第68页。

的调查发现，在传统时期，广东清远地区的曾氏村庄，曾因为与邻村的水源之争、风水之争等矛盾，与陈氏村庄之间发生大规模武装冲突，虽然曾氏村庄举全村之力卖掉十头水牛购买武器，但由于与其发生冲突的陈氏村庄拥有足以影响当地治安状况的武装力量，使得这场大规模军事冲突几乎带给曾氏"灭族之灾"。①

三是有法不及。传统中国，"家政统于家长"，家庭内部的关系，由掌握家长权的父亲所调节。子孙违反父亲的意志，父亲可行使家长权加以惩罚。父权不仅是一种"血缘内生"的权力，同时也被法律所保护。但是，这并不意味着父亲对子孙有生杀权。法律作为国家意志的体现，当其集中于国家机构及其代表国君以后，其他人则不再拥有随意剥夺他人生命的权力。即使父亲杀死儿子，也需根据国法律令负刑事上的责任。如唐宋律中均规定，不管理由如何，父母长辈杀死子孙都处徒刑之罪，子孙即使违反教令而被杀，也只能比故意杀害罪减一等。②唐宋律中规定，故杀子孙，殴杀者徒二年，刃杀者徒二年半。明清律规定，故杀子孙者杖六十，徒一年。③但调查发现，发生于传统时期的父母杀子等事件，往往并非由代表国家意志的官僚机构所裁决，民间社会的自我调解具有更大的权威和影响力。笔者在调查期间，村民曾讲述：传统时期村内曾发生父亲打死儿子事件，由村里的"官房李家"（村内李姓人家曾有人在官府为官，村民以此相称）来处理，李家并未根据国家刑律对父亲予以杖刑或者徒刑，而是根据当地的风俗采取了更加"本地化"的惩罚措施：一是出殡时，让父亲为死去的儿子打幡儿；二是让儿子的坟墓安葬在家中已去世的爷爷的坟墓的下方位置（即其父亲去世后应该安葬的地点）。④村民认为：老子打死儿子，衙门说话不好使，李家说话好使。

四是及而不力。自秦以来所确立的"编户齐民"制度，为国家的赋税和兵役建立了国家化的制度体系。历朝均以法令形式将这一制度施行的规则和标准予以确认。如隋唐时期实行府兵制，按照身体素质及家庭的经济

---

① 陈军亚：《外争内聚：贫弱小族的生存与兴盛——粤北新城村调查》，徐勇、邓大才主编：《中国农村调查》（总第4卷·村庄类第3卷·华南区域第3卷），社会科学文献出版社2017年版，第303—304、306—307页。
② 瞿同祖：《中国法律与中国社会》，商务印书馆2010年版，第8页。
③ 瞿同祖：《中国法律与中国社会》，商务印书馆2010年版，第31页。
④ 陈军亚：《超越内卷："板结社会"与国家渗透》，《社会科学》2022年第4期。

状况、丁口多寡进行征发，"拣点之法，财均者取强，力均者取富，财力又均，先取多丁"，① 通过"国法"，将按籍抽丁的强制性兵役普及到所有编户。军户制是明朝的兵役制度。为了保证军户有足够的人丁提供兵役，政府制定了种种规定，不能因逃避兵役更改户籍，不准分户减少人丁数量而免于兵役等。如成化六年（1470年）明确规定："军户不许将弟男子侄过房与人，脱免军伍。"② 但是，如同宋怡明对明代军户制度的研究表明，为了尽可能减少兵役之责，百姓建立起一些策略性的机制，如通过家族内部的各支派轮流补伍，或将参伍的责任集中到某个人或某支派身上，或者安排第三方代替自家履行军户义务等。③ 这种应付、交涉乃至操纵国家规定的策略性行为被称为"被统治的艺术"。对于家族组织而言，无论其行为还是作为行为依据的族规条约，都是基于对家族利益的保护。韦伯曾指出，中国族规所起的作用不仅是凌驾于法律之上，而且也是反法律的。④ 笔者在"深度中国调查"华南区域的调查中也发现，为了保护家族利益，家族族长往往通过隐匿族内男丁数量、拟定虚假过继契约等方式，帮助族人逃役或申请免役。⑤

韦伯认为，国家如果而且只有当它的行政管理班子卓有成效地要求对合法的有形强制实行垄断以贯彻它的制度时，才应该叫作政治的强制机构。⑥ 对于传统中国而言，虽然实现了"法令一统"的体制建构，但伴随着止步于"郡县"的国家组织体制，这一体系并不能卓有成效地贯彻它的制度，国家意志及作为其意志代表的法律并未进入基层社会之中。基层社会处于地方性规范的约束之下，由此产生国法疏漏甚至缺失的"缝隙社会"。由"缝隙社会"的四种样态可见，其产生及存在具有如下特点。

一是"特殊主义"与"普遍主义"的矛盾。这一矛盾表现为差异化的

---

① （唐）长孙无忌等：《唐律疏议》卷16《擅兴·拣选卫士征人》，《丛书集成新编》第27册，新文丰出版股份有限公司1985年版，第105页。
② （明）申时行等：《明会典》卷19《户部六·户口一·凡立户收籍》，第129—130页。
③ 宋怡明：《被统治的艺术》，钟逸明译，中国华侨出版社2019年版，第309页。
④ ［德］马克斯·韦伯：《儒教与道教》，王容芬译，商务印书馆1995年版，第143页。
⑤ 陈军亚：《外争内聚：贫弱小族的生存与兴盛——粤北新城村调查》，徐勇、邓大才主编：《中国农村调查》（总第4卷·村庄类第3卷·华南区域第3卷），社会科学文献出版社2017年版，第355页。
⑥ ［德］马克斯·韦伯：《经济与社会》上卷，林荣远译，商务印书馆1997年版，第82页。

地方性约束与一致性的国家规范之间的缝隙。中国在公元前3世纪即开始构建一个具有现代意义的政府，实现了"法令一统"，将国家规范的制定权统一于最高权力机构。通过郡县体制的确立，这个现代政府得以将自己的意志以法令的形式通过国家的组织体系无差异地传递到不同疆域，从而将其民众整合在一个庞大的国家权力的组织体系之内。但从其实践看，法律与社会之间存在遥远的距离。民众并未整合于由国家规范所提供的秩序之中，而是整合于各种差异化的地方性约束之中。梁治平先生认为，地方性规范形成于乡村社会民众长期的生活与劳作过程之中，具有自发性和丰富性。在分配乡民之间的权利、义务，调整和解决乡民之间的利益冲突方面，具有十分有效的约束力。它是不同于国家法的另一种知识传统，在一定程度上受制于不同的原则。① 如基于家族权力的血缘、基于村寨古老习俗的神秘性、基于地方强权的暴力性等各种碎片化的、"特殊主义"原则之中。在这些基于"特殊主义"的地方性规范的约束之下，尽管不同地区的民众生活和社会秩序存在较大差异，但是对于一个民众黏附于土地的传统乡土中国而言，"生于斯死于斯"的乡民生活于一个稳定不变的地方性社会之中，不同地区之间的社会生活和秩序差异，并不构成对基于普遍主义的国家规范的威胁。但从现代国家而言，超越地方性约束的差异化而构建统一的、直接作用于民众的一致性规范，从而构建一个基于国家规范整合而成的社会秩序是其基本特征。这就形成了"特殊主义"的地方性约束与"普遍主义"的国家规范之间的差距。

二是地方性约束与国家规范之间的张力。从传统中国的法治实践看，官府在一定程度上有选择地认可与支持有助于加强地方性约束的效力。研究认为，地方性约束与国家规范之间存在内容上的"分工性"和功能上的"互补性"。② 乡村秩序构成国家统治的基础，国家鼓励地方性约束发挥乡村社会控制和稳定秩序方面的作用。但从实践看，国家规范与地方性约束之间并非相互支持的简单逻辑。事实上，这种"认可与支持"也会反噬国家规范的权威和效力，从而出现如前文所述事例中"地方性规则好使而国家规范不好使"的结局，或者在执行国家兵役法规中出现因维护地方性群

---

① 梁治平：《清代习惯法：社会与国家》，中国政法大学出版社1996年版，第1页。
② 梁治平：《清代习惯法：社会与国家》，中国政法大学出版社1996年版，第130页。

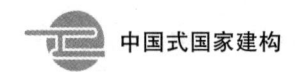

体利益而逃避国家规范的"策略性"行为。

三是有限的国家能力与国家规范的普遍性支撑体系。传统国家之所以对地方性规范采取许可、支持甚至妥协的立场，与国家无力提供一整套能够取而代之且得到有效执行的法律制度有关。传统中国是一个农业社会，一个普遍的统一的官僚机构建立在一个生产力有限的农业社会的基础之上。一方面，有限的农业剩余难以支撑一个庞大的国家机器，国家及其组织体制止于郡县。另一方面，国家对农业社会保持了"最小化的干预"，这种"最小化"体现在基于控制的"必要干预"。对于"控制"之外的部分，如乡村日常生活秩序的维护和调节等，国家保持了基于"成本理性的克制"。有研究认为，通常被西方学者译为"民事法"的"户律"里面，与现代民法有关的事项多半是因为与户部的主要职能——税收有关才被排列在一起。因为赋税是维持一个官僚机构的必要来源。同样与土地有关的如继承或交易的法律规定则十分稀少，而且完全没有系统性。[①] 如同吉登斯所言，民众只要不造反并顺从地交纳税赋（不管是货币形式、实物形式还是苦役），不妨碍征税和全面的秩序，那么，他们在日常生活中所做的一切"越轨"都不会引起真正的麻烦，国家就宁愿不进行干涉。[②] 对于建立在一个农业社会基础上的早熟的现代国家机构而言，构建国家规范普遍性的约束力缺乏一个有效实施其约束力的支撑体系，而这个支撑体系的构建，对于这个农业国家似乎既无必要，也无能力。

三 现代国家建构的法治路径

对于现代国家来说，法律不仅无处不在，而且在场的法律无所不及。法网恢恢、疏而不漏，无边的法力不仅覆盖每一处疆域，也能直达每一个国民，从而实现人人知法、懂法、守法的法治图景，是现代国家的法治特征。实现这一特征不仅需要建设一个完善的法治体系，也需要建设能够实现这个体系的法治能力。二者的建设和实现都与现代国家的构建有关。它伴随着现代国家政权建设的进程，现代国家的行政管理组织为法治的实施

[①] 梁治平：《清代习惯法：社会与国家》，中国政法大学出版社1996年版，第128—129页。
[②] ［英］安东尼·吉登斯：《民族—国家与暴力》，胡宗泽、赵力涛译，生活·读书·新知三联书店1998年版，第71—72页。

法治化、"缝隙社会"与国家建构

提供保障，国家政权建设与法治建设相互促进。

中国在历史的早期即开启了国家建构的进程，这一进程主要表现在全国统一的国家官僚组织体制的确立，但由于这一组织体制并未进入社会之中，乡村社会在内生的地方性规则中运行。对于一个地域庞大的国家而言，这些地方性的社会规则具有差异性和丰富性，但对于现代国家所需要的统一的、无差异的"国家规范"而言，这些差异化的地方性规则，则意味着国家规则的碎片化和分割性。相对于西欧的国家建构进程而言，传统中国虽然通过"行郡县"消除了国家权力中的封建阶层，但是，从法治视角看，在这个郡县官僚体制之下，地方性规则对国家规则的分割，事实上延续着社会中的封建成分，使得作为法律的国家规则难以取代地方社会的规则获得其权威性。

现代国家建构对于中国是一个转型过程，这一过程起步于政权革命。相比较西方历经数百年的社会变迁和国家建构过程而言，中国通过政权革命实现国家转型的过程并不漫长。在通过政权革命建构现代国家的进程中，社会并未在"并不漫长"的过程中随之发生根本性的变革。中国现代国家建构不可能将传统乡村社会置于现代法治之外，它必须要以国家统一的法制规范将民众日常生活纳入到国家建设的整体进程之中。[①] 对于纳入国家建构进程的法治化进程而言，一方面，在传统中国历史上长期存在的"缝隙社会"形成了中国现代国家建构和当下法治建设的"路径规定"，使得这个已经进入"现代"建设进程的国家，仍未脱离来自传统基因的"社会约束"。另一方面，这一"社会约束"也指明了当下法治建设的方向和重心。现代国家的法治建设，首先在于国家的法治体系建设，但更为重要的，还在于将这个法治体系的权威和治理能力置于社会之中，实现这个基于"地方性约束"而与"国家规范"之间存在"缝隙"的传统社会，向国家统一的法制规范所建构的无缝隙的法治社会的转型。这一转型过程，需要通过国家政权的力量。"没有一个强有力的国家的引导，社会现代化的成果就无法积累和发展。"[②] 国家所主导的法治建设的社会进程，即将现代国家的法治要素置于社会之中。

[①] 徐勇：《国家化、地方性与乡村整合》，江苏人民出版社2019年版，第189页。
[②] 陈明明：《比较现代化·市民社会·新制度主义——关于20世纪80、90年代中国政治研究的三个理论视角》，《战略与管理》2001年第4期。

通过国家政权将法律及其治理规则延伸进入社会之中，这一路径由政治组织和法律组织的关系所决定。法律不仅需要政治组织为其实施提供权威保障，即福山所言的国家建构与法治化相互促进，也需要国家官僚组织体系的构建来具体施行。严密的司法体系作为国家官僚体系的组成部分，本身也是国家建构的内容。从中国现代国家建构及其构成要素的法治化进程来看，中国需要在完成政权建设的过程中，通过国家政权的组织体系将法律要素延伸进入社会之中。这一过程正在进行中。

新中国成立后，"法律下乡"伴随着大规模的"政权下乡"进程。随着国家政权突破历史延续而来的"止步于县"的局限，政权的组织体系向县以下的乡及乡村社会延伸，法律的组织体系也逐步进入乡村社会之中。如1984年废除人民公社体制以后，随着乡镇基层政权建设的推进，司法所、司法站等机构逐渐在乡镇设立。此外，通过国家拨款、社会赞助、律师奉献等措施，为农民提供无偿或低报酬的法律服务，培养农民"有了纠纷不找族长找律师"的法律意识，[①] 构建村民认同于国家法律而不是传统习俗的行为意识等。

对于现代国家来说，"法律是治国之重器"。国家构建的法律体系，提供了一个全社会治理的普遍性的规范框架，但其目的却不仅止于一个"体系"的完成。[②] 尤其在党的十八大之后，中国特色社会主义法治的重点已经不仅在于制度构建，更重要的在于具体实践的构建，由此才能实现"法律是治国重器"的功效价值。在此意义上可以认为：对于中国现代国家建构的法治维度而言，建设法治政府是重要的，而建设一个法治社会更为重要；对于基层治理的法治化而言，建设一个制度化的法治体系是重要的，而实现社会的法治能力更为重要。尤其在国家现代化建设快速发展的当下，社会的快速变化使得法治建设具有相应的急迫性，但同时也应看到，这一建设过程不可能奢望毕其功于一役，它需要发挥国家的主导力量，同时，也需要社会自觉来完成，即将国家法制规范"化"为民众自觉的社会行动。

（原载《理论与改革》2022年第3期）

[①] 郝铁川：《依法治国的十大建议》，《法学》1996年第5期。
[②] 王志勇：《经典形式法治观的两难困境及克服——从富勒到菲尼斯》，《北方法学》2021年第4期。

国家建构主义法治的理论逻辑
——一个法政治学的论说

姜永伟[*]

一 引言

"谁是我们的敌人？谁是我们的朋友？这个问题是革命的首要问题。"[①] 早在1925年，毛泽东就指出了道路选择问题之于革命成功的决定性意义。纵观中国共产党成立以来的百年历程，道路选择问题关涉政治、军事、经济、文化等方面。其中，法治建设事实上亦存在着道路选择的问题。[②] 为学界所熟知的"法制"与"法治"的争议，"权利本位论"与"义务本位论"的论战，实质上都是法治在道路选择上无法形成共识的某种表征。多元政治的持续发展否定了"历史的终结论"，与此相应地，法治的发展也不可能"定于一尊"。正如习近平总书记所强调的："我们推进全面依法治国，决不照搬别国模式和做法。"[③] "决不照搬"即必须要建立起中国特色社会主义法治的主体自觉和自我认同，其基点则是必须对我国政法制度所具有的显著优越性有自信、有底气、有定力。

---

[*] 姜永伟，大连海事大学法学院副教授，中国人民大学法学博士后。
本文系国家社科基金青年项目"系统理论视角下基于四向价值判断的反思型司法决策模型研究"（21CFX055）和辽宁省社科基金一般项目"法治视阈下中国特色社会主义应急管理的理论与实践研究"（L20BFX013）的阶段性成果。

[①] 《毛泽东选集》第1卷，人民出版社1991年版，第3页。
[②] 参见廖奕《中国共产党法治观的百年演进》，《国家检察官学院学报》2021年第4期。
[③] 习近平：《坚定不移走中国特色社会主义法治道路为全面建设社会主义现代化国家提供有力法治保障》，《求是》2021年第5期。

法学界对这一问题其实早有关注，并对"坚持党的领导，是社会主义法治的根本要求"①这一重大命题形成了广泛的共识。然而，在国家是否能够成为推动法治发展的基本动力机制这一中观问题上却存在较为深刻的分歧。②一部分学者站在积极的角度强调：作为后发现代化国家，当代中国的法治建设必须重视和依赖国家权威，采取理性建构的态度，运用强大的国家权力进行资源整合、社会动员，以实现国富民强，以国家为中心建构法治秩序是依法治国实践中的基本立场与价值取向。③

这种基本立场与价值取向被称为法治建设的"国家主义"，国家主义在立法中所呈现的色彩较为浓重，主要表现在全能主义、宜粗不宜细和建构理性主义的指导思想，借助立法规划的自上而下的展开方式，以及立法内容政策化严重等。④有学者即使在事实上承认了国家主义，但还是持有一种相对审慎的态度。⑤还有学者则认为，诸如"秋菊""李雪莲"等涉法悲剧的产生，其根源就在于"当下的中国社会过度地卷入了国家主义逻辑"⑥，而这种国家主义逻辑下的法治建设策略则陷入困顿，例如，法治理念政治化导致法治共识缺位，法律实践工具化加剧社会行为失范，制度认同乏力诱发"合法性危机"，司法公信式微催生"丛林秩序"等，从而表现出相当程度上的忧虑。⑦学者们虽然在态度上或者立场上存在分歧，但在理论关注上，却形成了就法治与国家（权力）关系这一重大议题的视

---

① 中共中央文献研究室编：《习近平关于全面依法治国论述摘编》，中央文献出版社2015年版，第23页。

② 一种更为直白的问题陈述则是：集权抑或分权，哪种方式在中国更易实现法治？

③ 参见张志铭《中国法治进程中的国家主义立场》，《国家检察官学院学报》2019年第5期；另参见徐媛媛《中国法治进程中的国家角色》，《人大法律评论》2020年第1期。

④ 参见于浩《当代中国立法中的国家主义立场》，《华东政法大学学报》2018年第5期。

⑤ 杨建军的观点比较有代表性。他认为："中国法治实践的内在取向是偏重国家主义的，但未来还需适度吸纳自由主义内涵，以更好地维护个人的权利、自由和尊严。"参见杨建军《中国法治发展：一般性与特殊性之兼容》，《比较法研究》2017年第4期。

⑥ 参见陈洪杰《法律国家主义的困境——一个关于"秋菊/李雪莲"的知识隐喻》，《中国政法大学学报》2019年第2期。

⑦ 参见马长山《国家"构建主义"法治的误区与出路》，《法学评论》2016年第4期；另参见马长山《从国家构建到共建共享的法治转向——基于社会组织与法治建设之间关系的考察》，《法学研究》2017年第3期；马长山：《法治中国建设的"共建共享"路径与策略》，《中国法学》2016年第6期。

域集中。就议题本身而言，上述三种立场都给予了冷峻、客观的分析，且不乏洞见。但持中者虽在"描述社会学"的意义上做了不少工作，却在价值立场上稍显回避；怀疑者虽批评犀利，却拘泥于"国家—社会"的二元框架而缺乏独到的理论创见；支持者则因没有很好地区分价值论上和方法论上的两种国家主义，① 致使其陈述无法抛开历史包袱和政治风险，从而显得畏首畏尾、"欲说还休"。越是重大议题越是需要寻求最大共识。"在走什么样的法治道路问题上，必须向全社会释放正确而明确的信号，指明全面推进依法治国的正确方向，统一全党全国各族人民认识和行动。"② 从现有实践来看，作为一种概念策略，"国家建构主义法治"既可以表征法治进程中对建构理性和国家权威的倚重，又可以避免国家主义在表述上所带来的歧义及其附带争议，③ 其内涵是指在坚持党的领导的大原则下，以国家治理体系与治理能力现代化为目标，基于国家（权力）自上而下建构的法治模式。本文尝试从内生条件（语境论）、外在目标（目的论）以及规范认识（知识论）三方面——即理论逻辑——做系统性的证成。

二 国家建构主义法治的语境论

当今，法治已经成为现代社会的基础性共识。流行的法治话语严格意义上来讲，是一种西方自由主义范式下的法治话语。这种法治范式的主要特征是将国家与集权等同起来，视其为一个威胁，或者是理论上潜在的，或者是现实中存在的。因此，国家与集权往往受到批判，甚至被视作专制和极权的化身。④ 这样一种理论认识，源于西方历史发展的特定语境。西方封建主义的发展产生了分权体制，经由资本主义的发展，用自由主义和

---

① 关于价值论国家主义和方法论国家主义，详参见丁轶《国家主义的两重维度》，《政治与法律》2017年第1期。

② 《关于〈中共中央关于全面推进依法治国若干重大问题的决定〉的说明》，《中国共产党第十八届中央委员会第四次全体会议文件汇编》，人民出版社2014年版，第81页。

③ 有学者从意识形态的角度，对国家主义做出极为强硬的否定。详参见王鸣野《国家主义的理性审视及消解路径》，《人民论坛》2021年第3期。

④ 参见［美］艾尔伯特·杰伊·诺克《我们的敌人：国家》，彭芬译，江西人民出版社2015年版，译者序第1—6页。

代议制原则改造和创建了现代西方分权制衡的政府结构,①而法治正是在这一基础上被提炼出来的理论命题和制度构建。也因此,分权的学说及其制度架构就成为了法治在发生学意义上的基因和内核。然而,不同于"封臣的封臣不是我的封臣"的封建主义分权基因,中国的郡县制产生的是大一统下的集权基因。这种基因在历史的激荡中不断地遗传和变异,在历朝历代的反复比较选择中,促成一种相对稳定的传统,对后世中国的政治选择和制度构建具有深刻影响,也就形成了认识和陈述法治的当然语境。

(一) 以中国共产党为轴心的意识形态基础

1912年清帝退位以后,最高政治权力处于真空状态,所有意欲夺取此权力的政治势力都必须付出全部努力,并且在竞争中说明和论证自己的合法性——最适合中国。②换句话说,谁能够解决当时中国所面临的最为深重的民族危机,帮助中华民族取得民族独立和民族解放,谁就当然地获得合法性地位。20世纪上半叶的中国,是一个在"两千年未有之大变局"中救亡图存、争取民族独立的中国。对于当时的各种政治势力(北洋军阀、国民党、中国共产党)而言,这既是一个难题,同时也是机遇。新中国的建立是中国共产党领导的中国革命的胜利,结束了长期的战乱和分裂,其意识形态所描绘的"乌托邦"世界——没有压迫、没有剥削的生活图景,对于长期处于生活困顿、被动挨打的中国人民来说,有着莫大的吸引力。"任何权力……一般都有为自己之正当性辩护的必要……任何支配的持续运作,都有通过诉诸其正当性之原则的、最强烈的自我辩护的必要。"③毫无疑问,在诸多政治权力争夺者中,中国共产党是最为成功的一个,但另一方面,由中国共产党所缔造的新中国,在发展过程中同样需要面对合法性的追问。④因为,任何政权都必须找到与其统治相适应的、持之有据的

---

① 参见陈明明《中国政府原理的集权之维:历史与现代化》,《公共管理与政策评论》2021年第1期。

② 参见张健《合法性与中国政治》,《战略与管理》2000年第5期。

③ [德]马克斯·韦伯:《支配社会学》,康乐、简惠美译,广西师范大学出版社2010年版,第18—19页。

④ 自"2015年中国共产党与世界对话会"上,时任中共中央政治局常委、中纪委书记王岐山提出"中国共产党的合法性"这一议题后,"合法性"问题便进入到中国的核心政治话语中,并且被允许探讨。

合法性辩护，并逐步设计、演化出维护其权威的制度安排。从新中国成立开始，所有工作都必须强调其意识形态属性，以证成新中国的合法性，包括经济建设、文化建设、社会建设等，无一例外。不仅从思想深处，还要在实际效果上展示出这种意识形态的优越性，这就是"赶英超美"的根本逻辑。正如毛泽东所说："假如我们再有50年、60年，就完全应该赶过它。这是一种责任。你有那么多人，你有那么大一块地方，资源那么丰富，又听说搞了社会主义，据说是有优越性，结果你搞了50、60年还不能超过美国，你像个什么样子呢？那就要从地球上开除你的球籍！所以，超过美国，不仅有可能，而且完全必要，完全应该。如果不是这样，那我们中华民族就对不起全世界各民族，我们对人类的贡献就不大。"[1] "实现经济上赶超资本主义发达国家，是20世纪社会主义国家普遍实行的国家经济发展战略"。[2] 新中国成立头三年，将"发展生产，繁荣经济"作为根本任务，到1952年底，全国工农业总产值达到810亿元，比1949年增长77.5%，比新中国成立前最高水平的1936年增长20%。[3] 如此傲人成绩的取得，建基于以中国共产党为轴心的集中统一领导，同时也反向背书了那句广为人知的表达："党政军民学，东西南北中，党是领导一切的。"不论是作为制度形态的法治，还是作为理念形态的法治，都不可能剥离意识形态基础。党领导下的法治建设，是新时代中国特色社会主义建设的重要一环——发挥着固根本、稳预期、利长远的保障作用。

（二）集中力量办大事的行动策略

基于强意识形态的需求，中国共产党领导的合法性必须要以实实在在的现实成就为其背书。作为一个后发现代化国家，在经济凋敝、民生困顿的战后初期，想要尽快恢复生产生活秩序，实现强国富民，其难度是不言而喻的。中国共产党所采取的行动策略就是"集中力量办大事"（即新型举国体制）[4]——举全国之力，实行全民总动员——以国家为主导，通过行政手段，

---

[1] 《毛泽东文集》第7卷，人民出版社1999年版，第89页。
[2] 吴超：《中国社会治理演变研究》，华中科技大学出版社2019年版，第33页。
[3] 参见中共中央党史研究室《中国共产党的七十年》，中共党史出版社1991年版，第338页。
[4] 举国体制并不是新生事物。新中国建立之初的计划经济体制就是典型的举国体制。但随着计划经济向市场经济转轨，原有的举国体制也需要对自身进行更新升级。参见郑永年《中国改革三步走》，东方出版社2012年版，第68页。

在全国范围内，实施宣传、组织、投入和管理的"全管全控"。以社会主义建设时期的工业化为例，在资本积累的阶段，资本的大规模投入是启动工业化建设的物质基础。当时的中国，社会资源极为匮乏，工业基础极为薄弱，人口规模与社会资源总量之间矛盾尖锐。"生死攸关的处境需要不顾一切的手段"，[①] 如欲快速实现资本积累并投入工业化建设，就必然要求全社会统一认识，全民参与，"劲往一处使，力往一处用"。[②] 如此高度一统、整齐划一的举国动员必然需要以高度集权的体制予以推进，否则难以为继。[③] 从历史上看，当中国有机会启动现代化的时候（明朝），面对的是一个反现代性的帝国专制中央集权政体，而当中国在鸦片战争之后被坚船利炮强行打开国门卷入现代化大潮后，需要有一个强有力的中央政治权威御侮自强时，整个政治体制却濒临崩溃。长期的积贫积弱，使得以高度集权的方式重组社会，进而实现政治上的突破，成为一种历史的必然。再把视线拉近，这种举国体制所展现出的效能就更有说服力了。从"勒紧裤腰带也要搞出原子弹"的军事科技研发，到"摘掉所有贫困县帽子"的精准扶贫，再到无数"最美逆行者"支援武汉，可以说，没有中国共产党坚强集中统一领导下的超强意志力、动员力和执行力，就无法在政治、经济、社会诸领域获得为世界所瞩目的感叹和成就。[④] 集中力量办大事，就是依靠集权实施，并在实施过程中进一步强化集权，最终要收"全国一盘棋"之效，正如在多次重大突发事件应对过程中，全国人民所真切体会的那样——"一方有难，八方支援"。在长期的实践过程中，"集中力量办大事"因其

---

① ［英］以赛亚·柏林：《反潮流：观念史论文集》，冯克利译，译林出版社2011年版，第79页。

② "这种动员具有一种面向未来的、强调行动迫切性的意识形态，并实施直接的计划和对社会急剧的再分层。动员社会的氛围是危机性的、进攻性的。"参见［美］戴维·E. 阿普特《现代化的政治》，陈尧译，上海人民出版社2016年版，第268页。

③ 为实现"赶超目标"的社会主义建设所呈现的最大特点就是使社会高度依赖于政治权威，政治权力可以任意地、不受任何限制地渗入社会的每一个领域和阶层并实现控制，这使中国社会政治呈现出鲜明的"国家全能主义"特质。参见萧功秦《中国后全能型的权威政治》，《战略与管理》2002年第6期；另参见邹谠《二十世纪中国政治：从宏观历史与微观行动角度看》，牛津大学出版社1994年版，第81—85页。这种"国家全能主义"通过对社会资源的全面垄断，不断汲取现代化所需要的资本，使得社会陷入普遍困顿。参见陈明明《比较现代化·市民社会·新制度主义——关于20世纪80、90年代中国政治研究的三个理论视角》，《战略与管理》2001年第4期。

④ 尤其是在新冠肺炎疫情防控期间，习近平总书记特别强调："我们一定要发挥新型举国体制的优势，力争率先研发成功新冠肺炎疫苗，争取战略主动。"参见习近平《构建起强大的公共卫生体系为维护人民健康提供有力保障》，《求是》2020年第18期。

取得的丰硕成就，已经获得了较为普遍的社会信任，因而在重大战略问题的处理上，往往形成了路径依赖。实际上，在历次涉及法治建设的重大议题时，党中央都需要做出总体部署，而各级党委、政府统筹协调、分工合作并予以全面贯彻和落实。

（三）党委领导下的多元一体治理格局

自党的十八届三中全会首次提出"国家治理"的概念后，治理便成为一个政治热词，而有关治理的研究则成为显学。然而事实上，治理自诞生以来，就一直是一个语焉不详、暧昧混沌的概念，甚至被有些学者直指为"一个空洞的符号。"[①] 因此，即使治理一词已经泛在于当前的政治话语和社会生活之中，依然有必要对其进行概念上的解析甚至是清理。在全面深化改革的总目标和总部署中，先后出现了三个关键性范畴：国家治理、政府治理和社会治理。[②] "国家治理、政府治理和社会治理在本质上具有一致性，这就是中国共产党领导人民进行的治国理政"。[③] 所谓三者本质上具有一致性，就是统一于中国政治逻辑和政治语境中的中国共产党的领导。在党的集中统一领导下，形成"政府负责、社会协同、公众参与"的多元一体治理格局。

有学者曾经指出："中国是一个走向现代化的超大国家，超大国家规模和人均资源贫弱构成国家发展的长期制约，在快速和复杂的现代化过程中，要维护超大规模的多民族共同体，有效解决众多人口的民生问题、公平分配和整合社会资源以及应对发展危机，客观上要求有一个可以应对巨大生存和发展压力的集中统一的治理体制。"[④] 无论是在政治、经济、社会还是文化上，中国与世界其他文明都存在巨大的差异。因此，由西方舶来

[①] "至多只是一个囊括性的概念，替代'管理'或'政治过程'等术语，而未对其加以改进。"参见［英］H. K. 科尔巴齐：《治理的意义》，载王浦劬、臧雷振编译《治理理论与实践：经典议题研究新解》，中央编译出版社2017年版，第13页。

[②] 国家治理现代化被确定为全面深化改革的总目标，而政府治理和社会治理则是党的十八届三中全会《中共中央关于全面深化改革若干重大问题的决定》所确定和阐发的重要改革内容。

[③] 王浦劬：《国家治理、政府治理和社会治理的含义及其相互关系》，《国家行政学院学报》2014年第3期。

[④] 陈明明：《中国政府原理的集权之维：历史与现代化》，《公共管理与政策评论》2021年第1期。

的治理概念如果不加以改造就盲目适用的话，难免会出现水土不服甚至更为严重的后果。治理在原初的意义上，更加接近于"没有政府的治理"或"多中心的治理"，此种将"统治"与"治理"割裂开来，从而否定权威（去中心化）的认识，建立在国家与社会二元对立的理论框架以及现代工业民主国家经历市场、政府双重失灵的现实困顿基础上。① 这样的解释框架和现实土壤之于中国并不存在。不仅如此，伴随着中国社会发展过程中的剧烈转型，个体选择可能性的增多及其偏离效应的放大，导致了更多的治理风险和秩序隐患，② 中国进入了一个需要进行复杂治理的高度复杂社会之中。复杂治理就是需要全社会各个功能子系统之间的结构耦合所进行的治理，而这里的结构耦合则是意指诸系统基于"功能—结构"主义原则，围绕着共建共治共享这一目标进行运作——其本质是实现利益的综合平衡。③ 但是，诸系统在封闭运作的过程中，都有其各自的偏好或者利益，这就需要政治系统通过对其他系统作出具有集体约束力的决定来予以协调，④ 从而增强全社会系统应对风险的抗逆力，而保障协调工作可以充分且有效的开展，则有赖于党委的领导。党委领导下多元一体的治理格局是实现国家治理体系与国家治理能力现代化的基本框架，同时也赋予了中国语境下法治建设更为丰富的内涵。换言之，法治不是简单意义上的"限制权力、保障人权"，还要面向全社会并以提升社会治理效能为着眼点。

三　国家建构主义法治的目的论

亨廷顿在《变革社会中的政治秩序》中说到："经济的发展，集团的分化，利益的冲突，价值观的转变以及民众参与期望的提高，这些急剧的变化远远超过了政治体制的承受能力，导致了社会的紊乱……欲根除国内政治的动荡和衰朽，这些国家必须树立起强大的政府，舍此无他路可走；强大政府的构建和维持单赖强大政党的缔造和巩固，而政党的强大不在于

---

① 参见陈明明《治理现代化的中国意蕴》，《人民论坛》2014 年第 10 期。
② 参见泮伟江《中国超大规模城市法律治理》，《国家检察官学院学报》2020 年第 6 期。
③ 参见肖滨《现代国家的两种治理艺术——对马歇尔·福柯论述的一种解读》，《公共管理与政策评论》2021 年第 2 期。
④ 参见李强《卢曼政治系统理论述评》，《政治学研究》2021 年第 2 期。

数量，而在于力量。"① 无独有偶，亨廷顿的学生福山也提到："最近几十年来，自由主义的倡导者与批评者通常都强调自由主义对国家的恐惧，但是，自由主义除了这一明显特征外，还有一个不大彰显的特征，即强调现代国家的重要性。自由主义在主张限制国家权力的同时，强调市场经济与市民社会需要有效的现代国家，强调国家在提供公共物品与保障一定程度社会正义中的积极作用，强调国家在保护民族利益中的作用。不过，与自由主义的反国家特征相比，自由主义这一特征不够彰显。在某种意义上，这一特征是自由主义隐蔽的主题。"② 而国家在政治学领域的重要性折射在法学领域，尤其是聚焦于法治这一具体论题上，则是扩充了法治的价值内涵，③ 即国家建构主义法治的目的论。

（一）建设法治型政党，巩固合法性基础

在中国共产党的坚强统一领导下，中国的现代化建设取得了举世瞩目的成就，从绩效合法性的角度对自身进行了卓有成效的证成。以"三农"问题为例，2019年2月20日，《中共中央国务院关于坚持农业农村优先发展做好"三农"工作的若干意见》发布，这是21世纪以来第16个指导"三农"工作的"中央一号文件"。如果没有国家的推动力量，没有连续几年的"中央一号文件"，农民收入问题、乡镇企业的发展振兴问题以及农村基层干部监督监管问题，恐怕都很难得到有效及时的解决。但不可回避的一个问题是：不论是建国初期的工业化建设还是改革开放后社会主义市场经济建设，各种成绩的取得离不开毛泽东、邓小平等领导人的政治智慧和人格魅力，从组织适应的角度说，是处于等级结构顶端、拥有最高权威和控制力的组织领袖迎接社会发展过程中各种挑战，所做出的战略性回应。④ 然而，从"理性类型"的角度上说，在依靠政治强人推进现代化的

---

① [美]塞缪尔·P.亨廷顿：《变化社会中的政治秩序》，王冠华、刘为等译，上海人民出版社2008年版，译者序言第4页。

② [美]弗朗西斯·福山：《国家构建：21世纪的国家治理与世界秩序》，郭华译，学林出版社2017年版，导读第21页。

③ 法治固有的价值意涵是"保障人权、规范政府权力"，国家建构主义法治的价值目标则是在此基础之上的进一步扩充。

④ See Micheal T. Hannan and John Freeman, "The Population Ecology of Organizations", *American Journal of Sociology*, Vol. 82: 929, pp. 929 – 964 (1977).

卡里斯玛式社会中，一旦政治强人犯错或者离世，那么，整个社会便会瞬时陷入动荡。因为，"卡里斯玛本质上是不稳定的，而且迟早会被常规的行政需求所摒弃"①，因而要厉行法治。实际上，作为政治强人的邓小平对此早有洞见："为了保障人民民主，必须加强法制。必须使民主制度化、法律化，使这种制度和法律不因领导人的改变而改变，不因领导人的看法和注意力的改变而改变。"② 中国共产党领导的合法性基础应当由绩效合法性向法理合法性转型，相应地，中国共产党的自我认知也应当由革命性政党向法治型政党转变。

中国的法治建设可以看作是一场浩大而艰巨的工程。③ 中国共产党越来越深刻认识到："治国理政须臾离不开法治"④，"没有全面依法治国，我们就治不好国、理不好政，我们的战略布局就会落空"⑤。而中国共产党的领导已经深度嵌入在我国的政权结构之中，完全有能力也有必要在法治现代化的进程中发挥核心和主导作用。⑥ 由中国共产党领导人民所建立的新中国，拥有着 9500 多万党员，他们集中了当代中国优秀分子的绝大部分，通过庞大且精细的组织架构（党政机关），他们分布在从中央到最基层的各个地方，治理这个国家和社会生活的方方面面。通过党务系统、组织系统、宣传教育系统、政法系统、财经系统、军事系统等的通力合作，各级党政部门拥有了强大的组织能力、动员能力以及资源汲取能力。⑦ 各级党组织和广大党员干部必须始终把维护党中央权威和集中统一领导作为明确的政治准则和根本的政治要求，在推进法治建设的过程中，自觉做到党中央提倡的坚决响应、党中央决定的坚决执行、党中央禁止的坚决不做。⑧

---

① ［意］安格鲁·帕尼比昂科：《政党：组织与权力》，周建勇译，上海人民出版社 2013 年版，第 167 页。
② 《邓小平文选》第 2 卷，人民出版社 1994 年版，第 146 页。
③ 参见李少文《全面从严治党的宪法工程学》，《开放时代》2018 年第 3 期。
④ 习近平：《论坚持全面依法治国》，中央文献出版社 2020 年版，第 227 页。
⑤ 习近平：《论坚持全面依法治国》，中央文献出版社 2020 年版，第 145 页。
⑥ 参见张志铭《中国法治进程中的国家主义立场》，《国家检察官学院学报》2019 年第 5 期。
⑦ 参见［美］李侃如《治理中国：从革命到改革》，胡国成、赵梅译，中国社会科学出版社 2010 年版，第 222—237 页。
⑧ 参见中共中央组织部《为百年大党千秋伟业提供坚强保证——中国共产党党组织建设的辉煌成就与宝贵经验》，《新华文摘》2021 年第 18 期。

首先，在坚持党的领导中改善党的领导。作为中国特色社会主义核心领导力量的中国共产党及其党员，要在崇法信法守法上先锋垂范。任何团体和个人都不能有超越宪法和法律的特权，尤其要抓住党员领导干部这个"关键少数"，将领导干部推进法治建设的实绩作为考核、任用、提拔的重要依凭。其次，完善党规党纪，为党依法执政提供规范依据。党的十八大后，党中央先后出台了《中央党内法规制定工作五年规划纲要（2013—2017年）》《中央党内法规制定工作五年规划纲要（2018—2022年）》，科学化和体系化地构建了由中央贯穿到地方的党内法规制度体系。但还需在制度层面突出针对性供给与优化程序相结合，尤其是补全制裁性、程序性与保障性等方面的规定。① 最后，通过全面从严治党推动全面依法治国。各级党员领导干部的所作所为被全社会所关注，党员领导干部的违法乱纪对形塑全社会的法治信仰而言，破坏力巨大。要以常态化的监察和巡视制度，② 构筑起从严治党的威慑力，进而为全面依法治国铺平道路。

（二）打破时空限制，实现法治"超越"

法治现代化的过程一定存在着一个时间的维度。对时间的不同诉求，决定了法治现代化的不同路径。从世界范围内来看，主要表现为三种：第一，以苏联和东欧国家为代表的"一刀切"法治变革模式；第二，以英国为典型代表的社会自生型法治生长模式；第三，中国特色社会主义的法治模式。中国的国家建构主义法治有着一个人为的时间观念，有着很强的时间压力，所以必须争取时间、缩短时间和赶超时间——这是一个大前提。这就与社会自生型法治生长模式区分开来，同时，国家建构主义法治显然包含着"一万年太久，只争朝夕"的内容（包括争取时间、缩短时间和赶超时间），但还是表现为总体规划的同时，局部分步骤、分阶段实施的法治现代化的"总分结构"，这就又与"一刀切"法治变革模式相区别。

"一刀切"式的法治变革模式，在操作上毫无疑问采取"打破—重建"的方式，从基本观感上看是最节省时间的。但这种模式存在的风险极大，

---

① 参见张炜达、郭朔宁《论全面依法治国背景下党的领导法治化》，《西北大学学报》（哲学社会科学版）2021年第5期。

② 监察和巡视制度作为权力监督的中国模式，也必须实现法治化。参见李红勃《迈向监察委员会：权力监督中国模式的法治化转型》，《法学评论》2017年第3期。

操作复杂，且成本高昂，一旦把握不好，不仅容易出现社会动荡和挫折甚至是满盘皆输、前功尽弃。最为典型的就是苏联的"新思维"、俄罗斯的"休克疗法"等。其实，这里面的道理十分简单，任何改革都需要纳入各方的意见，对方方面面都需要予以充分考虑。而且，所谓改革，必然是一个利益重新分配的过程，其中产生的矛盾和纠纷必不可免。"一刀切"另外一个意思就是"大刀阔斧""蛮不讲理"，这势必导致原有矛盾的激化。改革过程的时间跨度越小、时间越短，单位时间内分担的改革成本也就越高，如果在社会成员缺乏沟通与论辩的前提下，贸然对社会成员的利益作出强制，法治变革失败的可能性恐怕就非常大了。相比之下，以英国为代表的社会自生型法治在时间上虽然非常漫长，但是在没有特别恶劣的外部压力下，英国培育出了非常完备且合乎社会需求的法治秩序和规则框架，并且成为西方法治发展的一个样板和典型。这种法治范式的历史既是一部公民权利的增长史也是一部反抗国家权力的抗争史——监督和限制国家成为这种法治范式的出发点和归宿。[①] 这里必须着重注意的是，英国的法治经验有其特定的历史背景，即当时的日不落帝国制霸全球，没有任何外界力量可以与之抗衡，社会自身有着得天独厚的优势。然而，当代世界早已"今时不同于往日"，各国之间的交往日益加深，同时相互间的矛盾和摩擦也伴随其间。中菲之间的南海之争、中美之间的贸易战，都清晰地说明我国的外部环境不仅没有田园牧歌，而且充满艰难险阻。在这种严峻背景下，中国如果要走英国式的道路，不仅难以完成法治化进程，而且国家发展的方方面面都会受到外部势力的掣肘和干预，导致我们在世界竞争格局中处于不利和落后地位。

所以，中国的法治进步必须依靠总体分解式的、分步实施的赶超型路子——国家建构主义法治。虽然它也必然存在疏漏的一面，但综合来看，它能够避免"一刀切"式法治变革的高风险和漫长演化过程导致的迟发展。作为一条适中的道路，"它既强调时间的紧迫性，又在总体时间压力下力图培育出一个相对比较成熟的改革成果；既强调改革步骤的加快，又适当地分步推进改革，分解改革，以减轻单位时间中的改革成本"。[②] 从具

[①] 参见陈毅《现代国家构建过程中的国家自主性研究——以中国的现代国家建设为例》，中央编译出版社 2016 年版，第 56 页。

[②] 蒋立山：《中国法治道路问题讨论》（下），《中外法学》1998 年第 4 期。

体的法治实践层面而言，以法治评估为例，国家建构主义法治下的法治评估，"是一场在转型现代化的特殊场域下，国家自上而下予以刚性推进、发动、宣传、组织整个科层体系以及全社会广泛参与到法治建设并倾向于以数字指标对其成效进行检验的法治实践。"① 党和国家对法治评估的大力推动，使得各级地方政府及其公务人员在处理和操作具体问题上，都大大提升了其法治思维能力，为整个社会提供了一个法治化语境。虽然，具体操作过程中的"两账本"方式还带有着一些人治的色彩和政治任务的味道，但是它在客观上起到了督促下级政府快速形成"法无授权不可为"的心理强制作用。同时，国家的科层组织架构，可以吸纳大量的资源服务于法治建设。概括地讲，一个地区所取得的法治成效如何，从根本上取决于党和政府对法治工作的重视程度如何，其关键则在于各相关职能部门所采取的措施是否正确到位以及方式是否合适恰当。中国法治的成功有赖于国家作为主导力量的推动，在这场运动中，国家及其各级党政机构领导、发动、组织整个科层体系，带领人民服从党的领导、接受政府管理、遵守宪法法律。

（三）以良法促善治，化解社会转型矛盾

国家建构主义法治或曰法治的国家主义进路之所以在很长时间以来遭受非议，其主因就在于担心那种"封闭的"国家主义所带来的盲目和恣意，进一步挤压社会的存在空间，致使法律与秩序呈现出负相关。某种意义来说，这种担心不无道理。2011 年 3 月，时任全国人大常委会委员长吴邦国在十一届全国人大四次会议上庄严宣布中国特色社会主义法律体系已经建成，但近 10 年来，社会稳定风险依然存在，在某些领域中，社会矛盾还有增多的趋势。但症结并不在于国家建构主义自身，而在于法治建设所要直面的社会本身的高度复杂性。制度设计如若仅以普通的立法结束或开始，这幅法治图画就过于简单了。② 有良法而无善治之法治，并不值得向往或追求。国家建构主义法治一方面要以国家力量最大效率地搭建起制度框架，另一方面还要在国家的帮助下促进社会成长和发展，以期构建良法

---

① 姜永伟：《法治评估的科层式运作及其检视——一个组织社会学的分析》，《法学》2020 年第 2 期。
② 参见［美］大卫·莱昂斯《伦理学与法治》，葛四友译，商务印书馆 2016 年版，第 213 页。

善治意义上的法治秩序。如果说,在改革开放以前,国家基于快速工业化积累的需要,对社会有所压制甚至是吞噬,是一种无可奈何的历史选择的话,那么改革开放以来,尤其是在新时代到来之后,倘若还抱持着这种固有认识,恐怕就缺乏说服力了。事实上,"无论国家权力机制如何、社会体制怎样,它们都是共同在场,且相互影响。"① 不管是哪一方,都不可能抛却对方而独立存在,因为二者在历史的发展中早已形成了结构和功能上的共轭。诚如陈明明所言:"没有一个强有力的国家的引导,社会现代化的成果就无法积累和发展。另一方面,国家对现代化的推动作用不是无条件的,国家动员和提取资源首先得有资源可资动员和提取,没有一个受法律保护的市场经济和自主的私人交往领域,国家动员和提取资源则无以为继,反过来使现代化陷于停滞。特别严重的是,国家的危机反应促使国家强化对社会自主领域的干预和控制,最终既吞噬了社会,也断送了国家。结论是,中国的现代化既需要一个强大的社会,也需要一个强大的国家。"② 只不过,在相互关系上强调"国家基于主要社会特征的变化来推进社会治理模式调试,并形成相对持久的社会秩序"。③

党的十八届四中全会提出:"法律是治国之重器,良法是善治之前提。"由国家主导构建的法律体系,提供了一个全社会治理的规范性框架,但其目的却不仅止于一个"体系"的完成。④ 中国的法治建设既不可能单靠某个群体,也不可能奢望毕其功于一役。尤其是在党的十八大之后,中国特色社会主义法治的重点已经不是制度构建,而是具体实践——以良法促善治。前文提到,中国法治建设有一个人为的时间观念,时间上的压迫很强,因此,必须要对法治有一个布局谋篇的整体性设计的同时,在细节处理上强调精细操作,以尽可能降低法治转型过程中的风险。这里所说的降低风险就是指尽可能地减轻推行国家建构主义法治所付出的"代价"。

---

① 任剑涛:《会社、社会与国家:现代中国的社会运势与国家突起》,《学术界》2021年第7期。

② 参见陈明明《比较现代化·市民社会·新制度主义——关于20世纪80、90年代中国政治研究的三个理论视角》,《战略与管理》2001年第4期。

③ 何艳玲、宋锴业:《社会治理的国家逻辑:基于警务改革史的分析》,《社会学研究》2021年第4期。

④ 法治只是众多价值目标追求之一,而一个国家的兴盛所要依靠的却不止于此。参见王志勇《经典形式法治观的两难困境及克服——从富勒到菲尼斯》,《北方法学》2021年第4期。

也就是说，我国的法治变革要避免在法治变革过程中产生社会动荡，包括政府更迭、社会群体间冲突甚至流血牺牲。

改革开放的伟大成就之一就是极大地提升了老百姓的物质生活水平，但与此同时，"发展中不平衡、不协调、不可持续的问题依然突出，人民内部矛盾和其他社会矛盾凸显，党风政风也存在一些不容忽视的问题，其中大量的问题与有法不依、执法不严、违法不究有关"。① 国家建构主义法治不能脱离社会稳定与和谐而空谈法治，我国正处于社会转型风险期，作为重要的阶段性任务，法治建设必须面向化解社会矛盾、降低社会风险。② 法治所具有的稳定性、连续性和权威性等特征，有利于化解社会矛盾，对于稳定社会秩序、维持社会和谐具有长效性和根本性作用。③ 除此之外，还必须将法治与社会治理进行创造性结合，具体包括坚持党对社会治理的全面领导、推动社会治安综合治理、依法保障和改善民生、推进多层次多领域社会治理等，④ 最终确保"坚持在法治轨道上统筹社会力量、平衡社会利益、调节社会关系、规范社会行为，依靠法治解决各种社会矛盾，确保我国社会在深刻变革中既生机勃勃又井然有序"。⑤

四　国家建构主义法治的知识论

国家建构主义法治是对辐辏于中国历史与现实实践中的一种法治模式的尝试性描述，而非简简单单试图确立某种话语的学术尊严。因而，国家建构主义法治不宜从价值上来给出定评——无论是微观层次上的实证描述，还是中观层次上的制度自认，抑或是宏观层次上的直接肯定⑥——坦率地说，谁也无法肯定国家建构主义法治是中国法治的最终形态，是另外

---

① 中共中央文献研究室编：《习近平关于全面依法治国论述摘编》，中央文献出版社2015年版，第10页。
② 参见蒋立山《中国法治"两步走战略"：一个与大国成长进程相结合的远景构想》，《法制与社会发展》2015年第6期。
③ 参见陈柏峰《习近平法治思想中的法治社会理论研究》，《法学》2021年第4期。
④ 参见叶静漪、李少文《新时代中国社会治理法治化的理论创新》，《中外法学》2021年第4期；另参见蒋立山《社会治理现代化的法治路径——从党的十九大报告到十九届四中全会决定》，《法律科学》（西北政法大学学报）2020年第2期。
⑤ 习近平：《论坚持全面依法治国》，中央文献出版社2020年版，第103—104页。
⑥ 参见任剑涛《奢侈的话语："治理"的中国适用性问题》，《行政论坛》2021年第2期。

一种"历史的终结"。它或许只是代表了一种过渡、一种尝试，突出强调了"猫论"（结果论）和"摸论"（方法论）① 兼顾的双重重要性，最终指向的则是作为中国法治根本逻辑的"路论"："革命和建设都要走自己的路。"②

（一）政治维度：中国特色社会主义底色

国家建构主义法治，强调中国的特殊性，呈现出一种极强的语境论——从中国国情和现实实际出发，坚持社会主义初级阶段的认识，党的领导、人民当家作主与依法治国有机统一。西方以自由竞争、自我负责以及自然权利为基石，经由霍布斯、洛克及卢梭等人的理性设计，搭建了形构法治的所谓"正统化机制"。③ 但近代以来中国积贫积弱的特殊历史经历和幅员辽阔的版图内极不均衡的经济社会发展状态，造就了只有社会主义才能救中国，社会主义才能发展中国的真理性认识，这种真理性认识贯穿了中国所有的文化、制度、体制，法治当然也不例外。因此，中国法治具有明确且浓厚的意识形态属性——中国特色社会主义的法治底色，尤其是在当下中国，格外重视公平正义与社会和谐。社会主义法治所追求的公平正义体现为三个方面：第一，任何人不因其民族、地域、性别、年龄、财产、从业领域、文化程度的不同而影响其与他人平等的法律地位，国家尊重和保障所有人的基本权利；第二，国家通过宏观调控结合必要的微观干预，在实现和扩大各个群体和所有阶层的福祉目标下，统筹社会资源、调整分配格局；第三，力图让人民群众在每个司法案件中都感受到公平正义，充分发挥社会主义司法的优越性。

法治的社会主义底色还体现在对和谐稳定的追求上。从历史发展脉络上来说，国家从传统走向现代，与其相伴的是治国理政基本方式的根本性变革，即从人治走向法治。也就是说，法治是现代文明的必然产物，不厉行法治则根本谈不上是现代性国家。法律是国家用以管理社会和治理国家的基本手段，社会生活中的基本面和几乎所有的社会关系都被纳

---

① "猫论"和"摸论"的具体表述分别为："不管白猫黑猫，抓住老鼠就是好猫"；"摸着石头过河"。
② 《邓小平文选》（第3卷），人民出版社1993年版，第94页。
③ 参见季卫东《论法律意识形态》，《中国社会科学》2015年第11期。

入法治的轨道，接受法律的观照。上至国家机关及其公职人员，下至普通百姓，任何人都没有超脱于法律之外的特权，从而为实现政治、经济、文化和谐发展和社会的全面进步提供秩序保障，使所有社会成员在和谐的氛围中共享社会主义发展成果，真正建成一个富强、民主、文明、和谐、自由、平等、公正、法治、爱国、敬业、诚信、友善的中国特色社会主义。

政治维度上坚持中国特色社会主义底色，在当代集中体现在"全面依法治国"这一核心命题上。党的十八大以来，以习近平同志为核心的党中央提出了一系列全面依法治国的新理念新思想新战略，包含了全面依法治国的指导思想、发展道路、工作布局、重点任务。具体来说，在十个方面上回答了什么是中国特色社会主义底色：一是坚持加强党对依法治国的领导；二是坚持人民主体地位；三是坚持中国特色社会主义法治道路；四是坚持建设中国特色社会主义法治体系；五是坚持依法治国、依法执政、依法行政共同推进，法治国家、法治政府、法治社会一体建设；六是坚持依宪治国、依宪执政；七是坚持全面推进科学立法、严格执法、公正司法、全民守法；八是坚持处理好全面依法治国的辩证关系；九是坚持建设德才兼备的高素质法治工作队伍；十是坚持抓住领导干部这个"关键少数"。①

（二）动力维度：权力主导下的法治赶超

国家建构主义法治是以国家权力推进为基本动力的法治模式。② 这种模式能够使政策的出台以及实施摆脱来自各个层面的掣肘（如现实中的复杂利益关系调整、传统的价值伦理争辩、社会群体格局中的力量博弈），有利于快速实现目标，发挥最大效能，其前提则是国家应具备较强的能力基础。

事实上，纵观整个东亚以及东南亚国家和地区的历史发展以及现代化

---

① 参见习近平《加强党对全面依法治国的领导》，《求是》2019年第4期。
② "以国家权力推动为基本动力"，强调的是国家作为法治建设的核心解释变量，而不是有着自身利益的行动者。而早期政治学关于国家主义的研究认为："国家具有相对于社会的自主性，具有实现自身利益的能力。"参见［美］卡伦·巴奈、苏尼塔·帕里克《比较视野下的国家》，吴方彦译，载郭忠华、郭台辉编：《当代国家理论：基础与前沿》，广东人民出版社2017年版，第202页。

历程，以国家权力推进为基本动力的国家主导下的"变法革新"或者法治变革较为普遍。例如，近代初期日本的"明治维新"，20世纪中后期的新加坡和韩国，它们的国家治理模式变革和重大制度变迁都沿循这一基本路数。这一路数之所以具有一定的普遍适用性，源于这些国家和地区在一定范围内具有极大的相似性。其一，东亚以及东南亚社会的历史传统负担较为沉重，其体制性负累尾大不掉，如我们所熟知的权力高度集中、社会开放程度低下、等级结构森严、家长制与官本位思想浓重等。现代化转型过程中，不论是权力结构、社会格局还是组织方式、政策制定都必然存在一定的"路径依赖"问题，即受到传统治理要素的影响和制约，因而在法治道路的总体选择和法律调整的具体操作中都呈现出该区域的特殊性。其二，第二次世界大战中，东亚与东南亚国家和地区普遍遭受了巨大的战争创伤，二战结束后，人口急剧下降，经济普遍凋敝，亟须快速恢复社会生气。在这种条件下，不论是政治的现代化还是经济的复苏都要求一个强有力的政治权威，依靠高度集中的政治权力，强制性地进行社会整合和资源调配，在维护社会总体稳定的同时，尽其所能将经济发展提升到一个新的高度。[1]

就中国而言，总体背景与周边其他国家和地区较为类似，当然，情况可能更为复杂。新中国的成立结束了国家积贫积弱、社会一盘散沙的局面，中国共产党领导人民建立起的单一制国家，依靠其独有的强大的组织体系，使各项权力向上集中，然后又将权力贯穿社会各个角落，在农业振兴、工业建设、教育普及、扫黑除恶等各个问题领域，都出现了权力的积极身影。而在改革开放之后，通过"简政放权"，国家的总体治理思路从集权逻辑向自治逻辑转化，相应的是治理的基本模式由党治向法治偏转。[2] 但中国共产党始终为政治、经济发展和法治变革的方向掌舵。掌舵的目的是继续维护并进一步提升国家能力建设，以期作为以最小成本且高质量构

---

[1] 之后的事实证明，采取这种转型策略的国家几乎都创造了举世瞩目的经济奇迹，达到了促进社会进步的目的。证诸日本、韩国、新加坡、马来西亚以至于中国大陆、中国台湾、越南、柬埔寨，皆是如此。See Meredith Woo-Cummings, *Race to the Swift: State and Finance in Korean Industrialization*, New York: Columbia University Press, 1991; Stephen Haggard, *Pathways from the Periphery: The Politics of Growth in the Newly Industrialization Countries*, Ithaca, N.Y.: Cornell University Press, 1990.

[2] 参见陈明明《双重逻辑交互作用中的党治与法治》，《学术月刊》2019年第1期。

建法治的润滑剂。①

但以权力推动为基本动力的国家建构主义法治也存在着某种专断风险：首先，权力过分纵向集中，不利于充分发挥市场在资源配置中的基础性作用，致使社会自治领域的私权利缺乏保障，市场关系和交易秩序"失范"，市场主体"道德滑坡"现象频出；其次，权力过分集中导致的个人崇拜曾经酿成了巨大的政治灾难，始终存在着"文革"死灰复燃的风险；再次，民主协商难以充分发挥作用，国家建构主义法治以权力推动为基本动力，与民主选举、协商存在巨大的张力甚至矛盾，不利于人民代表大会制度和政治协商制度发挥出应有的民主功能；复次，各类社会组织和公益团体发育不充分，多元社会持续虚弱，基层组织自治能力孱弱，无法构成对公权力的有效监督和制约；最后，国家建构主义法治容易偏离法治的初衷，将法治视为"政治任务"予以刚性推进，致使法治变成大规模立法的文案工程，各地的法治实践变成迎合上级的法治修辞。因此，如欲使权力持续在正向的轨道上发挥作用，就需要淡化其"高专断性"而强化其"高基层渗透性"。②

（三）进路维度：建构与渐进的发展取向

从制度形成与运行的角度看，国家建构主义法治强调建构主义与渐进主义并举。国民经济与社会发展层面的"一五""二五"计划到"十二五""十三五"规划，法治建设层面关于立法、司法、执法和普法的各项年度计划层出不穷，清晰地表现出我国法治发展的建构主义性质。从现代化类型上看，中国属于后发现代化国家。后发现代化国家普遍有一种"赶超型"战略需求，以证成该国统治的合法性，与"赶超型"战略相适应的则是建构主义策略。中国共产党领导下的新中国对建构主义格外偏爱还与其"历史使命感"和"改革责任感"，尤其是"两个一百年"目标紧密相关。从法治建构的角度而言，与西方法治发达国家基于多元社会自生自发型的法治发展模式迥然不同，我国更倾向于由各个权

---

① 参见尤陈俊《法治建设的国家能力基础：从国族认同建构能力切入》，《学术月刊》2020年第10期。

② 参见尤陈俊《当代中国国家治理能力提升与基础性国家能力建设》，《法制与社会发展》2015年第5期。

力机构①制定和发布法治建设和改革的方针、政策和具体方案,并通过中央、省(直辖市、自治区)、地级市、县、乡的科层体制有计划、分步骤逐级贯彻实施。

邓小平在1985年3月会见日本自由民主党副总裁二阶堂时谈到:"改革是中国的第二次革命……我们的方针是胆子要大、步子要稳,走一步,看一步。"②法治建设是中国改革开放中的一个重要环节,实际上走的也是邓小平提出的稳步推进的渐进主义道路。改革并非易事,实践中,不论是中央还是地方,对于法治改革的方案都需要谨慎制定并试点展开,最好是"先易后难"。法治本身就涉及各类社会关系的调整,每次改革势必触碰各个群体的利益及诉求。因此,整全性的法治变革在事实上是不可欲的。法治改革与政治体制改革、经济体制改革和文化体制改革一样,是一个系统性、全局性的工程,绝对不能期望"毕其功于一役",应当在一个较长的历史时期中,"就问题谈问题"式地建设与改革。否则,就会像苏联搞"新思维"或者俄罗斯搞"休克疗法"一样,元气大伤甚至是陷入永久的失败而不可逆转。

(四)主体维度:多元"共建共治共享"

世界上各国的法治建设,包括中国在内,都涉及一个主体的维度,如果是多维主体的话,还存在主体间的关系问题,即谁是基本主体。国家建构主义法治在规范意义上应该是一种三维建构,即法治的主体构造上一定涉及国家、社会、个体。现代西方法治在主体建构上已经标示出了"国家—社会"的二元结构,长时间以来也已经形成了我们思考法治的基本思维图式,法治即国家与社会关系制度化的秩序状态。但事实则是,在当下中国,法治不论是在观念形态、制度形态还是时间形态上,都与单一制的国家形态密切相关。不过,这并不必然导致法治的国家中心主义。这里需要说明的是,国家中心主义法治与国家建构主义法治有着本质区别:前者强调了国家作为主体的本位意涵,在实践中很有可能消弭社会与个人;后者则是强调国家作为主体的功能意蕴,在实践中并不排斥社会与个人的协

---

① 这里的权力机构事实上包括中共中央、全国人大及其常委会、国务院、最高人民法院和最高人民检察院。
② 《邓小平文选》第3卷,人民出版社1993年版,第113页。

国家建构主义法治的理论逻辑

同参与。这里必须明确地提出一点,就是国家建构之于法治的优势——存在一个稳定的政治核心,而且这个核心可以作出决策。政治学有一个很有名的理论叫作"vote player",就是"有否决权的玩家",在一个政治体系中,如果这样的玩家太多,那么作出决策将变得十分困难。[1] 日本还有我国台湾的议会闹剧已经屡见不鲜。套用这个理论,我国在法治建设的顶层设计上不存在众多"有否决权的玩家",大大减少了推诿、掣肘的情况。

国家建构主义法治非但不排斥社会和个人的协同参与,而且将社会和个人的协同参与置于非常重要的位置,证据就是党的十九大报告中"打造共建共治共享的社会治理新格局"战略的提出。于法治而言,社会维度不可或缺,能够有效弥补国家推进法治的动力单一性缺陷。[2] 从概念本身而言,社会一定比国家的外延范围更广,尤其是在指涉某个共同体或者主体群落时,就更为明显。国家则不然,国家的概念一般是从主权的角度来理解,其概念本身更为严肃和内敛,它可以赋予一个法治建设的内在规定性,但是却无法像社会那样提供哺育和滋养法治的温和土壤。因此,社会之于法治建设的重要性就跃然纸上了。但问题的另一面,目前为止,所有的社会组织都需要通过登记、许可获得国家的认可。只有获得了国家的认可,才能是合法组织。这就使得当前的社会组织背后都有着深刻的国家身影,不仅仅是国家需要对社会组织进行管理,社会组织本身也倾向于采用国家的科层模式来运作。这样做的好处是:与国家体制的衔接或者是直接照搬容易获得国家在人财物上的支持;社会组织中的"领导"在行政意义上获得某种支配权。这说明了我们的社会组织的自治性非常低,其实质原因是我们的社会缺乏主体自觉与自主。这就又涉及法治建设主体的第三个维度——个体。社会建设不能脱离个体进行抽象建设,必须聚焦于个体的自觉与自主。因此,国家建构主义法治建设所依托的主体应该是国家、社会和个体的三维建构,围绕着国家主导、社会自治和个体自觉、自主来进行。

---

[1] 参见王绍光《中国·政道》,中国人民大学出版社 2014 年版,第 101 页。
[2] 参见庞正《法治秩序的社会之维》,《法律科学》(西北政法大学学报) 2016 年第 1 期。

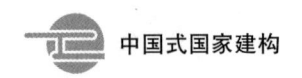

五　结　语

"中国是一个大国，决不能在根本性问题上出现颠覆性错误，一旦出现就无法挽回、无法弥补"。① 如同法国的那句谚语"人的命运掌握在自己的手里"一样，对法治的基本认识和法治发展道路的选择亦应当独立自主。多年来，中国的法治道路和法治进程聚集了来自方方面面的关心、操劳甚至诘难。② 社会的急剧转型促使法治建设也具有相应的急迫性，而社会转型本身处在传统与现代、保守与创新相对立的极端境况中，这同时构成了我国法治建设的背景板。在搞社会主义建设的时候，邓小平就曾告诫全党："在中国建设社会主义这样的事，马克思的本本上找不出来，列宁的本本上也找不出来，每个国家都有自己的情况，各自的经历也不同，所以要独立思考。"③ 在新时代条件下，习近平总书记也告诫全党："全面推进依法治国这件大事能不能办好，最关键的是方向是不是正确、政治保证是不是坚强有力，具体讲就是要坚持党的领导，坚持中国特色社会主义制度，贯彻中国特色社会主义法治理论。"④ 诚然，国家建构主义法治是一种赶超型的法治化运动，国家对于法治目标有着非常急切的心理，这本身就极易引起法治建设过程中"燥热"情绪。国家建构主义法治是从中央层面开始，自上而下层层铺开，上级的政治意图往往成为下级单位的政治任务甚至作为其政绩考核的指标，而各个地方政府追求法治成绩表面的光鲜亮丽就很难避免，其结果则是各种浮夸做法和虚假数据相继出现。如此一来，法治非但没有解决好社会中出现的很多问题，还成为了社会的负担，甚至影响到整个社会对法治建设初衷的认同。换言之，国家建构主义法治的固有属性决定了它对发展速度有着一定的偏执，同时还有可能与社会发展的实际需求相脱节，以及可能有法治动力自发衰弱的趋势。但务实地讲，"中国实行法治，最缺少的就是时间，所以只有通过国家才能够在较

---

① 习近平：《深化改革开放 共创美好亚太——在亚太经合组织工商领导人峰会上的演讲》，《人民日报》2013年10月8日，第3版。
② 参见蒋立山《法治改革的方法论问题》，《法制与社会发展》2011年第4期。
③ 《邓小平文选》第3卷，人民出版社1993年版，第260页。
④ 中共中央文献研究室编：《习近平关于全面依法治国论述摘编》，中央文献出版社2015年版，第22—23页。

短时间内建立起比较完备的法律体系，并以自己掌握的政治资源推动法律的实施。"①

"语境的复杂性和人类认知的限制，意味着政治的错误理解通常得不到改正"。② 肇始于西方的法治，实际上就存在着这种基于路径依赖的固有缺陷。国家建构主义法治表明这样一种价值立场：坚决拒斥对西方法治理念和法律制度的照搬照抄，并且认为不顾客观现实、按照某种理想类型的粗糙模仿，无法真正实现法治化。③ 而从全局上看，国家建构主义法治不仅要面向法治改革自身，同时还要面向政治和经济领域乃至国际大环境的变化。在党领导一切的政治大原则下，在改革开放获得不可逆转的势头下，国家建构主义法治在未来较长一段时间还会是中国法治发展的基本道路选择。或许，还应认识到：当今世界国家与国家之间的竞争日益尖锐激烈，这种竞争"归根结底是国家制度的竞争"。④ 国家建构主义法治，就是关涉政治领导权竞争的重要一环。"从某种意义上说，政治领导权的竞争就是民族自我认同的不同故事之间的竞争，或者说是代表民族伟大精神的不同形象之间的竞争"。⑤ 因此，法治的这个中国故事——虽有难度——但一定要讲，还一定要讲好！

（原载《法学》2022年第1期）

---

① 蒋立山：《中国法治道路问题讨论》（下），《中外法学》1998年第4期。
② ［美］保罗·皮尔逊：《时间中的政治：历史、制度与社会分析》，黎汉基、黄佩璇译，江苏人民出版社2014年版，第149页。
③ 值得注意的是，这种价值立场的背后可能潜藏着另一种工具主义或曰技术主义的风险：法治的外部功能逐一实现，而内部功能不断衰减。参见［新加坡］约西·拉贾《威权式法治：新加坡的立法、话语与正当性》，陈林林译，浙江大学出版社2019年版，第51页。
④ 习近平：《论坚持全面依法治国》，中央文献出版社2020年版，第265页。
⑤ ［美］理查德·罗蒂：《筑就我们的国家：20世纪美国左派思想》，黄宗英译，生活·读书·新知三联书店2014年版，第2页。

第七篇
民族视角下的中国式国家建构

我们是谁：对中华民族的再认识

周 平[*]

伴随中华民族前所未有的凸显，对中华民族进行全面、准确认知的问题也凸显出来。中华民族是在一个宏大历史时空中形成和演变的伟大民族，在不同历史条件下有不同的表现，每个时间断面上又有多个不同的侧面。因此，对其形成全面、完整的认知难以一蹴而就。从现有的中华民族认知来看，就存在着这样的现象：一是把今天的中华民族与历史上的存在相混淆，将中华民族视为疆域内所有民族群体的统称，从而忽略中华民族的实体性；二是将中华民族与组成中华民族的各个民族相混淆，至多将其视为各个民族放大了的存在，从而忽略了中华民族的现代民族属性；三是只看到今天的中华民族与西方民族的共同性，忽略了中华民族的特色和历史文化内涵；四是将中华民族与非国家形态的民族相混淆，忽略了中华民族蕴涵的一系列机制，不能对中华民族蕴涵的社会政治价值作出全面的评价。这样的现象或问题表明，对中华民族形成全面、完整的认知这样一个关于"我们是谁"的问题尚未得到彻底解决，对中华民族的理论体系、历史叙事体系、话语体系、政策体系和工作机制的构建形成了制约。

这样的状况与中华民族的凸显及其肩负的历史责任，与国家治理和国家发展对中华民族的期待，与中华民族的未来发展和进一步塑造的要求相比，存在着明显的不适应；对中华民族进行深入的研究，进而形成全面、完整的认知，仍然是社会科学及其学者们面临的一项重要任务。本文从民族政治学的角度，对此问题进行简要的讨论。

---

[*] 周平，云南大学民族政治研究院教授。

一　中华民族是一个现代民族

要回答"中华民族是怎样的民族"这个问题，首先要确定一点，中华民族是一个现代民族。毋庸置疑，中华民族具有悠久的历史，有"上下五千年"之说。不过，"中华民族"的称谓是20世纪初才创立的，"中华民族站起来了"的庄严宣告是新中国成立时才向世界发出的①。对中华民族的认知和界定，不能忽视这样的事实。的确，今天的中华民族与中国历史上各个民族群体的交往交流交融一脉相承，但却是经过近代的民族构建才具有今天的形态的。经过近代以来的民族构建，中华民族具有了现代民族的本质，具备了现代民族的特征，从而成为一个现代民族。如果说，历史上各个民族群体在交往交流交融中朝着一体方向的演进，构成了中华民族的古典形态的话；那么，近代以来构建成型的中华民族，就是中华民族的现代形态。

现代民族是与现代国家结合在一起的民族。现代国家并非一种特定的国家类型，而是当下世界范围内处于主导地位的国家形态。从人类国家形态演变的历史来看，今天处于此种地位的国家形态，便是近代形成并仍然具有全球影响的民族国家（nation-state）。民族国家形成于世界的近代，其核心或本质在于民族（nation）与国家（state）的结合。这样的国家形态在世界范围内被广泛采用之后，尤其是随着民族国家世界体系的建立，便具有了全球影响进而成为现代国家。与之结合的民族（nation）也逐渐具有世界的意义，成为现代民族，进而致使"民族"概念被广泛运用。这样的民族具有几个典型的特征：一是与国家结合在一起，具有国家形式；二是由全体国民组成，国民共同体是其基础性的本质；三是有一个明确的族称，并成为国民认同的符号，国民则基于对族称的认同而结合为一个整体。

近代以前的中国历史上并未出现"民族"概念。但是，中国广大疆域

---

① 新中国成立前夕，毛泽东在全国政协第一届全体会议上发表《中国人从此站立起来了》的著名讲话，在宣布"中国人从此站立起来了"的同时，还宣布："我们的民族将再也不是一个被人侮辱的民族了，我们已经站起来了。"参见中共中央文献研究室、国家民族事务委员会编《毛泽东民族工作文选》，中央文献出版社、民族出版社2014年版，第28页。

的不同部分各有特点，人们为适应不同区域的生存环境而形成的生产方式及生活方式，促成了不同的历史和文化形成。而这些不同的历史和文化又将疆域内的人口联结成不同的群体。这些民族群体在王朝国家的框架内或围绕着王朝政权而持续互动，并不断地交往交流交融，其"主流是由许许多多分散孤立存在的民族单位，经过接触、混杂、联结和融合，同时也有分裂和消亡，形成一个你来我去、我来你去，我中有你、你中有我，而又各具个性的多元统一体"①。

但是，这样的民族过程在近代被打断了。建立在传统农耕文明基础上的古老王朝在鸦片战争中无法与建立在工业文明基础上的西方民族国家抗衡，从而陷入了深重的危机之中。为了寻找救国图强之道，先贤们进行了长期的探索，并在经历了技术路线和政治改良路线的失败后，最终选择了通过构建自己的民族国家而对国家和社会进行全面改造，进而实现由传统农耕文明向现代工业文明转型的发展道路。在此背景下，与民族国家结合在一起的"民族"概念，被戊戌变法失败后逃亡日本的梁启超引入国内。有日本学者说过，"民族"一词是梁启超滞留日本期间将英语 nation 译为日文汉字新词"民族"后，于1898年时输入汉语中的②。梁启超在1899年所撰写的《东籍月旦》中使用了"东方民族""泰西民族"等词，始创汉语的"民族"概念。

"民族"并非一般意义上的学术概念，而是具有丰富的意识形态内涵，蕴涵着强大的社会动员能力。"民族"概念引入时，中国国内既有一个呼之欲出的由国内各民族群体在交往交流交融中凝聚起来的宏大族体，又有历史上形成的汉、满、蒙、回、藏等民族群体日趋活跃的现实。"民族"概念与这样的现实结合，便产生了持续的动员作用，进而在中华现代国家构建的推动下形成了中国近代的民族构建：一方面是中华民族的构建，另一方面是以少数民族构建为主的各民族的构建。其中，与现代国家构建相结合的中华民族构建处于主导地位。

"中华民族"概念的形成，对于中华民族的现代构建具有至关重要的

---

① 费孝通：《中华民族的多元一体格局》，《北京大学学报》（哲学社会科学版）1989年第4期。
② [日] 松本真澄：《中国民族政策之研究——以清末至1945年的"民族论"为中心》，鲁忠慧译，民族出版社2003年版。

意义。梁启超引入"民族"概念后，又创制了"中华民族"概念。这不是一般意义的学术概念或政治概念，而是为一个即将出现的宏大民族提供的族称。"中华民族"概念先是用来指称汉族，但遇到问题后梁氏又通过对"小民族主义"和"大民族主义"的划分，作出了中华民族是国内诸族"组成的一大民族"的论断，以"国内诸族"和"中华民族"两个概念分别指称多样性的民族群体和由其结合而成的更大整体。这样一个"合国内诸族为一体"的中华民族同欧美国家的民族一样，成为与民族国家结合在一起的民族。"从理论上说，梁启超形成'大民族'观念，是基于对西方有关'民族国家'思想认识选择的结果。"[①] 的确，"梁启超率先提出'中华民族'这个概念，是因为一方面要维护大清帝国遗留的族群和疆域，另一方面要顺应当时国际上所谓'民族国家'潮流。因为当时世界趋势是建立'民族国家'……为了符合这个'民族国家'的模式，就要塑造整个的'中华民族'"[②]。

辛亥革命终结了王朝国家的历史并开启民族国家的构建以后，作为现代民族的中华民族构建进入了实践阶段，并与中华现代国家的构建相伴而行。一方面，为了适应民族国家体制对人口社会身份的要求，民族国家的构建进程对人口的社会身份进行了改造，将臣民转化成为国民，同时又将个体化的国民整合为一体。经过这样的人口国民化和国民整体化过程，社会人口在逐渐成为国民的同时，又在统一国家框架内和"中华民族"的族称下成为国民共同体，从而形成了与西方国家相似的现代民族[③]。另一方面，中国历史上众多的民族群体也在中华现代国家构建的背景下和"民族"概念的影响下，一步步地构建成为国内的各个民族[④]。与此同时，这些逐渐构建起来的民族，又在统一国家的框架内和"中华民族"族称

[①] 黄兴涛：《现代"中华民族"观念形成的历史考察——兼论辛亥革命与中华民族认同之关系》，《浙江社会科学》2002年第1期。
[②] 葛兆光：《什么时代中国要讨论"何为中国"？》，《思想战线》2017年第6期。
[③] 周平：《中华现代国家构建中的人口国民化》，《江汉论坛》2020年第12期。
[④] 中国历史上并没有形成"民族"概念，也未出现今天以"民族"概念指称的群体，而是存在大量以"××人"为称谓的历史文化共同体。梁启超在19世纪末引入"民族"概念后，历史上存在的各种历史文化群体也被称为民族。但这些群体真正成为今天国内的各民族，是经过近代的民族构建才实现的。这些群体成为国内民族的主要标志是具有明确的族称，并享有由国家赋予和保障的集体权利。

下，凝聚成为一个更大的民族单位，成为一个由国内多个民族组成的民族共同体。这样两个交织在一起的过程所构建起来的中华民族，既是国民共同体，又是多族聚合体。新中国成立之际，毛泽东在宣告"中国人从此站立起来了"的同时，也向世界宣告"我们的民族已经站起来了"。时隔约40年，费孝通提出，"把中华民族这个词用来指现在中国疆域里具有民族认同的十一亿人民"。在此认识的基础上，费先生才作出中华民族"所包括的五十多个民族单位是多元，中华民族是一体"的著名论断①。

在中华人民共和国成立时，中华民族真正成为一个完整的民族实体，并同时具有国民共同体和多族聚合体的双重性质。更为重要的是，它与现代国家结合在一起，成为国家真正的主权者，具有了国家的形式，成为一个典型的现代民族。

二 中华民族是一个国家民族

中华民族的另一个本质特征，是与现代国家有机地结合在一起，具有国家形式和突出的国家属性。因此，中华民族成为当代中国的国家民族，即国族。费孝通指出：中华民族与它包含的各个民族"虽则都称'民族'，但层次不同"②。中华民族与它包含的各个民族之所以会有层级上的不同，根本原因在于中华民族具有国家形式，它所包含的各个民族则不具有这种国家形式。广义上的民族，就是历史上形成的稳定的人群共同体。民族与国家是两种不同的社会结构，但二者又相互联系、相互嵌入。从民族的角度来看，民族总是不可避免地要与国家发生关系，甚至有机地结合在一起，因而具有国家的属性。不过，民族的国家属性在不同的历史阶段和不同类型的民族中有不同的表现。从历史进程来看，国家这种政治结构或框架真正与民族这种人群共同体有机结合在一起，并从民族的角度来设置制度体系，从而与之建立起体制性的结合，则是在近代民族国家的构建之中

---

① 费孝通：《中华民族的多元一体格局》，《北京大学学报》（哲学社会科学版）1989年第4期。
② 费孝通：《中华民族的多元一体格局》，《北京大学学报》（哲学社会科学版）1989年第4期。

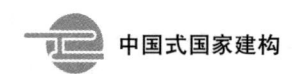

实现的。随着民族国家的构建，民族与国家有机地结合在一起，国家有了民族的内涵，民族有了国家的形式。因此，民族的国家属性得到了充分的体现，并经由民族国家的一整套体制机制而实现了制度化。

中国历史上各种民族群体的互动，皆在王朝国家的框架内或围绕王朝政权而展开，深受王朝国家框架的影响，国家属性也因此而萌生。王朝国家作为一种特定的国家框架，它的整个国家体制、统治或治理方式及其蕴涵的国家伦理，皆与这样的社会人口结构直接相关，在相当大程度上是为了将不同的民族群体整合于统一的国家框架中而构建的。如此一来，国家属性尤其是王朝国家的国家属性、国家伦理等也就深深地嵌入各个民族的交往交流交融及其朝着一体方向演变的过程之中。不过，各个民族群体交往交流交融并朝着一个整体的方向演变，或者说，对于中华民族的古典形态来说，国家属性是以潜在的方式存在的。

中华民族在构建为现代民族的过程中，实现了与国家（state）内在而有机的结合。与国家的体制性结合就是现代民族的本质要求。现代民族最早出现在欧洲，其前身为王朝国家的王权不断巩固过程中在其框架内整合起来的人群共同体。这样一个"被忠君的思想联结在了一起"的居民的整体[1]，即为"正在形成的民族（nation）"[2]。经过资产阶级革命，国家的主权由国王转移到代表民族的议会手中，由此便创造了一种新的国家形态，即民族国家（nation-state）。于是，民族便与国家有机地结合在一起，成为现代民族。就其本质而言，"民族国家是国家与民族的结合"[3]。因此，"并不是民族创造了国家和民族主义，而是国家和民族主义创造了民族"[4]。对于这样的民族来说，国家与民族结合不是外在的，而是内在的和本质性的。国家属性是民族的本质属性。作为现代民族的中华民族，是在中华现代国家的推动下构建的，从构建开始便与国家有机地结合在一起。

辛亥革命开启了中国民族国家构建的进程后，中华民族作为一个现代民族的构建随之开始，但不论是传统延续数千年的臣民身份经过人口国民

---

[1] ［法］莫里斯·迪韦尔热：《政治社会学——政治学要素》，杨祖功、王大东译，华夏出版社1987年版。

[2] 《马克思恩格斯文集》第4卷，人民出版社2009年版。

[3] Wicker H., *Rething Nationalism and Ethnicity: the Struggle for Meaning and Order in Europe*, Oxford: Berg, 1997.

[4] ［英］埃里克·霍布斯鲍姆：《民族与民族主义》，李金梅译，上海人民出版社2000年版。

化的进程而转化或塑造成为国民，日渐个体化的国民又在国民整体化的进程中整合为一个以"中华民族"为族称的国民整体，还是传统的民族群体在构建成为国内的各个民族的同时，又凝聚成为一个更大的以"中华民族"为族称的整体，皆在统一的国家框架内形成，并与民族国家的构建有机地结合在一起。最为重要的是，作为一个现代民族的中华民族，是在中华人民共和国成立时才最终形成的。随着中华人民共和国的成立，中华民族与国家结合在一起，具有了国家的形式，成为一个典型的国家民族，即国族。

中华人民共和国成立后，中华民族就作为一个真正的主权者，有力地支撑起现代国家的制度体系。换句话说，中华现代国家大厦就是建立在中华民族的基石之上的。但新中国成立后，在按照民族国家的制度机制而实现国家整合的过程中，妥善地处理主要生活于边疆地区的少数民族的关系成为关键。于是，在应对与之相关问题的过程中，作为中华民族之组成单元的各个民族尤其是少数民族不断被提及和强调，相关的政策也不断出台。就连民族研究也仅"限于少数民族"[1]。随着时间的推移，凡论及民族皆指少数民族、民族政策皆指向少数民族的思维定势逐渐形成。中华民族却由于少有提及而被虚置和虚化。的确，"把'民族'这个核心概念定位在56个'民族'这一层面，其客观结果是架空和虚化了'中华民族'"[2]。但这只是表明，中华民族在认知中未受到应有的重视，而非中华民族的实体性被否定。中华民族作为民族实体，仍然实实在在地存在着，尤其是它的国家属性仍然实实在在地发挥作用。虽然"国民"概念自新中国成立时的《共同纲领》以后就未出现于其他正式文件中，但国家对国民权益的保障和保护切实存在，并在改革开放后得到进一步加强，从而凸显了中华民族作为国民共同体的属性。另一方面，对于组成中华民族的各个民族尤其是少数民族，党和国家通过一系列的政策来维护其权益，所有政策都是为了维护国家的统一、稳定和中华民族大家族的巩固。中华民族作为一个国家民族，一直在通过其国家属性发挥着维护国家统一和团结的功能。

---

[1] 费孝通指出："中国的民族研究限于少数民族，势必不容易看到这些少数民族在中华民族整体中的地位，以及它们和汉族的关系。"参见费孝通《中华民族研究新探索》，中国社会科学出版社1991年版。

[2] 马戎：《中国民族关系现状与前景》，社会科学文献出版社2014年版。

由于与现代国家结合在一起并具有国家的形式或外壳，中华民族就成为当代中国的主权者。中华民族也因此成为当今民族国家世界体系的一个重要主体，成为一个国际民族。作为民族国家的国际组织的联合国，就是具有国家形式并拥有国家主权的民族组成的，所以称为"Unit-ed Nations"。中华民族就是其中一个nation。世界上的其他国家，也是将中华民族作为国际主体来对待的。即便在出现百年未有之大变局的今天，国家间的竞争越来越刚性化，其他国家尤其是那些在世界体系中占据优势地位的国家，所直接针对的也是正走向复兴的中华民族本身。与此同时，中华民族也依循具有国家外壳之民族的演变规律而不断发展，虽然在与其他民族互动中不断与之交往交流，却不会与其他具有国家形式的民族交融。而组成中华民族的国内56个民族，在国家的框架内不断地交往交流中实现着交融。

在中国崛起于2010年经济总量居于世界第二位而浮出水面之后，2012年召开的党的十八大后国家决策层便提出了中华民族伟大复兴的中国梦，2017年党的十九大更加突出中华民族，并且将党和国家的重大问题皆围绕中华民族来加以论述。中华民族在今天的凸显，根本上说也在于它的国家属性与国家发展的直接关联。正是由于中华民族本身与国家的直接而有机的结合，中华民族的复兴与国家发展的未来目标直接等同，所以，国家发展目标可通过中华民族的伟大复兴而加以表述，并且要通过铸牢中华民族共同体意识和中华民族的建设及塑造来实现。

三　中华民族是一个复合民族

随着新中国的成立，中华民族与现代国家结合在一起，成为国家民族，具有世界主要国家的民族尤其是欧美民族一样的本质和特征，从而屹立于世界的东方，自立于世界民族之林，其所支撑的国家也成为民族国家世界体系的一员。但是，中华民族除了具有现代民族的一般本质和特征，还有自己独特的本质和特征，体现出突出的复杂性。可见，中华民族是一个复合性的民族。

作为稳定的人群共同体，任何一个民族都是在长期的过程中形成的。民族的各种属性和特征，皆可在这一过程中找到根源。作为现代民族的中华民族的形成，受到西方民族国家及其民族的影响，但中华民族又是在历史上各民族互动基础上形成的，其形成的过程更加复杂，由此积淀下来的内涵也更加丰富。较之于首先出现在欧洲的原生形态的现代民族，中华民族显然更加复杂、内涵更加丰富，具有突出的复合性质。

作为现代民族原型的欧洲民族国家之民族，是欧洲历史进程或历史文化的产物，并具有由此赋予的性质和特征。"到公元前1世纪末为止，罗马已经把它的势力范围扩展到了整个地中海海湾和高卢地区"①，欧洲的社会结构和文化在罗马化的刨削式影响下被全面荡平了，既无国家也无民族。但是，5世纪下半叶西罗马帝国的灭亡，"罗马与野蛮世界（日耳曼人、凯尔特人、斯拉夫人）的相遇"，开启了中世纪时代②。在王权、教权、贵族、民众四种基本社会政治力量的持续互动中，王权最终占据了上风并不断加强。因为"在这种普遍的混乱状态中，王权是进步的因素……在混乱中代表着秩序，代表着正在形成的民族（nation）"③。在此条件下，王朝国家也逐渐走向了专制。

欧洲的民族就是在此基础上萌生的。王朝国家的人口对于王权或国王的权利义务关系，将人口塑造成为臣民这样一种特定的社会政治身份。王朝的统治又将臣民身份的人口在王朝的框架内整合起来，成为"正在形成的民族（nation）"。自我意识逐步觉醒之后，民族便在资产阶级革命中促成了国家主权由国王转移到作为民族之代表的议会手中，从而构建了新形态的国家——nation-state，实现了与国家的结合。因此，社会人口的身份也由臣民转化成为国民，个体性的国民在国家框架内整合而成的国民共同体成为现代民族。民族国家为保障民族对国家的认同而基于国民权利构建的制度体系，又进一步丰富了人口的国民身份的内涵，也进一步巩固了民族的国民共同体性质。于是，"世界各国都普遍地在'全体国民形成一个统一的国族'这一含义上使用民族（nation）一词"④。

对于西方的现代国家来说，国家的政治框架以及国家赋予并保障的国民权利，是将国民个体凝聚或结合为国民整体，即民族的关键环节。不论

---

① [英]德里克·希特：《公民身份——世界史、政治学与教育学中的公民理想》，郭台辉、余慧元译，吉林出版集团有限责任公司2010年版。
② [俄]卡尔波夫：《欧洲中世纪史》第1卷，杨翠红译，社会科学文献出版社2018年版。
③ 《马克思恩格斯文集》第4卷，人民出版社2009年版。
④ 宁骚：《民族与国家——民族关系与民族政策的国际比较》，北京大学出版社1995年版。

是国民对民族的认同、国民身份自我构建和认同,还是国民经由民族而实现的对国家的认同,皆以国民权利为核心。从这个意义上说,这样的民族是基于个体权利而聚民为族才形成并实现自我维持的,因而是权利性的人群共同体。这样的民族内部是均质的,同质性、单一性的特征十分明显。这也是西方现代民族的本质或基本内涵,是典型的国家民族。也可以说,这是一种在国家框架内形成的权利性共同体。

较之于西方的现代民族,中华民族的形成和演进过程更为复杂。诚然,中华民族在近代构建成为一个现代民族,受到了西方民族国家和民族构建的影响,是在中华现代国家构建的背景下实现的。然而,中国历史上虽然未出现"民族"概念,疆域内却生活着众多由于特定的历史文化而凝聚起来的民族共同体,它们在王朝国家的框架内以汉族为核心而开展着持续的互动,并在交往交流交融的过程中形成了朝着一体方向演变的趋势。这样一个悠久的族际互动过程,既是中国古老文明发展的结果,又是此种文明一个方面的表现。中华民族在近代的构建就是在此基础之上形成的:一方面,将传统臣民身份的社会人口转化为国民,日益个体化的国民又一步步形成并加深了对中华民族的认同,进而日益凝聚为一个以"中华民族"为族称的现代民族;另一方面,历史上长期存在并朝着一个整体方向演变的各个民族群体,在逐渐构建成为国内各个民族的同时,也形成并不断加深对中华民族的认同,从而逐渐地凝聚为一个"多元一体"的现代民族。在此过程中,历史上在社会组织方面久已存在的文明成果也沉淀下来并蕴涵于现代民族之中,从而成为其重要内涵。此外,中华民族在近代的构建,不论是人口国民化、国民整体化的进程,还是各个民族在自我构建的同时又凝聚为一个更大整体的过程,基本都是在抗击帝国主义,尤其是抗击日本帝国主义入侵的背景下实现的。在亡国灭种的危险面前,全体国民及其所属的各个民族,在以自己的血肉筑起新的长城的奋斗中,结成了一个有机的命运共同体。

中华民族的历史演进和现代构建,都与西方现代民族的形成有明显的不同,具有特殊的构建和演进的逻辑。由此来看,中华民族能够在现代国家的框架内凝聚成为一个整体,既缘于国家赋予并保障的国民权利,也缘于国民对数千年的历史和文化的认同;既缘于国家对各个构建起来的民族权利的保障,也缘于各个民族对中华文明的认同;既缘于所有国民和国内各民族的共处共荣，也缘于近代抗击外敌过程中形成的血肉联系。因此，中华民族既是悠久历史与现代构建相结合的产物，也是中华文明与西方近代文明相结合的产物，既有中国传统文化赋予的内涵，又有源自西方的现代国家体制赋予的内涵，是两种文明相互作用的结晶。

如果说，西方的现代民族在历史构建过程中形成了内部的均质性，从而具有同质性、单一性的明显特征，因而是一种以国家为基本框架的权利性共同体的话，中华民族则由于完全不同的历史基础和现代构建过程，成为一个兼具共同性与差异性、政治性与文化性、个体权利性与整体命运相同性质的共同体，体现为一个国民共同体与多族聚合体结合、政治共同体与文化共同体结合、国民个体权利与民族命运共同体结合的复合性现代民族。

这样的民族属性或民族特征，也体现在各民族的民族性和国民性上。西方民族的每个成员即国民，都异乎寻常地在乎自己拥有的权利，具有个人权利至上的品格，因而在国家整体利益与个人权利的权衡中更强调个体的权利。这也是西方国家在抗击新冠肺炎疫情过程中难以实施封控阻断措施的一个重要原因。这样一种以国民权利为基础的民族，其吸纳能力和包容也就十分有限。曾经，在移民人口较为有限的情况下，西方国家的民族能够有效吸纳和包容外来移民，有的国家还被描绘为"民族熔炉"而被奉为"典范"，但随着移民人数增加和代际积累基础上的聚众成族而形成的多族化①的增强，其整合外来移民的能力便明显下降。同时，这样的民族性也对其国家的行为逻辑产生了深刻影响，致使这些国家总是将本民族的权利置于他民族的权利之上，为了自己的权益而不顾其他民族的权益。中华民族作为一个复合民族，具有不同的民族性和国民性。中华民族的成员既在乎自己的个体权利，也在乎民族的整体权利，在面临民族整体利益与个体权利的矛盾时，能够接受为集体利益而限制或约束个体权利的治理方式。这也是中国在应对新冠肺炎疫情过程中政府出台的封控阻断措施能够有效推行的一个重要原因。这样的民族也具有更强的包容性和吸纳能力，能够在共同性的整体中包容和尊重差异性，实现国内各民族的平等团结互助和谐，具有突出的内部整合能力。在与世界其他民族相处中，中华民族

---

① 周平：《族际政治：中国该如何选择？》，《政治学研究》2018 年第 2 期。

提出并遵循着和平共处的原则，当下又提出了构建人类命运共同体的理念和政策主张。

四 中华民族是一个蕴涵多种机制的民族

现代民族作为与国家结合并具有国家形式的人群共同体，将其在长期的历史过程中形成的各种机制蕴涵于自身之中，从而成为包含若干社会政治机制的人口组织形式。今天的中华民族作为一个典型的现代民族，同样具有现代民族的各种机制，但中华民族在悠久的历史文化基础上形成，因而又具有由此形成的特殊机制。因此，中华民族是一个蕴涵着更多机制的现代民族。现代民族所蕴涵或具有的机制，在其最早于欧洲社会历史进程中形成时便一步步积淀下来，进而在民族国家框架下实现了体制化。首先，欧洲进入中世纪后在王权、教权、贵族、民众四种力量的持续互动中，王权战胜了教权和贵族，并依托王朝之国来确定其与农奴的关系，从而使农奴通过去依附性和去地域性后，成为直接与王权相对并享有王权保护的权利并承担相应义务的臣民，进而又在王朝国家的框架内逐渐整合为一个整体，实现了初步的人口国民化、国民整体化；其次，自我意识觉醒后的民族在资产阶级革命中通过议会而取得了国家主权，实现了国家主权由国王到民族的转移，王朝国家的臣民也因此而成为民族国家的国民，从而确立了人口的国民身份，进而还建立了国民身份体系；再次，国民又通过享有由国家赋予并保障的权利而在国家的框架内组织为一个整体，最终定型为现代民族；最后，民族国家为保障民族通过认同而实现与国家的结合，基于国民权利构建起一整套制度机制，从而进一步巩固或强化了国民的权利，以及国民基于权利而组成民族的机制。于是，西方国家便通过这样一个"人口—国民—民族—国家"的历史构建过程，在构建民族国家的同时，也将在此过程中的人口国民化、国民整体化等一系列机制固定下来并蕴涵于自身之中，从而使民族或国族成为一种基本的社会政治机制[①]。

现代民族所蕴含的一系列社会政治机制，皆是围绕国民这样一种特定

---

① 周平：《现代国家基础性的社会政治机制——基于国族的分析视角》，《中国社会科学》2020年第3期。

的社会政治身份而构建起来的,其核心或关键的环节是国民身份和国民权利的形成和维护。因此,这样的机制可以简明地概括为国民性机制,其中又包含诸多具体的内容:一是国民身份机制,即在"国"与"民"关系中,通过相应的权利义务关系来确定个体在社会中的人身地位的机制;二是国民权利机制,即国家通过法律和其他社会政治规范来确定国民的权利和义务,并通过国家制度来保障权利和义务得到实施的机制;三是国民整合机制,即以基于国民身份的权利保障,将全体国民整合为一个整体的机制;四是国民教育机制,即国家通过设立教育机构或对私立教育机构加以规制的方式,为所有国民提供必要教育的机制;五是国民意识机制,即国家通过权利、象征、教育等引导国民建立起对国家必要认同的机制。

中华民族成为一个现代民族,也经过将臣民转化为国民的人口国民化,以及将逐渐个体化的国民凝聚为一个整体的国民整体化过程,最终构建了同西方现代民族同样的国民共同体意义上的民族,因此也就蕴涵着国民身份、国民权利、国民整合、国民教育、国民意识等机制。其中,国民身份建立所塑造的权利性个体,为现代社会、现代经济提供了自主的社会行动者;国民在国家框架和"中华民族"族称下的凝聚,使中华民族成为一个以国家为框架的社会组织形式,从而提供了一个根除历史上人口一盘散沙顽疾的制度机制,因此凝聚起了全体国民的力量,从而为战胜日本帝国主义创造了条件。这在中华现代国家的构建中发挥了十分重要的作用。值得注意的是,中华民族的国民性机制又是在深厚的中华文化中构建起来的,因而为一般性的国民性机制增添了新的内容,形成了以大一统思想、中华文化为内容的国民文化机制,以及以"一方有难,八方支援"、对口支援为主要内容的国民互助机制,从而凸显了中华民族的命运共同体特征。

中国历史上的各个民族群体都有自己的文化,并在王朝国家的框架内和大一统思想的影响下不断地交往交流交融。近代以来,历史上的民族群体也在自身构建成为国内各个民族的同时,又凝聚成为以"中华民族"为族称的现代民族。在长期的族际互动中形成的机制也在中华民族的肌体内保留了下来,成为具有特定内涵的族际性机制:一是民族权利机制,或维护和保障少数民族权益的机制;二是民族团结机制,或民族大家庭机制;三是民族互助机制,或各民族共同繁荣机制。这些都是中华民族所特有而其他民族尤其是西方民族所不具有的。所以，中华民族形成了西方民族所不具有的整合能力，能够尊重差异、包容差异，将国内的众多民族整合为一个整体，从而成为国内各个民族的大家族。相比较而言，西方国家的民族具有通过国民权利将个体整合为整体的能力，却在将国内不同群体或族群整合为一个整体方面陷入能力匮乏的窘境。

中华民族内涵的社会政治机制中，既有现代民族所具有的一般性机制，也有由中国悠久的历史和文化所造就的特定机制，即族际性机制。因此，中华民族较之于西方民族包含更多的机制。不过，这些社会政治机制都不是独立的存在，而是共存于中华民族的统一体中并有机地结合在一起。每一种机制都对其他机制具有依赖性，需要其他机制的配合和支持才能形成自己的本质和功能，从而也才能有效发挥作用。从总体上看，中华民族的确是政治民族，但也具有相当多的历史和文化内涵，既有突出的政治属性，也具有深厚的文化属性。

不过，中华民族是一个宏大且每个成员都有自己独立性的民族，是一个将全体中国人整合或组织成一个整体的人口组织形式，是一个明确的人群共同体或民族实体。它所包含的现代民族所具有的国民性机制，以及自己所特有的族际性机制都不是一种显性的存在，而是一种隐性的存在，不显山不露水地蕴涵于中华民族共同体之中。一方面，它使中华民族更具包容性、韧性，也更具整合能力，从而也更具有生机和活力，为中华民族的伟大复兴提供了重要的条件。另一方面，这些多样而丰富的机制，也是一种可资利用的重要历史—文化—政治资源，使中华民族本身成为一座历史文化资源的宝库。

中华民族所蕴含的如此丰富的机制与当代中国或现代国家相结合，便带来了两个结果：一是使当代中国既有现代国家或民族国家的基本框架和制度机制，又有着比西方民族国家更加丰富的内涵，尤其是体现出突出的中华文明特征。也正是由于如此，国内外都有学者将今天的中国界定为文明国家。二是中华民族蕴涵的这些机制，为今天中国的治理、发展提供了极为宝贵的历史—文化—政治资源。诚然，中国悠久的历史和文化为今天的国家治理和国家发展所提供的资源还要更加多样和丰富，但中华民族所蕴含的资源既是文化性的也是政治性的还是社会性的，所以不仅十分宝贵也十分独特，能够直接支撑或服务于国家的统一和稳定、治理和发展。这也是中国必须于日益刚性化的国家间竞争中走强势崛起之路的条件下，国家决策层以中华民族伟大复兴来表述国家发展目标的重要根源，也是今天要通过铸牢中华民族共同体意识来推进中华民族建设的重要根源。充分发挥中华民族蕴涵的社会政治机制功能，就能使中华民族在国家发展中发挥更大作用，为中国走进并稳居世界舞台的中央创造根本条件。

五 结语

对中华民族进行多侧面的梳理不难发现，今天的中华民族是在中国历史上众多民族群体长期互动基础上经过现代构建而成的一个现代民族，是一个实实在在的民族实体。诚然，作为一个现代民族的中华民族具有突出的构建性，但今天的各类民族中没有构建性的又有几个呢？如同构建起来的大厦不乏实体性一样，构建起来的民族亦有实实在在的实体性。作为一个现代民族实体的中华民族，在中华现代国家的构建、运行及治理和发展中一直发挥着实实在在的作用。以近几十年所形成的立足于国内各民族尤其是少数民族看待民族的思维定势来看待和定义中华民族，无法对中华民族形成全面、准确的认知。这样的认知可以休矣。

今天的中华民族具有现代民族的基本特征和属性，是典型的现代民族。但在历史上各民族群体长期交往交流交融基础上形成并浸润于悠久的中国文化的中华民族，还具有由这样的特殊历史文化所赋予的内涵，因而较之于首先出现于欧洲的现代民族而具有更多的内涵，尤其是具有十分丰富的历史和文化内涵，不仅显得更加丰富和复杂，也更具包容性和韧性。看不到中华民族的现代民族特点，就无法抓住中华民族的本质；而忽略了中华民族的历史和文化内涵，就无法把握中华民族的特殊性，无法对中华民族的优势具有充分的认识。

中华民族是一个由全体国民组成的共同体，也是一个以国家为框架的人口组织形式，承载着悠久的历史文化，蕴涵着多样而丰富的社会政治机制，对于国家的团结和统一、治理和发展来说是一座资源的宝库。因此，在今天的国家治理和发展中既要充分认识、挖掘和利用中华民族所蕴含的资源，又要加强中华民族的塑造和建设，促进中华民族的巩固和发展。中华民族同其他任何民族一样，也处于发展和演变的过程之中。如果说民族

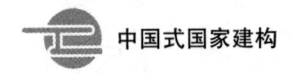

是想象的共同体的话,那么引导其成员朝着什么方向去进行想象,民族就会朝着相应的方向而发展和演变。

(原载《探索》2021 年第 3 期)

历史书写中的民族主义与国家建构

关 凯[*]

民族主义是一种观念,与历史因素有很深刻的联系。共同的历史经历与历史记忆,是现代社会的民族主义与族群意识最重要的来源之一。

"民族"的概念表达了人类对于归属感、整体性、生活理想和政治共同体的追求,而历史,则是民族存在的意识形态基础之一。但历史本身是什么?历史不但是一种简单的"过去发生的事",也是一种人为的书写。这种书写不只是历史学家对于史实的记录,也包含了生活在不同时代、不同社会、不同文明中的人们对"历史"所持有的某种认知和看法,从而始终是一种关于"历史"的知识构建。在现代人文与社会科学的专业分工体系下,历史研究既有基于考古学、历史文献和集体记忆(口述史)的经验研究特点,也因其"民族化"的历史书写方式而成为一种民族主义观念的知识生产与传播。当历史学家、社会科学家以及民间的历史书写者在观念上将创造历史的主体锁定为"民族"的时候,关于民族的历史叙事和关于历史的民族主义叙事,就时常纠结在一起。由此,历史书写通常容易带有民族主义取向。然而,当"历史"被书写者有意无意地赋予某种民族主义价值与情感意义的时候,"历史"就可能被简化为一种民族叙事,因而成为一种非历史的知识。

20 世纪 80 年代之后,在认识论上,以盖尔纳和霍布斯鲍姆为主要代表人物的民族主义建构论兴起之后(不完全意义上也包括本尼迪克特·安德森),民族主义的历史书写遭遇到新的挑战。建构论者以解构民族主义

---

[*] 关凯,中央民族大学民族学与社会学学院教授。基金项目:本文系中央民族大学学术团队建设项目"民族事务管理体制机制优化研究"(2015MDTD04A)的阶段性成果。

的方式重构了现代历史叙述,从而使"前现代的历史"(Pre-modern History)与"现代的历史"(Modern History)彼此区分开来,民族主义因而被视为一种纯粹的现代工业文明的产物。也正是在这个意义上,任何试图在民族主义意义上重建前现代文明与现代性连接的历史书写都可能被视为某种类型的"传统的发明"[①],注定带有某种程度的"时代谬误"(Anachronism)的特征。

起源于欧洲的民族国家(Nation-state)体制是现代性在政治上的重要特征。与卢梭式的"主权在民"说一样,民族主义意识形态是民族国家最重要的意识形态基础之一。现代国家的政治伦理是将国家主权落实到"人民"头上,通过保障普遍的公民权利以及开展国家化的爱国主义意识形态教育(包括对国旗、国歌、国徽等象征符号的运用),将"人民"(the People 塑造成"民族"(the Nation,或可言"国族"),从而形成一个以国家为单位的、人们共享一种价值观并在情感上彼此产生认同的政治共同体。在这个过程中,由于世界上绝大多数国家都是多民族国家,全球化时代大规模的国际移民也不断加深各个国家内部的多样性,因此,在世界范围内,当代的国家建构所普遍面临的一个挑战,就是如何将非主流群体(少数群体)纳入"国族建构"(Nation-building)的进程之中。

在这一点上,历史书写所表现出来的复杂性,集中于对历史观念的表达。在一个社会内部,当不同群体对"历史"产生不同的、甚至是对立性的描述和解释的时候,"历史"就可能演化成一个民族主义观念的竞技场,甚至是族群冲突的战场,从而破坏社会团结与国家凝聚力。因此,国家面对自身内部的多元化社会,始终需要生产一种对于历史理解的基本观念共识,而这种观念共识的基础,不仅源自对历史事实不断深入的发现与验证本身,也来源于对权利政治(Rights Politics)的哲学理解。

一 民族主义史观:欧洲中心论及其批判

现代的"民族"(Nation)观念和民族主义(Nationalism)思潮奠基于

---

① [英] E. 霍布斯鲍姆、T. 兰格:《传统的发明》,顾杭、庞冠群译,译林出版社2004年版。

启蒙时代的政治哲学。从一开始,"民族"的概念就具有卢梭式的民主政治和公民运动的意识形态背景。事实上,从18世纪的欧洲大陆开始,在近现代社会的历史书写中,特别是国家史、民族史、区域史的知识构建中,历史学逐渐带有越来越强烈的意识形态色彩,与西方社会脱离基督教神学之后的现代政治观念的兴起有着密切的联系。

卢梭在1762年发表了《社会契约论》,当中论述了"人民主权说",即"创建一种能以全部共同的力量来维护和保障每个结合者的人身和财产的结合形式,使每一个在这种结合形式下与全体相联系的人所服从的只不过是他本人,而且同以往一样的自由"[1]。"这样一个由全体个人联合起来形成的公共人格,以前称为'城邦',现在称为'共和国'或'政治体'"[2]。卢梭的学说颠覆了既往人类社会大多基于某种宗教观念而形成的对于政治权威来源的具有神性的理解——典型者如欧式的"君权神授"和中式的"君权天授"——将国家主权的来源解释为人民基于公意制订的社会契约,这是现代民族国家体制和民主政治的哲学起源。而在卢梭学说中"作为主权参与者"的"人民",其概念内涵几乎等同于"民族"。

而与卢梭同时代的德国哲学家康德的思想,则被凯杜里解释为现代民族主义意识形态的认识论起源[3]。与中国传统哲学强调"天人合一"不同的是,康德认为人的意志是完全独立于自然秩序和外部命令的,而道德是对普遍法则(绝对命令)的服从。当人服从道德法则时,他就是自由的,这种道德法则来自于他自身,而非外部世界。于是,康德使个人成为世界的中心,自律的个人把自己确定为一个自由的和道德的存在物。从康德哲学的立场出发,没有任何事物存在于意识之外。但是,个人就其本身而论却是虚幻的,必须从他在整体中所具有的位置获得实在性。因此,个人的自由在于自身与整体一致,完全的自由意味着全部融于整体,为达此目的需持续不断地斗争。

康德将个体自决提高到至善的地位。那么,接下来的问题就是:个体如何自决呢?在费希特看来:单独的个体是无法实现自身价值的,个体要

---

[1] [法]卢梭:《社会契约论》,李平沤译,商务印书馆2013年版,第18—19、20页。
[2] [法]卢梭:《社会契约论》,李平沤译,商务印书馆2013年版,第18—19、20页。
[3] [英]埃里·凯杜里:《民族主义》,张明明译,中央编译出版社,2002年版。

想实现自身价值,只有通过整体①。然而,为什么"整体"必须是国家,而不是全人类呢?在这里,上帝创造的多样性学说登场了:国家并非个人集合体,而是文化整体性的代表,同时国家高于和先于个人。只有和国家成为一体,个人才能实现他的自由。于是,民族主义沿着基督教的文化传统终于变成了最高价值。在这个读起来似乎严丝合缝的哲学链条里,个体的自由最终以一种吊诡的方式得以实现,即只有为国家献身,甚至完全失去自我的个体,才是在最高意义上获得了自由。

启蒙时代德国的民族主义思想不仅基于康德的理性主义,同样基于"狂飙突进运动"文学化的情感张扬,代表人物是歌德和席勒。当时这些尚处年轻时代的德国作家和诗人,一方面受到卢梭哲学思想的影响,追求"自由"和"个性解放",另一方面则反对启蒙运动对理性的过分强调。被后世视为德国民族主义先驱思想家和"狂飙突进运动"奠基人的赫尔德(Johann Gottfried Herder),在1772年发表的《论语言的起源》中,认为语言源出于人的心智,诗歌是语言的最高形式,语言代表了一个民族独特的"民族精神"②。

事实上,康德之后,无论是赫尔德还是费希特,民族主义学说经由哲学理论而成为一种意识形态。这种意识形态强调,由于世界是多样性的和斗争性的,民族要自我实现,必须保持自身是自由的,这种自由需要一个民族建立自己的国家,从而实现民族自决。"民族自决"就这样以源于个体自身内在道德和对整体性的不懈追求演变为一种政治权利。

由此,尽管民族国家体制是一个世俗化的理性制度,但以个人的自由为基础的民族国家体制,在哲学上就具有了神圣性,也饱含了激烈的情感。而所有民族主义政治诉求的顶点,就是依据民族建立自己的民族国家。随后,这种基于欧洲社会经验而形成的民族主义知识成为现代性文化的一个重要的、有机的组成部分,并和工业文明一起,在全球得以扩散,并遭遇到不同类型的社会对其不同方式的接纳、抗拒与改造。

根据安东尼·史密斯的说法,"对德国民族主义的思考在汉斯·科恩

---

① 费希特提出:自我意识是一种社会现象,任何客体的自我意识都是有限的,它存在的必要条件是所有其它理性客体的存在。参见〔德〕费希特《自然法权基础》,谢地坤、程志民译,梁志学校,商务印书馆2004年版。

② 〔德〕L. G. 赫尔德:《论语言的起源》,姚小平译,商务印书馆1999年版。

(Hans Kohr)有关'西方的'和'东方的'民族主义两分法中起着特别重要的作用。在民族主义分类法方面，科恩的两分法依然是最值得赞扬且最有影响力的。汉斯·科恩的代表作《民族主义的思想》(the Idea of Nationalism)发表于1944年。这本书写于纳粹和战争的阴影之下。科恩寻求发现西方的、较为温和的民族主义形式和产生于莱茵河以东、更为恶性的民族主义之间的区别。科恩认为，西方的民族主义形式是在习惯法和共有领土范围内的公民理性联合，而东方的各民族主义形式则是建立在对共同文化和族群本原的信仰基础之上的；后者导向认为民族是一个有机的、无缝的和超越个体成员的整体，并将个体成员从其出生开始就打上去不掉的民族烙印。从社会学视角看，通过两者不同的阶级组成可以发现这种对比的来源。在西方，强大并有信心的资产阶级能够建立拥有市民精神的大众公民民族；而在东方，缺少这样的资产阶级，有的则是帝国的专制者和半封建地主的统治，这既给民族的有机观念，也给无节制的、权威的和常常是神秘的民族主义形式提供了丰饶的土壤。"[①]

尽管汉斯·科恩注意到了不同民族主义的类型差别，但他仍然没有摆脱西方中心论的视角（这也是某种类型的民族主义）。西方中心论之所以根深蒂固，首先，在于西方是现代性文化的原生地，而现代性原理（如个人主义、世俗化、市场经济和民主政治等）作为一种普遍主义原则的世界扩散，更强化了西方的现代知识霸权。其次，16世纪之后，任何非西方社会都受到了现代性文化的冲击，并在相当大的程度上接受了后蒙时代的进步论观念，视西方为自身社会发展的榜样。然而，对于非西方社会而言，西方不仅是现代性文化的导师，也是凭借现代性生产出不均衡世界秩序的行动者。在西方中心论的观念支配之下，"东方"始终在言说上处于一种不利的地位，这种知识性的不利地位也在客观上推动了"东方"社会的民族自觉。

随着现代社会科学理论对历史书写的影响逐渐加深，历史书写的学术与政治规范都发生了显著的变化。在这种变化之中，超越民族主义的历史书写成为一种新的思想追求。以美国历史人类学家埃里克·沃尔夫的著

---

① [英]安东尼·史密斯：《民族主义理论、意识形态、历史》，叶江译，上海世纪出版集团2011年版，第43页。

作——《欧洲与没有历史的人民》为例,这部著作集中体现了作者对15世纪以来世界历史进程的认识,在对近代社会科学和人文知识进行反思的基础上,沃尔夫以人类整体作为阐释单元,从互相关联的角度尽可能复原各个族群之间的互动,将所有人视为共同塑造历史进程的主体,力求突破欧洲中心论的历史观念和历史实践。

沃尔夫认为,欧洲中心论者将欧洲同质化,然后以其与"他者"进行比较,得出二元对立的形象,以凸显欧洲的优越之处。沃尔夫注意到,这一做法在西方历史中有悠久的渊源:"长久以来,西方的习惯做法就是把西方的自由和东方的专制相对照,不管是希罗多德说到希腊城邦国家同波斯人的斗争,还是蒙田和伏尔泰把建立在社会契约基础上的社会和以大众匍匐在专制统治下为特征的社会相对立起来的做法。"①

在沃尔夫看来,欧洲国家的形成道路是多样化的,"若是认为文化统一性为欧洲国家建设和民族形成扫清了道路,那就大错特错了","简单地将多元异质性与欧洲同质性对立起来的做法"是极其错误的②。沃尔夫注意到,在资本主义世界体系形成的过程中,不仅有欧洲国家对海外的残酷剥削,亦有欧洲内部的严重不平等。"如同在国外一样,为资本主义生产方式创造基础和依附性供应地区的过程同时也在资本主义本土上进行着","资本主义发展在它自己的核心之内创造出边缘地带","成为附属或依赖的地区,为工业化的中心地带提供廉价食品、原料和劳动力"③。

通过描述欧洲史的多样性,以从根基上摧毁欧洲中心论的基础,是沃尔夫反欧洲中心论的批判的一面;同时,沃尔夫着力发掘欧洲以外的族群的历史,即"没有历史的人民"的历史,则是他著作中有建设性的一面。

沃尔夫所指的"没有历史的人民",一是相对于欧洲人的"他者",特别是边缘族群的"野蛮人"。以肤色而分,最典型的就是与"白人"相对的"黑人",以及与"文明的"欧洲人相对的"原始人",如易洛魁人、克劳人或伦达人,他们被认为是"无阶级的""无头人的"或"无国家

---

① [美] 埃里克·沃尔夫:《欧洲与没有历史的人民》,赵丙祥、刘玉珠、杨玉静译,上海人民出版社2006年版,第98页。
② [美] 埃里克·沃尔夫:《欧洲与没有历史的人民》,赵丙祥、刘玉珠、杨玉静译,上海人民出版社2006年版,第444页。
③ [美] 埃里克·沃尔夫:《欧洲与没有历史的人民》,赵丙祥、刘玉珠、杨玉静译,上海人民出版社2006年版,第348页。

的"人群；另是相对于强者的弱者。沃尔夫持有一种阶级论看法，特别关注资本主义生产方式下的工人阶级。沃尔夫认为："我们再也不能仅仅满足于只书写一种'胜者为王'的历史，或者只满足于书写被支配族群的历史了"。普通大众虽然确实是历史进程的牺牲品和沉默的证人，但他们同样也是历史过程的积极主体，因此，需要挖掘"没有历史的人民"的历史[①]。

对于"西方中心论"，沃勒斯坦将其归纳为五种表现："历史编纂学、普遍主义的狭隘性、关于西方文明的建设、东方学、强加于人的进步论。"[②] 20世纪中叶以来，一些西方学者对西方中心论展开了相当深入的反思和批判，正如沃尔夫在《欧洲与没有历史的人民》作出的努力那样。这代表了史学研究的一种新的取向，正面阐述和揭示沉默族群的历史，以维护历史书写的正义性和社会公正性。

二 非西方社会的历史书写：西方中心论与民族主义

如果说，民族国家体制和与之配套的现代民族主义思想在西方社会是内生的，那么这种思想对非西方社会的影响可能比其在原生地更为复杂。如杜赞奇所指出的，在民族主义的意识形态下，历史是传统国家转型为民族国家的主要模式，也就是说，一个民族，必须仰赖于共同的历史，才能够成为一个有机的整体。而这种"共同的历史"，则是人为的意义创造与改造[③]。

1500年之后，地球表面的大部分陆地与岛屿都渐渐成为欧洲的殖民地，仅有包括中国在内的少数国家是例外。然而，尽管近代以来几乎所有非西方社会都受到西方的强烈影响，但在历史书写上，非西方社会却普遍不承认或不愿承认西方在自身社会发展历程中曾经发挥过的某种重要的、甚至可能是决定性的作用，即便事实如此，非西方社会也会更多地将西方力量描绘为外来的侵略者和压迫者、本地人奋勇反抗的对象以及本地文明

---

① [美]埃里克·沃尔夫：《欧洲与没有历史的人民》，赵丙祥、刘玉珠、杨玉静译，上海人民出版社2006年版，第27、272—273、415—416页。
② [美]伊曼纽尔·沃勒斯坦""欧洲中心论"及其表现社会科学的困境》，《史学理论与史学史学刊》2002年卷，瞿林东主编，社会科学文献出版社2003年版，第64页。
③ [美]杜赞奇：《从民族国家拯救历史：民族主义话语与中国现代史研究》，王宪明译，社会科学文献出版社2003年版。

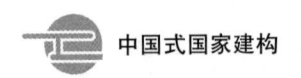

传统的无情毁灭者。

二战之后,在全球范围内风起云涌的民族解放运动,高举反对帝国主义和反对殖民主义的正义性旗帜,但第三世界民族主义的思想内涵,正如本尼迪克特·安德森所揭示的那样,民族作为一种"想象的共同体",并非是第三世界启蒙主义的原因,而恰恰是其后果。在西方启蒙主义和理性主义世界观支配之下,第三世界都经历了一个宗教性思考方式走向衰退的过程,这个过程与18世纪"民族"在西方的诞生在思想理论上是一致的。

当然,如同我们不能完全接受费正清对中国现代化进程所定义的"冲击—回应"论一样,即中国没有启动现代化进程的内生性力量,这个进程是受西方刺激后做出的一种反应①,非西方社会的民族主义也决非殖民主义刺激之下的空穴来风,而是在自身"前现代的"文化传统上结合现代性文化的影响生长起来的。从19世纪末开始,在欧洲殖民主义型塑出近代世界体系的历史条件下,无论是殖民帝国统治的殖民地还是半殖民化的受其制约的传统帝国(如清帝国),这些地区发生的向民族国家体制不同方式的政治转型,始终带有强烈的两面性:既学习西方,亦反抗西方;既延续传统,又与传统割裂,这些矛盾重重的二元对立共同贯穿于20世纪第三世界的民族国家建设史。

对于殖民地来说,正如印度学者查特吉所指出的,民族主义思想是一种在殖民地世界生长出来的欧洲话语的衍生品,始终受到欧洲话语的支配。查特吉以所谓"衍生的话语"来嘲讽民族主义思想的这种内在冲突:西方的民族主义思想包含了自由与理性,而非西方的民族主义既有对自由与理性的接受,也有对西方本身的抗争与排斥。殖民地社会的民族主义思想在接受现代性标准及其"认知体系宣称的普遍性"的同时,"断言民族文化的独立自主的身份","同时拒绝和接受外来文化在认知和道德上的主导。"这种内在的矛盾使反对殖民主义的民族主义"必然是一场与整个知识体系的斗争,这场斗争既是政治的,也是思想的"②。

---

① 几乎所有费正清的著作都是在这个理论逻辑下展开的,如[美]费正清:《美国与中国》,世界知识出版社2003年版;[美]费正清:《中国:传统与变迁》,世界知识出版社,2002年版;[美]费正清:《伟大的中国革命》,世界知识出版社2000年版,等。

② [印度]帕尔塔·查特吉帕莎·查特吉:《民族主义思想与殖民地世界:一种衍生的话语》,范慕尤、杨曦译,译林出版社2007年版。

历史书写中的民族主义与国家建构

无论是模仿"西方"还是模仿"反西方的西方（苏联）"，民族解放运动和第三世界的民族主义思潮与民族国家建设工程，都在不同程度上带有某种"反西方中心论的西方中心论"的理论痕迹。这种思想痕迹，也渗透到各种形式的历史书写之中。不同的历史书写，所要处理的基本问题都是相似的：即在某种类型的西方式理论话语支配之下，重新建构一套对于自身社会发展历程的历史解释体系，并在这个体系中体现出自身独特的民族主义价值观。然而，从这个意义上说，民族主义饱含着大众对于族群、民族和国家所保有的一种朴素、持久而感性的观念，这种情感既可能是国家统治的支持力量，也可能相反。正如杜赞奇所说："当我们考虑到民族认同的含混性、变换性与可替代性以及与其他认同的互动时，便不难认识到它能在多大程度上支持民族国家，就能在多大程度上颠覆民族国家。"[①]

同时，即使从单纯的知识意义上说，我们确实也需要严肃反思"西方中心论"及其批判的真正含义，特别是，是否一切向西方学习的取向都在民族主义意义上是一种"道德过错"反之亦然。实际上，就今日世界格局而言，以理性主义为基础的现代性并非西方文化独有的特征，而是人类文明的共享特点。非西方社会在经济和政治上的崛起（以中国为最典型），其文化意涵并非意味着单向度的传统的复兴，而恰是现代性的生长以及现代性与传统之间兼容性提升的结果。

实际上，至少在知识生产机制上，当今世界比以往任何时代都更接近于"地球村"的描述，不仅后现代主义思潮松动了"西方"与"东方"的类型学边界，以民族主义为基础的民族国家的历史书写也遭到根本性质疑。以知识分析工具为例，对于民族和民族主义的认识，建构论的兴起在理论上解决了一些重要的问题，而这些问题并非仅仅是"西方的"。如盖尔纳的功能主义指出，工业社会的文化同一性，必然要求民族国家在内部创造这种同一性，民族主义就是配合这种创造的思想工具；而霍布斯鲍姆则揭示出现代的"民族"与古老文化遗产的现实距离，这些"民族"都是现代的再创造，而非古老事物的简单延续，其中包含着深刻的断裂；按照安德森的分析，正是18、19世纪的印刷资本主义造就了人们对于历史与现

---

① ［美］杜赞奇：《从民族国家拯救历史，民族主义话语与中国现代史研究》，王宪明译，社会科学文献出版社2003年版，第7—8、220页。

实的共同体想象,但显然,这种"想象"有时并不具有本真性意义。

当然,从批判的视角出发,这些建构论者的发现都具有一个相似的弱点,就是理论过于宏观,特别是放大了民族和民族主义的主观性特征,并将这种特征推演到决定论的高度,从而低估了民族和民族主义之所以存在的客观性的社会基础。历史、血缘和语言,无疑都是这种基础最重要的组成要素。这些理性主义分析的另一个弱点,是忽略了民族主义所带有的强烈的感性色彩——民族主义不仅是通往现代性的一种理性工具,也是人们在日常生活中体验到的真实、有时可能难免狭隘的情感。对这种真实情感的任何忽略,都可能低估了民族主义在非西方社会成为一种反现代性社会运动的可能性。正如查特吉指出的那样,民族主义必须突破知识精英的圈子而俘获大众情感以建立最大的民族主义联盟,而大众情感往往基于传统的,甚至是狂热反现代[①]。今日的 IS 在宗教领域所表现出来的精神特质也是基于同样的逻辑。

总而言之,在全球化的时代,在历史书写上,任何过于简单的理论范式,无论是"西方中心论"或其反面,还是"反西方中心论的西方中心论",都不足以应对传统、现代性、全球化、民族主义、民族国家建设这些相互影响与制约深邃的命题。历史已不再可能被视为一种线性的、单向度的发展过程,而是越来越被看作是一种复杂的、各种主体之间交互发生关系的过程。只有秉持超越民族主义的价值关怀,承认并接受历史主体的多元性,历史书写才能更好地与当下的社会语境配合起来,并服务于创造一种更美好的社会生活。

三 国家建构中的历史书写

在欧洲中世纪和一些伊斯兰国家,历史知识生产的主导者是宗教组织,而非国家。但在民族国家出现后,历史知识生产过程的国家在场,就成为一个普遍的现象。对任何一个国家来说,在政治上,包含着历史解释在内的知识生产都意味着是国家文化主权的一部分,尽管不同国家对这种

---

① [印度] 帕尔塔·查特吉帕莎·查特吉:《民族主义思想与殖民地世界:一种衍生的话语》,范慕尤、杨曦译,译林出版社 2007 年版,第 202 页。

知识生产过程实施干预的方式是不一样的。

法国大革命之后，历史书写成为民族国家建设工程的重要文化工具。这种以国家为中心的历史书写，通过国家化、标准化的国民教育工程进行系统性的知识生产与传播，从而深刻影响了人们的观念。然而，20世纪60年代之后，对于世界上大多数国家而言，在多元文化主义的"新"规范之下，内部的文化和族群多样性使国家化的历史书写逐渐开始遭遇到一个近乎"天然的"障碍。在民间，族群知识精英往往热衷于通过建立以自身族群为中心的历史叙述，构建出另一种"去国家化"的历史知识。这种基于族群的、本地的和传统的生活实践及其感受而形成的历史知识，表达的通常是一种族群民族主义意识和观念。在族群运动中，不同的历史表述经常以文化冲突的面目出现。在不同历史观念映照之下，不同族群对历史人物、事件及其性质往往持有不同的价值立场和是非判断，由此可能引发激烈的，甚至是难以调和的族群冲突。

从以国家为中心的视角出发，民族化的历史书写大致可以分为三个阶段：前民族国家时代、民族国家时代和后民族国家时代。前民族国家时代的历史学家们——尽管他们在世的身份未必是"历史学家"，如古希腊的希罗多德和修昔底德，古代中国的司马迁和司马光——更关注一种以政权和英雄人物为中心的、通常是编年体式的历史叙述，并在这种叙述中添加上或强或弱、或显或隐的个人价值看法。而民族国家时代的历史学家们，则通常忙于在历史材料中梳理国家与民族存在的历史根基，由此为国家政治统治和民族主义运动提供合法性支持。但在后民族国家时代（现在讨论这个问题似乎稍有点早，但征兆已现），沿着某种民族主义逻辑展开的历史叙述正在被后现代哲学解构，如杜赞奇所谓"从民族国家拯救历史"之说。然而，擅长解构的后现代哲学，虽然可以消解某些民族主义历史知识的确定性，却无法提供一种新的历史叙述方案，而在历史观念上只能奔向虚无主义的终点。

在20世纪之前的人类历史中，如果说，权力政治（Power Politics）压抑了弱小国家与社群的历史书写机会，那么，20世纪之后，权利政治（RightsPolitics）大大增加了这种机会。事实上，20世纪在人类社会普遍发生的民族解放运动、反种族歧视运动，族群运动和土著人运动的本质都是权利政治，其最显著的意识形态产出就是多元文化主义作为一种政治规范

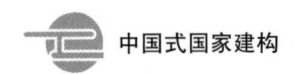

和"政治正确"在世界范围内的兴起。从此,历史叙述不再仅仅聚焦于国家和伟大的英雄人物,凡夫俗子和边缘社群也可以进入历史叙述的中心。

由是观之,无论是国家化的还是族群化的民族主义历史叙述,都面临一种深刻的知识风险,即当民族主义原则成为历史叙述的终极价值时,历史就变得不那么重要了,而"民族"会变得至关重要。"民族"宣称是自身历史的创造者、行动者和解释者,并且将历史遭遇投射到现实的情感基调中来,如何看待历史成为考验人们爱国主义或族群情感的试金石。于是,"民族"和历史之间的这种互动关系,使得历史观时而替代历史本身,成为民族主义历史表达的核心。对于一些历史基础薄弱的国家来说,他们的历史书写有时难免会陷入某种安德森所谓的"想象的共同体"式的尴尬①。而对于那些激进表达族群情感的历史书写者而言,历史也会成为一种主观倾向明显的选择性社会记忆。

实际上,离开历史,现代人无从理解自己所处的时代和自己所经历的社会生活,在被现代性文化深深浸染的当代社会生活中,某种类型的历史知识、群体记忆和解释范式不仅深刻塑造了我们的价值观、人生信念和社会理想,也强烈地激发了我们的认同、意志力和情感,而这一切,都和某种类型的民族主义历史观念脱不开干系。因此,当我们审视现代社会表现出来的各种文化气质,除了个人主义和基于社会分工的职业化取向之外,无论是政治意识形态、宗教或族群认同还是国家与国际政治,其核心都与民族主义意识形态和社会运动相关。

作为影响历史书写的核心要素之一,民族主义有两个显著特征,一是基于既有的权力政治而形成的格局与结构,包括既定的地缘政治格局、国家制度和族群参与国际政治、国家政治的渠道与方式。在权力政治的范畴中,无论是国际政治还是国家政治,强势群体都试图巩固自己的优势地位,而与之相对的弱势群体则试图改变这种格局;二是和权利政治有关的诉求表达。族群精英代表族群所做出的各种诉求表达,不仅与特定族群的历史遭遇、在国际国内社会的人口分布、所处的社会经济地位有关,也和具体社会语境下的价值与政治规范有着密切的联系。族群运动演变为民族

---

① [英]本尼迪克特·安德森:《想象的共同体:民族主义的起源与散布》(增订版),吴叡人译,上海人民出版社2011年版。

主义运动的核心标志,就是族群精英要在文化上将自身的"族群"(Ethnic Group)论证为"民族"(Nation),从而得享"民族自决权"。

权力政治的历史将人类居住的星球划分成国家,而权利政治的历史则不断改变人类社会的价值观念。

在国际政治层面,权力政治是现代国家以及国际地缘政治格局的最重要的起源要素。无论是西方殖民主义实践造就的国家,如基于海洋殖民扩张形成的美国、加拿大、澳大利亚等,以及基于陆地扩张形成的俄罗斯;还是中国这样从传统的"天下帝国"转变成现代国家,在很大程度上都是国际地缘政治格局中权力政治的历史演变结果。而由权利政治创设的国家,无论是那些基于"主权在民"原则而通过或激进或渐进改良的方式改变国家体制的法国、英国,还是经由"民族自决权"的实现而形成的德国、意大利,以及后来从原欧洲殖民地经由反殖民主义斗争和民族解放运动而创设的新国家,如亚非拉的多数国家,都是基于权利政治的社会运动所产生的结果。当然,权力政治与权利政治对国家形成的影响,往往不是单方面的,而是相互作用的。

从这个意义上说,历史书写从来都不可能只是一种简单的描述,而必须表达某种思想立场与价值观。这种哲学立场的两个极端,就是民族主义与世界主义(Cosmopolitanism)。前者张扬"民族"的整体性及其作为历史创造者不容置疑的主体性,而后者否认民族主义的价值基础,倡导普遍主义的大同世界,历史也必将终结于这个世界。历史书写在这两端之间的徘徊,是当代历史研究的非历史取向的典型症状。吊诡的是,人类文明发展的历史经验表明,既不可能存在绝对孤立发展的文明体系,也不可能存在"放之四海而皆准"的普遍文明模式,特别是随着后现代主义哲学的兴起,伴随着进步论的退场,在很多时候,历史书写看上去更像是披着文学或社会科学外衣的"神话表述"。由此导致的一种思想后果是,民族主义和世界主义的非历史的历史写作,正在造成史观的混乱。

民族主义意识形态永远无法摆脱强烈的非历史的一面,正如盖尔纳和霍布斯鲍姆等人所揭示的那样,它是工业时代的一种社会构建物[①]。民族

---

① [英]厄内斯特·盖尔纳:《民族与民族主义》,韩红译,中央编译出版社2002年版;[英]埃里克·霍布斯鲍姆:《民族与民族主义》,李金梅译,上海人民出版社2000年版。

主义意识形态往往伪装成一种彻头彻尾的历史主义面孔，但历史并非它的本质，而只是它建构自身的知识工具。在这个方面，民族主义具有变色龙一样的文化适应力，它能够适宜而得体地契合各种社会语境，以灵活多变并饱含激情的说辞聚拢人心，厘清社会群体之间的文化边界，通过建构群体认同与群体忠诚而使自身成为一种世俗化的宗教，一种具有绝对主义倾向的是非分明的价值观。

能与之抗衡的是一种普遍主义世界观。在近代史上，自由主义以及当下的宗教极端主义，都宣称自己是一种普世价值，是"放之四海而皆准"的绝对真理。这些价值观基于各种物质性与精神性的社会基础形成强大的社会运动，但这些运动并未消解民族主义，如果不是进一步刺激了民族主义运动的话。第二次世界大战之后，当世界真正成为一个民族国家的世界，世界政治不可避免地成为民族主义的政治世界。冷战的终结，不过是一种适时的回归而已。而从民族主义的角度看，历史不仅从未终结，而且不断被重新创造。

冷战结束，意识形态政治的退场，造成权力政治与权利政治的纠结被深化。所有的"民族"，包括那些历史上来源复杂的族群，都期待得到其他民族的承认并被赋权，这种赋权的最高等级仍然是20世纪初列宁和威尔逊从不同的角度提出的"民族自决权"。但显然，民族自决权并非绝对真理，既存国际秩序的行为主体——主权国家，普遍对"民族自决权"持有一种机会主义的两面态度，一方面在原则上继续延续二战后《联合国宪章》的传统，在法理上承认"民族自决权"；另一方面视情况而定，是否对某个群体的自决权做出积极回应，要根据是否符合自身国家利益而定。在这一点上，西方国家承认了科索沃的"民族自决权"，却拒绝承认当前克里米亚的"民族自决权"。在"民族自决权"的暧昧外衣之下，国际地缘政治仍然严格遵循着现实主义国际政治逻辑。

同时，现代民族国家体制要求国家必须保持某种程度的民族主义关怀（特别是在国际关系的维度上），以维护国家利益，保护国家公民。这种民族主义通常被定义为"公民的民族主义"（Civic Nationalism）。与之相对的，则是可能将族群认同置放于国家认同之上的"族群的民族主义"（Ethnic Nationalism）。

公民民族主义与族群民族主义的区分是社会科学领域一个"传统的"

知识工具，对于国家而言，二者通常也具备道德意义上的差别，即前者可能是"合理的""正确的"，而后者则是"离经叛道的""危险的"，等等。

无论在文化上还是在身份认同上，国家和族群并不是必然对立的。在全球化时代，当今世界上几乎所有国家都是多族群国家，但在历史书写上将国家与族群对立起来的做法，并不是到处都在发生。这种现象出现的一个前提，与历史的关系不大，却与政治的关联甚重，其关键在于"国族政治"（National Politics）与"族群政治"（Ethnic Politics）之间产生的张力。

民族国家建构工程总是要试图建构一个"国族"（Nation）出来，但显然，造国家易，建国族难。因为国家是一个客观的、理性的政治实体，而"国族"却是一个主观的、感性的、非实体化的群体，其群体一致性大大依赖于人们主观的身份认同。例如，我们不仅无法简单地通过识别一个人的国籍而确认他（她）内心深处的国家认同，也无法设定这种认同是一成不变的。

国家强调爱国主义情感和公民身份认同，在理性制度层面，法律对公民的责任义务要求是明确的。但同时，国家在文化上往往是遵循多数主义原则的，国家的文化特征更多符合主流群体的文化特点。因此，在感性层面，当国家试图用多数的、主流的群体文化塑造一种标准化的"国族"文化时，少数的、非主流的群体就可能持有某种程度的抗拒，从而将"国族政治"导引向"族群政治"。因此，族群民族主义者在历史书写上与国家产生的分歧，其实质并不是历史研究本身的问题，而是族群政治问题。

任何声称自己是单一的、独特的民族群体都必须刻意强调自身独特的、具有主体性意义的历史根基。为了使这种根基更加深厚繁盛，"民族"不惜有选择性地呈现历史书写，独特的语言、宗教和生活习俗在这里表现出特殊的政治重要性，从而使社会分类更加政治化，民族或族群被等同于先赋的、原生的政治体。显然，民族主义的历史根基并不仅仅植根于历史，更依赖于那些民族主义思想家的贡献。

现代性文化的普遍主义特征无疑对民族主义历史知识起到一种抑制和消解的作用。社会科学追求对于普遍规律的通则性因果解释，将民族主义从其杂糅的历史叙述中离析出来，而成为一个单独的变量。这使得我们可以观察并分析弥漫在历史解释中的民族主义情感、价值观和政治立场。但这一点仍然是不够的，因为社会科学知识有时也插着"西方化"的政治标签，如前文所述，隐藏在社会科学知识范式背后的西方中心论也正成为被批判的对象。

民族主义史观是附着在民族主义意识形态与社会运动之上的，因此在这个问题上，武器的批判和批判的武器显得同样重要。历史知识的构建需要打破民族主义、民族认同与历史之间模糊不清的界限，正是由于历史解释的民族化，历史学本身已经受到后现代主义批判理论的强烈质疑。需要正视在历史研究中的非历史取向，历史事件的发展顺序本身并不意味着解释者提供的因果关系和性质定义本身就是"科学的"，相反，同样的历史事实可以有不同种解释。对于解释者而言，自己所提供的解释体系能够做到自洽，远比自认为某种解释是绝对真理更有价值。

后现代哲学的兴起，也在从另一个维度挑战历史书写。极端的解构论，将人们多样化的历史理解全面合理化，并导向一种虚无主义。如果这一切只在知识场域里发生，倒也无可厚非（若单纯从思想史的意义上说，后现代主义理论也确实强化了我们对于社会生活的理解力）。然而，后现代主义质疑一切并解构一切的知识范式，恰恰给改换了形式的民族主义历史书写提供了另外一种生长发育的空间，使之以一种新奇的仪态完成对民族主义意识形态的理论再包装。这是值得警惕的一个问题，因为知识生产直接影响到人们的社会观念，而所有的社会实践都发生在某种社会观念的主导之下。如萨义德所言，所有的社会科学知识都是一种政治性知识[①]。实际上，社会科学家标榜的"价值中立"只具备方法论的意义，而不具备价值意义。

受到民族主义和后现代主义历史书写带来的政治挑战最为严峻的是国家。新的知识范式和新的历史书写方式都要求国家做出知识性回应，否则国家就会在一定程度上丧失历史解释的话语权力。同时，"民族国家不可能本质化为超越的现实，超越自营的政权与竞争的利益集团。民族国家是同时作为权力关系，群体表述以及对超越的追求而存在的。正如三者之间的关系复杂而不断变化一样，只有合理配置历史所提供的所有资源，才能够理解民族国家"[②]。这都要求国家必须成为一个学习型组织，具备反思性

[①] ［美］萨义德：《东方学》，王宇根译，生活·读书·新知三联书店，2007年版。
[②] ［美］杜赞奇：《从民族国家拯救历史，民族主义话语与中国现代史研究》，王宪明译，社会科学文献出版社2003年版，第7—8、220页。

以及不断强化、更新自己的知识生产能力，否则，在历史书写上，国家政治就会出现意识形态上的风险。

四 中国的民族问题与历史书写

中国的文明发展道路在世界上是唯一的。中华文明不是依托一神论宗教发展起来的，而是在上古时期就形成一种"即凡即圣"式的普遍主义道德伦理体系。在数千年的历史岁月中，中国始终有不间断的国家实体、自成体系的哲学思想传统以及世界上唯一自上古时期使用至今的文字系统。中华文明虽以农耕文明的儒家社会为中心，但不断与周边的游牧社会、渔猎采集社会发生互动，甚至中央王朝的正朔之中，亦有元清两季是非汉政权。正是由于中华文明的这些特性，中国人世代生息在绵绵无尽的历史感之中，历史观可以说是中国社会最重要的意识形态，迄今依然。

源起西方的现代性文化东渐之后，尽管中国没有成为完全的殖民地的历史经历，但民族主义之于中国的影响也是一场"思想与政治的斗争"。在中国从"天下帝国"向现代民族国家体制转型的过程中，公民民族主义、族群民族主义以及二者之间的张力始终是国家建构面临的深刻挑战。这种挑战集中表现于今日之民族问题。

理解中国的民族问题，首先需要理解中国的国家文化特性，这种特性蕴含于历史的断裂与延续之中，既需回望文明历史，亦需明察现代性与文明传统的默契与分歧。

赵汀阳在一篇论文中谈到，当代人的历史叙事暗含着对历史的"当代思维的倒叙理解"。"虽然此时之当代性可以对彼时之当代性提出问题，却不能把此时之当代性倒置为彼时之当代性。假如把当代概念倒映并追认为古代事实，这种'逆向建构'会切断历史自身的筋脉，使一种历史变成了无线索的情节组合，失去自身连贯的历史性。"他进一步认为，"来自西方历史线索的民族国家、民族主义、征服王朝、帝国主义等现代学术概念对于西方历史是自然连贯的，而用于解释中国历史则造成历史线索的断裂。"中国一直具有广泛的包容性，是因为中国存在一种被他称之为"漩涡模式"的文化机制，这种机制一旦形成就具有"必然的向心力和自身强化的力量，"这与早期中国的政治行为和天下观有关。因此，这个"内含天下的中国"是一个神性存在,"不能被削足适履地归入民族国家、文明国家或者帝国之类的政治概念或社会学概念。"①

赵汀阳的立论代表了一种有意义的知识讨论方向,世界上几乎没有任何其他文明能够在历史的延续性上与中华文明相提并论,但塑造天下文明的力量,并非是某个特定的现代意义上的族群,是漫长历史中的社会与文化互动,造就了中国及其文化。赋予这种文化一种民族主义标签,使之仅仅成为"汉人"的族群文化,无疑是一种偏见。近年来,对"天下"概念的重新发现与反思,在文化反思的同时也显示出一种政治哲学意义上的理论关怀,即不能在民族主义的狭隘框架中解释中国的历史,中国之所以成为中国,是因为在历史上"天下观"之包容性与超越性,无论是中原王朝还是蒙元清,都在这个"天下"建构的历史过程中做出过卓越的历史贡献。

《现代中国思想的兴起》一书中也论述到,需要将"中国"从僵硬的帝国/民族国家、传统/现代等二元论的叙事框架中解放出来,而将之理解成一个在绵长的历史进程中不断建构起来的生成物,并非具有一种固定不变的"民族本质",而是一个不断去重新整合、建构认同的过程②。换言之,不能以一种刻板、固化的眼光看待中国,不能以西方中心论的刻板标准衡量中国,要察觉中国社会为保存或创设文化连续性一代又一代人做出的艰苦努力。事实上,这个实现现代化的进程迄今仍是进行时。

其次,"所有的历史都是当代史",需要对历史书写中的民族主义保持高度的敏感。

然而,在当下现实的语境中,任何强调中华文明独特性的言说,都可能被国家外部社会冠以民族主义标签,而国家内部的族群多样性也对华夏中心主义的历史叙事构成知识和观念上的挑战。因此,深刻理解民族主义历史书写的知识逻辑,与深刻理解中华文明的独特性同样重要。因为,显而易见的是,历史观的演变将直接影响到中国现实与未来的国家建构。

民族主义是一种现代意识形态,这种意识形态既可能为少数人所保有,亦可能为多数人所保有。而国家建构的本意,是要强调国家对于不同

---

① 赵汀阳:《中国作为一个政治神学概念》,《江海学刊》2015年第5期。
② 参见汪晖《现代中国思想的兴起》(全四册),生活·读书·新知三联书店2008年版。

族裔之共同性。这种共同性之重要性不仅是不言而喻的，而且也更符合历史事实。任何一个多族群社会都不是由单一文化主导的，而是不同文化特质的相互浸染而形成一种区域性文化，进而形成国家化的一种"多元一体"的文化格局。

费孝通先生对此深有感触。他说："我的困惑（对55个少数民族史的编写）出于中国的特点，就是事实上少数民族是离不开汉族的。如果撇开汉族，以任何少数民族为中心来编写它的历史很难周全。困惑的问题，在编写'民族简史'时成了执笔的人的难题。因之在（20世纪）60年代初期有许多学者提出了要着重研究'民族关系'的倡议。着重'民族关系'当然泛指一个民族和其他民族接触和影响而言，但对我国的少数民族来说主要是和汉族的关系。这个倡议反映了历史研究不宜以一个个民族为单位入手。着重写民族关系固然是对当时编写各民族史时的一种有益的倡议，用以补救分族写志的缺点，但并没有解决我思想上的困惑。"费孝通先生进一步提出，"如果把具有多元一体格局的中华民族的形成过程如实地摆清楚，也就是一部从民族观点描述的中国通史了。也可以说就是我在民族研究领域中悬想已久而至今没有能力完成的一个目标。"[①]

费先生以"未竟之业"提出来的问题在今日仍显示出其远见，也同样被其他一些学者所关注。2014年9月，藏学家石硕教授在《新疆通史》之《民族卷》研讨会上提出：目前在中国历史的书写中，主要形成了两种文本体系，一种是"中国通史"的体系，另一种是"中国民族史"的体系，前者以华夏正统为主线，并主要按中原地区朝代演变、更迭来书写。后者则主要是以二十四史中"四夷传"为主干材料，集中来写今天少数民族或历史上属于非汉人群的历史。今天我们所见到的"中国民族史"，大多属于这一类型。形成这两种不同的书写体系，主要和二十四史的文体及分类体系有关，确切地说，也是和历史上传统士大夫的"中国观"和立场有关。因为在传统中国士大夫的观念中，对周边四夷始终存在着一种与看待自己不尽相同的倾向。他还指出，尽管这两种有关中国历史的书写体系有它一定的方便与合理之处，但是这种将中原正统与周边"四夷"截然两分、彼此割裂开来的书写体系却带来了一个很大的弊端，那就是使我们对

[①] 费孝通：《简述我的民族研究经历与思考》，《中央民族大学学报》2000年第1期。

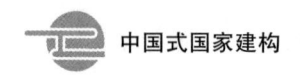

中国历史整体面貌的认识和理解受到割裂与制约，缺乏一种全局性的整体视野，同时在空间上也丧失或忽视了更广阔的地域与民族背景①。

费孝通先生和石硕教授的中肯之见，无疑是今天中国在历史书写上面临的一个相当紧迫的问题。

五 结论

历史研究经常会成为一种政治写作，而其关键不在历史本身，而在看待历史的世界观。

从理论上看，当代的民族研究正在将视角从对"民族的起源与特征"的历史关注转向对现象学意义上的"主体间性"（Inter-subjectivity）的现实关怀——相互对应的不同文化主体（民族或族群）之间，即自我与他者之间，原本被描述为"对立的、差异性的"文化关系，正在被重新解释为相互作用、相互塑造以及相互依存的关系，而并不存在完全由自我决定与控制的主体。相反，按照福柯的解释，塑造人的主体性的力量，来源于语言和隐藏在话语中的权力关系。在现代社会，知识与权力的一体化形成了权威（具有合法性的权力），通过"规训与惩罚"，对社会成员自内而外地塑造出新形式的主体意识②。从这样一种后现代哲学视角出发，"民族"作为一种社会文化群体，"民族关系"的核心并非彼此之间的文化差异与隔阂，而是彼此之间的文化互动与浸染，以及"民族"与一个更大的社会环境（如国家制度、全球化等）之间的文化抗拒与顺从。同时，权力隐含在关于"民族"的叙述话语之中，塑造出对于"民族"的社会想象。

历史书写本身也正在创造更多的知识可能性，从而在一定程度上消解民族主义的狭隘性。事实上，一切人文与社会科学都建立在对普遍人性的理解和解释基础之上，每一个人既关心个体命运、也关心群体归属及其所属群体的社会处境、同时也关注世界主义的普遍价值，在三者之间能够达成的某种平衡，可以有效地遏制民族主义不滑向攻击性的极端取向。这就要求在权力政治与权利政治之间达成一种平衡，由权力政治规范的秩序，

---

① 石硕：《关于区域民族史书写中若干问题的思考》，《西藏民族学院学报》2015年第1期。
② ［法］米歇尔·福柯：《规训与惩罚：监狱的诞生》，刘北成、杨远译，生活·读书·新知三联书店1999年版。

和由权利政治规范的秩序需要同步。同时，基于当今世界秩序以民族国家为基础的事实，国家建设虽不能脱离一定程度的公民民族主义关怀，却不能以公民民族主义为国家建设的最高目标。用通俗的话说，关怀别人，别人才会关怀你自己，唯如此，才能面对国家内部文化多样性的现实。

当下正在隐隐发生的史观之变，本身是一种文化现象。凝结在史观变化之中的，不仅仅是面对过去的历史经历、历史记忆和历史解释，也是迎向未来的价值关怀和基于共同社会理想的共同意志。而真正的历史，不仅是知识生产，更是社会实践。从这个意义上说，国家建设的文化之路，就是要树立更为开放、更为包容的历史观念。

（原载《新疆师范大学学报》（哲学社会科学版）2016年第1期）

国家建构与各民族共有精神家园建设[*]
——基于统一多民族国家建构中国话语的理论分析

马俊毅

在 2014 年 9 月召开的中央民族工作会议上，习近平总书记强调，"解决好民族问题，物质方面的问题要解决好，精神方面的问题也要解决好"；提出"加强中华民族大团结，长远和根本的是增强文化认同，建设各民族共有精神家园，积极培养中华民族共同体意识"。强调要把"建设各民族共同的精神家园作为战略任务来抓"[①]。

民族精神是学界政界长期研究的重要议题，各民族共有精神家园的提出，是对民族精神既有研究成果和理念的总结与升华。"各民族共有的精神家园"的思想，对于我国民族团结、加强中华民族凝聚力具有重要的理论价值，是关系中华民族伟大复兴的重大主题。各民族共有精神家园与民族理论、政治学学界长期研究的以下三个议题密切相关，即民族精神、多民族国家建构和国家认同，并以符合中国国情、政情的形式对以上三个方面议题进行了推进。

各民族共有精神家园是统一多民族国家建构的中国话语。体现了中国特色社会主义民族理论的新发展。中华民族是国家层次上的民族共同体。近现代以来中国人的奋斗历程，是国家建构与民族建设一体两面同时进行，无现代国家则无现代民族。自习近平总书记提出"建设各民族共有精

---

[*] 马俊毅，中国社会科学院民族学与人类学研究所《民族研究》编辑部编审。

本文系国家社会科学基金项目"多民族国家民族精神共同体建构及中华民族精神共同体研究"（项目编号：16BMZ001）的阶段性研究成果。

① 《中央民族工作会议暨国务院六次民族团结进步表彰大会在北京举行》，《人民日报》2015 年 9 月 30 日。

神家园，积极培养中华民族共同体意识"，学界展开了许多论述，但还没有以国家建构的理论视角进行。本文即以中国国家建构为视角，结合中华民族的近现代自觉、中国共产党民族理论的发展以及中华人民共和国的国家建构逻辑，对于各民族共有精神家园进行历史制度主义的研究与阐释，在此基础上，对于新时期如何加强各民族共有精神家园建设进行深入探讨。

一 各民族共有精神家园：国家建构与民族建设的中国话语

（一）民族精神：国家和民族发展的不竭动力

什么是民族精神？首先，我们可立足于中、西语境，从精神的本义去理解。在英文中，精神（spirit），是指生命中最重要的原理或事物；一个地方或环境的一般气氛及其对人的影响；决定一个人性格的一个基本的情感和激活原则[①]。在汉语中，《说文解字》解释：精者，是精选之米，也就是精选之内容，此外，还具有最核心的能量，万物之始，正、善等意义[②]。由此，我们可以较全面理解精神的实质，即基本的价值观、原则和情感系统。其次，民族作为一个群体、共同体，其精神除了以上内容外，还要在群体、共同体层面上加以理解。结合两个方面，笔者以为，民族精神是民族群体成员在长期的历史发展中沉淀、共有共享，精粹性的内容与品质；这些内容和品质会成为一个民族的共同的文化、情感与价值观的内核，具有记忆密码与精神基因的特质，在关键时候能够激活这个民族，使其度过危机并且不断发展壮大。民族精神的核心是民族共同的价值观，民族精神的实质是民族形成的原初动力、凝聚力，即那些使得他们愿意并且能够团结在一起的内容。由此来看，民族作为群体，必须以民族精神来维系；民族精神如果不能够有效建立和建构，民族群体就会涣散。

中国共产党在改革开放以来，多次在重大场合与重要文件中强调民

---

① 笔者根据《朗文当代高级英语词典》"spirit"词条（外语教学与研究出版社2005年版，第1919—1920页），百度百科"spirit"词条（https://baike.baidu.com/item/SPIRIT/7600005? fr = aladdin）的部分内容翻译与总结。

② 李恩江、贾玉民主编：《文白对照说文解字述全本》，中原农民出版社2000年版，第635页。

精神的培育对于社会主义建设、国家凝聚力的重要作用。十六大报告指出,"民族精神是一个民族赖以生存和发展的精神支撑";"在五千多年的发展中,中华民族形成了以爱国主义为核心的团结统一、爱好和平、勤劳勇敢、自强不息的伟大民族精神。"① 胡锦涛总书记在十七大报告中强调,"要用以爱国主义为核心的民族精神和以改革创新为核心的时代精神鼓舞斗志"。② 新形势下通过弘扬民族精神加强民族团结依然是重要的战略。

十八大以来,习近平总书记在各种场合多次强调民族精神的重要性,并且对于中华民族精神进行了阐释,他指出:"为什么中华民族能够在几千年的历史长河中顽强生存和不断发展呢?很重要的一个原因,是我们民族有一脉相承的精神追求、精神特质、精神脉络"。③

(二) 各民族共有精神家园构建逻辑:复合生成的中华民族共同体精神

中国自古以来就是一个统一的多民族国家,在近现代救亡图存的过程中,中华民族从自在走向自觉。"各民族共有精神家园"是对于我国多民族国家建构路径、认同生成路径的真实反映。正是在领导中国革命和建立中华人民共和国的过程中,中国共产党有效地团结了各族人民,弘扬民族精神,实现了中华民族大团结,以马克思主义民族理论中国化的实践哲学,践行了民族精神多元一体、复合生成的伟大征程。从国际上来看,近现代民族主义理念下,现代民族的形成与国家的建构历史路径密不可分。因此,对于民族精神的研究,也必须实现不同国家在场的变换。历史地看,世界上大部分的国家和地区都曾经是多民族与族群共享着同样的政治认同,生活在一个政治共同体;Nation 的建构路径由此呈现出多样化的历史路径而不是教科书意义上的"一族一国"。不同国家的民族精神与该民族的历史记忆、制度建构、文化哲学、政治哲学紧密相关。

各民族共有精神家园作为符合我国国情的国家建构与民族建设话语,

---

① 中共中央文献研究室编:《十六大以来重要文献选编》(上),中央文献出版社 2005 年版,第 30 页。
② 参见胡锦涛《高举中国特色社会主义伟大旗帜 为夺取全面建设小康社会新胜利而奋斗》,人民出版社 2007 年版。
③ 习近平:《从小积极培育和践行社会主义核心价值观——在北京市海淀区民族小学主持召开座谈会时的讲话》,《人民日报》2014 年 5 月 31 日。

包括了以下几个层面的重要内容：第一，"精神"强调了民族精神对于民族问题和国家建构的重要性；第二，"共有精神家园"是强调了多民族国家的民族精神是多元一体、复合生成、同时具有高度共同性、共通性；第三，中国的国家认同与国家建构必须高度重视文化认同，并从文化、观念、心理结构等精神上构筑起国家与民族、各民族、全国人民的共同性、共享性，以及相互的理解与承认。中华民族共同体的建构必须重视抽象意义的"中华民族共同体精神建构"，也就是要加强中华民族共同体意识。

各民族共有精神家园，包含着在新时期国际治理现代化背景下对于如何从精神、文化、价值观等方面加强中华民族共同体建设的深刻内涵，是对于民族精神、民族凝聚力等抽象内容基于中国国情、政情的生动总结，进一步揭示我国各族人民在精神上建构中华民族共同体的路径与内容，已经成为中国统一民族国家建构的重要话语。

（三）各民族共有精神家园：统一多民族国家建构的中国话语

各民族共有精神家园是解决中国民族问题的理论话语，是符合中国统一多民族国家的历史国情、中华文明的特点，并基于对中国共产党领导的多民族国家的建设经验总结而提出的中国话语。近现代以来 Nation 的构建趋势下，国家和民族之间具有相互构建、相互认同的性质，传统的王朝国家的国家建构转型为现代统一多民族国家的建构。不同国家、不同的国情、不同的国家建构路径，决定了其特定构建的话语和理论。各民族共有精神家园是基于我国统一的多民族国家的国家建构、民族建设的理论话语。

第一，"家园"是一个非常符合中国传统文化观念的词语，中国自古以来具有"家国天下""家国同构"等政治文化，内含着要以"仁义礼智信"等传统的道德原则处事待人、并延伸至治国理政，即修身、齐家、治国、平天下。习近平总书记还形象地将五十六个民族比喻为中华民族大家庭的兄弟，体现了中国特色的国家建设文化。同时，家园也是一个不同于封建等级社会所建立的统治秩序下的臣民的精神领域，而是一种比较理想的现代政治文明所建立的国家政治生态、社会秩序、民族关系、文化建设局面，体现为公民、民族、国家之间相互和谐的认同状态。第二，"各民族共有"对应了我国的民族平等、对应了"中华人民共和国是各民族人民共同缔造"的这一宪法精神。以"共有"与"家园"来作为对民族精神的描述，强调了中国作为统一多民族国家在民族精神形成机制上的"和合"性①；这种和合性体现在三个方面：最大限度地包容；通过各民族交往交流交融加深相互的理解沟通；找到最大公约数。②

第三，"共有"还强调了各民族必须要建立统一的国家认同、统一的中华民族认同，加强共同体意识；强调了相对于物质层面的建设，国家建构的精神力量具有同样的重要性；强调了实现中华民族大团结，必须建立由56个民族文化共同组成的中华文化认同，找到各民族的"最大公约数"；在新时期国家治理现代化的背景下，凸显了我国作为统一多民族国家构建民族精神共同体③、加强国家软实力的迫切性。综上，各民族共有精神家园具有从精神共同体方面构建中华民族共同体、实现国家治理能力与治理体系现代化、实现中华民族伟大复兴的深远意义，是新时期中国国家建构和民族建设的重要理论。

二 各民族共有精神家园的文化哲学、历史哲学与政治哲学基础

（一）多元一体的中华文明是各民族共有精神家园的文化哲学基础

世界上不同的国家、不同民族有不同特征的文明体系与民族精神。中国在历史上就是一个统一的多民族国家，各民族在历史上交往交流交融，

---

① "各民族共有精神家园"的和合性，对于以往的民族精神关于具有推进意义。对应了中华民族"大家庭"与各民族"成员"的结构，是基于我国统一多民族国家民族精神的生动反映。

② 习近平：《确立价值观"最大公约数"关乎国家命运》，http://politics.people.com.cn/big5/n/2014/0505/c1024-24975931.htmⅠ，2014-5-5。

③ "多民族国家民族精神共同体"是笔者提出的概念，意在对各民族共有精神家园进行政治学的解读。民族精神共同体是指，相对于已有的国家共同体，多民族国家还需要在精神上建构共同体。简言之，多民族国家民族精神共同体就是在多民族国家国民中共同形成、并得到认同的观念中的国家。多民族国家民族精神共同体的内涵丰富，包括：从经济层面对国家观念的建构，主要有对国家富强、国运昌盛的自豪感与认同感，以及潜在的自身利益与国家利益的一致与共赢的认可及对前景的信心；在政治上，包括对宪法、政治制度、公平正义的国家治理体系的认同，以及在国家能够有效保障自身权益基础上建立的精神认同；在文化价值观上，包括对国家传统文化、公共文化、教育、核心价值观的认同；在心理结构的深层次上，应该包括国家的文化、精神理念、价值观是否能够与各民族民族、社群的文化具有包容性、协调性，而且相互之间是够形成相互促进、共生共荣的正向关系，从而使得国家作为精神家园能够自然地成为各民族精神的共同体和灵魂的栖息地。参见马俊毅《论多民族国家精神共同体的建构及价值》，载《中央民族大学学报》2015年第6期。

虽经朝代更迭、历史变迁，但"大一统"的观念，中华文明的认同薪火相传，形成了经五千年不辍的人类文明形态。中国人，无论是哪一个民族，其精神家园都是是在这个故国故土上生发、在历史中积淀、以文化根脉的延续、以家国天下的认同而逐步形成的。中华文明作为一个人类社会悠久的文明具有自己的特征。中华文明以天人合一、包容多元、以人为本、天下为公、人伦情怀、开放变革等特征，使其在跌宕起伏、饱经沧桑的历史征程中长盛不衰、历久弥新，成为中华民族自强不息、发展壮大的精神力量。

"多民族共有精神家园"的阐述植根于中华文明的历史渊源，并且突出了精神因素、文化基因的作用，为全球化时代中华民族复兴之路的文化自信建设提供了跨越传统、结合当代实践的路径。"多民族共有精神家园"将激发各族人民的自信心、自尊心，鼓舞他们认同与热爱中华文化的主体性的文化自觉意识。这是因为相比民族精神，"共有精神家园"既强调了中华民族文化与精神的共同性，又描述了多民族创造中华文明与多民族熔铸中华民族精神的"包容性"逻辑，对于56个民族的文化价值进行了明确的界定。

"各民族共有精神家园"契合了中国人灵魂归属、精神滋养、安身立命、家国天下的情怀与价值诉求，是顺应新时期加强中华民族共同体意识，建设中华民族共同体，增强文化自觉和文化自信的重要思想。文化自觉是对一个国家、民族对自身的文化有"自知之明"，即"明白他的来历、形成的过程，所具有的特色和发展的趋向""是为了加强对文化转型的自主能力，取得决定适应新环境、新时代文化选择的自主地位"；[①] "增强文化自觉和文化自信，是坚定道路自信、理论自信、制度自信的题中应有之义"。[②] 各民族精神家园，是中华民族对中华文明之精粹、之价值的认知认同、共同守护的理论自觉，是建立文化自觉、文化自信之根本，因此，各民族共有精神家园对于中华民族复兴意义重大。

（二）历史上各民族共建中国的国家观念与信仰，以及近现代史上各族人民的"爱国主义

精神"与"命运共同体意识"共同形成各民族共有精神家园的历史哲

[①] 费孝通：《关于"文化自觉"的一些自白》，费孝通著、方李莉编：《全球化与文化自觉——费孝通晚年文选》，外语教学与研究出版社2013年版。

[②] 习近平：《在文艺工作座谈会上的讲话》，《人民日报》2015年10月15日。

学基础："中国"概念是由各民族共同建构的。历史上各民族交往交流交融，共同推进与不断书写的地理空间、政治共同体和文化认同构成了事实与观念上的中国"国家"。"中国"本身亦成为中国人的"信仰"，但近现代之前，这一"信仰"还未转变为现代国家的民族精神自觉。近现代民主民族革命的艰辛伟大的历程，奠定了我国各民族共有精神家园的爱国主义精神与命运共同体意识。历史上形成的中华文明与中华民族在近现代经历了最为艰难痛苦的命运挑战，以爱国主义精神为推动力、催化剂，其完成了从自在到自觉，以及建构一个现代的 Nation 的伟大过程。一个历史上形成的多民族的大国，受到西方资本主义、帝国主义船坚炮利的入侵；面对西方资本主义民族国家科学技术发达、贸易强大、政治强盛、民众团结等优势产生了前所未有的生存危机。结合内部国情与外部由西方资本主义主导的世界体系，中国在内外合力因素下走向了现代国家的建构之路。中国必须形成历史上从未有过的、现代的"具有共同民族性的国民"或"具有共同国民性的民族"，才能实现救亡图存、民族与国家的复兴。回顾近现代史，这个中华 Nation 的形成，与西方国家不同，既不同于法国、也不同于德国，其具有多元一体的形成路径和内部结构，既有共同性，又有多元性；其形成与国家的转型和建构不是孰先孰后，而是同一过程中的一体两面。体现了中国在建构现代多民族国家方面的"适合于自己的道路"。

现代民族国家的形成，必须伴随着一个 Nation 的形成，即具有包容性、整合性，在内部实现了人民平等的统一、在外部具有自主性的政治民族；这个政治民族既有文化性，又有政治性。中国近现代民族国家建构（实际上是国民国家建构）具有民族建国主义与民族兴国主义两种思想及实践。[①] 民族建国主义——一族（汉族）建国的思想和主张——因不符合国情而逐渐退场；民族兴国主义选择是符合多民族历史国情的现代国家转型之路——建基于容纳各民族于一体的现代中华民族（Nation）——才使得我国多民族国家建构玉汝其成。可以说，中国现代多民族国家的建构之路走向成功的过程，也是中华民族逐步自觉的过程。

在20世纪90年代，费孝通明确提出了多元一体理论，也对近现代史

[①] 王珂：《"民族"，一个来自日本的误会：中国早期民族主义思想实质的历史考察》，《北京大学民族社会学研究通讯》，第70页。

上中华民族经历了自在到自觉的过程进行了深刻的总结。在民族革命中，中国的民族国情逐渐显现，各民族都投入了救亡图存，反对外来的殖民及侵略的革命之中。这使得汉族建国，调整为五族共和，发展为各民族共同建国。而仿制一族一国的道路不断拥塞受阻，中华民族从自在到自觉最终形成。关于这一过程中社会各界对于中华民族的认识和界定，也经历了一个曲折的过程，即：种族观念下的"中华民族"；"五族共和"的民族统一；汉族中心的"共冶一炉"；汉人社会的"宗族民族主义"；"中华民族是一个"的学术论战；中华民族是中国境内各民族之总称；新中国成立以来通过民族识别确定各民族名称。[①]

日本帝国主义发动全面侵华战争，陷中国于危难之中，在这重要的历史时刻，中国共产党领导人代表了各民族人民的利益，代表了中华民族的利益，对于中华民族、中国各民族等进行了正确的阐述。随着毛泽东关于中华民族论述的发表，中国共产党的文件对其进行了进一步明晰的界定，"中华民族包括汉、满、蒙、回、藏、苗、瑶、番、黎、夷等几十个民族，是世界上最勤劳、最爱好和平的民族。中国是一个多民族的国家，中华民族是代表中国境内各民族之总称"。[②] 由此，可以深刻理解习近平总书记的论述，即："要把建设各民族共有精神家园作为战略任务来抓""抓好爱国主义教育这一课，把爱我中华的种子埋在每个孩子的心灵深处"。

（三）中国共产党自觉运用马克思主义民族理论，初步形成共有精神家园中各民族平等团结的政治哲学基础

中华民族从自在和自觉的过程，也是指中国形成一个与现代多民族国家层面上的政治民族的过程，受到西方民族主义思潮的影响，爱国主义精神、民族主义精神经历了近现代民主革命的淬火与犀利，并且逐渐成熟。在思想史的争论的激荡下，以及各种政治派别、势力不同路径的建构"Nation"的尝试中，以马克思主义民族平等理论结合中国实践的中国共产

---

① 郝时远：《类族辨物——"民族"与"族群"概念之中西对话》，中国社会科学出版社2013年版，第37页。

② 《抗日战士政治课本》，中共中央统战部编：《民族问题文献汇编》，中共中央党校出版社1991年版，第808页。

党，在历史的关键时期顺应和推动了多民族共同组成中华民族自觉进程，从理论与实践中领导了多民族共建中国，形成多民族现代国家的进程。从而在传统王朝国家向现代多民族国家的转型与建构的命运转折点，既承接了多元一体的中华文明，又形成了现代"Nation"意义上的中华民族，奠定了各民族共有精神家园在近现代的雏形。

民族平等与民族团结已经成为中国共产党的重要的政治哲学，其不仅有效地团结凝聚了各族人民，取得了民族民主革命的伟大胜利，还不断在国家建构与建设中发挥基础性的作用，不断完善。在此过程中，民族区域自治制度、统一战线、政治协商等制度的建立从国家政治层面制度化这一哲学思想，奠定了各民族共有精神家园的基础；在社会层面，通过反对大汉族主义、反对地方民族主义，推进民族团结进步创建活动等贯彻这一政治理念，在全社会形成各民族共有精神家园的思想基础；在各民族人民的层面，体现为在国家发展进程中共享红利，如建设小康社会，少数民族一个都不能少。党和国家通过结合少数民族与民族地区，结合群体权益与个体权益，使得各民族人民都不会排除在"中国梦"之外，从而能够从思想上心理上认同与归属各民族共有精神家园。以上，为各民族共有精神家园的建构提供了政治上、思想上坚实的基础。

三 中国国家建构的五重逻辑与各民族共有精神家园

（一）中国国家建构的五种逻辑是各民族共有精神家园的重要前提

国家建构近年来日益成为比较政治学的主题，尤其是21世纪以来，中国坚持自己的发展道路所取得的成就集中展现、为世瞩目。以美国为代表的西方国家，一方面通过"输出民主"、干预他国政治造成了中东等国家和地区局势动荡，另一方面，其自身面临经济下滑、阶级、族群矛盾突出等一系列困境。在研究中国经验，反思西方治理失败的背景下，一些学者逐渐将国家建构置于比较政治学研究和学科建构的中心议题[①]，有学者论

[①] 福山在最新的政治学专著中，反思了自己将民主化作为比较政治核心理论范式的研究，而专注于国家建构（Nationbuilding）。他认为：国家建构的成功与否，是一个国家是否能够成功的关键，从而将国家建构置于比较政治学研究和学科建构的中心议题。参见［美］弗朗西斯·福山《历史的终结及最后之人》，黄胜强译，中国社会出版社2003年版。

述指出，中国道路的成功就是中国国家建构的成功。① 实际上，政治学界对于失败国家、软弱国家的研究也愈来愈显示，国家建构、国家建设的不力（其中包括精神与认同建构的不力）是国家失败的核心因素。综上，中国国家建构的经验值得深入总结。国家贫弱，则家园不保，必须以中国国家建构的成功经验、价值作为整固民族精神与国家认同的逻辑前提。

习近平总书记指出："中国特色社会主义，是科学社会主义理论逻辑和中国社会发展历史逻辑的辩证统一"，指出了中国道路的本质。笔者曾总结指出，中国道路的成功，是近现代以来，中国作为"超大型文明"的复杂体系，在中国共产党的领导下，汲取传统资源、借助马克思主义理论、借鉴现代民族国家理论，通过政治动员和行动、民族建设、政党建设、社会改造、经济发展、文化建设和创新等一系列伟大的社会实践取得，而这些理论与实践结合的历史过程，都是围绕国家建构而进行的。在此基础上，笔者提出和论证了中国国家建构的五种内在逻辑是：文明型国家、社会主义国家、现代国家、超大规模的多民族国家，中国共产党的统一领导。②

各民族精神家园不可能离开国家建构凭空而成，各民族共有精神家园是将各民族在个人、民族、国家的理性认知与情感发展方面实现逻辑上的统一，因此，需要建立公民对国家建构的历史过程和内在逻辑的高度认知。这既是历史学问题、也是文化学、政治学问题。目前的学界，对于中国的国家建构还需要进行深入的学理研究，力争我国的对于公民的国家认同教育不要止步于对历史事件的简单记诵或意识形态的宣传教育，才能适应各民族共有精神家园作为"人心工程"的要求。正所谓"知行合一"，此其知，不能只是"知其然"，而是要"知其所以然"。因此，我国需要从比较政治学的理路，深入地阐释国家的"前世今生"、"奋斗历程"，核心价值、独特精神的内核与逻辑。中国国家建构的五种逻辑尝试从比较政治学角度形成中国国家建构的知识体系，有助于从学理上进行公民的国家认知启蒙，有助于民众建立内心深处的中华民族共同体意识，是建设各民族

---

① 马俊毅：《中国特色比较政治学理论体系构建——以国家建构为核心》，《探索》2019 年第 3 期。

② 马俊毅：《中国特色比较政治学理论体系构建——以国家建构为核心》，《探索》2019 年第 3 期。

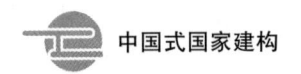

共有精神家园和建立国家认同的基础。

以下将对中国国家建构的五种逻辑与各民族共有精神家园的内在关系进行说明。

第一，文明型国家。"文明是人类生活的价值系统和意义系统，也是人们的精神家园，国家建设必须与既有的文明建立足够的联系。文明型国家的建构逻辑强调在中国政治汲取了中国五千年文明的文化资源和政治智慧。"① 正如习近平总书记指出，中国没有文明冲突，中国正是传承着这一和而不同、兼容并包的文明理念，形成了我国民族关系的良好局面，中国共产党延续了这一文明传统，通过民族平等、民族团结政策，实施民族区域自治制度，使得统一多民族国家顺利地实现了现代转型。这些政策、制度中深刻地包涵这中华文明的智慧，在新时期更成为一带一路、人类命运共同体等对外交流与合作的价值理念，成为中国人精神价值的卓越"名片"。中国人，无论是哪一个民族，都应该深深认同这一精神价值，由此体现为五个认同之对"中国文化"的认同。

第二，统一多民族国家。中国宪法在序言就明确指出："中国是世界上历史最悠久的国家之一，中国各族人民共同创造了光辉灿烂的中华文化"，"中华人民共和国是全国各族人民共同缔造的统一的多民族国家"。习近平总书记在中央民族工作会议指出，"引导各族群众牢固树立正确的祖国观、历史观、民族观"，"全党要牢记我国是统一的多民族国家这一基本国情"。"祖国观、历史观、民族观"，三者紧密联系在一起，这三观必须同时正确地建立，才能使得民众建立一致的、正确的"观念中的国家"，这是各民族共有精神家园得以建立的重要基础。1990 年，江泽民指出了"汉族离不开少数民族，少数民族离不开汉族，少数民族之间也相互离不开。"② 2005 年，胡锦涛在中央民族工作会议上提出了"全国各族人民和睦相处、和衷共济、和谐发展"的要求；2010 年，在中央第五次西藏工作座谈会上，提出了"民族交往交流交融"的指导思想。2014 年，习近平在第二次中央新疆工作座谈会上强调：各民族要相互了解、相互尊重、相互

---

① 马俊毅：《中国特色比较政治学理论体系构建——以国家建构为核心》，《探索》2019 年第 3 期。

② 江泽民：《加强民族团结维护社会稳定》，刘先照主编：《中国共产党主要领导人论民族问题》，民族出版社 1994 年版，第 237—238 页。

包容、相互欣赏、相互学习、相互帮助，像石榴籽那样紧紧抱在一起。①

第三，中国共产党的领导。"中国共产党的领导是国家建构的核心逻辑。中国自鸦片战争以来陷入民族与国家的危机，救亡图存、建立新型的人民民主的国家，实现中华民族复兴是百年中国人的梦想。中国共产党以马克思主义理论为指导，紧密结合中国国情，在这一历史过程中发挥了历史性的作用。"② 中国共产党是中国国家建构的核心领导，从组织、政党、理念等各个方面实现了中国社会的巨大变革，离开中国共产党，就无法解释当今的中国。中国共产党通过"动员性政治"、"整合性政治"与"立党为公、执政为民"的政党治理和建设三个路径，推进了中华民族共同体的形成和中华人民共和国国家的建构。

第四，社会主义国家。社会主义性质是我国的根本性内涵，是中国国家建构的重要逻辑。中国共产党以马克思主义理论为指导，通过新民主主义革命而建立了中华人民共和国。新中国通过社会改造，消除了阶级剥削和压迫，建立了公有制为主体的社会主义国家。中国共产党领导的多党合作与政治协商制度、人民代表大会制度、民族区域自治制度、基层群众自治制度，是社会主义四大基本制度。

第五，现代国家。"现代国家建构是中国政治发展的重要逻辑。中华人民共和国不同于历史上的王朝国家，核心内容体现为从王权到民权，从专治到法治，从'普天之下莫非王土'到以'人民为中心的'政治'。""所有现代国家必备的属性与特征都在中国国家建构的'任务单'中。中国的国家制度、国家治理体系、民族精神都需要在传统基础上实现现代化的转型与重构"。③

综上，中国国家建构的五种内在逻辑有助于我们深刻认识各民族共有精神家园这一"精神层面"上的国家建构与民族建设，有助于我们理解与中华民族共同体意识密切相关的各民族共有精神家园的内容与结构。也就是说，各民族共有精神家园不是抽象地、随意地建设，也不是毫无方向的

---

① 习近平：《坚持依法治疆 团结稳疆 长期建疆 团结各族人民建设社会主义新疆》，《人民日报》2014年5月30日。
② 习近平：《在北京大学师生座谈会上的讲话》，《人民日报》2018年5月3日。
③ 国家民族事务委员会编：《中央民族工作会议精神学习辅导读本》，民族出版社2015年版，第257页。

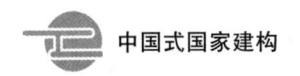

文化建设与文化繁荣，而是建基于中国国家的基本性质和建构逻辑。同时，正是因为作为支撑与框架性的国家建构逻辑，各民族共有精神家园才有了强大的支柱，故此能够"遮风挡雨"、屹立不倒，使得各民族人民心灵得以栖息，精神得以强健。

我国解决民族问题的理论、制度与政策正是因为贯穿了国家建构的逻辑才形成了我国社会主义的民族关系和民族平等团结进步的良好局面。这也意味着，理论宣传和教育应紧密结合国家建构逻辑进行，才能在反对两种民族主义、建设各民族共有精神家园，构筑国家认同方面取得更深入人心的效果。

（二）各民族共有精神家园的结构性内容与共同价值

以上我们论述了中国国家建构的五重逻辑，这五重逻辑交织，跨越历史与现实，促进了中华民族共同体的建构，铸造了中国各族人民命运共同体意识，生成各民族共有精神家园的丰富内涵。

1. "五个认同"——中国国家建构五重逻辑下各民族共有精神家园的核心内容。"五个认同"直接生成于五重逻辑，本质是各民族人民要从国家建构的高度上明确建立对于国家和民族的精神认同，"对伟大祖国的认同、对中华民族的认同、对中华文化的认同、对中国共产党的认同、对中国特色社会主义的认同"五个认同决定了各民族共有精神家园的结构性内容。"认同"从心理学上来讲，包括了认知、理解、共情，并且后者以前者为基础；"五个认同"是对中国国家建构的理性认知为基础而建立起来的，因而，能够筑牢各民族共有精神家园的认同基础，夯实各民族共有精神家园核心内容。

由中国国家建构的内在逻辑决定的五个认同，阐明了各民族人民要从国家建构的高度上明确建立对于国家和民族的精神认同，使其成为支撑各民族共有精神家园的思想支柱。

2. 社会主义核心价值观——中国国家建构五重逻辑下各民族共有精神家园的共同价值。社会主义核心价值观明确体现了以社会主义为本质与主导的国家属性生成的核心价值，同时这一核心价值也包含了其他如现代、文明等多重逻辑下形成的国家价值。社会主义价值观是各民族共有精神家园凝聚力之"魂"，贯穿了中国国家建构的五种逻辑，"实际上回答了我们要建设什么样的国家、建设什么样的社会、培育什么样的公民的重大问题"。① 横向来看，核心价值观集合国家、社会、个人三个层面，从纵向来看，跨越了历史与现代，包括共同的历史文化、奋斗历程和国家建构进程。

核心价值观与各族人民对"真善美"的理解、对美好德性、美好生活的愿景紧密联系。"核心价值观是文化软实力的灵魂、文化软实力建设的重点"。综上，以社会主义核心价值观作为各族人民精神上的"最大公约数"，是各民族共有精神家园打造的连接纽带和凝聚灵魂，意义重大。

四 国家建构逻辑下的文化认同：各民族共有精神家园建设路径与更新机制

（一）文化认同与文化自信是建设各民族共有精神家园的重要路径

首先，民族精神往往与民族文化联系在一起，这是因为"文以载道"，文化、典籍记录、凝萃了民族精神的重要内容，一个民族、国家共同认可的、十分卓越的精神、品质以各种文化形式存在和传承，并且耳濡目染，形成一个群体的特质倾向性，使得他们拥有共同的可以沟通的语言，这种语言并不只是用于沟通信息的字词语句，更是意味着与心理结构、认同、情感有关的"心灵"的或者说"灵魂"的话语，使他们既彼此理解，又建立联结与团结。也就是说文化的传承和传播能够使得一个共同体的成员都深刻地理解民族精神，建立相互认同与共同的集体认同，形成"我们"、"兄弟"等命运共同体意识。因此，"加强中华民族大团结，长远和根本的是增强文化认同"。文化认同是最深层次的认同，是民族团结之根、民族和睦之魂。

其次，在人类历史的发展长河中，文化塑造了不同的人群、文明类型与国家形态，给予人们建构社会生活、经济生活、政治生活中的自信。在全球化时代，各个国家、民族的竞争与文化交流日益激烈密切，一个民族、国家如果无法构建起强大的文化软实力与文化自信，就会失去自我，失去前进的方向。

---

① 习近平：《在北京大学师生座谈会上的讲话》，《人民日报》2018年5月3日。

对于当下中国的文化自觉、文化认同与文化自信，我们需要从国家建构的高度来进行认识，否则，会对文化的认识流于单一，甚至偏狭。例如，文化的复古主义，认为只有传统的、年代久远的文化内容才是有价值的文化，忽略了对于传统的去粗存精、去伪存真，以及文化的时代创新。还有比较突出的现象是对于统一多民族国家的文化认识不足，"现在有一些不正确的看法，有的把汉文化等同于中华文化，忽略少数民族文化；有的把本民族文化自外于中华文化，对中华文化缺乏认同。"①

从中国国家建构的五重逻辑出发，建构中国特色社会主义的文化认同、文化自信。

1. 中国国家建构逻辑下中国特色社会主义文化认的内涵。如何全面理解与正确把握当今中国的文化内容与文化认同？习近平总书记在十九大报告中说："中国特色社会主义文化，源自于中华民族五千多年文明历史所孕育的中华优秀传统文化，熔铸于党领导人民在革命、建设、改革中创造的革命文化和社会主义先进文化，植根于中国特色社会主义伟大实践。"这三种文化的界定，指明了对于各民族共有精神家园建设具有关键作用的文化自觉、文化自信、文化认同、文化繁荣的政治方向，其内在规律与中国国家建构的五重逻辑直接相关、密不可分。以下做出具体分析。

文明型国家的建构对应着中华民族的优秀传统文化，而革命文化与社会主义先进文化对应着"中国共产党领导、社会主义国家、统一的多民族国家、现代国家"的国家建构逻辑，这四种逻辑充分概括了中国近现代统一多民族国家的建构进程中，在社会主义建设与改革开放的进程中，各民族人民在中国共产党的领导下所积淀、熔铸的价值、精神。其中，既包括舍身成仁为人民的牺牲精神、也包括社会主义大家庭建设中民族大团结的精神，还包括改革开放中勇立潮头、敢开风气之先的创新与探索精神，以及中国在建设成为民主、平等、文明的现代国家的历程中创造积淀的新时代精神。这些精神、文化与中国国家建构的逻辑紧密结合在一起，书写了中国的新文化。

综上，国家建构的五种逻辑决定文化建设的内容与方向包涵着以下

---

① 国家民族事务委员会编：《中央民族工作会议精神学习辅导读本》，民族出版社2015年版，第257页。

面向：

第一，由56个民族的文化组成的中国传统文化的继承发展、中国特色社会主义的新时代文化、文化创新与文化软实力建设、文化的现代化。

第二，国家建构的五种逻辑决定中国的文化自觉与文化认同要与中国建设社会主义现代化强国的"中国梦"相关，表现为既立足于民族文化的主体性，以传统文化守住民族精神的根脉，又要继承中国近现代以来形成的延安文化、革命文化、改革开放的文化等，还要包容融汇世界文明的先进成果，即"各美其美、美人之美、美美与共、天下大同"。

第三，国家建构的五种逻辑决定各民族共有精神家园中的文化建设与文化繁荣，是与各族人民的幸福生活密切相关，要在国家、社会、民族、个人等层面形成具有活力、生机勃勃的文化生态，使得文化的繁盛生长、人民的创造力能够源源不断地为国家文化的软实力建设注入活力，同时，各民族共有精神家园也成为人民的认同归属的心灵家园。

2. 中国国家建构逻辑下文化认同的结构。首先，多元一体的中华文明的结构决定了各民族共有精神家园的文化建设与文化认同的内容是中华文化认同。中华文化是由56个民族的文化共同组成的。"秦汉雄风、盛唐气象、康乾盛世，是各民族共同铸就的辉煌"。[①] 作为我国各民族共有的文化，中华文化的内在结构是多元一体的两个层面。中华文明、中国文化这种多元一体的结构使其既呈现超强的稳定性又保持持续性的活力。

历史上，各个不同的民族，包括农耕、游牧、渔猎等文化类型，源源不断地将多彩的文化注入中华文化的洪流，一方面，中华文化又有着凝聚多元文化的核心价值体系。中华文明在历史上是由多民族交往、交流、交融为基础融汇形成，在融汇而成的过程中，以儒家文化为主体的一些文化内容通过大一统的王朝国家的更迭延续、历经千年的科举制选拔组成对于国家治理具有关键性作用的官员队伍，形成国家上层建筑、中国社会的基本运行规则，儒家文化也成为被民族广泛接受认知的文化内容。另一方面，在国家基层治理、社会生活、科技、医药等各个方面，呈现多民族文化异彩纷呈的景象，尤其是在广大的少数民族地区、边疆地区，当地的人

---

① 国家民族事务委员会编：《中央民族工作会议精神学习辅导读本》，民族出版社2015年版，第257页。

民在独特的自然环境、地理条件下形成了适合于他们的、组织生产生活的制度,形成了他们的宗教、文化与习俗,王朝国家以"和而不同""齐其政不易其宜"的政治智慧,创设不同形式的自治制度为他们提供了保持自己生活方式和文化活力的空间。正是基于中华文明这一多元一体的结构,习近平总书记强调了"不让一个民族认同本民族文化是不对的,认同中华文化和认同本民族文化并育而不相悖"①的民族文化建设方针。

(二) 新中国成立 70 年来国家建构逻辑下文化认同的建设实践

1. 国家建构五重逻辑下复合性文化发展战略。我国从国家建构的五重逻辑出发所采取的复合性的文化发展战略体现为:民族文化多样性与中华文化统一性结合、传统继承与现代创新结合、文化内容繁荣与文化制度建设并举、政府投入与市场化发展共进,以社会主义文化为引导、以社会主义核心价值观为理念,以中国共产党的统一领导为前提。中华人民共和国成立后,在国家建构的理论与实践中,中华文化得到了前所未有的大发展与大繁荣,并体现出时代的风貌与现代化的创新发展。新中国成立以来,国家采取大力措施,对于少数民族语言文字、教育、文艺、广播电视、体育、出版、古籍整理、民族文化遗产与传统知识保护等各方面,从法律法规、人才培养、财政支持综合性地促进繁荣发展,各民族文化建设实现了在社会主义时期的进步与繁荣。改革开放以来,通过文化体制改革、文化产业促进、文化信息工程、数字化建设等进一步促进了民族文化的创新发展。国家通过坚持"双语教育"方针,确保少数民族掌握国家通用语言,同时保障他们学习和使用自己语言、以自己民族语言接受教育的权利,"培养民汉兼通的双语教育人才";"在民族地区的汉族干部应学习少数民族语言文字""搭建促进各民族沟通的语言桥梁"。②

党的十八大以来,以习近平同志为核心的党中央进一步将文化建设与中国国家建构、中华民族伟大复兴的战略进行了深度结合,因而提升到前所未有的高度。表现为,"从中华民族精神追求的深度上看待传统文化,从国家战略资源的高度上继承传统文化,从中华民族现代化道路的意义上

---

① 丹珠昂奔:《坚持走中国特色解决民族问题的正确道路》,《光明日报》2015 年 1 月 29 日。
② 国家民族事务委员会编:《中央民族工作会议精神学习辅导读本》,民族出版社 2015 年版,第 257 页。

发展传统文化"。习近平总书记主持召开了文艺工作座谈会、新闻舆论、网络信息、繁荣发展中国哲学社会科学等一系列重要会议并发表了重要讲话，推动了文化领域的工作取得重大进展。[①]

2. 文化创新与民族精神现代化。各民族共有精神家园的时代性建构使得文化建设与文化认同取得辉煌成就。复合性的文化发展战略将历史上的中华文明古国建设为了现今的社会主义现代化文化强国。少数民族文化在市场经济中体量小，容易受到冲击，因此，必须加强对少数民族传统文化遗产的保护；要注重以社会主义文化为导向，大力总结提炼各民族优秀文化与社会主义核心价值观相一致的内容，将其转化为优秀的精神产品，为各民族共有共享；要正视民族文化交流交融的层面，要将各民族优秀传统文化与现代精神文明相结合的面向，通过制作精良的艺术、文学、建筑等形式表现出来，使得各民族文化能够具有时代性，能够在开放中被传承与发扬光大。各民族共有精神家园的建设是对内加强中华民族共同体意识，对外实现中国的文化自信、理论自信、制度自信、道路自信的重大主题。除了国家建构的政治、经济基础，文化认同是各民族共有精神家园不断进行建设、巩固与更新的重要路径。根本固者，华实必茂；源流深者，光澜必章。文化自信正在为实现中华民族伟大复兴，提供源源不断的强大精神动力。

综上，文化认同不但有利于加强各民族之间的相互认同，还有利于各民族建立对于统一多民族国家的认同。从精神层面做好民族工作、加强各民族之间的团结与相互认同、通过文化认同加强国家认同，是加强中华民族共同体意识与建构中华民族共同体的必由之路。文化的传承与教育不断提升民族精神，并赋予一个民族、国家不断发展进步的活力。文化认同可以构建对共同体的热爱、自豪、责任，可以形成一起渡过难关，抵御外部损害的机制，成为防止分裂，保持凝聚力的精神纽带。因此，文化认同是各民族共有精神家园的建构路径与更新机制。目前，应以中华民族共同体意识为指导，推进民族事务治法治化建设，加强在网络与自媒体方面对于"网络民族主义"的监管和立法；以中央提出的"中华民族共同体"、"人

[①] 吴楚：《习近平坚定文化自信文脉赓续烛照中华民族伟大复兴》，《青年网》2017 年 10 月 23 日。

类命运共同体""一带一路"为理念指导和行动背景,以更具学理性、深入人心的内容而非训诫性的方式涵养公民的文化认同,逐步实现国人民族精神的现代化①。

五 结语

各民族共有精神家园是建构统一多民族的中国话语,这一话语符合中国的多民族历史国情,建基于中国的文化哲学、历史哲学与政治哲学;是中国国家建构五种逻辑在中华民族共同意识上的衍生与互构。各民族共有精神家园内含着中国特色的国家建构逻辑与中国特色社会主义的国家观、民族观、历史观、文化观,显示出在国家建构与民族建设方面与西方的民族国家不同、具有中国特色的国家认同与文化认同路径,显现为一种多样性与包容性结合、国家建构与民族建设并行、传统文明与现代精神结合的复合性民族精神。各民族共有精神家园的建设并不是简单的文化建设与文化繁荣,而是作为与中国国家建构多重逻辑紧密相关的文化认同、政治认同与人心工程,需要通过复合性的战略,逐步形成各民族人民对于中国、中国人的理性认知与情感认同方面的逻辑统一,从而达成民族与国家、各民族人民之间的相互认同与高度团结,筑牢中华民族共同体意识。各民族共有精神家园作为中国特色比较政治学的话语,是中国国家治理体系与治理能力现代化中的理论资源,以这一理论资源凝聚中华民族凝聚力,可以做到"任尔东西南北风","咬定青山不放松",坚持新时代中国特色社会主义理论、坚持中国特色解决民族问题的正确道路。这对于实现中华民族伟大复兴具有十分关键的意义。

(原载《中央民族大学学报》(哲学社会科学版)2019年第5期)

---

① "民族精神现代化"的提出、界定和系统论述,参见马俊毅《论新时代民族事务治理中共同体的建构——以多民族国家民族精神共同体为理念》,《西南民族大学学报》2018年第2期。

第八篇
历史视角下的中国式国家建构

"早熟"的国家建构：统治国家化

徐 勇[*]

之所以提出中国式国家建构命题，是因为以下几个方面的考虑。

一是现代化及其相伴随的现代国家建构具有一般性，但这一过程发生于各个国家，又必然有特殊性。中国的国家建构不是外来复制品，而是中国的历史和实践的产物。

二是中国的国家建构在一些重要要素方面走在世界前列，其国家建构不仅具有"中国性"，而且具有一般性。中国很早便有了现代国家因素，近代以来通过双重革命，建构起具有双重跨越的新型现代国家。中国在国家建构方面不是简单的"追随者"，更是"领先者"和"超越者"。

三是中国的国家建构经历了十分漫长的历程，"领先者"和"落后者"交替出现，"现代性"和"传统性"相互纠缠。中国要建设社会主义现代化国家，不仅需要实现国家治理体系与治理能力现代化，更要通过治理体系与治理能力现代化推动社会全面现代化，再造出一个现代社会。这是比国家政权建设更为艰难的使命，也是具有史诗般的实践。

四是中国的国家建构的漫长性、复杂性为中国的学术研究提供了丰富的资源，也为中国学者基于中国经验和世界比较，丰富和超越前人学说提供了难得的基础。提出中国式国家建构命题的重要理由便是在融通中外学术资源基础上确立中国学术的主体性。

《"早熟"的国家建构：统治国家化》只是长篇论文的前半部分。论文的主要观点包括两个方面：一是中国的国家建构经历了建构与再建构的历程；二是第一次国家建构的特点是统治国家化，第二次国家建构的特点是

---

[*] 徐勇，华中师范大学政治学部、中国农村研究院教授。

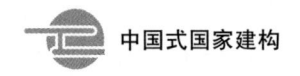

社会国家化。由此构成中国式国家建构命题的内容之一。

一 现代国家建构：传统与"早熟"

一般来讲，国家建构主要指现代国家建构，是指传统农业社会向现代工业社会转变中的国家形态的变化，也是在现代化进程中人们有意识、有目的建构一种新的国家形态的活动。虽然西方有些学者不用"国家建构"而用"国家形成"这个词，但国家建构确实蕴含着一种有意识、有目的的活动，使用"国家建构"这个词还是比较恰当的。

（一）传统性抑或现代性：现代国家关键性要素的一般界定

早在19世纪，现代国家问题便提了出来，并逐步获得具有一定共识性的理论。这就是通过若干关键性要素区分不同的国家形态。而这些关键性要素的获得是一个长期的历史过程。国家建构便是不断获得和巩固这些关键要素的过程。一些著名的西方学者对现代国家的关键性要素或标准做出过重要论述。

马克思和恩格斯认为，国家是拥有强制力的特殊公共权力，或者说是特殊的暴力机器。他们注意到替代封建社会之后建立的国家是具有全新要素的现代国家。马克思在《关于现代国家的著作的计划草稿》中，就现代国家的人权、民主、法治、政党等要素提出了写作大纲。该大纲基本上反映了马克思对现代国家的一些质的规定性的看法。

马克斯·韦伯从现代国家形态的角度对国家加以定义。在马克斯·韦伯看来："国家是一种持续运转的强制性组织，其行政机构成功地垄断了合法使用暴力的权力，并以此维持秩序。"马克斯·韦伯给国家下的定义带有过程性。他既指出国家是一个强制性组织，又指出强制性组织是通过行政机构成功地垄断了合法使用暴力的权力。这说明国家是一个机器，这个机器又是持续运转的，这套机器成功地垄断合法使用暴力的权力，这体现出了国家定义的过程性。

根据马克斯·韦伯的国家定义，吉登斯通过与传统国家的比较中获得现代国家的一些关键要素或标准。主要有：中央控制的武装力量；专业的行政管理机构；统一的财政税收体系；统一的法治秩序；专门的意识形态体系等。这基本构成一条线索，后来的学者对此较为认可。哈贝马斯也有类似的认识。吉登斯关于现代国家建构的思想主要来源于马克斯·韦伯。马克斯·韦伯的研究方法的重要特点是理想类型，他把统治类型分为传统型、魅力型、法理型等，他的研究方法是从大量事实当中抽出一般性理念的理想类型。

现代国家的要素与特征是一般性抽象，实际的国家并不能一一对应。但这种抽象并不是毫无意义的。对现代国家关键要素的界定，在于"正是它们帮助现代国家建构起有别于传统国家的那些独特性"。这就使得现代性和传统性有了质的规定性的区分。通过这种独特性，可以发现现代国家的相对性，即它是相对于传统国家而言的一种新型的政治形态。

随着对现代国家关键要素的界定，便确立了一种标准，即传统的或现代的。就现代国家的建构路径看，确实存在传统与现代的界限非常清晰的状况。最为典型的是，西欧现代国家是在封建社会基础上建构起来的。在四分五裂的封建社会，根本没有一个能够垄断暴力的行政机构，国家暴力散落在各个庄园，庄园实质上成为拥有众多军事武装力量的堡垒。正是在封建社会解体的过程中，建构起一种与过往完全不同的现代国家形态。在西欧现代国家建构时，世界大量地方尚处于没有国家的"空地"状态。只是随着由西欧人发起的对殖民地的开拓，这些地方才开启了现代国家建构历程。其起点处于原始状态。以上两种路径的"传统性"与"现代性"泾渭分明。

（二）传统性叠加现代性：中国国家建构的特殊性——"早熟论"

当运用现代标准认识中国的国家进程时，便产生了问题。这就是传统与现代的界限并非泾渭分明，截然对立，而是在传统中有诸多西欧在近代以来才出现的现代要素。这是一个困扰19世纪以来众多学者的一个问题。人们不约而同地以"早熟"的说法加以表达。

给予现代国家定义的马克斯·韦伯在研究西方现代国家中非人格的官僚体制时发现，这一体制"自从秦始皇以来至当前的中国"便已存在。行政官僚体制比西方早了两千多年。这一观点的影响很大，并归之于国家"早熟论"。美国学者弗朗西斯·福山多次引用"早熟论"的观点定义中国的国家成长。"依马克斯·韦伯的标准，中国出现的国家比其他任何一个更为现代。中国人建立了统一和多层次的官僚行政机构,这是在希腊或罗马从未发生的。""所谓的东方专制主义不过是政治上现代国家的早熟出世。"

"早熟论"之所以能够横空出世并造成重大影响,是因为西方人的傲慢。西方人觉得中国的早熟是在不该出现的时候出现的结果,这存在着十分明显的"西方中心主义"的立场。但我们要注意到"早熟论"的另一层含义,即它发现了中国文明和国家进程的独特性,在"传统"中发现了"现代"。这为后人理解现代中国的独特路径提供了启示。因此,美国历史学家孔飞力认为:"从本质上看,中国现代国家的特征是由其内部的历史演变所决定的。"中国的国家建构的演进历程,并非像殖民地国家一样完全是西方的复制品,即它不是外来国家形态的简单复制,而是由中国自身的内在要素所决定。但是,"早熟"毕竟不是一个正式的学术概念。中国的现代国家是如何由其内部的历史演变而来的?这仍然是一个有待探讨的重大问题。

二 初次国家建构:统治国家化

"早熟"论在"传统"中发现了"现代"。这提示我们:中国的国家建构经历了独特路径。与西方及其政治复制品的国家直到近代才开启现代国家建构相比,中国很早就开启了国家建构进程并具有自己的特点,这就是经历了建构与再建构的两次建构过程,从而形成了中国式的国家建构路径。

从国家产生看,中国很早便有了国家。但在相当长时间,早期的国家形态尚未脱离原初社会的特性,是一种在人类文明母体上自然形成的国家。春秋战国之前的国家是自然形成而不是人为建构的,当时的国家形态完全是按照家庭模式复制的,也由此有了"家国一体""家国同构"之说。因此,"国家建构"这个词有其存在的必要性,它与那种自然形成的国家有所不同,它蕴含着"破旧立新"的人为性要素。经历春秋战国的兼并争霸,中国进入第一次的国家建构,并具有了现代国家的一些关键要素。

"早熟"的国家建构：统治国家化

（一）秦始皇统一中国：初次国家建构——统治国家化的历史起点

秦始皇统一中国时，在历史上第一次将"皇"与"帝"连起来，使称呼发生了变化。孔子有言："名不正，则言不顺。"在中国要特别注重话语，话语的转换实际上反映了实际内容的变化，即"名实相符"。这一称呼意味着国家形态的根本性改变，过往的多中心权力格局变为集中的单一的权力格局。意味着中国"正式地摆脱极为久远的氏族传统结构和意识形态，由分散的、独立或半独立的原氏族部落基础上的邦国（春秋时期），逐渐合并成为真正地域性的、以中央集权为标志的统一的专制大帝国"。（李泽厚《新版中国古代思想史论》）我在《关系中的国家》（第一卷）讲到王制国家，王制国家不是建立在地域关系的基础上，而是以血缘关系为主导的国家。只有秦始皇统一中国后，一个地域性的国家才得以出现，现代国家的一些关键性要素也才得以产生。

一是军事暴力为皇权中央所控制。秦始皇统一中国后收缴天下兵器，"收天下兵，聚之咸阳"，（《史记·秦始皇本纪》）唯有皇权中央才具有拥有暴力武装的合法性。二是实行郡县官僚体制。秦统一中国后，废封建，立郡县。郡县是皇权中央统一管辖的地方，负责地方事务的官员由中央任命，并对中央负责。三是建立集中统一的财政税收体系。秦始皇统一中国前后，实行分家立户，编户齐民，国家通过郡县官员直接向民众征收税赋和劳役，并由皇权中央进行分配，建立集中统一的财政税收体系。四是有了统一的法治秩序。秦统一中国后，"明法度，定律令"。"海内为郡县，法令由一统。"（《史记·秦始皇本纪》）五是建立统一的意识形态。秦统一中国后实行"焚书坑儒"，试图建立统一的意识形态。至汉武帝，"罢黜百家，独尊儒术"。

这五个关键性要素，使得一整套以皇权中央为首的国家机器和国家制度体系得以形成。从以上要素看，秦始皇统一中国时，中国便具有了现代国家的一些关键性要素。正是依靠这些要素，中国在一个分散、分治、分裂的地方性社会基础上建立起统一的统治型国家，并在广阔的领土上维持政治统一。现在有人认为周代的分封制度时期具有联邦制的特性，事实上，将两者这样进行对比不是十分恰当。但是，两者也有共性，即它们都具有分散、分治的特点，这种分散、分治的国家形态最大的危险是容易导

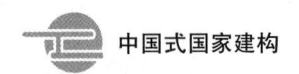

致分裂。正是因为秦朝的中国建立起了一个统一的统治性国家，中国才能够在广阔的领土上维持政治统一。美国历史学家费正清指出："尽管中国疆土广袤又千差万别，但这次大陆始终维持一个政治统一体，而欧洲却未能做到这一点"。他又表示，同样的版图，中国是一个国家，欧洲却是50多个国家。

从这50多个国家中我们可以看到，早在封建社会时期，这些国家就开始发生战争。我们经常引用"战争造就国家，国家推动战争"，这一规律之所以在欧洲一直延续至今，是因为欧洲国家没有形成一个政治统一体。中国最初也是一个分散、分治、分裂的地方性社会，其最终却能形成一个政治统一体，原因就在于中国依靠具有现代要素的国家政权实现了统治的国家化，即依托集中统一的军事武装力量、行政官僚体系、财政税收体系、法治秩序和意识形态，成功地实现了国家整体统治，使得中国能够以完整的政治实体延续下来。欧洲的古罗马帝国没有这一制度体系，造成的是帝国崩溃后的四分五裂，由此陷入所谓的封建社会。所谓的封建社会不存在一个统一的国家，也就是说，欧洲的封建社会可以追溯到古罗马帝国的崩溃。古罗马帝国是一个扩张性的帝国，扩张性帝国最大的特点是"胃口很大"，最大的弱点是"消化不良"。为何消化不良？因为古罗马帝国没有一套现代国家要素的制度体系去慢慢消化那些不同文化、族群的社会，其造成的结果是帝国崩溃后的四分五裂。

早熟的现代国家最重要的成就是使国家以政治统一体的形式进入近代。黑格尔讲到世界上不同的国家和文明时指出，"只有黄河、长江流过的那个中华帝国是世界上唯一持久的国家"。他这样说是有根据的，尽管黑格尔是傲慢的，但是他也不得不承认这一事实。

（二）统治能力与社会基础：中国式国家建构"早熟"而未熟的根本要素

国家建构是一个过程。中国早在秦始皇统一中国时，便有了现代国家的要素，但是这种具有"现代性"的国家建构是一个漫长的过程。这在于国家建构除了建立相应的权力体系以外，还要有能力实现制度体系并促使其持续运转。

尽管秦统一中国时确立皇权中央对军事武装的控制，但是在相当长时

"早熟"的国家建构：统治国家化

间中央并不能有效控制军事武装。汉唐时期均出现军阀势力拥兵自重导致国家分裂。《三国演义》里面讲到"分久必合，合久必分"，就与当时国家建构的限度有关。直到宋朝，中央才得以有效控制军事武装。秦统一中国时建立了郡县官僚体制，但秦之后的汉代尚在相当部分的地方实行分封制。直到清代，分封制尚存在一定残余。统一的财政税收体系运转受到阻碍，以至国家要不断进行财政改革。统一的法治所能发挥的作用相当有限，因为法治必须依靠国家行政机构才能实现，但是皇权不下县意味着法治与国家行政机构一样都无法完全进入社会之中。专门的意识形态则尚处于形式主义的宣示状态。

一直到 20 世纪八九十年代，一些西方学者仍然在用"停滞论"或"停滞性"来概括中国历史进程。历史学家秦晖先生将这种传统的现代国家要素称为"伪现代"，即伪装的现代。由于"伪现代"是以西方的现代为参照的，因此其在用词、价值方面皆不太准确。

总体上看，经历了秦之后的两千多年时间，具有"现代性"要素的国家建构不断在推进。然而，这种推进无论怎样，从根本上都处于"传统"的框架内。这首先在于，国家建构除了形式性要素外，还有实质性要素。秦统一后的中国属于"家天下"的帝制国家，即马克斯·韦伯所说的家产官僚制国家。这种性质的国家属于"传统性"，其自身就限制了具有"现代性"要素的国家建构。地方军阀本身便是在皇权制度下产生的，其扩大会反噬皇权中央；分封制是在统一的中央权力下的分封，其扩大会反噬皇权中央。尽管皇权中央推动财政税收改革，但"家天下"的国家属性造成改革难以成功。统一的法治秩序经常因为最高统治者的行为缺乏制度化约束而为自己所破坏。

其次，国家建构需要相应的动力推动。尽管中国的国家建构是向前推进的，但其总体上处于"传统"的农业社会结构之中。农业社会的缓慢发展不能为国家建构提供新的要素和持续不断的动力。现代国家率先出现于西方，很重要的一个因素就是作为社会要素而出现的资本。查尔斯·蒂利在《强制、资本和欧洲国家：公元 990—1992 年》一书中对此有过论述。

农业社会的总体性限制，使得中国在遭遇以工业文明为基础的列强挑战时难以应对。为此，中国开启了第二次国家建构。这一国家建构具有双重跨越性。首先，经历民主革命，长期历史存续的帝制被推翻，建立国家权力属于人民的新型国家。国家政权获得现代民主性质。其次，在人民民主的现代国家框架下，国家建构尚要完成历史上未完成的任务再造一个与现代国家相一致的新型社会，推动社会国家化。

中国是怎样成为现代国家的?
——国家转型的宏观历史解读

李怀印

一 问题所在

自从 20 世纪 90 年代以来,特别是在近一二十年,西方的中国研究领域尤其是中国近现代史研究,无论就问题意识还是就整个研究范式而言,已经发生了很大变化。在 80 年代及此前数十年,人们所关心的根本问题主要是:共产党革命为什么取胜? 究竟是长期的结构性趋势还是偶然的人为因素导向中国成为共产党国家? 1949 年以后在毛泽东领导下的中国,究竟在多大程度上仿效了苏联式的计划经济体制和极权制度,还是受中国历史和文化传统的影响,走了一条与苏联完全不同的道路? 人们对所有具体的历史或现实问题的研究,几乎都直接或间接地以这些根本问题为出发点。90 年代初,苏联解体,东西方对峙四十多年的冷战,似乎最终以美国为首的资本主义阵营的胜利告终。在此背景下,过去几十年来中国历史研究领域受东西方对抗所形成的问题意识,以及受对立的意识形态主导的宏大历史叙事,失去了往日的魅力。在新的地缘对抗和相应的问题意识产生之前,人们的研究兴趣也从过去所关心的重大政治事件和与之相关的社会经济结构性问题逐渐转移开来,纷纷埋首于过去被边缘化的支离破碎的社会文化现象的研究;同时在研究方法上,开始抛却过去借自马克思主义或非马克思主义的社会科学理论和概念,转而拥抱种种后现代的理论和新文化史方法。然而,最近一二十年,随着中国经济的快速发展和国力的大幅提升,世界地缘政治格局悄然发生改变,从冷战后的美国独霸,逐渐变成以中、美两强为主导,加上欧、日、俄、印同台唱戏的全新格局。在中国研究尤其是历史研究领域，与新的地缘现实相关的新问题开始进入人们的视野，导致新的问题意识的产生，以及相应的宏大历史叙事的重构。人们或隐或显地流露的一些根本性关心包括：到底今天和今后的中国是怎样一个国家？她是一个现代民族国家还是一个改头换面的帝国？她是否具有西方那些"正常的"民族国家所具有的生命力，还是作为一个整合失败的帝国，最终会四分五裂，回归到一个民族国家的正常状态？今日中国所呈现的经济政治制度特征，究竟是一种暂时的、过渡性的、缺乏生命力的非正常安排，抑或一种形成中的全新发展路径，可以替代欧美历史和现实所体现的现代化模式？人们从新的问题意识出发，并且较多地是从全球史（而非过去的国别史）的视角，重新研究从清代国家形成、晚清近代化转型、国民党国家、共产党革命，到1949年以后人民共和国的一系列重大历史问题。从目前情形看，一种颇有影响的倾向是视清朝国家为征服王朝或帝国，视清朝覆亡后的中国国家形成过程为一种非常规路径，进而对20世纪以来的现代中国国家的历史合法性提出质疑。

本文试图在近一二十年国内外学者有关清代和民国历史研究的基础上，检讨与现代中国国家的历史起源和形成过程相关的若干问题。为此，我们不得不从关于现代国家形成的一些基本概念和认识入手。

（一）"从帝国到民族国家"？

在有关世界近现代史上的国家形成的种种解读中，一个常见的做法是把帝国与民族国家加以对立，视彼此互为反题。现有的帝国史和民族主义诸多著述，均强调了这两种政治体系之间的反差。在这些文献中，帝国总跟好战、扩张、奴役连在一起。不同于现代国家之由享有共同的族群背景或文化传统的人民所构成，且由其政府直接加以统治，帝国的最基本特征，据经典的解释，是其多族群、跨文化的人口构成，及其对殖民地、属地或朝贡国的间接统治。一个现代民族总是透过弘扬其族群特性和独特的文化传统来建构内部的认同感，而帝国则倾向于拥抱世界主义，声称其思想和制度放之四海而皆准。一个现代国家总是以平等的立场界定其与世界范围的国家体系其他成员之间的关系，而帝国则总是建立在一种等级秩序之上；相对于其核心地带，那些被征服的土地总处于边缘地位。①

现有的关于现代民族国家的解释,多以西方国家的国家建造的历史经验为依据,强调三个基本特征。其一是人民对国家的高度认同;在理想状态下,国家的疆土与有着共同传统和认同的人民所居住的地域范围大体上是一致的。② 其二,一个民族国家同时也是主权国家,对于其边界明确且固定的领土,拥有排他的各种权利,并且在国际法的框架下跟所有其他国家地位平等。③ 其三,同样重要的是,民族国家的主权归其人民而非君主所有,理想的政府形态应当是欧洲十七八世纪自由主义思想家们所构想的以个人权利和自由为基础的国家,或者是后来在西方和非西方世界日渐流行的体现主权在民的代议制民主国家(Morgan,1988;Yack,2001;Bourke and Skinner,2015;Tuck,2015;Lee,2016)。

不用说,民族国家晚至20世纪才在世界上大行其道。随着欧亚大陆旧

---

① 有关世界历史上诸帝国的研究,见 Eisenstadt,1963,Doyle,1986,Hobsbawn,1987,Scammell,1989,Pagden,1995,Howe,2002,Burband and Cooper,2010。关于民族主义和民族国家形成过程的研究,见 Greenfeld,1992,Brubaker,1996,Hechter,2000,Gellner,1997,2006,Opello,2004,Anderson,2006,Roeder,2007,Hobsbawm,2012。

② 民族国家大体上可分为两类,尽管它们之间的差异事实上经常是模糊的。一类是所谓的"族群国家"(ethnic nations)或"文化国家",诸如德国,其集体认同乃基于共同的语言、宗教、历史以及种族渊源;另一类则是法国那样的所谓"公民国家"或"政治国家",这些国家虽由不同的族群所构成,但他们有"一起生活"在同一块土地之上的共同意愿;国家的统一是基于民众的政治平等意识以及在法律面前共同的权利和义务(Smith,1991;Ignatieff,1993;Alter,1994;Shulman,2002)。但是,在不同的历史背景下,民族和国家之间的关系复杂多变。有些人认为先出现民族,然后兴起一场民族主义运动以争取本民族的主权,而民族国家的建立正是为了满足此种要求;另一些人则认为,国家比民族先产生,而且在民族的形成过程中发挥了关键作用,即通过武力将不同地区有着共同语言和传统的民众统一在一起,通过发展全国范围的交通、银行以及其他事业来促进经济统一,或是通过推行一系列政策来促进民族统一文化的形成,比如将各地方言统一成国家的标准语言,向全体国民推广公共教育系统以及通用课程。工业资本主义的发展也促进了上述诸多发展,而印刷媒体在其中发挥了特别作用,因为它有助于一个形成中的国家的所有成员增强其"想象的共同体"之成员意识(Anderson,2006)。因此,总体上民族国家的兴起是近代才有的现象,且主要是在19世纪和20世纪,尽管在某些特定情形下可追溯至古代或中世纪。

③ 1648年签订的旨在结束神圣罗马帝国的三十年战争以及西班牙和荷兰的八年战争的《威斯特伐利亚和约》,是主权国家国际体制形成的标志。该体制重视下列指导国家间关系的原则:第一,成员国对其自身领土享有完全主权,任何其他国家不得侵犯,国家之间相互尊重领土完整;第二,主权国家享有根本性的自决权,其他任何国家不得干涉其内部事务;第三,国家之间在法律上一律平等;第四,一个主权国家的合法性通过其他国家的外交承认来确立(Philpott,2000;Kissinger,2014:11-41;另见 Beaulac,2000;Krasner,2001;Osiander,2001)。

式帝国的衰亡以及二次世界大战后欧洲殖民帝国的崩溃，亚洲和非洲的殖民地人民纷纷效仿19世纪拉丁美洲之先例，民族主义运动风起云涌，"新兴国家"次第成立。尽管其历史不算久远，但是人们还是将今日由民族国家所组成的世界视作理所当然，把现代世界史上的国家形成，等同于一个从帝国到民族国家的直线过渡，认为帝国只不过是一种由征服所造就的前现代世界之遗存，必然走向衰亡并让位于体现人类理性抉择和自由意志的现代民族国家（Emerson，1960；Mehta，1999；Muthu，2003；Pagden，2003）。

晚近的研究揭示，关于民族国家的此种目的论预设，很少跟现代世界的国家建造的历史实际相吻合。以中世纪和近代早期的欧洲为例，尽管其中的一些主要国家，如英格兰（不列颠）、法兰西以及西班牙，在有关民族主义的研究中通常被视作经典的、界定明确的早期"民族国家"，但是军事征服和殖民在它们的形成过程中却起到关键作用，其情形跟帝国的形成过程并无实质性的区别。如果我们把视野转移到19世纪70年代以后直至第一次世界大战时期的欧洲，会发现英、法、德等列强之间的民族主义对抗，包括它们对海外殖民地的争夺和走向全球性帝国的过程，使得帝国与民族国家之间的界限更加模糊不清。此一时期的民族主义，究其实质而言，是帝国主义的；尽管所有这些欧洲国家相互之间均视对方为民族国家，但它们都力求在全球扩张，打造海外殖民帝国。历史学家贝利（Christopher Bayly）因此精辟地写道，"帝国主义与民族主义均属于同一现象"（Bayly，2004：230）。库马尔（Krishan Kumar）也说，"如果民族国家可以被视作帝国的话，那么，帝国（尤其是现代帝国）也无非是民族国家的放大而已"（Kumar，2010：133）。[①]

（二）中国的历史实际

帝国—民族国家的二分法以及所谓"从帝国到民族国家"的演进范

[①] 把从帝国到国家视为现代国家建造唯一普遍适用的路径，这一宏大叙事之所以成问题，还因为它无法解释当今亚、非、中东和东欧许多国家所面临的危机。这些国家大多是在民族主义运动的高潮时期以人为划界的方式匆忙造成的，境内各族群的人民之间缺乏共享的民族意识，从而给这些地区带来长期的种族或宗教冲突、内战、种族屠杀或恐怖袭击，以及由此所产生的对旧日帝国的怀旧心理（Wimmer，2002；Kappeler，2001：392；Mann，2005；Pitts，2005；Esherick，Kayali，and Young，2006：2-4）。

式，不仅不适用于中世纪晚期和近现代欧洲的历史，也不能用来解读中国的国家形成路径，尽管不少研究者视此范式为理所当然。中国在过去数个世纪向现代民族国家的过渡历程，在以下三个重要的方面，对"帝国—民族国家"的二分法以及民族国家的目的论构成挑战。

先就清朝（1644—1911）的形成而言，自从17世纪40年代取代明朝、控制内地各省之后，直至17世纪90年代后期，在长达半个世纪的时间里，清朝并未从事领土的扩张。此后几十年中，清朝虽然通过一系列征战，将外蒙古、新疆和西藏正式纳入自己的版图，但在18世纪50年代之后，又停止了扩张。此后直至19世纪后半期跟西方及日本发生全面接触和冲突之前，其疆域一直保持稳定，并无领土的重大得失。可以说，战争和扩张在清朝入关之后的漫长历史上，是例外而非通则。所有这些，都跟世界历史上诸如奥斯曼这样的帝国形成鲜明对比，后者的历史自始至终充满与其竞争者之间的征战，疆域也一直处在不断扩张或收缩状态；这些帝国没有固定的边界，只有前沿地带，亦即"暂时的外在极限，帝国的军队只能在那里停止，无法进一步推进"；这些地带只是"帝国与帝国之外的人民之间一种具有弹性的军事和经济接触地带而已"（Opello, 2004：9）。与此形成鲜明对比的是，清朝要么通过条约或协议，要么透过习惯性的分界，跟周边邻国均有相对固定的边境，甚至在一些重要的边界地段驻扎军队或有兵力巡防（孙宏年，2006，2011；Liu, 2010：11）。边疆之外，清朝还对周边的一系列小国维持宗主权；后者定期对清廷朝贡，但它们并不在"中国"的疆界之内，清廷从未视之为其疆域的一部分。

因此，这里产生了一系列问题：清朝到底是否为一个帝国？它为何在17世纪90年代至18世纪50年代期间从事扩张？又为何在此之后终止扩张？最为重要的是，为什么清朝在随后的一个世纪保守自己的疆域不变，直至欧洲列强的到来？到底是什么样的机制使得清代得以长期在国内维持和平与秩序？这些问题之所以重要，是因为今日中国的现代国家，亦即人民共和国，乃是转经民国，间接地建立在清朝的疆域之上。清朝如何奠定并统治自己的疆域，对于我们理解现代中国作为一个民族国家的起源及其生命力，十分关键。我们将以此为历史基点，判定"帝国—民族国家"的规范认识是否适用于中国的国家形成过程。

其次，不同于欧洲国家之在国际法架构下相互承认主权，亚洲和非洲的传统国家在达到西方列强加给它们的"文明"标准之前，一直被当做落后、原始的群体，不配享有主权，而被排斥在这一源自欧洲的国家体系之外。它们之被卷入欧洲中心的国家体系，只能意味着遭受西方列强的征服和殖民化，一如绝大多数亚非国家在 19 世纪和 20 世纪早期所实际经历的那样（Obregón，2012）。中国在 19 世纪也和其他非西方国家一样，被卷入了全球性的国家体系。由于中国在传统上是东亚唯一的主导力量，并声称对周边所有国家拥有文化和政治上的优越性，因此中国融入以欧洲为中心的国家体系尤为困难和漫长。对晚清中国而言，最大挑战是放弃自己一直宣扬的世界中心地位，平等对待其他所有国家，并终结与周边附属国的宗藩关系，承认它们的独立。中国当然不愿这样做，除非遭遇到了无法抵抗的外部压力。因此，在成为一个主权国家之前，它不得不屈服于那些军事上击败自己的列强的要求，比如治外法权、固定关税、割让土地以及给予列强单边最惠国待遇。尽管如此，在整个非西方世界，中国是少数几个在帝国主义冲击下得以幸存的国家（其他几个这样的国家包括日本、暹罗/泰国、波斯/伊朗以及阿比西尼亚/埃塞俄比亚）。更令人称奇的是，晚清中国不仅幸免于列强的征服，而且开始向主权国家全面转型，且一直将自己的边疆（包括外蒙古、新疆和西藏等）保存大体完好。同样令人印象深刻的是，清朝之在 1911 年终结，并没有导致边疆脱离中国；相反，清帝在退位之际，将其版图完整地由新生的中华民国加以继承。因此这里产生了另一个问题：中国到底有何凭借，使其能够抵抗帝国主义的冲击，保持领土的大体完整？晚清中国当然算不上是非西方世界在卷入世界国家体系之后最为成功的国家，尤其是跟邻近的日本相比的话。不过 1949 年之前和之后流行于中国的民族主义历史书写只突出晚清以来的"百年屈辱"，远不足以全面概括中国在这一个世纪所经历的突破和坎坷（Li，2013）。再者，由于受民族主义的种种学说尤其是"主权在民"理念的影响，同时由于 18 世纪美国革命和法国革命的激励，世界各地几乎所有的民族革命的倡导者，均追求同样一个目标，即自己所要建立的政府，不仅要对自己的土地拥有完全的主权，而且要采用代议制民主的形式。中国的现代志士也不例外。晚清的革命党人，以及后来的国民党和共产党人，均致力于在中国建立一个共和国。但是，民国宪法所规定的民主制度，在现实中很少能够运作；它在北京的民国政府时期（1912—1927）不得不对独裁退让，而在南京国民政府时期（1927—1949），则为一党统治所替代。共产党人在打败国民党之后，摒弃了国民党在1946年一度尝试的宪政体制，把新政权定性为共产党领导下的人民民主专政的国家。因此，这里需要探究，为什么数个世纪以来的国家转型过程会出现此一阶段性结局。

（三）中国：为何既"大"且"强"？

总之，中国从17世纪40年代至20世纪40年代长达三个世纪的国家转型过程，产生了这样一个政治实体。它不仅版图很大，而且就权力结构而言也很强固。既大且强，亦即超大规模的领土和人口，与一个高度强势的政府体制之间独一无二的结合，乃是今日之中国作为一个现代国家的最大特征。

对于现代中国来说，作为一个"大国"可谓意义非凡。20世纪80年代以降，中国经济飞速发展，业已成为世界上最大的制造国，以及全球经济增长最重要的引擎。当然，中国的大部分成就要归功于后毛泽东时代的改革政策给经济发展所提供的制度支撑，比如市场机制的推行、国外资金和技术的使用、对于私人产权的承认和保护、交通网络的建设，最重要的是加入了WTO，使中国经济融入了世界体系。但是，这些制度安排对于中国来说并没有什么特别之处，因为自由市场、私有产权、外国投资等等这些因素，都可以在其他大大小小的发达国家和发展中国家找到。让中国在世界一枝独秀的最重要因素，其实是中国的庞大体量。中国拥有全世界最庞大的人口，使其制造业具备了广阔的国内消费市场和充足的劳动力。辽阔的国土加上丰富的自然资源，使中国经济能够高度独立且体系完备。另外，就地缘政治而言，大国也意味着更广阔的机动空间和庞大的动员能力，而人均国防费用的降低，也使得经济发展倍加受益。

这种"大而强"的奇特结合，既有优点也有弱点。有关国家规模的研究表明，大国虽然在提供公共服务方面人均成本较低，但是在人口构成方面更有可能复杂多元，从而给其经济增长带来负面影响（Alesina and Spolaore，1997，2003）。种族多元的国家，不得不克服国内语言差异所带来的各种障碍，以及不同种族和宗教之间的冲突所引起的潜在动荡。而在这一方面，中国可谓得天独厚。这不仅是因为中国的绝大部分人口都是汉族（约91%），从而使得中国既是一个大国，同时就内地省份而言，又是人口高度同质的国家，这在世界上绝无仅有。同样重要的是，少数民族集中于五个自治区（在很大程度上是在清朝的边疆地区基础之上建立起来的），从而使创造经济"奇迹"的内地省份免于种族或是宗教差异所带来的社会冲突。最为重要的是，由"大国"所带来的在资源调控和行政整合上的种种不利因素，在很大程度上因为一个强势政府的存在，而被抵消或受到控制。尽管20世纪50年代到20世纪70年代反复出现的政治运动给国家带来短暂的失序和混乱，……但是中央政权依旧能够对整个国家实施有效治理，启动工业化进程且取得巨大成就。

质言之，中国和其他非西方国家的区别之处，在于其兼具幅员辽阔的国土和强大的行政力量。中国的国家建造的历史经验，从两个方面"偏离"了"帝国—国家"的"正常"路径。其一，它并没有经历多族群帝国的崩溃、分裂并在此基础上形成一系列各自独立的民族国家，相反，至20世纪中叶，在中国所出现的是一个就领土格局而言，跟清朝在极盛时期的疆域大体相当的国家（其中一个显著的例外当然是外蒙古正式脱离中国）；现代中国因此乃是世界上唯一一个建立在旧日"帝国"疆域之上的民族国家。其二，它并没有建立一个体现主权在民原则的代议制民主制度，最终产生的是一个高度集权的国家。其生命力之强，乃至在新中国成立后近七十年间维持其党治国家的体制基本不变。这在21世纪的世界诸大国中，同样是独一无二的。

因此，这里的终极问题是：今天的中国是否为一个具有历史合法性的"民族国家"？作为一个现代国家，中国为何具有如此超大的规模，且具有如此强固的组织结构？今后的中国国家是否能够维持"既大且强"的格局？进而言之，中国的国家转型过程至今有没有结束？经过几十年改革后中国所面临的经济、社会和政治方面的多重难题以及这些难题带来的不确定性，使人们有理由质问：一个大而强的中国能否在未来的几十年继续维持其现状？而内地省份的汉族民众以及边疆少数民族在形成共同的国家认同方面所遇到的挑战，也使部分人存疑：中国是否会像20世纪90年代初的苏联那样解体并在清朝原有的边疆地区产生数个独立国家？抑或相反，中国是否有可能凭借其强大经济力量所展现出来的与日俱增的影响力，一如18世纪的清朝，在本区域重建自己的地缘支配地位？

（四）缔造现代中国：三个关键环节

中国的国家起源，可溯至中华文明的远古时期。在清朝之前的数千年里，古代中国国家由公元前 11 世纪以前黄河中下游的若干小邦，最终演进至明朝（1368—1644）那样一个成熟的中央集权的官僚制国家，其行政权大体上限于汉人所居住的十五个行省，此乃众所周知的事实。[①] 不过，本文将揭示，今日中国作为一个集权的现代主权国家，是 17 世纪 40 年代至 20 世纪 40 年代这段更为晚近的国家转型过程之累积的结果。国家转型包括重建下列三组关系：汉族和非汉族人口的关系，这比其他因素更能决定中国的疆域构成和治理方式；中国和外国的关系，它决定了中国国家的战略目标和政策优先项；中央和地方的关系，它决定了中国国家的权力架构及其应对国内外挑战的能力。中国的国家转型是一个连贯的历史过程，包含如下三个关键环节。

其一，将中国由明朝所代表的汉人为主体的原初型族群国家，经过清朝至 18 世纪 50 年代为止的军事征讨和行政整合，再造为一个多族群的疆域国家。"中国"的疆域范围骤然扩大，从明代之十五省（即两京十三司），延伸至满人、蒙古人、中亚穆斯林、藏人以及其他非汉人所居住的亚洲内陆各个边疆。国家的地缘战略也从明代视华北为核心地带，对长城以外的游牧部落采取守势，一变而为以满洲和大漠以南的蒙古族聚居区为核心、以内地省份为腹地、靠边疆提供防卫保障的新格局；由此所产生的行政体制和治理方式，也独具特色，且带来清代国家的长期稳定。此一步骤之所以重要，是因为它奠定了现代中国国家赖以形成的地理的、人口的乃至行政的基础。

其二，再将中国由一个自居于周边各国之上的疆域国家，重构为一个近代主权国家。国家重建的关键，是通过变法自强，融入世界范围的国家体系。这一过程始自 19 世纪下半叶，分为两个步骤：起初是在外力胁迫下，放弃对周边国家的权利，终结旧有的宗藩体制，在法律上承认与世界其他国家的平等地位；继而（也更为重要的）是在列强的环视和侵逼下维

[①] 中外若干历史学家、考古学家和历史地理学家，均致力于研究中国如何从远古时代的部落国家成长为统一的中原王朝（例见 Lattimore，1988［1940］；K. Chang，1987；谭其骧，1982，1991；Huang，1997；C. Chang，2007；葛剑雄，2013；葛兆光，2011）。

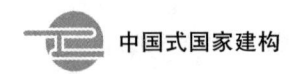

持现有的领土状况和国家权益。中国之作为一个近代主权国之制度的和法律的架构的建立，完成于晚清；而国家主权自身的健全和恢复，则晚至第二次世界大战结束才基本完成。这一过程之所以重要，是因为它奠定了现代中国国家赖以形成和运作的法理基础。

其三，将中国由一个军事上和行政上非集中化的国家，经过重建和整合，改造为一个高度集权、统一的现代国家。在此过程中，抗拒外国入侵，维护领土完整，依然是建国的重要目标，但是国家重建的中心舞台已经转到内部，其关键在于消除或制服对抗中央的地方离心力量。较量的结果，总是地方瓦解和取代现有的中央政权；而制胜的关键，则在财政军事资源的集中和政治认同的打造。国家的制度架构因此也在"中央"与"地方"的不断对抗、更替中，一步步走向统一和集权。正是这样一个以克服非集中化和追求政治统一为中心内容的过程及其历史遗产，造就了延续至今的现代中国国家的权力结构。

这三个中国国家转型的环节在历史层面和逻辑层面都是紧密联系的。每一环对于缔造现代中国均不可或缺，并且如果不放在长达三个世纪的国家转型过程中加以审视，亦无法充分理解。中国在17世纪晚期以及18世纪初期的持续扩张，导致疆域的扩大和中国本身的重新界定；由此所形成的国家尽管表面上具有"帝国"的某些外在特征，却显现出军事或殖民帝国所不具有的稳定性和持久性。在19世纪融入世界体系的过程中，中国区别于所有其他非西方国家的地方，不在其疆土之不断受损，而在中央权力式微的情况下，启动了向近代主权国家的过渡，使其体现传统秩序的疆域变成现代国际法意义上的领土。因此，20世纪的国家重建，并非是在原先统一的朝代国家崩溃之后，由不同族群和宗教背景的政治力量，在各自所在的区域建立自己的国家，而是由挑战中央的地方势力，自下而上地完成国家权力的再集中和领土的整合。这三个步骤中的每一步，在现代中国的成长过程中都是至关紧要的突破，同时彼此之间又显现了内在的连续性。其过程之复杂，绝非"帝国—民族国家"之二元对立和线性演进图式可概括。

二　地缘、财政、认同：国家转型过程中的关键变量

以下三个因素是理解国家形成或转型过程之关键所在。一是地缘政治

环境。在此环境中，国家针对来自国内、国外的挑战和机会，制定相应的战略优先目标，而这些目标又进一步决定了国家对各种资源的需求程度。二是财政—军事构造。它取决于经济规模的大小，经济资源在多大程度上可供国家抽取，以及国家通过税收、借贷、征用、动员或其他手段将资源转化成真正的财政收入和军事实力的能力。三是政治认同。它决定了国家对所掌握的资源进行再分配和加以使用的有效程度。这三个因素交相作用，决定了国家转型在每个阶段的进程和收效。下面以此为分析架构，对17世纪40年代以来国家形成的三个环节，进一步加以申论。

（一）多族群的疆域国家的形成

现代国家在中国的形成过程，始自清朝前期边疆的开拓和疆域的整合，战争在此一过程中起到关键作用。由此所产生的清代国家，与此前的明朝相比，在地缘战略和政府结构上确有根本的不同，但清朝并不能因此等同于世界史上所常见的军事帝国或征服王朝。为明了此点，有必要把清朝的扩张分为两个完全不同的阶段。从满人的后金政权在东北兴起，到入关之后取代明朝，至17世纪50年代基本控制关内各省份，是为扩张的第一阶段；此时扩张的目的，是为了获得更多的土地、人口和财富，这跟欧亚大陆诸帝国以及中国历史上的帝国形成过程，并没有根本的不同。但在此之后，清朝失去了进一步扩张的势头，它无意将自己的疆域延伸到现有的版图（满洲内蒙以及内地所有省份）之外。在17世纪40年代之后将近半个世纪，清朝的版图基本未变，其立国的目标是维持在关内的统治，重建曾存在于明朝与亚洲内陆各游牧政权之间的朝贡制度。在此期间没有迹象表明，清朝统治者有意进一步扩张。直至17世纪90年代后期，清朝才开始了第二波征伐，至18世纪50年代结束，导致外蒙、新疆和西藏最终纳入版图。正是在此一阶段，清朝的扩张过程显示出与世界历史上其他帝国的兴起完全不同的动力，由此所形成的国家，也异于通常意义上的帝国。

欲理解满族统治者为何从17世纪90年代开始发动对北部、西北和西南部的征讨，有必要认识一下清朝独特的地缘战略。此一战略的核心是满族与大漠以南蒙古部落的结盟。这种结盟曾对清人南下征服明朝起到关键作用，也对此后拱卫京师不可或缺。清廷之所以在17世纪90年代发动一系列的征讨，正是因为来自大漠以西的准噶尔蒙古部落东侵外蒙古、南下内蒙古，直接对京师构成了威胁。因此，不同于满族在第一阶段的军事征战之具有进攻、扩张性，其在第二阶段的历次战役多属防御型的。此后为了把准噶尔势力从西藏驱逐出去以及最终为了斩草除根对其所发动的征讨，均为防御或预防性质。新疆、外蒙以及西藏之正式纳入版图，只不过是这些征讨行动的副产品，而不是征讨本身原初的目标。不同于世界历史上帝国建造的典型路径，即以边疆作跳板进一步向外扩张，因而从来没有固定的边界，清朝在18世纪50年代实现清除准噶尔的目标之后，其版图即大体固定下来，并且在此后的一个多世纪一直保持不变（此后对缅甸、大小金川用兵，均为回击或平乱性质，并不以领土扩张为目的）；与周边邻国的边界，也通过正式谈判或非正式的习惯性划分而得以界定。在其历史的大部分时间里，清朝并不寻求通过战争获得邻国的土地。它将自己定位为一个上承明朝、统治整个中国的正统皇朝，并以内地各省为其全部的财源；而对边疆各地区，则派军队驻守，以确保其地缘战略上的安全。

因此，19世纪以前的清朝跟世界历史上的任何其他政治体系皆不相同。它既非一主权国家，也不是一般意义上的征服帝国。在三个重要方面，18世纪处于巅峰时期的清朝独具一格。

其一是它的地缘政治环境。作为亚洲东部和内陆唯一居于支配地位的强国，它没有对手可以在规模和实力上构成致命的挑战，因此也就不存在持续不断地扩大和更新军力的压力。欧洲各国及相邻地区所出现的军事革命，在清朝于19世纪晚期卷入全球范围的国家体系之前，从未发生过。国与国之间的竞争和交战，曾在欧洲早期近代国家形成过程中起关键作用，但在清朝奠都北京后，对其政权体制影响不彰。军事开支的不断上扬，曾经驱动欧洲各地的国家建造过程（更准确地说，是促使各国不断加强国家机器的抽取能力），但对清代国家的行政结构冲击不大，直至19世纪中叶地缘环境发生彻底改变之前均是如此。

其二是清朝独特的治理方式。有两个因素使得清朝的统治具有低成本、高效率的特征：内地人口的高度同质，使得族群和宗教纠纷减至最低程度；同时，国家对儒家说教和治理传统的一贯尊崇，也大大缓解了汉人对清朝异族统治的抵触情绪，并赢得汉人精英的忠诚。因此，清朝没有必要打造一个庞大的国家机器，以最大限度地抽取财源。相反，由于没有来自周边的军事压力,清朝的政府规模极小,主要是依靠乡绅和宗族组织维持地方村社的秩序及履行对国家的义务。军事开支的相对固定、政府运作的低成本、纳税人口的庞大,所有这些因素交相作用的结果,是使清代得以长期执行低税政策,一直到19世纪晚期为止。换言之,清代之所以能够维持低税率,并非因为它无力抽取更多来自土地的剩余资源,而是因为没有必要。所有这些,皆与早期近代和近代欧洲的所谓"财政—军事国家"适成鲜明对比;后者因面临不断上升的军事开支,财政需求也不断飙升,进而驱动国家扩大和重建行政机器,以增强税收能力。

因此,清朝之不同于早期近代世界上的其他国家,还在于其独特的财政构造。早期近代欧洲的民族国家的财政体系是动态的,大都依靠间接税,具有扩张的潜力,这不仅因为支撑它的工商业一直在成长,也因为战争和庞大的官僚系统的开销在加剧国家财政上的需求。与之相反,19世纪中叶之前,清朝财政体系是静态的,以田赋为主要收入,其收支结构基本固定。清朝的财政结构之所以缺乏弹性,当然是因为其地缘上的高枕无忧,使得军事开销相对稳定并处在一个较低水平,同时也因为人口与耕地的比率依然处在一个适度的状态;即使税率很低,因为纳税人口庞大,国家依然拥有充足的财源。清朝的财政体系由此形成一种独一无二的均衡结构,即财政收入相对稳定,并稍高于相对固定的财政开支。可是,无论是清朝的地缘优势,还是其人口规模,均非恒定不变的,只要这两个前提条件中的任何一个受到破坏,此一均衡状态即不存在。财政构造的这一特征,对清朝的兴衰起到至关紧要的作用。它有自身的优点,即在正常情况下,每年可产生一定的盈余,长此以往会是一个很大的数目。正是凭借此一盈余,清廷可以征战和扩张,而不必增加土地税率。但是,它也有自身的弱点,亦即均衡状态的脆弱性,最终将在19世纪因为上述前提条件不复存在而深刻影响着中国的转型道路。

其三是清朝的边疆政策也不同于其他帝国。世界历史上各帝国的建立,其驱动力均来自宗教诉求或来自统治者对土地、人口和财富的贪得无厌,而不是出于自身防卫的需要,清朝正好相反。它之所以将外蒙古、新疆和西藏等地变成自己的边疆,并不是因为对这些地方的财富感兴趣,更不是为了传播宗教,而是由于这些边疆地区在地缘战略上的重要性。清朝仅仅是在其防卫受到外部(主要是准噶尔部落)的威胁之后,才发动一系列征讨，导致边疆的扩大。也正因为如此，清朝治理边疆的目标，并不是要那里提供贡赋或税款以增加自身的税收，而是要确保边疆的稳定，使之对其核心地带和核心利益起到保障作用。在其他帝国历史上，对殖民地肆意剥削，对被征服对象进行政治和宗教压迫，是司空见惯的现象。相比之下，清廷对边疆的贡赋要求微乎其微，仅具象征意义，甚至要为边疆的行政体系提供财政补贴。它对边疆的治理采取的是一种实用的方式，即鼓励满洲贵族与蒙古王公通婚，庇护西藏和蒙古统治精英所信奉的宗教，但并不在满人内部或帝国其他地方提倡之；对于边疆的世俗和宗教领袖，它牢固掌握自己的任免或认可权，且对边疆的精英分而治之，限制其影响力。所有这些都使得清代国家始终能够维持边疆的稳定。清代这些行之有效的政策，也在很大程度上说明了这些边疆地区即使在清朝垮台之后，依然接受中央政权名义上或实质性的控制。此一事实跟其他所有帝国衰退或灭亡之后，其边疆、属地或殖民地纷纷独立，构成鲜明的对比。

清代国家不仅不能跟欧亚大陆历史上的军事帝国画等号，也不能跟中国历史上的汉人王朝等而视之。满人的入关统治，不仅带来版图的扩大，更进一步导致中国的重新定位和定义。此前的明朝和其他华夏王朝，亦即原初形态的中国，本质上是单一的汉人族群国家，国家赖以存在的基础是对本族群及其文化的认同。就地缘战略而言，其核心地带始终未超出内蒙古草原以南的中原地区。相比之下，清朝作为一个"外来"王朝，有着不同于汉人王朝的生存战略和核心利益。不同于后者之抱守中原腹地，视长城以北为化外，视所有非汉人族群为外番，清朝开疆扩土之后，将满、蒙、回、藏地带变成边疆，地缘上"内"与"外"的概念也为之一变。所谓"内"，已从明代十五省扩及包括内地十八省和所有边疆的整个中国；而"外"则由原来长城以外的所有游牧部落，转变为边疆以外的周边邻国（包括保持朝贡关系的温驯小国，但更指不时构成威胁的准噶尔部落和俄罗斯）。

18世纪中叶以后的"中国"，也从清代以前的以汉人为主体、以对华夏文明的认同为基础、边界模糊的原初型族群国家，过渡为一个多族群的、边界日趋清晰和固定的疆域国家。因此，如果抱守传统史学中的汉人中心论，将边疆人口看作"少数民族"，视之可有可无，无疑弱化了清代历史中最富有意义的部分。然而，如果过分强调边疆的作用，认为清朝是一个"亚洲内陆帝国",认为内地各省仅仅是此一帝国诸多版块中的普通组成部分,同样失之偏颇。清朝移都北京后,将自己界定为明朝的继承者,即一个版图扩大之后的"中国"(不仅包含内地省份,也包含边疆地区)的正统王朝。对于清廷而言,内地和边疆功能各异。内地不仅为大清提供了统治整个中国的合法性,也为中央提供了几乎全部的财源;而边疆仅仅用来提升国家的战略安全,捍卫其对内地省份的统治,而非赖以作为财源。清朝之所以可以称为"中国"的一个朝代,而非满族的或是亚洲内陆的帝国,正因为它一直以内地各省为国祚之根本。

因此,我们最好把清代中国定义为一个前近代的或早期近代的疆域国家:它拥有固定的边界和稳定的版图,拥有一支形制完备的常备军,拥有一个高度集权的科层化的行政体制,这些均为中世纪欧洲大大小小的政治体所不具备,而跟早期近代欧洲的民族国家有颇多相似之处,但它不属于形成于西方的、由主权国家所构成的近代世界体系之一员。另一方面,它又不同于靠战争维持其生命的传统军事帝国,也不同于前近代世界历史上缺少明确疆域概念的各种形式的政治实体。作为一个高度集权、疆域固定的大国,它比非西方世界的其他任何政治实体,都更加具备向主权国家过渡的条件,同时也将会遭受来自西方更为严重的冲击。

(二)迈向近代主权国家

对早期近代欧洲的绝大多数地区而言,中央集权的国家的兴起和领土的巩固,皆发生于由诸多国家所构成的国际体系之中,这些国家在国际法下既互认为平等伙伴,又展开激烈竞争。中国的不同之处在于,清朝作为一个疆域国家的形成,与其介入世界国家体系,是两个不同的步骤。第一步已在18世纪50年代完成,而第二步则要等到19世纪遭遇重大危机之后。从18世纪末开始,清朝在三个方面连续遭遇危机。一是在人口方面。在17世纪和18世纪,中国人口增长了近三倍,对土地资源构成巨大的压力,最终导致18世纪90年代后期和19世纪50年代大规模的内乱。二是在地缘政治方面,即欧洲两大强国(英、法)出于商业利益反复构衅。这两大危机叠加在一起,破坏了先前在清朝财政构造中长期存在的低度均衡状态。第三种危机则涉及汉人精英对于清廷之认同感。太平天国和清末十年的革命运动先后挑战了这种认同感,它们均诉诸历史上和现实中的满汉矛盾，以动员民众反抗清廷。尽管面临这三重危机，清朝仍在19世纪后半期以"自强"为旗号经历了一场现代化运动；义和团之后，现代化运动在"新政"的名义下以更大规模在全国铺展。因此，当清朝于1911年走到终点时，中国已经经过重新打造，维持了其绝大部分领土，避免了边疆的分离；政权本身无论在军事上还是行政、外交体制上，均经历了相当程度的现代化。这跟近代欧亚大陆诸帝国之四分五裂以及绝大多数非西方国家之遭受西方征服和沦为其殖民地的命运，形成了鲜明对比。晚清中国历史固然充满了挫折和屈辱，但放眼整个非西方世界，它更是一部国家转型非常成功的历史。

有三种因素可以解释晚清国家的这种适应能力。第一，其财政构造发生转型，即由原来供需两侧均缺乏弹性和扩张能力的低度均衡机制，转变为一种高度不均衡机制。在此机制中，不断增长的需求推动了供应的增加，而且非农业财政收入（贸易税、借款以及其他财政手段）取代田赋，成为国家岁入的最重要来源。而在财政转型背后起支撑作用的，则是中国的辽阔疆域、庞大人口以及由此所产生的巨大经济体量。因此，不管新产生的资源抽取机制多么低效和不合理，它总能提供足够的财源，满足中央和地方政府急剧增长的开支需求。此项转型完成于19世纪50年代至70年代，其代价乃是中央失去了对各省正式的和非正式的各种财源的控制，以及汉族精英势力的崛起。后者通过控制本地区的财政、军事以及行政资源，在同治、光绪年间"中兴"大业中起到关键作用。

第二个因素是清朝为了应对来自中亚和东南沿海的地缘政治危机而调整了其国防战略。中亚的军事力量在19世纪60年代中期入侵新疆，这对清廷来说是一个传统的威胁；而在19世纪70年代，清朝又开始在东南沿海面临来自日本的新威胁。清廷的传统战略是优先确保内陆边疆地区的安全，这种战略与清朝新获得的财政—军事实力结合在一起，使其能够成功地收复新疆。海防在清朝总体战略中的重要性也在迅速上升，但当政者对其紧迫性认识不足，资金投入有限，结果导致甲午战争的惨败。不过，新型的财政构造具有足够的灵活性和扩张性，使得清朝可以承受战后对日赔款，并支撑1900年之后全面展开的现代化事业。

财政转型和地缘战略调整所折射的，是晚清国家的治理能力。晚清政府问题重重，官员腐败、守旧、排外现象比比皆是，但是它毕竟建立在以个人能力为衡量标准的科举制度之上,因而封疆大吏当中不缺通晓时务、精明能干之士;整个政府体制依然能够在内忧外患中控制局势,对现代化所需资源起到协调和控制作用。国家的世俗主义取向、汉人官僚的经世致用传统、士大夫因朝廷尊崇儒学而对清朝所产生的忠诚,所有这些都使得那些掌管国家各部和各省的官员,有能力履行其基本职能。因此,尽管自19世纪50年代起中央的财政、军事和用人权力在向各省下移,但是清廷从未失去对封疆大吏人事上的控制,也始终有能力决定中央与地方之间的财政、军事资源的再分配,可见晚清的财政军事和行政体制,实为一种"地方化的集权主义"(localized centralism)。正由于这一独特体制的作用,清朝依然能够平定其历史上前所未有的内乱,收复边疆失地。在1894年中日战争之前的数十年间,中国依然能够推展国防、制造业、交通运输、教育和外交的现代化,从而出现长达三十年的中兴局面,并且在庚子义和团之后以"新政"的名义展开新一轮的全面现代化工程。也可以说,中央权力下移与地方封疆大吏的自强、新政举措,两者互为因果。权力地方化本身并不是坏事,如果中央尚未失去对地方的最终控制权的话;恰恰相反,它实际上是晚清国家赖以幸存、中国得以开启向近代国家转型的基本条件。

第三个有助晚清克服内忧外患的因素,是汉人和非汉人精英所共享的"中国"认同。18世纪50年代以后清代国家的长期和平与稳定,使得世世代代居于其内的各个族群(尤其是他们当中的精英阶层)对现有疆域产生归属感。朝廷对边疆地区宗教的庇护,对边疆精英阶层的优待,满人的汉化,汉人之移民满洲、内蒙古和新疆,以及清朝在最后几十年力求将边疆的行政和内地省份加以整合,所有这些都有助于在各族精英阶层中培养共同的国家观念。其中,汉人官僚精英之超越对朝廷忠诚的中国意识的觉醒尤为关键。晚清国家的权力非集中化之所以没有伴随国土的四分五裂,主要原因也在这里。晚清绝大多数的革命党人和来自不同背景的改良派人物,尽管在对待朝廷的问题上立场不同,但皆有一个共识,即把中国(包括内地和边疆)打造为一个统一的现代国家,无论其政体是共和还是君主立宪。虽然部分革命党人在其早期活动中诉诸反满言论以博取民众支持,但他们很快便放弃此一做法,提出满、蒙、汉、藏、回"五族共和",并获得一些满族精英和边疆地区其他非汉族精英的响应。这些均有助于中华

中国式国家建构

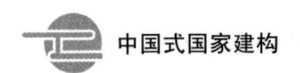

民国在1912年成立时继承前清的边疆。

所有这些，皆跟19世纪和20世纪初的奥斯曼帝国形成鲜明对比。后者之所以得以维持，主要是依靠伊斯兰教以及代表这一宗教的哈里发作为精神支柱。帝国境内的不同族群，很难对于一直处在扩张或收缩过程中的帝国疆土产生认同感。因此，在帝国崩溃之后，人们只能按照不同的族群各自建立新的国家，国家的领土只能限于本族群所居住的地带。尽管在奥斯曼帝国走向衰落的过程中，曾有来自不同背景的精英分子提出挽救帝国的种种方案，诸如奥斯曼主义、泛伊斯兰主义、泛土耳其主义之类，但是对土耳其共和国建国之父凯末尔（Mustafa Kemal）来说，这些方案皆属于"我们从未能够实现也无法实现的理念"而已（Lewis，2002：353-354）。最终被证明可行的，是凯末尔自己所提出的在土耳其地区建立一个土耳其人的疆域国家的想法。按照他的设想，建国运动应该仅仅限于土耳其人生息繁衍的地区，亦即安纳托利亚腹地，凯末尔谓之"我们天然的和合法的限度"（Lewis，2002：353-354）。然而，对于孙中山及其追随者来说，中华民国绝不应该仅仅限于所谓中国本部，而应建立在清朝原有的疆域之上。这不仅可行，而且就新生国家政权的合法性而言，还势在必行。毕竟，这个以"中国"为名的国家，已经稳定存在数个世纪，它只需加以再造，而非另起炉灶，加以发明。

总之，晚清国家在19世纪后半期对财政、军事和行政体系的改造和中国共识的形成，决定了中国走向近代主权国家过程中的成与败。从鸦片战争到义和团，中国在与外国列强的碰撞中屡受重创。战后一系列不平等条约的签订，尤其是割地赔款之耻，刺激了每位仁人志士。这一连串的失败，经过20世纪民族主义历史书写的刻意放大，遂成为晚清政权在帝国主义欺凌下"丧权辱国"的集体记忆。然而，除了"失败"的记录之外，晚清中国还创造了一连串令人讶异的"成功"。其中最可述者，无疑是它在卷入欧洲列强所主导的国际体系之后，通过外交和行政体制的变革，不断地朝向近代主权国家的目标迈进，并通过地缘战略的调整和国防的近代化，始终能够维持其原有版图的基本格局和政府体系的独立运作，成为幸免于沦亡的少数几个非西方国家之一。而这一系列成功的关键，除了财政构造的非集中化及其所具有的高度扩张性，使晚清的各项近代化事业成为可能之外，背后更为根本的，乃是19世纪后期官僚和知识精英的政治意识日渐发生转变，从原先对朝廷的效忠，过渡到对形成中的主权国家即"中国"的效忠。主权国家的利益和朦胧的民族意识，超越了族群、派系的樊篱，成为凝聚共识、形塑集体行动的最大公约数。此前汉、唐、宋、明原初型族群国家历史语境中所特有的"化内"与"化外"的概念，以及清代早期疆域国家所使用的"域内"与"域外"、"海内"与"海外"的二分法，到了晚清和民初，已经日渐被"中国"与"外国"、"国内"与"国外"的二分所取代。此一转变所折射的，正是近代主权国家在中国的形成过程。

（三）统一集权的现代国家之肇建

国家转型的第三个突破，是针对晚清财政、军事和行政体系的零碎化，及其最终演变为民国初年的军阀混战，走上政治统一和权力再集中的道路。正是在此过程中，我们终于看到中国跟某些欧洲国家类似的发展。战争成为建国的驱动力；能否为战争而扩充财源和凝聚共识，成为决定建国成败最关键的因素。

国家重建的最初突破，出现在清朝覆没之后20年间。这一时期因为政治分裂和军阀混战，而被人们视作中国近代史上的黑暗时期。然而，恰恰是在这种分裂和无序状态中，产生了区域性的财政—军事政权（regional fiscal-military regimes）。各个军阀或军阀派系不只是为了生存和扩张而无休止地相互争斗。其中的佼佼者也耗费巨大精力来巩固自身政权，所采用的手段包括：在所控制的辖区内建立集中化的官僚系统，致力于财政和金融系统的统一和标准化，建设公路、铁路以及其他基础实施，提升公共教育和医疗卫生水平，鼓励工商业发展，提倡基层政府自治，允许省级或县级议会的存在，从而在地方精英当中建立共识。通过这些努力，那些最有雄心的军阀将其所控制的省份打造成了区域性强权，一如早期近代欧洲的国家构建过程。到20世纪20年代中期，在所有这些区域政权中，有两大力量最为成功也最具影响力，即满洲（东北）地区张作霖领导的奉系集团，以及孙中山领导的广东国民党政权。到20世纪30年代早期，经过北伐，国民党势力最终消灭或制服了其他所有军阀，推动了统一的民族国家的形成。因此，不同于欧洲的先行者（以英、法为代表）所走的从上至下的建国路径，亦即从中央到地方逐级实现国家权力的集中化和科层化，中国在清末自上而下的"新政"失败之后，所走的是一条自下而上的路线，或谓"集权化的地方主义"（centralized localism），即由强大的地方力量首先实现内部的统一、集权，然后经过彼此间的竞争，再建立统一的全国政权，一如欧洲民族国家形成过程中的那些后来者（以德、意为代表）。

国民党统一全国凭借以下三个因素。地缘政治方面，它在广东获得苏俄的物质援助，这对其早期的军事建设极为关键。财政上，它能抽取到比其他任何对手更多的财政资源：最初依靠统一广东的财政和金融体系；进入长江下游地区后，则通过发行公债和银行借款从上海财阀那里获取支援；继而控制了海关和全国工商税收。另外，国民党在宣传上致力于国家统一和反对帝国主义，也赢得各方社会政治力量的认可。而党化教育和以党领军、以党领政的实践，则使国民党试图通过其意识形态的灌输和组织上的渗透，实现对军队和行政系统的全面控制。因此，北伐时期的国民革命军士气高昂，战场上节节胜利。此后二十来年，国民党政权在建国上的成就，举其要者，有以下二端。

其一，经过十多年的整合，到抗战全面爆发前夕，国民政府已经建立了一个全国性的政治和军事架构，消弭了过去各区域割据势力之间的公开对抗和政治分裂；在财政和税制上也在逐步建立全国统一的制度。如果没有1937年以后的日本全面侵华，一个政治上和军事上统一的强大民族国家的最终出现，盖无疑问。事实上，也正是由于中国的政治军事局势快速地朝着此一方向推进，日本军国主义势力才在1931年贸然占领满洲（东北）地区，在1937年发动全面侵华战争，因为一个统一强盛的现代中国的成长，必然意味着日本帝国主义扩张野心的终结。中日之间的全面交锋在20世纪30年代已在所难免，蒋介石所能做到的，是尽可能培育自身实力，推迟战事的发生。抗战爆发后，国军因实力相差悬殊，节节败退，乃意料中事。然而，战前十多年的政治和军事整合，对八年抗战期间国民政府能够将各派系凝聚在一起，不仅在日本的大举进攻下幸存下来，而且组织了有效的抵抗，最终以胜者的姿态结束这场战争，仍起到关键作用。

其二，正是由于国民政府所领导的中国在二战远东战场上所起的关键作用，故而在二战结束前后，现代国家的建造获得了前所未有的突破。国民政府次第废除了自鸦片战争以来外国列强跟清政府所签订的一系列不平等条约，取消了外国人在华治外法权及其他各项特权，取消了外国在华设立的公共租界，并且早在 1929 年即已实行关税自主。由于打败了日本，中国收回了台湾和澎湖列岛，恢复了对东北三省的治权。同样重要的是，中国以联合国的创始国和安理会五个常任理事国之一的身份，确定了其在世界上的政治大国地位。

然而，同样一组因素（地缘、财政以及认同）也能解释国民党的建国失败。事实证明，自 19 世纪 70 年代以来，国家重建的最大威胁来自日本。奉系集团原本是国民党在北方最强劲的对手，正是因为日本占领满洲（东北）地区，导致其走向衰亡。1937 年后，日本的全面侵华战争进一步中断了国民党的国家统一和重建事业，并给中共在抗战后方的生存和发展提供了机会，最终成为国民党最大的对手。财政上，在 1927 年定都南京之后，国民党不仅优先在军事上投入大量经费以巩固地盘，而且作为一个全国政权，还需承担全国事业机构和军事机关的巨大开支，结果不堪重负。政治上，尽管蒋介石通过制服各路军阀及其党内对手建立了个人权威，尽管抗战时期各派力量面对全民族的生存危机也暂时接受了蒋介石的领袖地位，但他从来没有消除党内、党外对手的挑战。其领袖地位更多是建立在与对手的妥协之上，而不是依靠意识形态的说服力和个人魅力。由于蒋介石从未消除国民党内部的派系倾轧，建立自己在军政界的最高权威，因此一旦抗战结束，国共内战再度发生，嫡系与非嫡系之间的矛盾在战场上表露无遗，各支部队无法真正做到协调行动，在与中共部队的大规模作战中一再败北，最终弃守大陆。概言之，国民党政权的最根本弱项，是其党政军体制的"不完全集中化"（incomplete centralization）。尽管在 1927 年之前，作为一支地方势力，国民党的财政军事组织比任何其他竞争对手都更加统一、集中，从而有能力击败或收编对手，但在 1928 年名义上统一全国之后，南京政府未能成功地整编各支地方势力，也未能打造一个集权、高效的行政管理体系，更谈不上把国家权力有效地渗透到城乡底层社会，建立一个可以满足国家财政收入和社会控制需求的基础结构。

对比之下，中共在与国民党的竞争中取胜，恰恰是因为它在地缘、财政和认同三方面同时取得突破，从而实现了"全方位的集中化"（all-round centralization）。二战结束后，曾经构成建国之最大障碍的日本战败了，苏联的介入则构成了国共斗争中最重要的地缘因素。苏联红军所占领的中国东北，是中国农业剩余最多、近代交通、能源、制造业和军火业最集中的地区。中共军队充分利用了这一优势。尽管进入东北的过程因苏方顾忌中苏同盟条约所承担的义务并不顺利,但在占领东北大部之后,其财政军事构造发生了根本性转换:中央主力从原来困顿于西北贫瘠人稀的边区、缺乏枪支弹药、只能靠游击战术生存的地方势力,变成了兵源充沛、供应充足、拥有大批量新式武器的强大军队,终于可以与国民党军队相抗衡,在正规战场上一决雌雄。中共的财政体制,也从原先以农业剩余为主要财源、各支部队自筹自用、各根据地自成一体的分散状态,逐渐过渡到统一集中、各根据地相互协调、连为一体并且学会利用城市工商税源和现代财政手段的新体制。整个内战期间,中共的财政构造越来越呈现为新与旧两种体制的巧妙结合:利用高度集中的、跨解放区的新体制,它可以在短时期内动员巨大财力和丰富物资,支撑大规模兵团作战;与此同时,在兵源和后勤供给上,它延续了延安时期已经十分成熟的草根动员模式,借助党组织对乡村的渗透和土改运动,以几乎无偿的方式,动员千百万民众提供源源不断的物质和人力支持。此构造因而是扩张型的、可持续的,并且能够维持总体上的平衡。中共的优势,因此即在其新获得的、集中控制的城市经济和财政资源,与其传统的、分散控制的人力动员及后勤保障模式的巧妙结合,新旧体制相得益彰,从而产生了巨大而源源不断的战斗力。

最重要的是,中共在20世纪40年代不仅克服了早期历史上对莫斯科的过分依赖,而且通过克服党内高层的宗派主义和各根据地的山头主义,确立了毛泽东的政治领袖和意识形态权威地位。政治上的高度集中,加上内战初期的军事劣势所带来的生存危机,使得不同地区的中共军队能够做到和衷共济,服从中央统一领导,战场上相互协调。与此同时,中共重视意识形态宣传,透过党组织严密控制基层官兵,加上推行土地改革,给农民参军带来物质激励,使军队保持着旺盛的士气。因此,中共党政机关以及整个军队,从上到下都形成了对于毛泽东领袖地位的高度认同以及求胜的强烈期待,从而使中共成为民国肇建以来最具竞争力的一支建国力量,有能力将自己从区域推向全国,最终建立起一个高度集中统一的国家政权,彻底扭转了晚清以来权力下移、头轻脚重的政治格局。

总之,克服源自19世纪后期的权力非集中化趋势和各种离心力量,以"革命"的名义致力于国家的再造,是20世纪中国国家转型最为关键的一步,而政党则成为完成此一任务的利器。党不仅成为革命的中坚,而且革命本身是以党的名义,依靠党的组织渗透和来进行的。革命的成败,跟地缘的变局和财政军事资源的掌控息息相关,但是最终起决定作用的,还是党内力量的凝聚。加入政党成为投身革命的必要门槛;"党内"与"党外"成为识别革命势力的基本标杆。对党是否忠诚,超越一切,成为衡量一个人是否革命的最重要尺度。而这种忠诚并非抽象的,在打造党内认同的过程中,它被具体化为对党的"正统"意识形态的无条件尊崇,以及在组织上对党的各级权威尤其是最高领袖的服从。共产党之所以最终能够击败国民党,不仅因为革命的后期,即国共内战期间,其地缘环境和财政军事资源发生了颠覆性的转变,更重要的是它在凝聚党内共识、达成组织团结方面,把国民党远远抛在后面。

纵观中国的国家转型的漫长历程,如果说前两个环节(即多族群的疆域国家的形成及其向近代主权国家的过渡)解释了现代中国为何在规模上很"大"的话,第三个环节则回答了它为什么在结构上很"强"的问题。20世纪的中国,不仅没有像土耳其那样,经过帝国裂变后,使其疆域回归主体民族的腹地,而且也没有像战后土耳其共和国那样,走上议会民主的道路,而是以建立一个高度集权的国家达到高潮。所有这些,皆与"帝国到民族国家"的目的论相悖,后者把民族国家做了双重界定,即不仅是一个由共享文化或族群传统的人民所构成的主权国家,而且是体现主权在民理念的民主政体,而在20世纪的国际政治上,"民主"被等同于欧美式的代议制多党政治,为二战后的众多亚非国家以及苏联解体后的东欧国家纷纷仿效。

事实上,中国曾有两次践行代议制民主的机会,一是在民国初北京政府时期,一是在1946年南京政府时期,两次试验均昙花一现。1913年4月开始的第一届国会,因为地方派系与中央的武力对抗而时断时续,无法正常运作;1946年的"宪政"试验,也因为国共内战的爆发和国民政府"动员戡乱"条文的实施而名存实亡。在这两次转变过程中,代议制民主之所以失败或中断,而被一党独大、走向集权的国家体制所取代,有多重因素在起作用。其中最根本的原因,乃在政府体制内部或共享的国家架构内部之制度化了的权力下移,致使各省或各区域的自主力量日渐坐大,与中央争夺对财政、军事和行政资源的控制;此一过程始于晚清,而在民国

· 383 ·

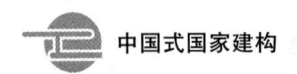

时期进一步加剧。因此，20世纪前半期中国的建国方向，不是朝着议会制民主过渡，而是针对地方离心势力与中央政府的博弈、抗衡和挑战，不断趋向权力集中。其具体表现，是在政治秩序尚未建立之前，不断追求加强个人控制；在追求建立新的政治秩序的过程中，以整个党政体制的权力集中和意识形态的高度统一为最高目标。

如果再跟土耳其加以比较，我们可以更清楚看出为什么中国向现代民族国家的过渡，以高度集权的国家的肇建为其阶段性结局。奥斯曼和晚清国家虽然都经历了财政体制的非集中化，但后果却大不相同。在奥斯曼帝国，财政非集中化以包税的形式发生在政府体制之外，从中受益的是作为个人的地方显要，他们并不一定掌握各省的行政和军事权力，所以他们跟中央结盟事实上有助于延长帝国的寿命。相比之下，晚清中国的非集中化发生在政府体制之内，各省督抚自主收税、截留税款，用于地方事业，结果强化了自身权力。晚清的权力下移因此走向了制度化和官僚化，使得各省实力派构成对朝廷的真正威胁，最终带来民国初年各区域财政军事政权的崛起。土耳其开国领袖凯末尔在奥斯曼帝国分崩离析之后，由于没有内地各省割据势力的存在，可以轻易建立一个中央集权的国家；凯末尔本人也凭借其领袖魅力，在执政期间建立了个人对土耳其国家的实质性控制。二战期间，土耳其保持中立，国内政治稳定，不存在任何反对势力用武力颠覆政府的空间。战后土耳其跟西方结盟，使多党制民主在大权独揽的凯末尔去世后成为其政府的必然选择。相比之下，民国时期的中国国家，必须把主要精力用于清除各区域的地方势力，为此不得不追求一个更加集权、更为强势的中央政权。共产党要打败和取代国民党政权，取得革命的胜利，则必须在组织上比对手更加集中，思想更加统一。内战结束之际，毛泽东确定对苏"一边倒"的地缘战略，更使得共产党领导下的权力高度集中的政治体制，成为新中国领导人的唯一选项。

三 几点思考

（一）什么是"中国"？

以上截至20世纪40年代国家转型的三个环节，综合起来可视作累层叠加的国家形成过程。如果对此一过程做谱系分析，可以清晰地区别出现代中国国家的以下四个层次。

第一，国家内涵的最底层，是原初型"中国"，即清代之前中原华夏王朝所代表的以汉人为主体的高度同质化的单一族群国家；就其地理范围而言，到明代已经覆盖长城以南的两京十三省，清代则为内地十八省，至晚清再加上东北三省。中共"二大"宣言将此区域表述为"中国本部"或"本部各省（东三省在内）"（中央档案馆，1989：111，115）；西方文献中有关历史的中国的讨论，至今仍沿用"China proper"这一术语。① 对本族群所体验的历史、传统和所尊崇的文化价值的认同，是此原初型族群国家构造中最核心的内容。

第二，清朝前期历史的最大意义，是在原初型族群国家的基础之上，打造了一个真正意义上的多族群的、疆域的国家，使"中国"增添了一层全新的涵义。中国不再限于原先汉人聚集的中原和华南地区，而是进一步延伸到周边的满、蒙、藏、回各区域。中国的疆域不仅大为扩展，而且其边界也从原来的多变和模糊不清，变得日渐稳定和清晰。尽管中国仍处在西方正在形成中的主权国家的世界体系之外，但在整个非西方世界，清朝的固定疆域和政府对其版图的有效治理，却使中国成为最接近主权国家、最有条件迈向主权国家的政治体之一。

第三，晚清历史的重要性，在于通过军事自强和内政外交变法，不仅成功地保存了其版图的基本格局，而且把中国从一个疆域国家，进一步改造为一个初具雏形的主权国家；其既有的疆域，尽管在与国外列强的遭遇中，受到零碎的侵损，但是经过国际间的确认，已经成为国际法上有效的领土。不过，中国之基本成为一个对其领土拥有完整主权的国家，则是在第二次世界大战结束之际；经过国民政府的不懈努力，中国最终废除了晚清以来所签订的有损其主权的不平等条约，收回了曾经被日本侵占的土地。

---

① "China proper"这一术语曾在19世纪和20世纪西方文献中广泛使用，所指的是清代主要由汉人聚居的、在中央集权的官僚制度统治之下的内地十八省（Harding，1993），但这一术语的渊源可以溯至18世纪。例如，维勒鲍森（Winerbotham，1795：35）曾把清朝描述为由三个部分组成，即"China proper""Chinese Tartary"和"states tributary to China"。这一术语的中译（"中国本部"）借自20世纪早期的日文翻译，曾被国民党和共产党人所借用，如孙中山（1981，上卷：304，359）。但是，中国的民族主义知识分子，如顾颉刚（见田亮，1999）和钱穆（2012：103）等均拒绝这一术语，斥之为外国列强（尤其日本）为侵略中国辩护的工具。

最后，在其历史谱系的最新层面，中国呈现为一个由其宪法所规定的共产党领导下的社会主义国家。针对晚清国家权力的非集中化和民国初期日益膨胀的地方割据势力，依靠政党的意识形态和组织力量，自下而上推进国家统一和权力再集中，是1949年之前中国的现代国家形成之最关键的一环。国民党的建国运动，共产党革命的最终胜利，以及1949年后的国家权力结构，离开这个大背景，便无法理解其历史意义。

今日的中国国家，同时具有以上四重含义。原初型中国的历史传统和文化价值，依然是今日中国国家所倡导的爱国主义教育的核心内容。此一族群的、文化的中国，至今依然是将全球各地华人连结在一起的最大公约数。它的形成，贯穿了上古以来的整个中国历史。至于华夏先民如何从新石器时代散落于黄河中上游的原始部落经过数千年的繁殖，将其势力延伸到华东、华南、西南地区，成为人类历史上规模最大且高度同质的族群，在迄今为止的历史著述中仍未得到很好的解释，依旧是世界历史上的一个最大的谜团，但这已经超出了本文的范围。真正能够界定"近现代中国"（modern China）的，是上述谱系中的第二至第四层面，三者对于现代中国的国家构成，均不可或缺。首先，就疆域和人民而言，它是一个囊括内地各省和边疆各地区的、多民族的国家，这是今日中国区别于原初中国的根本之处；其次，就性质而言，它是一个得到其他国家承认的、拥有完整主权的现代国家；最后，就现今中国的内部治理体制而言，它是政治上高度统一和权力结构相对集中的国家。

中国的国家转型，一言以蔽之，并不是帝国与民族国家之间的断裂，而是上述四个层面由底部到表层不断叠加的结果。每增添一层，中国的国家形态即会有新的变化，被赋予新的涵义；并且在经济社会完成全面转型之前，在达到国家既定的统一目标之前，在与周边国家以及与全球大国之间的地缘政治格局定型之前，中国的国家再造过程依然在进行之中。

（二）什么是中国的"近现代"？

有了这样一些基本认识，现在我们可以对中国的"近现代史"（modern history）加以重新界定。首先需要明确的是，这里所谓的中国近现代史，是关于"中国"作为一个"现代国家"的形成历史，而一个现代国家的四个最基本的要件，是它的疆域、人口、主权和政府（Grant, 1999;

Raic, 2002)。我们对现代中国国家形成历史的解读,因此必须至少包括这样三个最基本的问题。第一,它是怎样成为一个包括内地和边疆的多族群国家的?更具体地说,它是怎样从地理范围局限于中原和华南的原初型中国扩充至它现有的边疆地区,并且维持对内地和边疆的有效治理的?第二,它是怎样成为一个近代主权国家的?具体而言,在被卷入世界范围的主权国家体系之后,它是如何维持自身的生存尤其是既有疆域,并在国际上获得对其主权的确认的?第三,现存的政府体制是在怎样的历史背景下以及通过何种路径而形成的?

本文所论述的中国国家转型的三个环节,分别围绕上述三个问题次第展开。1949 年前的中国近现代史,因此不妨界定为中国从一个原初型的族群国家,经过多族群的疆域国家的拓展,进一步走向统一集权的现代主权国家的历史。如果要对这段历史加以分期的话,它大体上包括以下四个阶段。

一是多族群疆域国家的形成时期。从 17 世纪 40 年代清朝入关取代明朝,成为中原统治王朝,从根本上改变了原先中原华夏王朝的地缘战略格局,到 18 世纪 50 年代清朝经过半个世纪的征战,将外蒙古、新疆和西藏正式纳入自己的版图;中国作为一个多族群的疆域国家的格局,至此基本形成,并为日后向近代主权国家的转型奠定了基础。可以把清顺治帝于 1644 年发布告祭天地文"兹定鼎燕京,以绥中国"作为这个时期的起点。它不仅象征着清朝接续明朝统治"中国"的正统王朝地位,更预示着满人的独特地缘战略将给中国的疆域构成和治理体制带来根本的改变。

二是多族群疆域国家的稳定时期。乾隆帝于 1755 年平定准噶尔之后立碑纪功,象征着多族群疆域国家("皇清之中夏")的建构已经基本完成;它突破了原初型中国之汉人中心的化内、化外樊篱,从根本上区别于以往"汉唐宋明之中夏"。此后,清朝借助两套不同的治理体制(内地的中央集权官僚制度和边疆的理藩体制)对全境进行了有效治理,维持了疆域国家的基本稳定。但是,其特定的地缘格局和资源禀赋所孕育的低度均衡的财政体制,使清代国家对 18 世纪晚期已经浮现出来的人口压力和 19 世纪 40 年代突发的地缘危机,缺乏制度上的准备和有效的应对。

三是向近代主权国家过渡时期。从 19 世纪 40 年代起,中国在遭遇欧洲列强和日本的次第重创之后,调整地缘战略,以非集中化的方式重构财政和军事体制，从而维护了 18 世纪 50 年代以来业已定型的疆域基本格局。19 世纪 60 年代以后，晚清政权在外交和行政体制上，开启了向近代主权国家的全面过渡；而 1861 年 1 月总理各国事务衙门的设立，则可视作此一过程的象征性起点。但是，国家主权的基本建立和对 19 世纪后期所失国土的恢复，要到 1945 年在国民政府的努力下才最终完成。

四是统一集权的现代国家肇建时期。从 20 世纪 20 年代开始，针对晚清以来军事、财政和行政体系的非集中化以及民国初年加剧的地方割据，各个区域性财政军事政权倾全力打造一个全国性的、权力集中的政府体制；不妨把孙中山于 1923 年 3 月在广州建立陆海军大元帅大本营，视作此一过程的象征性起点。但是，这一任务最终是在 1940 年后期由共产党所领导的力量，凭借其所独有的地缘、财政军事和政治优势，击败国民党势力完成的。

（三）国家形成的"中国道路"

中国迈向现代民族国家的道路，之所以不同于其他国家的历史经验，主要是因为它从自身的前近代历史和近代历史上所获得的三项遗产，即清代以前已经形成的华夏族群国家、清代前期的边疆建设，以及 19 世纪后半期国家财权、军权和行政权的非集中化。经过三个世纪的国家转型所产生的现代中国国家，之所以在规模、结构上"大而强"，正是这三项遗产交相作用的结果。其超大的规模，首先源自华夏先民自身数千年来开疆拓土和对周边部落的同化，由此得以形成一个原初形态的"中国"，并在此基础上出现唐、宋、明这样的王朝。它们在前近代的世界历史上，不仅是拥有最大疆域的单一族群国家，而且拥有最大的人口和经济规模。清朝正是依靠它所沿袭自明代的原初中国，才得以重新打造一个规模更大的新的中国：来自内地各省的巨量财源，使之能够发动屡次征讨，建立新的边疆；同时，清朝作为一个外来的王朝所独有的地缘战略格局，也使之有必要进行扩张，以确保它对内地的控制。正是清代以前原初中国的遗产和清朝的疆域扩张这两者的结合，解释了现代中国国家为什么得以建立在一个如此辽阔的领土之上。

现代中国国家在结构上如此紧固，首先还是获益于原初型中国所馈赠的遗产，即在同质人口的基础上所产生的一个高度集权和统一的政府体制，后者对来自国家内部的离心力起到有力的抑制作用，并排除了权力分配上产生多元机制的可能性；而在中世纪的欧洲，在君主、教会、贵族以及自治城市等等之间所形成的权力多元格局，则司空见惯。现代中国国家形成的另一个重要背景，则是前面一再强调的晚清和民国早期国家权力的非集中化。20世纪前半期中国国家之再造，便意味着铲除军阀，使国家机器的权力再趋集中，其结果乃是国民党和共产党领导下的党治国家的兴起，两支力量均致力于打造一个组织紧密的政党，推动国家走向统一集权。

清代以前原初型中国之作为一个单一族群国家，清代前期中国被打造为一个多族群的疆域国家，与19世纪后期中国之过渡到一个主权国家，以及20世纪中国之走向再集权，所有这些过程之间，所显示的不仅是历时的、逐层的变化，还有疆域、族群、国家形态上的连续性。此一过程截然不同于国家形成的经典论述中所流行的"帝国—民族国家"二分法，及其所隐含的从帝国到民族国家的目的论，即把传统帝国或殖民帝国的分崩离析，与随之而来的诸多民族国家的独立以及照搬西式民主，视为非西方世界之国家建造的理想路径和常规形态。当然，在近代中国，一个政治上高度统一、集权的现代国家的建立，并不意味着从17世纪中叶开始的国家转型过程到1949年已经终结。相反，虽然现代中国国家在此之后展现了令人惊异的结构性稳定，同时在促进国家工业化和20世纪80年代以来的经济全球化方面取得举世瞩目的成就，但是它的再造过程仍未完成。展望21世纪，中国的国家转型仍面临诸多挑战，举其要者，当有以下三端。一是通过内地与边疆之间的经济整合，通过重构原先以汉族为中心的国家历史书写，在相互尊重各自文化遗产和特性的基础上，在汉族和非汉族人群之间培育共享的民族意识和国家认同。二是重塑国家与人民之间的关系，从建国时代和国家工业化时期以集中化的权力结构为手段、以民族主权和国家安全为最高目标，过渡到这些目标完成之后，进而以人民的基本权利和福祉为立法和决策的优先考量。这两项任务，对于建构一个和谐稳定的真正意义上的现代民族国家，不可或缺。三是重新界定中国与其他国家之间的关系，积极参与或主动建构区域整合和全球治理机制，以造福于所有参与国；同时依靠自身的文化吸引力、知识创造力、政治活力和对全人类福祉的承诺，打造其在世界上的软实力，消减革命时代民族主义历史书写所塑就的国民中间过分严重的受害者心态。只有在今后数十年内成功实现这些目标，中国才能真正成为一个受世人景仰的现代国家和一个拥有举足轻重地位的全球性大国；现代中国的国家转型，以及整部中国"近现代史"，才能画上完美的句号。

（原载《开放时代》2017年第2期）

双重穿透：历史和社会视角下的中国国家建构

陈军亚　谢　怡[*]

权力的集中和渗透是现代国家的一般特征。从国家形态的历史演进而言，要获得这一现代国家形态，需要完成两大任务：一是消除权力的分散性，将封建国家时期因分封而形成的多中心的地方性权力纳入国家最高统治权的统一体系，实现分散的地方权力向最高统治权集中，再将集中的最高统治权向地方渗透；二是消除基层社会中的权力阻隔，实现国家权力向基层社会的渗透。中国早在先秦时期就建立了一个现代政府的雏形：一个拥有权威的中央政府，非人格化的官僚制度以及完善的税收体系。相似的进程，欧洲直到15世纪才开始进行。这一先于欧洲近两千年的国家进程，正是被诸多学者称为一个"早熟国家"的典型特征。这一现代政府的制度体系在中国国家形态演进的历史上产生了深远的影响，有"百代皆行秦政法"之说[①]。但是，这一早熟国家的现代元素，历经百代而没有发育出一个完整的现代国家。其制约在于：郡县科举制所建立的现代政府，解除了地方权力对国家权力集中的威胁，构建了中国的"央地关系"及其权力配置体系，但未能消除基层社会中的权力阻隔，未能实现国家权力向基层社会的渗透。只有进入历史深处和社会内部，才能完整把握和认识中国的国家建构问题。

---

[*] 陈军亚，华中师范大学政治学部、中国农村研究院教授；谢怡，华中师范大学中国农村研究院博士研究生。本文系国家社科基金重大招标项目"新中国七十年来农村基层建制变动资料收集与数据库建设"（19ZDA124）的阶段性成果。

① 《建国以来毛泽东文稿》第13册，中央文献出版社1998年版，第361页。

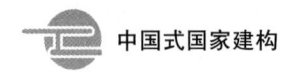

一　历史和社会：理解中国国家建构的双重视角

国家作为人类历史上迄今为止出现的一种最高级的政治组织，与其他政治组织相比具有自身的独特性："它在一定疆域之内（成功地）宣布了对正当使用暴力的垄断权"①，并通过官僚制使统治团体在其统治区域内卓有成效地实现了这一垄断。现代国家正是"那种借助官僚体制的行政管理班子进行的统治"②，而现代国家的构建可视为官僚制度的扩展过程。对于一个现代国家来说，其核心特征在于它的"一致性"，即相对于传统国家而言，它通过统一的组织体系和运行规则，在其疆域范围内构建统一的权威和秩序。

现代国家这一独特形态和特征的获得经历了漫长的演进过程。在西欧，国家形态的演进经历了漫长的封建主义国家形态时期。在其构建现代国家集中统一的权力体系的进程中，来自贵族统治权和活跃在社会中的商人力量的威胁是其要面对的主要问题。其构建现代国家集中统一的权力形态的过程，就是消除贵族和商人权力威胁的过程，前者表现为与贵族精英的合作，即被蒂利等学者称为欧洲国家政权建设的必经阶段，后者表现为市民社会的兴起及其与国家之间的关系界定。但是在中国，国家形态的演进具有不同的历程。

中国是一个拥有漫长历史的国家。"连续性"和"统一性"是其漫长历史演进中国家形态的基本特征。著名华裔史学家王国斌先生在比较中西国家发展的不同道路时曾指出："欧洲从未丧失其多国体系，而中国则未能真正经历过永久的分裂。"③ 对于中国的国家形态而言，自秦以来，中国就开始了在其统治范围内构建体现国家意志和权威的组织体系的尝试，做出了构建集中统一的国家权力体制的努力。这一努力，即被诸多学者称为"早熟国家"的标志。如马克斯·韦伯认为，中国在秦始皇时期就建立了历史上明显发展且数量最大的官僚制度，借助官僚体制实现统治是合法型

---

① ［德］马克斯·韦伯：《学术与政治》，冯克利译，商务印书馆2018年版，第44—45页。
② ［德］马克斯·韦伯：《经济与社会》上卷，林荣远译，商务印书馆1997年版，第245页。
③ ［美］王国斌：《转变的中国：历史变迁与欧洲经验的局限》，李伯重、连玲玲译，江苏人民出版社2014年版，第83页。

统治的最纯粹类型①。弗朗西斯·福山以此为依据指出，"依马克斯·韦伯的标准，中国出现的国家比其他任何一个更为现代。中国人建立了统一和多层次的官僚行政机构，这是在希腊或罗马从未发生的"②。"中国在秦国统一全国时就发明了现代国家，比早期现代欧洲出现国家整整早了一千八百年。中国人创造的国家是中央集权、官僚治理和非人格化的，统治幅员辽阔的领土，其整齐划一的程度远远超过罗马帝国"③。黄仁宇等诸多学者，也曾对中国早熟的国家形态做出过类似的表述④。

这一"早熟体制"的关键在于：构建统一的官僚体系，消除了威胁皇权统治的贵族力量，即实现了西欧15世纪以后才逐渐完成的国家建构的任务。但是，如同在西欧，生长和活跃在社会中的商人力量同样威胁着国家权力的构建，在中国，国家建立的官僚体制并未进入社会之中，活跃在一个农业社会之中的，是乡村社会的内生力量。这些内生力量，如士族乡绅、家族长老、部族强人等，阻隔着国家权力的进入，从而在事实上，制约着这个"早熟的国家体制"向一个成熟的现代国家权力形态的演进历程。

因此，理解中国的国家建构，需要双重视角：一是历史的视角。中国现代国家的建构，需要深入到传统时期，从历史延续性视角，理解中国构建现代国家的进程；二是社会的视角。中国构建现代国家的努力，始于国家权力对地方权力的穿透和统一，但未竟于国家对社会权力的穿透和集中。

从历史和社会的视角而言，中国的国家构建需要完成双重穿透：一是穿透地方，自秦朝废分封、行郡县开始，又历经科举制度的创立和完善，消除来自地方多元分散的权力中心对集中的国家权力的威胁，从而确立了国家权力体系内部"中央和地方"之间的权力配置关系。二是穿透基层，消除外在于国家权力体制的乡村社会内生权威对国家权力的阻隔和威胁。前者虽然早于欧洲近两千年而开始，但由于未能解决"进入社会之中"的

---

① ［德］马克斯·韦伯：《经济与社会》上卷，林荣远译，商务印书馆1997年版，第245页。
② ［美］弗朗西斯·福山：《政治秩序的起源：从前人类时代到法国大革命》，毛俊杰译，广西师范大学出版社2014年版，第88页。
③ ［美］弗朗西斯·福山：《政治秩序与政治衰败：从工业革命到民主全球化》，毛俊杰译，广西师范大学出版社2015年版，第357页。
④ 黄仁宇：《大历史不会萎缩》，九州出版社2019年版，第52页。

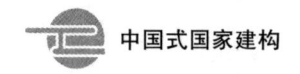

问题，这个早熟的现代国家始终未能在漫长的历史进程中完成构建一个成熟的现代国家的历程。

二 穿透地方：历史进程中的中国"央地关系"

自古至今，如何组织和治理一个超大规模国家始终都是中国的国家统治者面临的难题。郡县制是解决这一难题的第一次尝试，可视为中国构建现代国家的第一次努力。

中国的先秦统治时期，国家形态呈现分封而治的权力体系。名义上，天下所有的土地和民众都属于王权所有，即"溥天之下，莫非王土；率土之滨，莫非王臣"①。但在实际政治中，王权并不直接统治和管辖天下民众和土地，而是通过建立在血缘亲属关系上大的宗法系统，层层分封，形成一个权力分散的诸侯统治中心。这些诸侯统治，获得世代相袭的权力，形成地方世袭权力，使得王权成为一种象征性权力，治理疆域的实际权力则被这些世代相袭的"族长世官"所掌控，即所谓"诸侯之宝三：土地、人民、政事"②。在这些世袭统治体系内部，政治统治系统、土地资源系统与血缘宗族系统高度统一，王权并不进入这一内部统一的权力体系内部，层层分封体系将国家权力分割成金字塔般的权力体系。分封而建立的诸侯国则成为事实上的独立王国，地方诸侯（地方世袭长官）而不是王权获得其封地内人民的忠诚和服从。长期分封及封地内世代相袭的权力，一旦面对王室衰微，则会导致取代王权的危机：天子衰、诸侯兴，地方诸侯对王权的替代，使得国家陷入战争和动荡，并最终带来王权国家的解体。

（一）郡县制：建构集中统一的国家权力的组织体系

秦统一中国后，希望通过加强中央皇权的力量，来解决一个超大规模国家内中央皇权和地方官员内在的离散和冲突问题，这一努力表现为郡县制的确立。通过将国家划分为若干地理区域，将国家的组织体系穿透"分封"所形成的地方权力的壁垒，用统一的国家组织体系打破由分封

---

① 《诗经·小雅·北山》。
② 陈才俊主编：《孟子全集》，海潮出版社2008年版，第417页。

而形成的政权系统内部的权力阻隔,建立了中央政府直接统治其疆域的组织体制。官僚统治的确立使得传统中国具有了一个现代国家的早熟特征。

废分封、行郡县是皇权打破政权体系内部的权力分割和阻隔,建立一个国家政权的有效控制体系的重要开端,它使得中央与地方之间的组织体系发生颠覆性的变革,深刻影响着自秦以降中国两千多年的组织体系建构,即"二千年来之政,秦政也"[1]。权力组织体系内部的变革所带来的是行政官僚组织体系的创制和权力结构体系力量对比的根本性变化。郡县制下,行政官僚组织从中央一直延伸到地方的郡、县层级,使得地方所统辖的地域,不再是地方诸侯的分封割据领地,而成为了中央集权之下的国家行政组织体系、国家权力结构体系的重要组成部分。相应地,国家权力结构体系中的成员——地方官员不再由地方血缘家族长老世袭而任,而是由中央皇权决定,中央集权能力、中央向地方的渗透能力大幅提升,国家权威、国家意志可以通过郡守、县令(县长)等地方官员延伸至地方的郡、县层级。

中央向地方的渗透,不仅需要全国一致的组织体系,还需要全国一致的规制体系。废分封、行郡县这一组织体系建构变革不但为中央向地方权力的渗透提供了组织基础,而且还衍生出皇权为推进全国一致性、标准化的努力。诸侯分封时期,地方政权系统内部的诸侯世袭罔替、割据一方、自我治理,各诸侯国地域内的文字不同、货币不一、度量衡不统等导致全国政令不统,消解着中央政府的权力和威仪。但在郡县制的组织体系下,"一法度衡石丈尺,车同轨,书同文字"[2] 等推进一致性、标准化的举措在全国得以实施。"统一字体、文法、度量衡、币制、法律在今天看来是最正常不过的,但在公元前3世纪"[3],这一变革在国家建构中的意义,正如学者所言:"需要在想象和实现之间完成一个变革的跨越。在欧洲,这种变革是2000多年后,直到法国大革命才出现。"[4]

---

[1] 谭嗣同:《仁学》印永清评注,中州古籍出版社1998年版,第169页。
[2] (西汉)司马迁:《史记》,韩兆琦译注,中华书局2007年版,第42页。
[3] [美]陆威仪:《早期中华帝国:秦与汉》,王兴亮译,中信出版社2016年版,第55页。
[4] [美]陆威仪:《早期中华帝国:秦与汉》,王兴亮译,中信出版社2016年版,第55页。

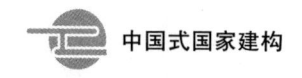

（二）选官制：新体制内的旧问题

郡县制建立了以地域为基础的统一的国家组织体系，是中国国家建构的第一次努力，这一组织体系得到长期延续，由于它大大早于西方建立现代国家官僚组织体系的进程，因此被称为"早熟"的建构。但是，这一构建努力并不彻底。由于科举制前的选官制无法解决这一组织体系下选拔和任命地方官员的问题，这一组织体系并未能解决政权体系内部对皇权的威胁。源于官员选拔和任命的垄断，集中统一的国家权力仍然受到地方势力的威胁。

察举制是两汉时期最重要的自下而上的选官制度，即由地方官员根据品德、学识、才能考察人才并向上级或中央举荐。然而，随着察举制的逐步推进，掌握举荐权的地方官员事实上影响着国家官僚体系的运行。"入仕有赖于察举制，实施这一制度导致的结果是，相对于能力，家族的财富与声望更被看重……富裕家族通过彼此荐举世代垄断官职，而贫寒学者则被忽略"[1]。征辟制是自上而下的选官制度，它包括"皇帝征聘和公府、州郡辟除两种方式"[2]，征辟制的实施使得公府、州郡官员可以轻易招募幕僚、安插官职。实施察举制和征辟制的本意是在郡县制这一组织体系下更好地为皇权服务，为中央集权以及中央权力向地方渗透提供忠诚的官僚队伍基础。但是，察举制和征辟制实际上被地方官员把持和运行。这使得空有郡县制外壳的东汉皇权衰微、地方诸侯并起，政权体系内部再次面对权力消解和侵蚀的威胁。

为了改变地方官员垄断官职以威胁皇权的现状，九品中正制逐步替代察举制、征辟制而成为魏晋南北朝时期最主要的选官制度。九品中正制实施初期，公府、州郡的辟除权被废，中正根据"家世""德才"定品，且以"德才"为主、"家世"为辅[3]，这有利于皇权控制地方官员的选拔、任命以及中央集权。然而，司马懿的"城门之变"让世家大族的势力开始兴起，中正定品改为以"家世"为主、"德才"为辅，"上品无寒门，下品无势族"的局面在西晋业已出现[4]，"王与马，共天下"则开启了东晋百

---

① ［美］陆威仪：《分裂的帝国：南北朝》，李磊译，中信出版社2016年版，第27—28页。
② 孙林、黄日涵：《政治学核心概念与理论》，天津人民出版社2017年版，第254—255页。
③ 张旭华：《九品中正制研究》，中华书局2015年版，第505页。
④ 张旭华：《九品中正制研究》，中华书局2015年版，第505—506页。

年门阀政治的格局①。九品中正制的变味使得门第观念日益盛行,士庶界限愈加清晰,官员的选拔、任命权被门阀权贵牢固掌握,门阀权贵垄断仕途、左右朝政,使得"门阀政治——皇权政治的变态"②出现,"王与马,共天下"现象司空见惯。一方面皇权遭到把控仕途、朝政的门阀权贵的威胁,另一方面皇权遭到与门阀权贵有着盘根错节的门第、利益关联的地方官员所带来的地方性威胁。由此带来皇权式微,皇权向地方州郡县的穿透能力受到挑战。

由此,虽然察举制、征辟制、九品中正制等通过自下而上的举荐和自上而下的征辟,在更广泛范围内选拔人才方面做出了改进,但是由于拥有"出身"和"门第"优势的人更容易获得举荐资格,门阀权贵对官僚仕途的垄断和对国家权威的干预随之形成。因此,郡县制虽然实现了国家组织疆域和国民的体系构建,但是并未消除政权体系内部的权力集中和渗透问题,并未解决国家权力和权威的统一性和不可分割性难题。

(三)科举制:消除权力威胁的替代性机制

九品中正制既压抑下层寒士的进取之途,又妨碍皇权专制的强化③,基于此,"隋文帝开创了以能力考试来选拔官员的科举制度"④。科举制的出现其实是源于郡县制之下的九品中正制的困境,它是消除政权体系内部的皇权威胁的一种替代性制度尝试。

科举制度以考试和学识为官员录用的标准,打破出身门第的限制,同时也打破门阀权贵对仕途的垄断。"科举制度有力地帮助皇权压抑了贵族势力,科举官僚们依靠的不是世袭地位、名望等家族背景,而仅仅是以皇帝名义召集的科举考试"⑤。科举是自荐,录用与否完全由考试的成绩决定⑥,"考试制度显得异常公允和广泛"⑦,它"给那些出生地域或出身不

---

① 田余庆:《东晋门阀政治》,北京大学出版社1989年版,第1页。
② 田余庆:《东晋门阀政治》,北京大学出版社1989年版,第334页。
③ 金净:《科举制度与中国文化》,上海人民出版社1990年版,第46页。
④ [日]平田茂树:《科举与官僚制》,吴志宏译,中西书局2021年版,第8页。
⑤ 金净:《科举制度与中国文化》,上海人民出版社1990年版,第11页。
⑥ [日]宫崎市定:《科举史》,马云超译,大象出版社2020年版,第8—9页。
⑦ [美]费正清:《美国与中国》,张理京译,世界知识出版社1999年版,第44页。

那么好但有才能且有抱负的人一些提升自己经济社会地位的机会"①。与九品中正制相比，科举制带来了三大最主要的变化：一是科举制下的官员吸纳群体发生变化，官员既可能来自富贵家庭，也可能出自寒门子弟；二是科举制下的官员吸纳方式发生变化，绝大部分官员都是通过官方考试进入仕途，而不是门阀权贵世代互举为官；三是科举制下的学员在研习官方指定的儒家经典以及备考的过程中潜移默化地统一了忠君的伦理价值观。在科举制对九品中正制的替代下，官员的最终录用权在皇帝而不是门阀权贵，官员由皇帝钦定并对其负责，官员对门阀权贵的忠诚转向对其任命者皇帝的忠诚，从而"成为皇帝忠实的仆从"②。科举制下的"天子门生"的身份让官员感恩戴德并从内心忠诚于皇帝，更为重要的是，皇帝既能选拔、任命官员，也可以轻而易举地夺走官员的一切，这是皇帝拥有至高无上的权力和威仪的体现，它时刻提醒官员思量对皇帝的忠诚度。

科举制度不仅是一套教育考试制度，也是一套官员选拔、任命制度，还是一套意识形态整合制度，更是一套消除政权系统内部对皇权的威胁和推动皇权集中的制度。科举制是皇权日益追求专制、集中与皇权依旧受制于门阀权贵两者之间不可调和的矛盾的必然产物。科举制最终完全取代九品中正制并一直延续至20世纪初期，这不仅是两种制度之间的简单替换，科举制对于国家建构的意义在于：将地方官员的选拔、任命权集中于国家权力自身，从而获得因科举而进入仕途的地方官员的忠诚，由此逐步削弱、瓦解世代为官的门阀权贵的势力，消除门阀权贵对国家权力的分割，从而强化了国家权力的集中及向地方的渗透能力。

三 未能穿透的基层：国家建构进程中的"社会问题"

虽然郡县—科举制的确立为构建一个集中统一的国家权力奠定了制度基础，但这一权力体系始终未解决"进入社会"的体制问题。由于国家建制止步于"郡县"，长期外在于国家体制的基层乡村社会，内生出社会权

---

① ［美］罗威廉：《最后的中华帝国：大清》，李仁渊、张远译，中信出版社2016年版，第40页。
② ［日］平田茂树：《科举与官僚制》，吴志宏译，中西书局2021年版，第3页。

威,实际上控制着乡村社会的运行和秩序。使得这个早就具备现代国家雏形的中国权力体制无法发育成熟,郡县—科举制下的传统中国无法完成国家建构的历程。

(一)科举制与乡村社会的内生权威

科举制的实施,虽然使得皇帝控制了为其效忠的官僚集团,但与此同时也使得庞大的社会精英流入地方,并成为皇权的威胁者。科举取士竞争压力大、录取难度系数高是导致许多人落榜并回流地方社会的重要因素。"科举的竞争异常激烈,且随着士子人数的增加而趋于白热化"[1],"在100年前就已超过4亿人口的一个国家里,正式皇帝官员不到2万名,带功名的士绅却有125万之多"[2],绝大多数文人只能永远置身于国家体制之外[3]。虽然生员、举人等极有可能无官可做,但是由于他们人数也很少,且通晓圣贤之书,他们在乡野也备受农民敬仰,可以在其故里、宗族谋求生计,并且得到重用,如编地方志、当私塾教师、代交税款、抵挡掉高利贷盘剥[4]、修家谱和族谱、充当官民之间的调停人等[5]。未能入仕的庞大的社会精英在研习儒家典籍的过程中逐步形成了忠君的观念,与此同时,由于宗族在供族内子弟读书备考进入仕途时付出巨大努力,这些未能入仕的社会精英也对曾经为自己求学付出努力的宗族心怀报恩之心,即科举制导致未能入仕的社会精英形成"双重忠诚"。但是,相比于代表皇恩的科举制给未能入仕的社会精英带来的挫败感,宗族不但曾经为未能入仕的社会精英付出努力,而且日后还为其提供容身之所、发展之途。因此这些未能入仕的社会精英回到故里、宗族后,很有可能更加忠于自己的宗族而不是皇帝,很有可能为了保护宗族而阻隔国家权力。

科举制导致大量社会精英滞留乡野,这些有威望、地位、知识、才干的社会精英壮大了乡村社会权威的队伍,他们在地方性宗族社会的文化、

---

[1] [加]卜正民:《挣扎的帝国:元与明》,潘玮琳译,中信出版社2016年版,第144页。
[2] [美]费正清:《美国与中国》,张理京译,世界知识出版社1999年版,第38页。
[3] [美]孔飞力:《中国现代国家的起源》,陈兼、陈之宏译,生活·读书·新知三联书店2013年版,第15页。
[4] [美]孔飞力:《中国现代国家的起源》,陈兼、陈之宏译,生活·读书·新知三联书店2013年版,第74页。
[5] 瞿同祖:《清代地方政府》,范忠信、何鹏、晏锋译,新星出版社2022年版,第253页。

教育、水利、纠纷、秩序等方面发挥着重要作用，并对地方性宗族共同体的治理享有话语权。社会精英对地方性宗族社会的报恩行为，不仅强化了农民的宗族观，还使得宗族能够长期在乡村社会中屹立不倒，从而进一步固化乡村社会权威存在的土壤。中国完成国家建构的重要条件之一是消除基层社会精英对皇权的威胁，实现国家权力强有力地向地方渗透，有效控制基层社会，并汲取税收等资源以维持国家机器有效运转。但是，科举制的实施却导致社会精英固化了其产生和发挥作用的社会土壤，使得国家权力的进入更加困难。

社会精英固化为阻隔国家权力的阶层，主要体现在三方面：第一，未能入仕的生员、举人具有一定的特权，本宗族或其他宗族的富裕家庭争相与之结亲，使得不同的社会精英之间的联系更加紧密，编织了更加密集的利益联结网络和加深了皇权进入乡土社会的阻隔，与此同时，也使得原本就必须依赖大族治理乡野的县衙官吏更加依赖他们。第二，社会精英通过"诡寄"来帮助本宗族成员逃税。"所谓'诡寄'，就是将平民的土地寄放在地方上某个拥有特权的权势人物名下，从而逃避税收"[1]。瞿同祖的研究表明，士绅与普通自耕农约定将其土地登记在士绅名下，通过此方式让自耕农避免服"杂泛差役"[2]。社会精英凭借特权帮助本族成员蚕食国家税务根基，其回报宗族社会的行为不仅表明了其对族权的忠诚，也固化了其权威根基，还使得县衙官吏对此无计可施。第三，社会精英公然抗税。研究表明，生员与地方宗族首领发起耒阳抗税暴乱[3]，尽管最终失败，但也反映出下层社会精英在基层社会巨大的影响力和号召力，他们充分控制乡村社会的治理权，并由此威胁国家政权的社会根基。

（二）乡村社会权威对国家权力"集中度"的"分割"

郡县制的实施使得国家行政官僚组织体系和国家权力结构体系延伸至县，科举制作为一种选官制，它的实施也只能使皇帝将选拔、任命地方官

---

[1] ［美］孔飞力：《中国现代国家的起源》，陈兼、陈之宏译，生活·读书·新知三联书店2013年版，第87页。
[2] 瞿同祖：《清代地方政府》，范忠信、何鹏、晏锋译，新星出版社2022年版，第259页。
[3] ［美］孔飞力：《中国现代国家的起源》，陈兼、陈之宏译，生活·读书·新知三联书店2013年版，第76—77页。

员的权力作用到国家行政组织体系最低层级——县,这就意味着因科举制走入仕途并行使国家行政组织体系最低层级——县所具有的权力的官员只能是县令(长)而不可能是其他更低层级的官员。"中央所派遣的官员到知县为止,不再下去了。自上而下的单轨只筑到县衙门就停了,并不到每家人家大门前或大门之内的"①,即郡县—科举制下的传统中国的体制性权力只延伸到县这一层次。县以下的乡村社会实质上在国家权力体制之外运行。但是,"税收是政府机器的经济的基础"②,对于一个农业国家而言,税收来源于乡村社会,这就使得国家的功能性权力必须延伸至乡村社会,由此也不可避免地衍生出矛盾:一方面国家在县以下并没有设立行政组织体系,另一方面国家却需要从县以下的乡村社会汲取税收以维持基本运转。此种情况下,帝制政府不直接进入村庄,它以士绅为基础③,依靠士绅、宗族势力等社会权威完成税收、户籍、劳役等直接关乎国家生存根基的事务,这些基层社会精英虽然位于国家正式权力结构体系之外,但却因税收、户籍、劳役等事务而与地方官吏打交道,并以此影响国家权力。

"皇帝任命的任何县官只有获得当地士绅的合作才能进行治理"④,宗族长老、士绅等基层社会精英不但在乡村社会进行自我治理,而且成为连接县衙官吏与农民的"润滑剂",县衙官吏必须依靠他们,他们成为地方上的"土皇帝","侵蚀着官方对于农村社会的控制"⑤。宗族长老、士绅等基层社会精英对乡村社会的实质控制,使得乡村社会"板结化",即成为一个阻隔、截留皇权渗入的"板结社会"⑥。地方自治意识和家族、宗族意识让农民形成了"纳完粮,自在王"的观念,中央的权力与威仪受到严重腐蚀,某些地区更因地理上的特殊原因而与"中心国家"形成政治空间上的疏离⑦。

---

① 费孝通:《乡土中国·乡土重建》,群言出版社2016年版,第158页。
② 《马克思恩格斯选集》第3卷,人民出版社2012年版,第375页。
③ [美]费正清:《美国与中国》,张理京译,世界知识出版社1999年版,第38页。
④ [美]费正清:《美国与中国》,张理京译,世界知识出版社1999年版,第38页。
⑤ [美]孔飞力:《中国现代国家的起源》,陈兼、陈之宏译,生活·读书·新知三联书店2013年版,第83页。
⑥ 陈军亚:《超越内卷:"板结社会"与国家渗透》,《社会科学》2022年第4期。
⑦ 陈军亚:《以双重革命构建新型现代国家——基于中国共产党使命的分析》,《政治学研究》2022年第1期。

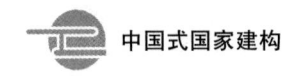

四　结论和讨论

现代国家是现代政治文明的高级形式。区别于传统封建主义国家，将权力集中于国家这一最高级的政治组织是现代国家的普遍特征。从历史和社会的视角看，中国的国家构建需要实现两层穿透，不仅要穿透地方，还要穿透基层社会。中国早在先秦时期即开始了这一进程，郡县科举制度的实施，将分散于诸侯的地方性权力集中于皇权中央，是将国家权力的触角延伸至地方的第一次制度性尝试，可视为中国构建现代国家的第一次努力，由此确立了中央和地方之间权力配置的制度体系，建立了国家统一的行政组织体系。

郡县制下的察举制、征辟制、九品中正制都未解决官员的选拔、任命问题，甚至导致门阀权贵垄断官职的现象出现，由此并未完全消除国家权力体系内的权力侵蚀问题，从而未能彻底解决权力集中的制度构建问题。科举制取代九品中正制成为最主要的选官制度，皇权逐步将官员的选拔、任命从门阀权贵等手中收归己有，逐步成功解除门阀权贵对皇权权威所构成的威胁。

科举制度在解决问题的同时，也生产着新的问题。对于一个农业国家，由于农业剩余的有限性，支撑国家官僚体系的物质基础十分薄弱，这是"皇权止步于郡县"的客观限制条件。国家权力体系进入乡土社会内部可能导致民众无法承受的财税负担，这一客观限制条件，使得国家权力的实施不可避免地依赖乡村社会权威，他们不但成为乡村发展和秩序供给的主要资源，而且还为赋税、兵役等国家权力的实现提供支持。与此同时，带来的后果却是，乡村社会权威获得更多的社会忠诚，分裂着这个集中统一的国家权力的威仪，使得这个早于欧洲近两千年开始的国家建构历程，却晚于欧洲而未能实现。

"历史的馈赠"为1949年后新的国家政权的建构路径提供了历史的规定性：将一个新的国家政权的组织体系延伸进入基层社会，是完成中国国家构建必经的路径。西欧"破封建、强君主"的国家权力建构和社会中"生产商品化、小农无产化"的乡村变迁同步发生。中国的乡村社会既未经过商品和资本要素的改造，也没有国家体制力量的介入，而是在乡村内生力量自我组织和发展中的历史进程中自然延续。1949年建立一个新的国家政权之后,将这个新的国家政权的组织体系和权威渗透进入乡村社会就成为中国国家构建从历史而来的接续进程。

(原载《江苏行政学院学报》2022年第4期)

论历史政治学视域下的中国现代国家建构

赵成福 田 杨[*]

现代国家包含现代性和国家两个认知维度，按照吉登斯关于现代性的预言，"现代性内在就是全球化的……现代性内在地是指向未来的"[①]。现代性是现代化过程中所呈现出的各种特质，是涵盖全球范围又具有地域性特征的聚合体。在人类社会发展从农业社会向工商业社会的历史转向中，现代性是由欧洲发端并主导世界的动态实现过程。与整个人类历史跨度相比照，国家作为一种政治组织，能够在国内和国外发挥主导作用的时间长度十分有限。从现代国家这个复合概念引出中国现代国家建构的议题，中国在独特的现代国家建构历史中形成了独具特色的国家建构特征与政治发展类型。正如习近平总书记提出"道路自信、理论自信、制度自信和文化自信"的"四个自信"理论，中国现代国家建构有其历史本源、内在规律与发展必然。本文尝试从历史政治学的视角梳理中国现代国家建构的历史过程，在此基础上厘定中国现代国家建构的特征，从"大一统"概念中缕析中国现代国家建构的具体维度。

历史政治学产生于学术和实践两方面的需要。一方面，在中国政治学发展过程中，历史政治学是本土学者自主性反思的学术回归。其引起了广泛思想共鸣，引发了大量围绕历史政治学概念、研究方法、研究范式的学术讨论，产生了一批从历史政治学视角对中国政治进行研究的高质量学术成果。另一方面，当今世界正经历百年未有之大变局。随着中国的不断崛

---

[*] 赵成福，河南师范大学政治与公共管理学院教授；田杨，河南师范大学政治与公共管理学院博士研究生。

[①] ［英］安东尼·吉登斯：《现代性的后果》，田禾译，译林出版社2011年版，第154—155页。

起,在国际关系学界中存在着"中国引领论"和"中国威胁论"两种不同声音。前者强调中国在全球经济、政治、文化和社会发展中的积极作用,而后者则突出中国对现有"西方秩序"的挑战,有可能引发国际秩序的混乱。当下主流的国际关系理论基础可以追溯至欧洲国家的殖民理论,伴随着殖民经济剥削,欧洲国家强行将政治意识形态与政治发展概念、理论及模式输入殖民地。许多"二战"后获得独立的国家全盘接受了西方政治理论,实行代议制、普选制等西方民主政治制度。不幸的是,这些国家陷入了更糟的情境,民主政治并没有实现,军人干预政治、暴力冲突加剧、民族分裂等问题正困扰着这些国家,因此,抛弃具有本我特征这一政治传统的行为极其危险,历史政治学即是对此问题的反思与回应。

历史政治学从历史维度提出"大一统"的国家概念,认为中国是一个"大一统"的国家。中国曾在政治、经济和文化等方面长期处于世界领先地位。"大一统"之国家概念的基因"决定性"与历史政治学所强调的历史"连续性"不谋而合。"决定性"和"连续性"在方法论层面强调,"在对待历史时应该采取宏观的立场,世界上从无一种全然相同的事物在历史上发生两次。每一事物都有它独特之基点,所以在提出因果关系时,我们也应当将历史事迹尽量前后连贯看去,而不应因一时一事偶尔相似即下定论"[①]。由于中国现代国家建构具有"传承性"特征,因此需要采用历史的眼光来分析现代性的形成过程,凭借系统的眼光和区别的态度审视"历史中的中国"是历史政治学的内在要求。

一 现代国家建构的理论渊源

中国学者与西方学者围绕中国现代国家建构的议题进行了富有启发的讨论,同时也显示出了显著的理论张力与价值差异。中国现代国家建构的理论可追溯至马克思与韦伯等西方学者论述国家建构的理论脉络中,诸多学者进行了充分的学理分析并构建了丰富的国家建构理论。

马克思强调了阶级在国家建构过程中的重要作用,他认为,"国家是

---

① [美]黄仁宇:《中国大历史》,生活·读书·新知三联书店2013年版,第324页。

统治阶级的各个人借以实现其共同利益的形式"①。韦伯则提出了更加系统化的国家建构理论,他在《经济与社会》一书中勾勒出现代国家的形态,"它的行政班子卓有成效地运用其对物理暴力的正当垄断以保障秩序的实施"②。吉登斯在韦伯的基础上进一步完善了现代国家概念:"它的统治在地域上是有章可循的,而且还能动员暴力工具来维护这种统治。"③与韦伯的现代国家定义相比较,吉登斯弱化了垄断暴力工具和合法性的必要程度。其他西方学者对现代国家建构的定义或多或少都依赖于以上经典的现代国家概念。在西方现代国家建构理论视域中,领土完整、权力合法性及社会控制能力等是判断国家现代性的基本参数。除此之外,西方学者们围绕现代国家建构的机制进行了充分探讨,产生了战争说和经济说两种观点。蒂利提出"战争制造国家"④,认为战争是民族国家诞生的动力。还有学者提出了经济的解释,将国家建构的动力置于全球范围内,即现代国家诞生于世界体系之中。如沃勒斯坦认为,现代国家是全球经济体系中不同阶级斗争的结果⑤。亨廷顿则更进一步从民主政治角度刻画现代国家建构的动力,他认为,"区分现代国家和传统国家,最重要的标志乃是人民通过大规模的政治组织参与政治并受到政治的影响"⑥。

西方学界关于国家建构的理论奠定了西方学者对中国现代国家建构过程分析的理论基础。费正清在讨论为何清政府建构现代国家失败时,提出如下解释:清政府没有配合人口和商业的增长适当地扩充政府的机构和人员,仕途上进的门路被堵塞以及官吏们对人民的横征暴敛⑦,换言之,清

---

① 《马克思恩格斯选集》第1卷,人民出版社2012年版,第212页。
② [德]马克斯·韦伯:《经济与社会》第1卷,阎克文译,上海人民出版社2019年版,第186页。
③ [英]吉登斯:《民族—国家与暴力》,胡宗泽等译,生活·读书·新知三联书店1998年版,第21页。
④ [美]蒂利:《强制、资本和欧洲国家:公元990—1992年》,魏洪钟译,上海人民出版社2012年版,第250页。
⑤ [美]沃勒斯坦:《现代世界体系》,第2卷,郭方等译,社会科学文献出版社2013年版,第126页。
⑥ [美]亨廷顿:《变化社会中的政治秩序》,王冠华等译,上海人民出版社2008年版,第28页。
⑦ [美]费正清:《伟大的中国革命》,刘尊棋译,世界知识出版社1999年版,第77页。

论历史政治学视域下的中国现代国家建构

朝官僚体系的质量与社会控制需求间不平衡的矛盾,导致了清政府的失败。吉尔伯特·罗兹曼认为,"清朝统治者由于十分担心自己在中国的异族身份,就千方百计监视汉员官僚,从而诱发了以损害中央利益来达成地方权力联合的离心力量,也导致了其他方面的失衡"①。由于统治者与官僚在民族上的差别,导致了官僚对统治者心怀芥蒂,同时统治者也尽量排斥异族官僚。这一冲突导致了政治恶性循环,政权的合法性受到破坏。孔飞力对耒阳暴乱等三个历史事件进行了剖析,也是从政治参与、政治竞争和政治控制三个维度进行思考的结果②。以上西方学者都在试图寻找中国现代国家建构失败的原因,从西方理论视角观照中国的现实问题。虽然他们的研究具有一定的启发性,但对中国现代国家建构政治逻辑的本质性特征却语焉不详。

还有西方学者提出中国"国家早熟"的理论观点,指出中国在国家形式和政治制度上的过早成熟,使得中国具有很强的集权性,扼杀了市民社会的发展,更限制了资本主义的发展。现代国家建构出现停滞,直到鸦片战争英国人把西方价值观输入中国,中国现代国家建构才得以再次启动③。实则不然,中国在秦汉时期已完成了西方国家在一千五百年后才经历的现代国家建构历程。中国以自身发展节奏也可以完成现代国家的建构,例如宋、明两代的经济繁荣和社会发展更呈现出向现代国家建构的趋势。西方学者所认为的西方殖民政策对中国现代国家建构起到了积极作用的逻辑是完全错误的。

较之国外学者,中国学者通过审视现代国家建构的历史过程,提出了不同的中国现代国家建构理论。瞿同祖梳理了西方学者对封建的定义,将西方学界语境中封建概念的核心归纳为"只是以土地组织为中心而确定权利义务关系的阶级社会而已"④,认为中国的封建概念比西方封建概念更有

---

① [美]罗兹曼:《中国的现代化》,国家社会科学基金"比较现代化"课题组译,江苏人民出版社2003年版,第429页。
② 参见[美]孔飞力《中国现代国家的起源》,陈兼、陈之宏译,生活·读书·新知三联书店2013年版。
③ 参见[美]费正清《美国与中国》,张理京译,世界知识出版社2008年版。
④ 参见瞿同祖《中国封建社会》,商务印书馆2015年版,第5页。瞿同祖从经济、政治、社会,各种结构对中国的封建社会进行剖析,认为中国的封建社会形成于周,以层层分封与相统属为政治特点,以阶级和宗法为社会特点,逐渐崩溃于秦。

善治的理念。具体而言，中国封建政治制度是夏、商、周政治文明间的传承。中国于周朝实行分封制，在经济上进入到农业时代，土地关系成了一切社会关系的核心，井田制是与之相对应的土地制度。孟子对井田制有过最初的描述："夫仁政，必自经界始。经界不正，井地不钧，谷禄不平，是故暴君污吏必慢其经界。经界既正，分田制禄可坐而定也。夫滕，壤地褊小，将为君子焉，将为野人焉。无君子，莫治野人；无野人，莫养君子。请野九一而助，国中什一使自赋。卿以下必有圭田，圭田五十亩，余夫二十五亩。死徙无出乡，乡田同井，出入相友，守望相助，疾病相扶持，则百姓亲睦。方里而井，井九百亩，其中为公田。八家皆私百亩，同养公田；公事毕，然后敢治私事，所以别野人也。"① 在孟子眼中，仁政的基础是划定井田边界，以井田为基础发展为不离乡土、邻里守望、天下为公的封建国家样态。因此，封建制度作为一种政治形式在西方导致了人的束缚与压制，而在中国则成了人追求幸福生活的一种可能。

民主化程度是西方学界衡量现代国家建构的重要指标。西方民主勃兴于希腊的身份政治，并以英格兰议会民主为成熟的标志，最终发展为美国的选举式现代民主。与之不同，中国自秦汉时期就是一个中央权力高度集中的国家。因此有学者以此为据来论证中国缺少民主，却忽视了中国民主的独特实践。钱穆认为，"秦汉以下，则地方自治确可指说。其时乡县三老，皆由选举，得与县令、丞尉以事相较，此即一种官民协商与官民合作。乡县三老并得对天子王侯直接言事，其地位不为卑下"②。由此可见，中国的民主不是中央与地方、个人与集体的二元对立性博弈，而是以协商、合作与互利的方式实现。如果以民主程度来判断中国的现代国家建构进程，不如以民主的实质来讨论中国民主政治的先进性及中国现代国家建构的成熟性。

从中国学者的分析可以得出，传统中国已经包含了以民为本及民主治理等现代国家的要素。自华夏概念形成伊始，中国人就具有自始至终的国家认同感。中国自秦朝时期在政治上已然是一个统一的现代国家，中央政府获得了较强的社会控制力。综上所述，关于中国现代国家建构问题，中

---

① 陈才俊主编：《孟子全集》，海潮出版社2008年版，第128—129页。
② 钱穆：《政学私言》，九州出版社2010年版，第42页。

西方理论之间明显存在张力。西方学者的现代国家建构理论无疑带有一种西方普世的价值观,他们未能精准地考察中国现代国家建构的历史与情境。需要指出的是,如果认真体会西方学者的研究,在精致的概念和逻辑的理论背后,可以感到其中隐含着西方式的价值追求。诚如沃勒斯坦所承认的那样,"今天的我们毫无例外地都是我们生活背景的产物,都是我们的教育、我们的个性和社会角色以及我们活动于其间的结构压力的产物……社会体系及其所有下属机构,包括现代世界的主权国家,都是无数社会群体活动的场所,这些群体互相交往、勾结,更多的是相互斗争"①。然而,历史和现实的联系提供了跨越这种差异性的可能,"史事和现状'发生学的关系'愈深,愈有助于现状的解释愈重要"②。详细地考察历史,以历史政治学之维打开中国现代国家建构的"黑箱"是认识传统国家治理有效性的必由之路。

二 中国现代国家建构的历程与特征

(一)中国现代国家建构历史:统一与和平

历史记载,以黄河流域为中心的古代中国疆域可以分为东夷、南蛮、西羌、北狄等少数民族部落。自炎、黄二帝联合驱逐蚩尤,黄帝华族(汉朝以后称汉族)子孙成为居于中国的民族主体。尧、舜、禹三帝以"禅让制"传帝位至皋陶,禹的儿子启夺取了皋陶的儿子益的帝位,禅让制度就此终结,世袭制成为夏朝政治权力交接的制度。经殷商至姬发伐纣王建立周朝,周成为封建中国的宗主国。周延续商代分封制,将商地分为三个部分,姬发的三个兄弟管叔、蔡叔和霍叔各封一部。除此之外周还将宗法制度发展至完备。周天子分封诸侯,为各诸侯的大宗。各个诸侯也可以在其国内分封许多小国,这些小国视各诸侯为宗主,称为小宗。以贵族为基础的周朝统治中国近八百年。

春秋时期以分封为基础的贵族地位受到新兴地主的挑战,传统社会秩序无法延续,各诸侯国内外兼并、互相争霸。战国时代七国称雄,国家逐

---

① [美]沃勒斯坦:《现代世界体系》第1卷,郭方等译,社会科学文献出版社2013年版,第9页。

② 张荫麟:《中国史纲》,商务印书馆2010年版,第6页。

渐走向统一。后续随着贵族的地位逐渐式微，无法有效保证其对土地的所有权。因此，贵族土地所有制遭到破坏，新兴地主开始获得军事和政治权力。原本居于西域的养马小国——秦国，顺应了时代的变迁，经商鞅改革旧制，创立新法，迅速变得强大，在后期的统一过程中采取连横的计策，战胜了六国而统一天下。同时，秦国实行了一系列利于权力集中的政治制度，废除宗室贵族制度，建立中央集权的官僚制度、设立郡县制，民族统一的国家初步形成。秦朝短命二世而亡。刘邦抓住了项羽想开历史倒车、恢复古代贵族制度的致命弱点，击败了项羽建立汉朝。"汉朝制度基本上承袭秦制，汉后历代制度又自汉制逐次演变而成。"①秦汉两代的政治制度虽有区别，但初步奠定了中国"大一统"国家的雏形。

至此，中国已经显现出现代国家的元素，从秦汉到鸦片战争前的历代王朝，皇帝、官僚和百姓之间的兴亡之争，士族、宦官和贵族的权力之斗，农业、牧业、商业和工业的经济之谋，汉族和少数民族统治之夺等共同展现了中国历史的跌宕变迁。中国历史经历了分立的三国、八王混战的西晋、少数民族和汉族对立的南北朝、隋朝的短暂统一、国力鼎盛的唐朝、大分裂的五代十国、南北对峙的宋朝、蒙古族统治的元朝、农民起义建国的明朝、满族统治的清朝。值得关注的是，虽然这些历史跌宕起伏，然而其时间长度仅能占中国历史中的短短一瞥。漫漫历史长河中历代王朝都在回望秦汉所建立的"大一统"国家样态，找寻国家与社会之间的最佳契合点。由此可见，统一与和平是中国现代国家建构历史的总基调。

（二）中国现代国家建构特征：连续与传承

通过梳理历史可以得出，中国现代国家建构的特征具有连续性与传承性。正如钱穆先生曾用诗与剧的比较来凸显中国历史文明的特点："今于国史，若细心留其动态，则有一可注意之事项，即我民族文化常于和平中得进展是也。欧洲史每常于战争中著精神。如火如荼，可歌可泣。划界限的时期，常在惊心动魄之震荡中产生……中国史如一首诗，西洋史如一本剧。一本剧之各幕，均有其截然不同之变幻。诗则在和谐节奏中转移到新

---

① 范文澜：《中国通史简编》，华东师范大学出版社2014年版，序言。

阶段……西洋史正如几幕精彩的硬地网球赛,中国史则是一片琴韵悠扬也。"[1]

中国与西方现代国家建构形态在历史进程中走向了相反的方向。前者是和平与统一,后者则是战争与分裂,二者在历史发展中的分野构成了现代国家建构特征的本质差异。中国现代国家建构的历史是一部从黄帝尧舜统一华夏、周分封天下、先秦百家之兴起、秦统一中国、汉之察举、唐之科第、两宋之书院讲学、元清少数民族统治、西方国家入侵、共产党领导下的民族独立和社会主义建设的奋斗史。纵向维度看,基本的国家认同、文化认同与民族认同贯穿于中国历史。因此,中国现代国家建构呈现出连续性特征。究其原因在于"大一统"的国家建构模式,"没有核心国家,文明便会消亡,正如历史上很多古文明的命运一样。中华文明基因共同体的命运取决于中国,维持中华文明基因共同体的'以文载道、传道'的文教传统也依靠国家实体而存亡,这个中国实体必须是历史上的大一统或统一的"[2]。国家统一不但保证了文明的传承,影响了政治、经济和社会的发展,也确立了中国现代国家建构的连续性与传承性的特征。

三 "大一统"概念中的中国现代国家建构之维

杨光斌从"本体论、认识论和方法论"三个层面将历史政治学定义为:"以历史连续性为要义,用历史分析的路径,研究'存在'、研究过去与现在的直接关联性。"[3] 历史政治学研究范式与理性选择行为政治学研究范式的理论预设截然相反。理性选择行为政治学研究范式认为,当主体(既可以是单个的人也可以是由个人组成的不同规模的政治组织)面对选择时可以从自身利益视角做出理性选择。而历史政治学提出的"大一统"概念为分析中国现代国家建构提供了有效路径,"大一统"概念强调了中国历史发展中统一与连续的主旋律。

近年来,政治学和社会学学者从历史视角以"大一统"的概念来分析中国现代国家建构的内涵,但学者们的研究对象和学术旨趣不尽相同。有

---

[1] 钱穆:《国史大纲》,商务印书馆2010年版,第13页。
[2] 杨光斌:《历史政治学视野下的当代中国政治发展》,《政治学研究》2019年第5期。
[3] 杨光斌:《什么是历史政治学》,《历史政治学》2019年第2期。

学者围绕宏观历史，通盘考察中国现代国家建构的历史规律。如杨光斌在谈到中国政治发展时提出，中国现代国家建构具有强烈的历史路径依赖性，"在源头上，先秦政治具有与生俱来的世俗化和官僚制的现代性；在流变的脉络上，两千年历史就是初始的关键节点的路径依赖；在变化的意义上，晚清以来的百年巨变依然在历史连续性意义上发生着"[1]。姚中秋将国家诞生与当下国家进行长时段宏观历史比较，以"国家形态在源头上的分叉""罗马的征服性帝国与秦汉的农本国家""明清中国作为世界工厂与欧洲的军事贸易体制""美国作为军事金融帝国与中国作为世界工厂"为论据，来论证现代国家的建构过程[2]。

还有学者聚焦某个历史阶段或某一具体问题，提出中国国家建构的内在逻辑。如徐勇以周朝为样本对中国早期国家形态进行了研究，揭示了中国文明和国家建构的早期特征，即"周在中国第一次以血缘联结的方式实现了国家形态的统一"[3]，然而，以血缘道德为基础的周朝在制度层面存在的内生性悖论最终导致了其灭亡。此外，周平通过西方和中国民族国家建构的历史比较，将民族概念从少数民族范围扩展至国族领域，"把中华民族的构建和未来的国家发展结合起来"[4]。中国现代国家建构的基础是由五十六个民族融合而成的国族，广义的国族和中华民族共同体二者概念同构。近代中国所经历的特殊历史，对国族构建提出内在逻辑要求，"中华民族共同体是一个以政党为核心的文化与政治的命运共同体"[5]。

概言之，从研究内容上看，现代中国国家建构包括国家疆域、国家控制、国家政权运行和政治文化传承等因素。从分析方法上看，需要采用宏大历史、长时间跨度、纵横结合的比较方法，探寻现代中国国家建构的内涵。将中国现代国家建构置于"大一统"的概念中，在国家建构模式下认

---

[1] 杨光斌：《历史政治学视野下的当代中国政治发展》，《政治学研究》2019年第5期。
[2] 姚中秋：《生产型国家与军事贸易国家：中西长时间段宏观历史比较》，《学海》2020年第4期。
[3] 徐勇、杨海龙：《历史政治学视角下的血缘道德王国：以周王朝的政治理想与悖论为例》，《云南社会科学》2019年第4期。
[4] 周平：《中国何以需要一个国族》，《思想战线》2020年第1期。
[5] 周光俊、郭永园：《中华民族命运共同体与新时代的中国民族事务治理：历史方位、理论方法与概念议题》，《社会主义研究》2020年第1期。

论历史政治学视域下的中国现代国家建构

识主权维护、基层治理、体制吸纳与文化认同的互动关系。

首先,中国现代国家建构不能忽略主权的统一。古代中国在完成王朝交替后,统治者为了防止军队权力的集中,往往弱化军队战斗能力,国家的军事动员能力也不被重视。与之相反,欧洲国家的军队发展经历了由雇佣兵阶段至民族军队的全民军事动员阶段。而中国军事力量呈现出逆向发展趋势,"农民和城市人口逐步非军事化,帝国的兵役也渐渐由社会的边缘人群来代理,这个趋势扭转了早期诸国为了竞争而把兵役扩展到整个农民阶层的潮流。公元前31年,全民兵役制被正式废除,直到1911年中国的最后一个帝国瓦解之后,才重新出现"①。中国共产党通过"枪杆子里面出政权"确立了党对军队的绝对领导,通过艰苦的斗争获得了革命的胜利,取得了今天来之不易的成绩。因此,"大一统"国家建构的基础是主权的坚决维护。

其次,自秦汉建立统一帝国后,中国所面临的主要挑战是内部社会的治理问题,即如何治理一个地域庞大的农业国家,促使农业生产满足国家发展的需要。基层社会治理是中国现代国家的建构必须考虑的问题,乡村治理与国家稳定、农业生产与土地紧密联系在一起,官僚和地主企图占有更多的土地以获得利益,农民在不断的被剥削中产生不满情绪。此外,中国传统文化中儒家强调的"天命观"思想使得农民也具有一种忧国忧民之情,挑战了腐败的统治秩序。如秦陈胜吴广起义、东汉黄巾军起义、唐黄巢起义、元红巾军起义和明李自成起义等,都是农民挑战皇权的例子。相较于国内压力,中国面对国外挑战的压力相对较小,外族入侵仅仅造成了南北朝、五代十国和宋金对峙等国家分裂状态。少数民族真正统治中国仅存在于元、清两朝。当蒙古人和满族人入侵后,发现本民族的文化无法和中原文化抗衡,为了维持少数民族的统治,不得不采取汉族文化和传统国家制度来治理国家。因此,维护与建构国内政治秩序,实施有效的国家治理与基层治理是中国现代国家建构的主要方面。当下强调政府主导下的农村治理,亦带有历史的烙印②。

再者,科举制是构建国家官僚体系的重要方式之一。由科举产生的政

---

① [美]陆威仪:《早期中华帝国》,王兴亮译,中信出版社2016年版,第4页。
② 朱天义、张立荣:《新时代农村集体经营何以延续:政府主导下的连片特困地区乡村产业发展模式比较》,《河南师范大学学报》(哲学社会科学版)2019年第4期。

府官员会成为国家精英,即便没有在科举中取得功名的学生,也在长期的备考过程中养成了一种儒家思维模式,成为民间官方意识形态的拥护者。无论是纳入官僚体制的士人还是未能及第的儒生,他们都是国家权力的代理人,能够参与国内政治秩序的管理。知识分子的命运和国家的前途息息相关,因而产生出一种学而优则仕的处世态度。国家与精英拥有良好的互动关系,"与在欧洲的那种国家与精英对立关系相反,中国国家精英则帮助国家进行统治。这在欧洲更是难以想象的,因为很多欧洲的精英是贵族,拥有独立于国家之外的权力基地,如果他们参加政府,势必威胁国家的自主性"[1]。基于这种排斥态度,西方国家则反对精英过多参与政治。市民社会也和国家相悖,甚至能够独立于国家之外自行发展。"大一统"理念将国家和社会、国家和人民打造成为有机的共同体,体制吸纳能力大为增强。

最后,文化认同也是中国现代国家建构的因素之一。许多少数民族依靠武力取得统治中国的机会,在统治之始他们为了发展本民族的力量,排斥汉人和汉文化,甚至拒绝跨民族通婚。但通过实践他们发现,少数民族文化缺少凝聚力,导致民族隔阂进一步加深,百姓对统治者的态度恶化。生产力水平降低,造成国家税赋的汲取能力降低,国力明显下降,威胁到了统治阶级的统治地位。因此,他们不得不学习或者采用传统中原文化,将本民族的文化与中原文化进行融合。例如清朝康熙皇帝设立博学鸿儒科招揽高才、文士编修《明史》,乾隆皇帝弘历编《四库全书》,目的都在于增进文化认同。"一个民族只有在延续民族文化血脉中开拓前进,才能走得更稳更远,只有汲取了历史的丰厚养料,才能避免酿成人类文明开倒车的悲剧。"[2] 中国文化是一种凝合剂,不同的民族融合在一个多民族的国家之中,并逐渐形成中华民族这一概念,文化认同与国家建构是共生的一体两面。

概言之,"大一统"奠定了中国现代国家建构的基本面向。具体以内部威胁为主、国内治理秩序建构为基、长时期的和平为调、文教科举为手

---

[1] [美]王国斌:《转变的中国:历史变迁与欧洲经验的局限》,李伯重、连玲玲译,江苏人民出版社2005年版,第94页。
[2] 方堃:《多民族文化共生与筑牢中华民族共同体意识》,《河南师范大学学报》(哲学社会科学版)2020年第5期。

段，将精英、人民和国家紧密结合为一个整体。不同民族文化融合的背景中，中国的现代国家建构具有自上而下的国家治理能力，同时以儒家文化为本，强调"天下兴亡、匹夫有责"的认同理念，让百姓带有一种悲天悯人的国家民族忧患意识，确保在强大的国家控制力下保持一种天然的自下而上的政治参与意识。当这个双向互动通道通畅之时，国家治理能力与现代国家建构能力就会得到极大的提升。

四 结论与讨论

本文以历史政治学的研究范式，来审视中国现代国家建构过程。中国现代国家建构的历史主线是和平与统一，其特征是连续与传承。从"大一统"的概念出发，主权维护、基层治理、体制吸纳与文化认同是中国现代国家建构的核心要义。可以看出，西方现代国家建构理论用"普适性"原则掩饰西方历史的"特殊性"，用西方现代国家建构的理论框架来解释中国现代国家建构的本质难以行得通。只有对中国国家建构的历史进行详尽的描述，才能够理解中国现代国家建构的要旨。需要澄清的是，在中国现代国家建构的研究中，"文化排外主义的国粹主义和文化崇洋媚外的民族虚无主义皆不可取"[1]。保持理论创新与理论借鉴是通向科学理论的两个维度，如徐勇教授以比较视野中的中国与西方国家、民族—国家与民主—国家建构的非均衡性及自主性，解释当下中国的政治发展为其他学者开辟了新的研究方向[2]。中国现代国家建构的理论研究要对西方和中国国家建构理论进行比较，审视中国和西方现代国家的建构历程。以客观立场，对比西方和中国的现代国家建构特征，在历史视域中分析中国现代国家建构的规律。

概言之，中国现代国家的建构具有明显的历史路径依赖，即"大一统"的国家模式深深地影响了中国现代国家建构的特征、维度与机制。统一是中国现代国家建构过程的总基调，国家建构具有传承的特征。国家长

---

[1] 赵勇、冷向明：《服务型政府的理论基础：争议中的透视》，《社会主义研究》2011年第2期。

[2] 徐勇：《现代国家建构中的非均衡性和自主性分析》，《华中师范大学学报》（人文社会科学版）2003年第5期。

时段的和平与统一、文明的持续演进、疆域范围的基本稳定、民族间的不断融合、高效的行政体系、良好的基层治理等因素是中国现代国家建构的基本维度。因此，作为中华民族生存和发展基本文化形态的"大一统"理所应当成为中国现代国家建构的文化之基和价值依归，继续指引中国的现代化建设，进而推动中华民族伟大复兴的历史进程[①]。"大一统"作为被历史经验证明的现代国家建构形式及政治发展方向是中国走向善治道路的内在必然。

（原载《河南师范大学学报》（哲学社会科学版）2021 年第 4 期）

---

① 王建国、朱莉：《大一统：中国现代国家建构的文化基础》，《汉江论坛》2019 年第 6 期。

从家国到人民共和国:"天下—中国"转型的历史逻辑

程雪阳[*]

引言

人是一种群体性的社会动物。在早期的人类社会,社会是以家庭为基础自然生长和发展的。按照恩格斯的研究,世界各地的人们首先是组成了母系氏族,数个氏族结合成一个亲属胞族,数个亲属胞族组成一个部落,数个部落联合成一些小民族。但是在小民族这种社会共同体内部,氏族、胞族和部落仍然完全保持着它们的独立性。[①] 随着部落间战争频发,领地扩大,人口增加以及农业、手工业、商业等生产部门分工的发展,氏族制度既无法有效处理日益增多的社会问题和社会冲突,也难以将所有的人口(特别是移民和奴隶)都纳入以血缘为基础的既有制度之中,"国家"这种超级社会组织于是不知不觉发展起来了。[②]

对于"国家应当如何建构"这一问题,在漫长的人类文明史中,世界各地的人们发展出了城邦、王国、帝国、天下、民族国家等各种不同的理论模型和制度模式。但是进入现代社会之后,民主共和理念成为时代趋势和世界潮流,即使对于中国这样一个有着数千年悠久历史的文明体来说,也需要按照这种新的理念来进行社会转型和国家重构。但任何社会或民族如果希望存续和发展,就必须有明确的自我意识,了解并尊重自己的文明形态、历史与国情,确定自身的发展阶段和历史方位,然后顺应时代潮流

---

[*] 程雪阳,苏州大学王健法学院、公法研究中心教授。
[①] 《马克思恩格斯选集》第4卷,人民出版社2012年版,第117页。
[②] 《马克思恩格斯选集》第4卷,第127、128、187页。

来决定自己的国家建构之路。2018 年通过的宪法修正案第 36 条将"中国共产党领导是中国特色社会主义最本质的特征"写进宪法第一条第二款。2021 年 11 月 11 日通过的《中共中央关于党的百年奋斗重大成就和历史经验的决议》又进一步指出,中国近一百年形成的首要历史经验是"坚持党的领导"。为了更加系统、全面地分析和阐释这些重要的理论创新、制度变化,本文拟通过历史分析和比较分析,揭示中国共产党创立的"基于社会主义的人民共和国"国家建构模式,对于中国国家建构模式转型和发展所作出的贡献以及相应的历史与现实意义。

一 "天下"观与古代中国国家建构模式的形成与发展

在讨论中国的国家建构问题时,首先需要明确"何为中国"。而要合理地界定"中国",就必须回到"天下"这一东亚文明中独有的概念,因为中国人在思考社会秩序和国家建构问题时,正是以"天下"为基本单位的。

(一) 天下与作为国家的"中国"

在中华文明起源之初,中国人就产生了一种特殊的世界观。这种世界观认为,上天是世界万物的主宰,其通过遴选子嗣来统治天下万民。从表象层面观察,这种世界观衍生出来的国家建构理论和模式,与世界各地其他国家的"君权神授"建构模式似乎属于同一类型。但深入到表象背后就会发现,基于"天下"理论所建立的"中国"极为独特。

首先,虽然所有的"天子"都宣称其统治权源自上天的赐予,但中国人早在西周初年就提出了"皇天无亲,惟德是辅"理论。[1] 根据该理论,"天子"虽然受命于天,但如果不尊天道、不敬厥德,那么上天就会在人世间选择新的"天子"来统治万民。与其他基于"君权神授"理论不同的

---

[1] 周公旦在给周成王的上书《尚书·召诰》中曾具体论述这一理论:"我不可不监于有夏,亦不可不监于有殷。我不敢知:曰有夏服天命,惟有历年;我不敢知:曰不其延。惟不敬厥德,乃早坠厥命。我不敢知:曰有殷受天命,惟有历年;我不敢知:曰不其延。惟不敬厥德,乃早坠厥命。今王嗣受厥命,我亦惟兹二国命,嗣若功。"《尚书·召诰》,《四书五经(上)》,陈戍国点校,岳麓书社 1990 年版,第 258 页。

从家国到人民共和国:"天下—中国"转型的历史逻辑

是,中国的"天下"理论认为,"天"不言不语,亦不选派使者(比如教皇或先知)到人间传达旨意,其主要是通过"民心"来进行显现的。因此,"天"是与符合自然之理的公正社会秩序联系在一起,具有强烈的世俗化特征。① 当然,"天下"作为一种理论框架并没有提供测度"民心"的具体方法和路径,因此"天"确实具有难以言说的神秘性。

其次,在部落联盟时期,"天下"与"国家"是分离的。比如,中国的第一位"天子"少典氏族的轩辕,率众征炎帝、杀蚩尤,"代神农氏,是为黄帝。天下有不顺者,黄帝从而征之,平者去之"。② 不过,黄帝只是"置左右大监,监于万国"③,并不直接统治万国。到了有明确历史记载的周朝,"天下"依然带有世界制度或国际体系的明显印记,因为周的天子只是"天下共主",其他诸侯不但有自己独立的领地和统治权,而且有区别于周的国号,所以此时的中国社会呈现"家—国—天下"三层结构。不过,将此时的"天下"理解为国内法层面的"联邦体制"也并无不妥,因为各诸侯国的国号、领地和统治权都源自天子的分封,而并不是诸侯国的自我确认。到了公元前221年,秦灭六国并将天下"分为三十六郡,郡置守、尉、监"之后④,"天下—中国"已经基本从世界制度或国际体系转变成为一种国家制度,此时的社会结构开始呈现"家—天下(国)"二元对立形态。从现代法政理论层面来看,将此时的"天下"解释为"单一制"国家形态更为妥帖。⑤

---

① 关于如何理解"天",孟子与其学生万章曾做过深入讨论。孟子认为舜有天下系天受之。万章问"天与之者,谆谆然命之乎?"孟子曰"否,天不言。以行与事示之而已矣"。万章接着问"以行与事示之者,如之何?"孟子曰,"天子能荐人于天。"《孟子·万章上》,《四书五经(上)》,第107页。
② (西汉)司马迁:《史记》第1册,李瀚文整理,北京联合出版公司2016年版,第1页。
③ (西汉)司马迁:《史记》第1册,第2页。
④ (西汉)司马迁:《史记》第1册,第143页。
⑤ 赵汀阳认为,中国的天下"是一种世界制度,而非一种国家制度",基于这种理论框架,其希望将中国的"天下"观扩展到当下的国际秩序之中。参见赵汀阳:《天下体系:世界制度哲学导论》,中国人民大学出版社2011年版,第27、53—54页。这种理论创见富有启发,因为"天下"这个术语确实有含有国际秩序的面向,其承认在中国之外还存在其他国家或政治体。不过,在秦王朝统一中国之后,"天下"的核心含义应该是"a country"而非"a world",因为在"天下"理论框架之下,其他的国家或政治体虽然在地理空间层面属于"天下"的组成部分,但在政治和文化层面并不属于"天下—中国"所包括的对象,它们只是接受中国的册封或者与中原王朝构成"朝贡关系"。

· 419 ·

最后,"天下"一词的含义多元且具有弹性,其在日常生活、文化、政治、地理空间以及哲学等层面具有不同的内涵和外延。不过,就地理空间层面而言,其并不是无边无际、无远弗届。秦始皇统一全国之后,天下被设定为"东至海暨朝鲜,西至临洮、羌中,南至北乡户,北据河为塞,并阴山至辽东"的区域。① 秦之后的历代王朝更替不断,但"天下—中国"的领土和版图比较稳定。比如,诸葛亮在著名的《出师表》中谈到"今天下三分,益州疲弊,此诚危急存亡之秋也"时,其所指称的"天下"在地理空间层面是指秦汉以来的中国版图,在政治文化层面是指以宗法制为核心的礼制秩序和政治实体。虽然在古代,"天下—中国"的具体地理边界变动不居,但其不是毫无逻辑地随意变动,而是指东亚大陆上农耕文明和礼制秩序能够达到的地理空间。

(二)基于"天下"观形成的君主国模式及其弊端

古代中国的"天下"观认为,既然"天无二日",那么"土无二王、家无二主、尊无二上"(《礼记·坊记》)。所以,天下应当是统一的,天子只能有"一个",一旦政治实践中出现了两个及以上"天子",则应视为一种短暂且需要纠正的"变异状态",正所谓"天子必执一……一则治,两则乱"。② 为了让这种理念转化为现实,古代中国主要发展出了"天子—宗法封建制"和"皇帝—郡县官僚制"两种君主制国家建构模式。

"天子—宗法封建制"由西周初年的政治家们建立。在这种国家建构模式之下,天子既是天下共主,又是所有家族名义上的最高族长,国家统治权根据"亲亲尊尊"的礼制原则进行分封建制。这种建立在族权与政权高度融合基础上的国家建构模式有其历史合理性。毕竟克商之周本为蕞尔小国,是依靠联合许多不满商王朝统治的小国或部落才获得天下统治权,而且当时的交通和信息交流并不发达,因此只能依靠分封制抵御外敌入侵,依靠宗法制维系国家内部的统一。这种"家国同构"国家建构模式确实具有一定的稳定性,但随着时间的流逝,"亲近的血缘""强大的武力""依靠政治行政力量分配土地等资源的井田制"等社会和经济基础逐渐消

---

① (西汉)司马迁:《史记》第 1 册,第 143 页。
② 《吕氏春秋》(下),陆玖译注,中华书局 2011 年版,第 620 页。另外,《吕氏春秋·不二篇》中也有"一则治,异则乱;一则安,异则危"的说法。

失，因此这种国家建构模式最终逃脱不了被历史淘汰的命运。

为了避免"周文武所封子弟同姓盛甚众，然后属疏远，相攻击如仇雠，诸侯更相诛伐，周天子弗能禁止"等弊端的出现①，秦一统天下之后，通过"废封建，设郡县"改革建构了"皇帝—官僚郡县制"国家模式。在这种国家建构模式之下，以"皇帝"为核心的中央政府直接选派官吏治理地方，因此可以有效避免地方政治势力分裂国家。但其存在两个方面的制度弊端：其一，这种国家建构模式依然建立在家族制基础之上。在具体的国家建设过程中，普通民众作为被统治的对象，负有纳粮交税的义务但没有对应的公民权利，因此对国家态度冷漠，认为"不管谁来做皇帝，只要纳粮，便算尽了人民的责任"②。民众中贤达之士固然可以通过举孝廉、参加科举或参军入伍等方式加入统治集团，并由此造就了一个"官吏不能世袭、政权普遍公开"的"平铺的社会"。③ 但是这种"平铺的社会"并不是一个人人平等的社会，其依然被等级森严的礼制秩序所覆盖，而且随着皇权专制程度的不断提高，即使是最高级的官吏也被视为"皇帝的家奴"而非"国家的主人"。其二，除了王朝缔造者外，继任者们主要是依照"嫡长子继承"制度就任"皇帝"岗位。至于继任者们是否具有从事国家治理的意愿，又能否胜任"皇帝"这一专业化强、危险系数高且任务繁重的工作岗位，该项制度并不关心，其将该问题交给不可琢磨的"天命"随机安排。因此，那些不得不就任皇帝岗位的人、强行突破"嫡长子继承制"登基为帝的人以及根本没有机会被遴选为皇帝的人来说，他们也都是这种国家建构模式的牺牲品。

（三）古代中国对于君主国模式的反思与不足

对于君主国模式的弊端，古代中国的政治家和思想家并没有熟视无睹。比如，作为孔子坚定反对者的墨子就提出了"尚同""兼爱"的理论，孟子则提出了"民为贵，社稷次之，君为轻"的仁政思想，而被后世称为"圣人"的明代哲学家王阳明也强调"人人皆可为圣人"的平等观。基于"得民心者得天下"这一观念所建立的"天＝厥德＝民心"公式，以及上

---

① （西汉）司马迁：《史记》第1册，第142页。
② 孙中山：《三民主义》，中国长安出版社2011年版，第5、88页。
③ 钱穆：《中国历代政治得失》，生活·读书·新知三联书店2001年版，第74、76页。

述"兼爱""民本"和"天下为公"理论资源,我们似乎可以期待古代中国的思想家可以发展出类似"人民主权"的观念乃至国家形态,但是这种理论推演结果始终不曾出现。在长达数千年的历史长河中,古代中国的理论家们只是为"君主制"国家建构模式提供了两条漏洞弥补路径,即"通过敬天保民、内圣外王规训皇帝"和"推翻皇帝后另立新帝"。

比如,主张"尚同""兼爱"的墨子只是希望天子奖赏实行兼爱的人,惩罚不实行兼爱的人,其并不反对"天下有道,礼乐征伐自天子出"(《论语·季氏》),而是同样认为"君臣父子皆能孝慈,若此则天下治"(《墨子·兼爱上》)。法家虽然主张"以法为教""以吏为师",但其所主张"法"本质上是君主"按法治民之法",而非"人民约束君主之法"。[①] 即使是最富有革命精神的孟子,也不反对"天子"制度,其只是希望现任天子发掘人性本身的"恻隐/不忍之心"施行仁政,并将"天子"岗位禅让给同样可能施行仁政的人。孟子确实主张"君主有过,卿室可杀之并取而代之"[②],但推翻"独夫民贼"之后,其认为应该另寻尧舜式的人物就任"天子"岗位[③]。至于王阳明的"人人皆可为圣人"平等观,主要是一种人生哲学而非政治哲学,其在国家建构方面并无建树和突破。由此导致的结果是,古代中国虽然王朝更替不断,但是君主制国家建构模式却如同四季循环一样,具有强大的自我修复能力。

在没有遇到更强有力的国家理论和制度之前,君主模式可以通过皇帝或朝廷的威严、权势或武力掩盖其内在的虚弱性,但近代以来随着自然科学知识的增长、传播和应用,"君权天授"理论逐步破产。当西方国家通过科学与民主走向强盛并对中国进行殖民和压迫时,在"物竞天择、适者生存"社会达尔文主义思想的刺激下,以"家天下"为基础的君主国模

[①] 参见李平《传统中国法学理论论域的架构:—基于先秦两汉法思想的探索》,《苏州大学学报(法学版)》2020年第3期。

[②] 在《孟子·万章下》一文中,面对齐宣王的询问,孟子曰,如果是贵戚之卿"君有大过则谏,反覆之而不听,则易位"。如果是异姓之卿"君有过则谏,反覆之而不听,则去"。在《孟子·梁惠王下》一文中,齐宣王在谈到汤放桀,武王伐纣时问"臣弑其君可乎?"孟子曰"贼仁者谓之贼。贼义者谓之残。残贼之人,谓之一夫。闻诛一夫纣矣,未闻弑君也。"

[③] 在《孟子·万章上》一文中,孟子以尧和舜的权力交接为例。舜辅佐尧多年,尧晚年时荐舜于天,但舜认为应当由尧的儿子继天子位,所以自己躲避到南河之南。尽管如此,天下诸侯却并不觐见尧之子,而去觐见舜。各类纠纷也都去找舜去评断,百姓无不称颂舜而冷落尧之子,所以舜有天下是因为"尧荐舜于天而天受之"。

式遭遇到了前所未有的挑战和危机。其一，以华夷之辨为基础的"天下—中国"难以为继，中国人必须承认自身的文明只是多元世界文明中的一种类型；其二，相比于西欧、北美探索建立的民主共和国家建构模式，君主制国家建构模式在国家能力建设方面存在根本缺陷，其既不足以推动生产力的发展，也无法有效动员民众参与国家建设和保卫国家统一。晚清以后的中国虽然统治疆域辽阔，治下人口众多，但国家肥大却不强大，因此只能在内忧外患中走向衰败。

1912年2月12日，隆裕太后和末代皇帝溥仪不得不在《逊位诏书》中称，"今全国人民心理，多倾向共和，南中各省既倡议于前，北方诸将亦主张于后，人心所向，天命可知，予亦何忍因一姓之尊荣，拂兆民之好恶？是用外观大势，内审舆情，特率皇帝，将统治权公诸全国，定为共和立宪国体，近慰海内厌乱望治之心，远协古圣天下为公之义。袁世凯前经资政院选举为总理大臣，当兹新旧代谢之际，宜有南北统一之方，即由袁世凯以全权组织临时共和政府，与民军协商统一办法，总期人民安堵，海宇乂安，仍合满、汉、蒙、回、藏五族完全领土为一大中华民国。……"

二　近代中国国家建构模式的探索与不足

作为帝制时代的最高政治文本，清帝《逊位诏书》对于此后中国国家建构模式的探索和转型具有重要而深远的意义。这部宪法性文件表明：（1）清王朝虽是少数民族建立的君主政权，但其认同并坚持中国自古就形成的"天命观"；（2）为了实现国内和平和国家统一，清帝并不是将国家的统治权（即主权）让与南方革命党或北方的官僚军事集团，而是将其移转给全国人民，并同意后者组建一个新的共和国，实现中国从"君主国"向"民主共和国"的转型；（3）满、汉、蒙、回、藏五族所生活或占据的全部领土仍须"合为一大中华民国"。清王朝治下的满、汉、蒙、回、藏等各族人民则应融合为统一的"中华民族"。[①] 当然，如何摆脱当时中国所

[①] 关于清帝《逊位诏书》对中国国家建构模式转型影响的详细分析，可参见《环球法律评论》2011年第5期刊发的高全喜、杨昂、章永乐等人撰写的专题文章和评论。

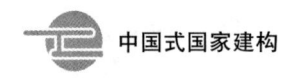

面临的亡国灭种之危局并建设"一个统一的大中华民国",并不是这部宪法性文件能够解决的。

(一) 不同国情对国家建构模式的影响

人类建立国家的目的是为了缓和社会矛盾,化解社会冲突,避免陷入无序、混乱和纷争之中。但资源禀赋、人口多寡等方面存在的客观差异,导致各国所要解决的社会矛盾并不完全相同。比如,作为现代民主共和国起源地的美国,其国家建构的核心是"如何确保劳动者的生命、自由和财产免受政府侵犯"。而同为现代民主共和理念起源地的法国,革命和建国主题却是"无套裤汉如何摆脱贫困和匮乏的枷锁"。① 之所以出现这种差异,是因为美国底层民众贫穷但不悲惨,可以享受"每个人都是业主,享有公共事务的投票权,居住在窗明几净、温暖舒适的大房子里,衣食无忧"的"新英格兰的幸福"(富兰克林语)。② 但在同时期的法国,"2000万人民中……有1900万人,无论讲起哪一种人类生存境况,都比整个美国最悲惨的人更加悲惨、更加不幸"(麦迪逊语)。③ 因此对于法国人而言,单纯地进行美国式的温和政治革命并不可行,其只能通过暴风骤雨般的政治、社会乃至思想革命来重构社会的基本形态。

近代中国在国家建构方面的基本国情比法国更为复杂。首先,人民的生活极为困苦。占人口多数的中国农民,如果从事农业生产"无论如何勤奋,总不能跳出困苦的范围","终岁劳动,所入能和所出相抵,就算是幸事"。④ 如果从事其他手工产业,又无法与国外机械产业竞争,于是"在国

---

① [美] 汉娜·阿伦特:《论革命》,陈周旺译,译林出版社2007年版,第49页。
② 转引自[美] 汉娜·阿伦特《论革命》,第55页。弗兰克林对美国国情的这种描述并不夸张。美国国会1796年通过的《土地法令》规定,公有土地(public land)最小出售面积为640英亩,最低出售价格为2美元/英亩(1英亩=6.07亩),可分期付款,一年内支付完毕。之后公有土地的最低出售价格和出售面积不断下降,1820年的《土地法令》规定,公有土地的最低出售价格为1.25美元/英亩,土地最小出售面积为80英亩,但废除了分期付款制。1832年通过《土地法令》规定,土地最小出售面积为40英亩,但价格没有变化,依然实行1.25美元/英亩。参见杰里·L. 马肖《创设行政宪制:被遗忘的美国行政法百年史(1787—1887)》,宋华琳、张力译,中国政法大学出版社2016年版,第127—129页。
③ 转引自[美] 汉娜·阿伦特《论革命》,第55页。
④ 李季:《社会主义与中国》(1921年4月1日),张宝明编:《新青年·政治卷》,河南文艺出版社2016年版,第248页。

从家国到人民共和国："天下—中国"转型的历史逻辑

内的就为兵为匪，跑到国外的，就作穷苦的华工，展转迁徙，贱卖他的筋力，又受人家劳动阶级的疾视"①；其次，虽然"人人平等且自由"等观念得到传播，"人权—主权""民族—国家""政府—国家""政体—国体"等新的政治分析框架被知识阶层接受，但国家和社会依然是靠尊卑有序之礼制秩序维系而成的"家族大拼盘"；最后，以西方列强为主体的外来殖民和侵略，使得中华文明受到重创，并让"天下—中国"深陷"内地被瓜分，边疆被独立"的解体危机之中。

（二）"三民主义"理论对中国国家建构模式的探索与缺陷

就"如何将中国转型为民主共和国"这一问题，孙中山的"三民主义"提供了一套系统的理论框架。即（1）"用宗族为单位，改良当中的组织，再联合成国族……使满、蒙、回、藏同化于我汉族，成一大民族主义的国家"②，解决中国一盘散沙，无法抵抗外国帝国主义的侵略和压迫问题；（2）通过赋予人民以选举权、复决权、创造权、罢官权并辅之以"政权和治权分开"原则，解决人民主权和民权保护之问题③；（3）通过照地价收税和收买及土地增值归公方式平均地权、节制私人资本，解决人民贫困和贫富不均等民生问题④。正是在"三民主义"理论的指导和推动下，在中国施行数千年的君主国模式最终被推翻。不过，该理论内在的缺陷导致其难以实现"建设一个真正的民主共和国"这一目标。

首先，该理论虽然主张"用革命的方法……打破各人的自由，结成很坚固的团体，像把水和士敏土参加到散沙里头，结成一块坚固石头一样"⑤，但却以家族/宗族为基础探索国家建构模式的转型。这种期待"用三四百个宗族的团体来救国家"，然后"由宗族主义扩展为民族主义"的国家建构方法⑥，导致依照该理论形成的革命力量主要是一个以民间会党

---

① 李大钊：《由经济上解释中国近代思想变动的原因》（1920年1月1日），张宝明编：《新青年·政治卷》，第185页。
② 孙中山：《三民主义》，第53—54，260页。
③ 孙中山：《三民主义》，第150—156页。
④ 孙中山：《三民主义》，第186—187页。
⑤ 孙中山：《三民主义》，第93页。
⑥ 孙中山：《三民主义》，第56页。

为基础的"革命大拼盘"①，内部思想混杂，派系林立，相互掣肘，最终导致其内部形成了许多大大小小的新军阀。

其次，为了避免"驱除鞑虏，恢复中华"主张所带来的国家分裂风险，辛亥革命成功之后，孙中山将自己的民族主义理论修正为"努力实现汉族与满、蒙、回、藏之人民相见于诚，合为一炉而治之，以成一中华民族之新主义"②。这种"五族共和"式的民族主义理论建构，符合中国传统的"天下大一统"理论，也是清帝《逊位诏书》予以认可和要求的，但却缺乏明确且具有可操作性的制度建构方法和路径。

最后，该理论认为"民生就是社会一切活动的原动力……土地问题能够解决，民生问题便可以解决一半"③。遗憾的是，"参加同盟会的同志只是注意民族主义，以为只要推翻满清之后，民族主义能够达到目的，民权主义和民生主义便自然实现，所以对民权主义固然是不明白，对民生主义更是莫名其妙"④。事实上，由于同盟会以及后来的国民党内部充斥着大大小小的地主和资本家，因此在大陆地区执政时期，即使采用照地价收税和收买等温和方式进行土地改革，在国民党内部也无法获得广泛支持。⑤

正因上述问题的存在，"三民主义"理论及其所指导的辛亥革命、二次革命等革命活动，既没有为中国带来和平与统一，也没有让中国变得更加强大和团结，反而因为滋生了许多新问题，甚至让国民产生了"民国不如大清"的感觉，并引发了两次帝制复辟。

（三）"君主立宪论"的问题意识及其缺陷

1915年12月，依照清帝《逊位诏书》负责组织共和政府的袁世凯称

---

① 唐德刚：《从晚清到民国：晚清七十年折射中国转型困境》，中国文史出版社2015年版，第372页。

② 参见周渝《闭关博览群书彻底反思革命上海：三民主义最终定型》，《国家人文历史》2016年第21期。在1923年的《中国革命史》一文中，孙中山再次指出"余之民族主义……对于满洲，不以复仇为事，而务与之平等共处于中国之内，此为以民族主义对国内之诸民族也。对于世界诸民族，务保持吾族之独立地位，发扬吾固有之文化……"孙中山：《三民主义》，第234页。

③ 孙中山：《三民主义》，第185、188页。

④ 孙中山：《三民主义》，第184页。

⑤ 孙中山的革命主张常常受到国民党内的士绅阶级、侨商资产阶级及军阀牵制，搁而不行。比如同盟会改组为国民党时，宋教仁就在党纲中将同盟会时期的"平均地权"改为"注重民生"。参见瞿秋白《孙中山与中国革命运动》（1925年6月1日），张宝明主编：《新青年·政治卷》，第317—318页。

从家国到人民共和国:"天下—中国"转型的历史逻辑

帝。1917年6月,地方军阀张勋又进行了"宣统复辟"。虽然这两次帝制复辟活动最终都失败了,但它们并非只是保皇势力的政治盲动,而是有特定理论予以指导和支撑。

1915年7月,作为中华民国政府的宪法顾问,美国法学教授古德诺应中华民国大总统袁世凯之命,就"共和国体和君主国体哪种形式更适合中国国情"制作了一份备忘录。这份对时局产生了重要影响的备忘录认为,一个国家需满足两个方面的条件方可建立民主共和制:其一,广设学校,使人民普遍教育水平提高,并通过政治练习培养人民参与国家政治的习惯,否则轻率施行共和,断无善果;其二,必须具备有效解决政权继承问题的法律规则,否则必然导致军政府之专横。美国因为满足了以上两个方面的条件所以施行民主共和,南美中美各国勉强建立的共和体制,却因为民智卑下往往沦为军事独裁政权,人民受尽蹂躏。中国数千年以来实行君主独裁政治,学校缺乏、民智不开,民众也没有参与政治的机会和能力,因此相比于共和制,君主(立宪)制无疑更适合中国。①

作为近代中国重要的理论家,康有为反对中国转型为民主共和国的理由是:(1)民主共和政体可行于小国,大国必待兵,待兵则不能禁武人干政,故不能行民主共和;(2)美国作为大国可以建立民主共和政体,主要是因为"其国境界于两海,而四无强邻,无需养兵",同时还有基督教清教徒传统予以支撑。但中国"人民之多,道路未通,种族不一,非有强力之政府,必不能统治之。若行美国总统制,则腹心爪牙遍于全国,庶能弭乱而收统一之效。然总统既有腹心爪牙,为之将帅长吏,以安内攘外,则必复于专制。专制既久,则必复于帝制"。同时,责任内阁制也不可行,因为会造成"府院不和,必各拥各省督军以内乱。"(3)相比而言,君主立宪制"既去帝王专制之弊,又无以兵争政之忧"②,因此应当在中国施行。

从上述论证来看,古德诺和康有为并不认为君主国模式是"最优模

---

① Dr. Goodnow's Memorandum to the President, in U. S. Dept. of State, Paper Relating to the Foreign Relation of the United States, 1915(Washington, 1924), pp. 56 – 57.

② 参见康有为《共和评议》(1917年3月),姜义华、张荣华编校《康有为全集》第11册,中国人民大学出版社2020年版,第2—67页。基于"君主制可以维持中国政治稳定和国家统一"这一假设,康有为还曾提出"吾党无论旧朝如何,即有变动,吾党欲戴孔衍圣公为虚君"主张。参见康有为《与黎元洪、黄兴、汤化龙书》(1911年12月),《康有为全集》第9册,第216页。

式"，但他们认为基于"君主立宪"理论的君主制可以避免中国出现军人独裁式的"最坏的政体"[1]，是最不坏的选择。民主共和国模式的支持者们并不反对这种问题意识，但认为其"认清了病灶，开错了药方"。理由是：其一，军阀割据或军政府之专横在君主国模式之下同样不可避免。比如，"汉之莽、卓，唐之藩镇，独非君主时代之事乎？即以近事证之，辛亥之役，即不废帝政，袁世凯握八镇之兵，行操、莽之事，挟天子以令诸侯，视六载伪共和，不更暗无天日乎？"[2] 其二，所有中国丧权辱国兵争民困一切政治之不良，并非施行"民主共和"所致，而是因为实施了"伪共和"所致。因此要解决中国的国家建构模式转型问题，必须倡导实施"真共和"。[3] 不过，在中国实施"真共和"的方法和路径，在当时却并不明确，依然需要探索。

三 "基于社会主义的人民共和国"国家建构模式的形成及意义

自成立之初，中国共产党就将自身的初心和使命定位于基于民主共和理念重建"天下—中国"。比如，1922年7月召开的中共二大就明确指出，"党的最高纲领是实现社会主义、共产主义。但在现阶段的纲领，即最低纲领是打倒军阀，推翻国际帝国主义的压迫，统一中国为真正的民主共和国"[4]。经过反复试验和探索之后，中国共产党最终找到了通过社会主义统一中国为"真正的民主共和国"的方法和路径。

---

[1] 田雷：《继往以为序章：中国宪法的制度展开》，广西师范大学出版社2021年版，第151页。

[2] 陈独秀：《驳康有为〈共和平议〉》（1918年3月15日），张宝明编：《新青年·政治卷》，第114页。需要说明的是，基于对日本国家法和宪法学的继受，晚清以来理论界在讨论"国体"时，主要是指统治权归属，"政体"则是指统治权的行使方式（即立宪/专制）。不过，这两个术语的含义及区别在当时并不特别清晰，因此康有为等人理论存在"国体/政体"交替使用的情况。相关资料参见西村裕一：《国体概念在日本宪法学的引进——明治15年的宪法学序论》，王丹红译，《苏州大学学报（法学版）》2022年第3期；林来梵：《国体概念史：跨国移植与演变》，《中国社会科学》2013年第3期。

[3] 陈独秀：《驳康有为〈共和平议〉》，张宝明主编：《新青年·政治卷》，第119页。

[4] 《中国共产党简史》，人民出版社、中共党史出版社，2021年版，第16页。

（一）中国共产党对国家建构方法论的探索

就方法论而言，"三民主义"采用的是"政治革命"方法，即主要是在政治领域推翻帝制，然后建立总统制或内阁制的政府。对于经济和社会层面的问题，其主张通过税收等措施进行处理。在马克思主义理论指导下成立的中国共产党并不完全认同这种国家建构方法。因为马克思主义理论认为，"一切社会变迁和政治变革的终极原因，不应当到人们的头脑中，到人们对永恒的真理和正义的日益增进的认识中去寻找，而应当到生产方式和交换方式的变更中去寻找"①。为此，必须深入到社会内部研究其基本情况以及对国家建构的影响。正是在这种彻底的唯物主义方法论指引下，中国共产党人敏锐地发现，一方面，农业社会是以父权为中心的家族制的经济基础，而君主专制是家族制的发达体。随着农业国逐步变为工业国这一经济基础的变化，君主制自然也会瓦解②，不可能复辟成功。另一方面，如果没有意志坚定的阶级及其同盟军，只是依靠会党、无产游民或青年学生进行革命，那么推翻帝制并不能带来真正的民主共和。因为民间会党只有宗法社会的"头目制度"，而不会有无产阶级的集体主义。即使革命成功，会党成员和游民也会变成新的军阀和官僚。③

也正是基于这一方法论，中国共产党认为，除了进行政治革命外，还需要开展经济和社会革命。具体而言，（1）唯有动员"最广大的人民群众"参与到"外争国权，内争民权"政治革命当中，"统一中国为真正的民主共和国"这一目标才能实现；（2）在当时的社会中，"最广大的人民群众"并不是会党或宗族首领，而是占人口80%左右的农民，因此"农民问题"是中国革命的基本问题；（3）要解决农民问题，就不能将土地问题认定为"只是民生领域的重要问题"，而应在农村中开展"土地革命"。因为只有通过"打土豪，分田地"式的土地革命并建立相应的法律制度④，

---

① 《马克思恩格斯选集》第3卷，人民出版社2012年版，第654—655页。
② 参见李大钊《由经济上解释中国近代思想变动的原因》，张宝明主编：《新青年·政治卷》，第182—189页。
③ 参见瞿秋白《孙中山与中国革命运动》，张宝明主编：《新青年·政治卷》，第316—318页。
④ 关于新民主主义革命时期中国共产党所建立的各项土地法律制度的分析，可参见程雪阳、高林娜、蒋仁开：《建党百年土地法治建设的历史逻辑和基本经验》，《中国土地科学》2021年第12期。

才能一方面获取无地、少地农民的革命热情和革命力量，另一方面消除滋生宗法制、军阀割据的经济基础和社会结构。

从方法论层面来看，这种人民共和国建构模式具有两方面特征：其一，坚持历史唯物主义方法论。从历史层面观察，无论是母系氏族向父系家族的转变，还是奴隶制、封建制和资本主义制度以及对应的国家形态的演进和转变，"都是为了保护一种所有制而反对另外一种所有制的革命。它们如果不侵犯另一种所有制，便不能保护这一种所有制。……（而且）这只有通过公开侵犯财产所有权才能做到"①。近代中国社会是一个半殖民地和半封建的社会。要在这样的社会进行革命并重建国家，那么革命的主要形式就"不能是和平的，而必须是武装的"②。其二，彻底地贯彻了历史唯物主义方法论。就像毛泽东指出的那样，不应把马列主义当作教条看待，而应当看作行动的指南。不应当只学习其词句，更为重要的是学习其观察和解决问题的立场和方法。③ 因此，中国没有必要坐等资本主义发展成熟、工人人数积累到一定程度、劳资矛盾不可调和时再进行社会主义革命，也不应照搬苏俄的"武装工人夺取城市进而统一全国"模式，而是可以采取"农民包围城市"的国家建构方法。即首先通过土地革命动员和武装农民建立依托农村的革命根据地，然后积蓄革命力量待条件成熟夺取城市，最后取得全国革命胜利并建立新的民主共和国。

孙中山认为其所提出的"民生主义"就是"社会主义"和"共产主义"，因此没有必要在中国宣传马克思主义。④ "社会主义"和"三民主义"目标确实是一致的，但它们在国家建构方法层面存在根本差异。而正是这种方法论层面的差异，导致了中国共产党找到了重建中国的主要动力机制，而中国国民党一直漂浮在中国社会的表层，始终无法获得社会中最

---

① 《马克思恩格斯选集》第4卷，第129页。
② 《毛泽东选集》第2卷，人民出版社1991年版，第634—635页。历史和实践也证明了这一点，"在共产党领导下的红军人员是从土地革命中产生，为着自己的利益而战斗的，而且指战员和战斗员之间在政治上是一致的。……国民党是反对土地革命的，因此没有农民的援助。其军队虽多，却不能使兵士群众和许多小生产者出身的下级干部自觉地为国民党拼命，官兵之间在政治上是分歧的，这就减少了它的战斗力。"《毛泽东选集》第1卷，人民出版社1991年版，第190—191页。
③ 参见《毛泽东选集》第2卷，第533页。
④ 孙中山：《三民主义》，第190页。

广大人民群众的广泛支持。

（二）"基于社会主义的人民共和国"国家建构模式的形成路径

中国共产党之所以能够领导中国人民建立"真正的人民共和国"，除了掌握了科学的国家建构方法外，其所探索的人民共和国形成和实现路径同样重要。

首先，"打土豪、分田地"式的"土地革命"方法虽然科学有效，但也意味着中国共产党及其领导的革命军队多数来自农民、手工业者和其他小资产阶级。为了避免基于"土地革命"演变成为旧式农民起义并产生新的军阀或割据势力，以"古田会议"召开为标志，中国共产党针对党内存在的单纯军事观点、极端民主化、非组织化、绝对平均主义、主观主义、个人主义、流寇思想、盲动主义等思想和观念进行了批评和纠正①，确立了"思想建党"和"政治建军"两大原则。所谓"思想建党"，是指工人、农民、手工业者等各行各业的成员都可以申请加入中国共产党②，但入党之后，所有党员都必须按照《中国共产党党章》所确定的理论、路线和方针来行使党员的权利、履行党员的义务、忠诚于党的事业、执行党的纪律，从而维护党的纯洁性、统一性和先进性。所谓"政治建军"是指军队"是一个执行革命的政治任务的武装集团，必须绝对服从党的领导，必须全心全意为党的纲领、路线和政策而奋斗"③，而不是没有政治目标或政治理想的纯粹军事集团。相比而言，"三民主义"理论指导下的国民党就不具有上述优势。"二次革命"失败后，孙中山为了实现党内统一不惜要求党员向其个人宣誓绝对效忠，但这种个人专制主义既违背了"民主共和"理念，也导致了国民党的分裂。④ 1930年以后，虽然通过中原大战等

---

① 参见《毛泽东选集》第1卷，第85—95页。
② 比如，周恩来1929年9月28日代表中共中央起草的《中共中央给红军第四军前委的指示信》就指出，"红军的来源只有收纳广大的破产农民，此种农民固然有极浓厚的非无产阶级意识表现，但只有加强无产阶级意识的领导，才可以使之减少农民意识，决不是幻想目前红军可以吸收广大工人成分来改变红军倾向的"。转引自李亚彬《古田会议怎样确立思想建党原则》，《人民周刊》2021年第14期。
③ 《中国共产党简史》，第44页。
④ 孙中山将同盟会改造为中华革命党时的情形及结果，参见唐德刚《袁氏当国》，广西师范大学出版社2015年版，第104—107页。

方式国民党在形式上统一了全国，但作为军事统帅的蒋介石依然需要与各地军事强人称兄道弟讲交情，方能有效调动各地军队。① 其次，虽然古代中国的"天下"观和"天下大一统"传统，为解决国家领土的统一和国内民族矛盾提供了坚实的观念和文化基础，但如果没有具体的实施方案，观念并不能自动转化为现实。在君主国模式下，君主是领土范围内各种政治力量的连接点和平衡点，君主及其统治辅助集团可通过天子威严、家族联姻、爵位册封等方式来维护国家统一。但在民主共和国模式之下，这些措施或路径不再具有施行的条件。为此，中国共产党运用历史唯物主义方法论的指引，找到了"将国内民族问题转化为社会主义革命问题"这一团结国内各民族民众的具体路径。即，首先通过"土地革命"等社会革命方式打破国内各民族内部的利益结构和既得利益集团的统治，然后以此吸引来自国内各民族的底层劳苦大众参加国家统一革命之中，最后在共同的革命事业中引导各族群众真正建立起超越地域、宗族、民族乃至种族身份的民主共和观念，从而最终实现了"将多民族熔为一炉形成一个统一的中华民族"的目标。

最后，中国共产党虽然吸收来自全国各族各地"五湖四海、四面八方"的优秀人才，希望将自身定位为"人民的先锋队"和"领头羊"，带领人民、政府和军队完成"统一中国为独立的民主共和国"的目标。为此，早在抗日战争期间，中国共产党就开始探索通过组建"统一战线"建立新的人民共和国的具体路径。其具体内容是，由中国共产党领导所有阶级中愿意参加民族革命的个人或社会组织，组建民族统一战线，然后以统一战线为基础建立"人民共和国。……人民共和国的政府以工农为主体，同时容纳其他反帝国主义反封建势力的阶级"。②

综上，依照马克思主义所提供的理论和方法，中国共产党通过"思想建党""政治建军""重构国内各民族内部结构""建立并领导联合政府"等路径探索，创立了一种具有中国特色的国家建构模式。在该模式中，人民共和国的政府、军队以及其他国家机关是在中国共产党的领导下建立的。中国共产党则通过扎根于中国社会基层，吸收社会中各行各业、各地区、各民族的志同道合的公民，实现了重建"天下—中国"之目标。如果

---

① 参见［美］黄仁宇《从大历史的角度读蒋介石日记》，九州出版社2011年版，第332页。
② 《毛泽东选集》第1卷，第157—159页。

我们把中国社会视为一个有机体，那么中华人民共和国所建立的各级各类国家机构是该有机体的大脑和骨骼，中国共产党则是该有机体的血液和心脏。虽然中国共产党与中华人民共和国的国家机关在社会功能方面各有侧重，但它们同样是依据"民主共和"理念建立的，同样致力于通过社会主义的方式实现"中华民族的伟大复兴"和"中国人民摆脱贫困，实现共同富裕"。因此我们可以将这种国家建构模式称为是"基于社会主义的人民共和国"国家建构模式。

（三）"基于社会主义的人民共和国"国家建构模式的制度优势与意义

人民共和国的建立殊为不易，其中的困难不仅来自历史文化传统的包袱与惯性，而且来自肇始于西方政治理论的"基于民主共和的民族国家"建构模式自身存在严重缺陷。

首先，按照法国大革命建立的"人民＝民族＝国家"公式，每个民族的成员有权建立自己的国家并实行自我统治。然而，在真实的社会生活中，很少有国家是由单一民族组成的，即使是最早进入现代民族国家的法国、英国也不例外。在这种情况下，一个多民族的国家如何在理论和观念上理解并定位自己，进而有效处理国内的民族矛盾就变成了非常棘手的问题。特别是当国内民族矛盾尖锐或国家统合能力削弱时，"基于民主共和的民族国家"建构模式与生俱来的精神分裂基因开始扩张，甚至可能会导致国家分裂；其次，民主共和理论建立在"人民可以通过理性沟通和协商以维持共同社会生活"假定基础上。即使不考虑复杂的民族问题，随着社会的进一步发展和职业利益分化，不同区域、行业或阶层的民众也常常出现"理性难以同约"的问题。由此导致一些重大的社会问题常常因为人民内部的分歧而难以达成共识，甚至造成社会分裂。美国在19世纪发生的内战以及今天在医保、持枪、堕胎、种族平等领域存在的问题就是典型例证；最后，在理想状态下，现代政党应当发挥调和社会矛盾的功能。但随着矛盾不断增加，社会内部的均质性和同质性不断流失，经由革命所建立的"被解放了的个人共同创造自己的命运"这一的信念逐步被削弱。[1] 在

---

[1] ［德］哈贝马斯：《在事实与规范之间：关于法律与民主法治国的商谈理论》，童世骏译，生活·读书·新知三联书店2003年版，第624页。

这种情况下，竞争性政党为了获得执政权和领导权，会主动地放大族群、职业、阶级、性别等领域存在的矛盾，进而通过增加人民内部矛盾和扩大仇恨来争取选票。① 在特定的情况下，一些政党（比如苏格兰民族党，土耳其的库尔德工人党）甚至会提出脱离国家的主张。其结果是，社会的团结和国家的统一不是与日俱增，而是不断削弱。

比较而言，中国共产党探索出的"基于社会主义的人民共和国"国家建构模式，不仅继承了现代民主共和的基本理念，而且通过社会主义的理论和制度框架弥补了"基于民主共和的民族国家"建构模式的内在缺陷，更有利于实现人民的理性沟通和协商。具体来说，这种国家建构模式，一方面坚持了人民主权理论，承认来自各阶层、地区、民族的公民都是国家的主人，所有的国家公职都向公民开放。坚持社会主义道路的国家公民不仅有资格和机会依法通过选举民主、协商民主、参与民主等全过程民主方式，参与到国家和地方事务的商议之中，而且可以通过选举、考试等民主或公平的方式竞聘国家法律设定的各类公职岗位。另一方面，针对各类各级国家机关不能为人民的理性沟通和协商提供充足制度和组织保障的问题，该模式又确立了"中国共产党统一领导"这一政治机制。根据该机制，中国共产党在全国所有地区和社区的各族人民中间普遍建立党组织，并通过民主集中制原则凝聚共识、形成政策主张，进而通过各级人大商议、确认后制定各级各类法律规范然后施行全国。因此，中国共产党不只是单纯的社会组织或政党，其同时承担了统合四方、凝聚社会共识、及时化解观念、利益、立场纷争的社会责任。就像邓小平总结的那样"像中国这样一个大国，如果没有中国共产党来领导，许多事情很难办，首先吃饭问题就解决不了。我们的改革不能离开社会主义道路，不能没有共产党的领导，这两点是相互联系的，是一个问题。没有共产党的领导，就没有社

---

① 美国第 45 任总统特朗普就是利用甚至煽动民众分裂以谋求当选和连任的典型，其甚至被称为是"美利坚分裂国总统"（President of the Divided States of America）而非"美利坚合众国总统"。Donald Trump named Time's Person of theYear, https://www.cbsnews.com/news/donald-trump-time-person-of-the-year/. 美国宪法学者阿克曼认为，美国的问题是制度性的，而不完全是某个人的问题，因为美国"现代总统制的病理走向已经深入骨髓"，"美国白宫（已）转变为魅力型的极端路线和官僚践踏法律的平台"，并将由此导致美国的衰落。［美］布鲁斯·阿克曼：《美利坚共和国的衰落》，田雷译，中国政法大学出版社 2013 年版，第 11—13 页。

会主义道路"。①

在这种国家建构模式之下,中国共产党作为国家和社会的领导者,负责通过领导人民进行理性沟通和协商"形成共同意志"。各级人大作为国家权力机关,则负责通过法定职权和程序"验证和确认人民的共同意志"。经过这种"形成—确认"二阶机制,人民的共同意志可以真实且及时地反映出来并转化为具体的国家法律规范。因此"依照人民主权理论所建立的人民代表大会制度"与"依照先锋队理论所建立的中国共产党代表最广大人民群众制度"构成相互补充之关系。中国社会要实现自身的存续和发展,国家机关和中国共产党需要同时各司其职,共同发挥将国家和社会"有机结合在一起"的功能。

就历史和现实意义而言,这种国家建构模式,不仅在于其创造性地解决了困扰中国人数千年的"天道只能感知却无法事先测度和验证"的历史性难题,而且在于其同时化解了西方"基于民主共和的民族国家"建构模式内在的"通过理性沟通难以形成广泛社会共识"等缺陷和弊端。② 另外,虽然"民主"与"共和"有变成同义词的趋势,但这两个术语的含义、功能及其所代表的理念并不完全相同。"民主"侧重于多数人的统治或意见表达,"共和"则与美德、审慎、均衡、和平等理念或价值联系在一起。"没有民主的共和"只是少数人的统治(比如西周的周召共和,罗马的贵族共和),但"没有共和的民主"则可能沦为多数人的暴政,甚至可能会让国家在民粹主义的激情中掉入黑暗的深渊(比如法国大革命)。在"基于社会主义的人民共和国"国家建构模式之下,各级人民代表大会侧重于落实国家的民主性,中国共产党的领导侧重于落实国家的共和性。这种国家建构模式之下的民主是"理性而不失激情的民主",有利于维护社会各阶层、各地区、各民族、各种职业或行业的根本和长远的利益,可以最大

---

① 《邓小平文选》第3卷,人民出版社1993年版,第242页。
② 针对"基于民主共和的民族国家"模式所存在的弊端,西方一些政治哲学家也进行了反思。比如德国的哈贝马斯认为,应当通过发展民间社团等方式在市民社会和政治国家之间建立一个独立的公共领域,然后公民在该领域通过理性商谈等方式形成社会议题和公共舆论,并通过政党等建制化的机构将这些议题和舆论传导到国家立法机关形成法律,从而实现人民通过法律自我统治。这种被其称为是程序主义的民主观和人民主权理论,从逻辑上来看是非常合理且必要的,但作为其理论基础的"理性商谈"并没有强有力的组织保障,实施效果有待进一步观察。参见[德]哈贝马斯《在事实与规范之间:关于法律与民主法治国的商谈理论》,第453、618页。

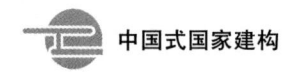

程度地避免社会的分裂或沉沦。

当然,"人民共同意志的形成—确认"二阶机制和"国家/人民的双重代表"机制的正常运行,依赖于对于权力的有效制约。为此,十八大以来,中国共产党在国家层面提出了"全面依法治国"治国方略,并将这一治国方略定位为"推进国家治理体系和治理能力现代化、为党和国家事业发展提供根本性、全局性、长期性制度保障。为子孙万代计、为长远发展谋"的历史性选择①。同时在管党治党层面中国共产党提出了制度治党、依规治党的"全面从严治党"战略,并且将"全面依法治国"纳入党章。只要这些国家法和党内法规得到有效的执行和落实,中国共产党领导中国人民所探索和建立的"基于社会主义的人民共和国"国家建构模式必然可以得到进一步的巩固和发展。

四 余论

美国的政治家基辛格曾经不无惊讶地评论说,中国"仿佛受一条亘古不变的自然法则的左右,中央政府每次垮台,都会被重建"②。在中华文明漫长且久远的历史发展过程中,这种"亘古不变的自然法则"确实是存在的,其具体表现就是深入中国人骨髓的"天下"观和"天下大一统"传统。但是当人类的自然和社会知识积累和演进到近代之后,通过君主国模式已不足以落实和支撑这种观念和传统,中国人需要为"天下—中国"提供一个新的国家建构模式和制度框架。清末以来的各种国家建构模式的探索与实践表明,西方政治理论所提供的"君主立宪制""议会民主制""基于民主共和的民族国家"等国家建构模式,既无法真正解决近现代中国所面临的民困国乏问题,而且也不能有效解决其自身存在的各种社会问题。中国共产党探索建立的"基于社会主义的人民共和国"国家建构模式,不但通过社会主义统一了中国,而且通过社会主义建立了一个现代的人民共和国,并在这一人民共和国之内维护了中国的和平与安宁、民族的团结与统一以及最广大人民群众的根本利益和基本权利。也正因为如此,

---

① 中共中央文献研究室编:《习近平关于社会主义政治建设论述摘编》,中央文献出版社2017年版,第85页。

② [美] 基辛格:《论中国》,胡利平等译,中信出版社2015年版,第2页。

2018年修宪之后，我国《宪法》第一条第二款一方面规定"社会主义制度是中华人民共和国的根本制度"，另一方面又规定"中国共产党领导是中国特色社会主义最本质的特征"。

  人民共和国创建不易，坚守更难。比如，有学者认为，无论是民族国家的形式结构、还是立宪民主的实质结构，甚至民主共和观念是否适合中国，在当下的中国社会都还未能成为最广泛的共识。[①] 因此，如何在政治层面加强和改善党的领导，在法律层面协调党内法规与国家法的关系，在社会层面进一步增强全体国民的中华民族意识，在行政管理层面更好地发挥政府的作用，在经济层面让市场在资源配置中发挥决定性作用，并进一步破除区域保护建构真正统一的国内大市场等问题，依然需要继续研究并不断进行制度完善，因此，"基于社会主义的人民共和国"国家建构模式也需要不断创新和发展。不过，中国数千年的历史经验和教训以及当下激烈的国家竞争表明，如果中国人希望继续在"天下—中国"的理念和框架下，实现"中华民族的伟大复兴和全体人民的共同富裕"两大目标，那就应当在守正创新的基础上继续发展和完善中国共产党创立的"基于社会主义的人民共和国"国家建构模式，而不是艳羡或照搬照抄别国的模式。因为"评价一个国家政治制度是不是民主的、有效的，主要看国家领导层能否依法有序更替，全体人民能否依法管理国家事务和社会事务、管理经济和文化事业，人民群众能否畅通表达利益要求，社会各方面能否有效参与国家政治生活，国家决策能否实现科学化、民主化，各方面人才能否通过公平竞争进入国家领导和管理体系，执政党能否依照宪法法律规定实现对国家事务的领导，权力运用能否得到有效制约和监督"[②]，而不是其他标准。

（原载《学术月刊》2022年第5期）

---

  ① 参见任剑涛《从家国到国家：中华帝国的民族国家转向》，《社会科学战线》2022年第4期。
  ② 国务院新闻办公室：《中国的民主白皮书》，http://www.scio.gov.cn/zfbps/32832/Document/1717206/1717206.htm。

第九篇
比较视角下的中国式国家建构

现代性与现代国家建构
——比较视野中的中国现代性与现代国家建构

常士訚[1]

现代国家建构内涵丰富,影响现代国家建构的关键因素很多,除了经济这一根本因素外,现代性作为现代国家的一种文化规定性有着重要的地位。文化是现代国家的灵魂,制约着现代国家的建设和发展。然而,不能不看到,由于各个国家环境与历史不同,影响现代国家的文化因素存在着很大差别。因此,在现代性与现代国家的建构上,各个国家呈现出不同的样态。本文试图通过东西方国家的现代性与现代国家比较,对当代中国现代性与现代国家建构做一些探析。

一 现代性与现代国家

在英文中,现代(modern)一词兼有近代和现代之意。除从时间角度解释,表示古代之后的时间外,还有时兴的、新的、时髦的等意。后一种解释意义较为重大,当代西方学术界对"现代性"的讨论源生于此。如后现代主义思想代表人物利奥塔谈及"现代性"时指出,"现代性,现代的暂时性,自身包含着一种超越自身,进入一种不同于自身的冲动。现代性不但这种方式超越自身,而且把自己变成一种最终的稳定性"[2]。利奥塔对现代性认识中提到的"超越",恰好体现了"现代"含义中的"新的"层面。"新的"本身就含有对"旧的"超越。因此,现代一词蕴涵了超越、

---

[1] 常士訚,天津师范大学政治与行政学院教授。
[2] [法]利奥塔:《后现代性与公正游戏》,谈瀛洲译,上海人民出版社1996年版。

创新、发展之意。

"现代性"一词出现于公元5世纪,此后在不同时期的思想家文献中都采用过这一词,但真正大规模传播是在上世纪80年代。随着后现代主义思想家在哲学、政治、社会与文化等不同领域对"现代性"的反思和批判,现代性也就成为人们研究的问题,对这一概念的理解更是众说纷纭。吉登斯从社会学的角度把"现代性"界定为一种"社会生活或组织模式"①。它大体上相当于"工业化世界",它在后封建的欧洲建立并在20世纪日益成为具有世界历史影响的"行为制度与模式"②。法国后结构主义代表人物福柯认为:现代性是"一种态度"。"所谓态度,我指的是与当代现实相联系的模式;一种由特定人民所做的志愿的选择;最后,一种思想和感觉的方式,也就是一种行为和举止的方式,……这种方式标志着一种归属的关系并把它表述为一种任务。无疑,它有点像希腊人所称的社会的精神气质。"③艾森斯塔特则从文化的角度理解,认为:"现代性应当被视为一种独特文明,具有独特的制度和文化特征。"④国内历史学家罗荣渠认为,现代性是区别于传统的社会类型,它是社会在工业化推动下发生全面变革而形成的属性,这些属性是各发达国家在技术、政治、经济、社会发展等方面所具有的社会特征。这些特征包括民主化、工业化、社会阶层流动化、社会福利化、教育普及化等等。⑤从上述学者对现代性的不同解释可以看出,现代性是一种社会生存的品质、取向和属性,它侧重于现代社会发展中的文化、秩序、理念、样式。

由现代性概念可以看出,它主要由三个方面构成:人的现代性,经济的现代性和政治的现代性。现代性首先是指个人理性的觉醒、主体性的增强和行动能力的完善。现代性标志着人们的注意力从传统转向未来,科学技术而非天命观念成为解释社会现象和解决社会问题的常规机制。个人的思维方式开始摆脱宗教神权等传统权威的控制,过去人们无条件服从的观

---

① [英]安东尼·吉登斯:《现代性的后果》,田禾等译,译林出版社2000年版。
② [英]安东尼·吉登斯:《现代性与自我》,赵旭东等译,生活·读书·新知三联书店1998年版。
③ [法]福柯:《何为启蒙》,《文化与公共性》,生活·读书·新知三联书店1998年版。
④ [以]S.N.艾森斯塔特:《反思现代性》,旷新年等译,生活·读书·新知三联书店2006年版。
⑤ 罗荣渠:《现代化新论》,北京大学出版社1993年版。

念已经动摇，逐渐扩展的权利观念开始生根。个人本身而非个人所从属的先赋性组织日益成为决策的中心，人们开始对社会政治共同体提出自己的要求。随着思维方式的改变，个人的行动能力也开始跨越血缘、地域的限制，基于个人利益的理性计算引导着个人借助契约或其他协作形式实现共同目标。其次，除了个人的内在观念的转变之外，现代性还包括人类外部经济环境的变迁，这为具有理性能力的现代人的价值实现提供了舞台。现代性的出现首先是一种现代经济秩序，即资本主义经济秩序的创立。[1] 在前现代社会，农业种植是地球上多数人口从事的生产形态，对土地的依附性导致人类经济活动的地域性，生产主要是为了满足自我消费。随着商品经济逐渐取代自然经济，市场的自由交易领域不断扩大，在家庭之外开始出现工商业组织，富有流动性的资本开始取代凝固性的土地成为社会进步的引擎。最后，现代性的政治蕴涵表现为现代国家的建立。

英格尔斯指出，现代性如果用于描述现代社会，它是指具有复合元素的民族国家[2]。社会学家吉登斯把现代国家解释为"现代理性国家，它形成于西方现代初期，是一种自立于其他民族之外的、独特的、集权的社会制度，并在已经界定和得到承认的领土内，拥有强制和获取的垄断权力"[3]。也有的学者认为，现代国家是一个"内部分工更专业化、组织更严密、法规更严密，制度更健全"的政治体[4]。哈贝马斯则认为："现代意义上的'国家'是一个法学概念，具体所指是对内对外都代表着主权的国家权力，而空间上则拥有明确的领土范围，即国土，社会层面上指的是所有从属者的结合，即全体国民。国家统治建立在成文宪法的形式上，而国民是在一定的国土范围内通行的法律秩序的承载者。"[5] 这些学者都从不同的方面对现代国家的属性做了不同的理解。实际上，从目前国内外对现代国家的各种不同认识以及实践考察，现代国家的含义可以概括为以下方面：现代国家是民族国家，民主国家，公民国家，主权国家，宪政国家，国际社会成员，建立在现代经济秩序基础上的国家，等等。从结构的角度，现

---

[1] [英] 吉登斯：《现代性——吉登斯访谈录》，尹宏毅译，新华出版社 2001 年版。
[2] [美] 英格尔斯：《人的现代化素质》，曹中德等译，天津社会科学院出版社 1995 年版。
[3] [英] 安东尼·吉登斯：《民族—国家与暴力》，胡宗泽译，生活·读书·新知三联书店 1998 年版。
[4] 朱天飚：《比较政治经济学》，北京大学出版社 2006 年版。
[5] [德] 尤尔根·哈贝马斯：《包容他者》，曹卫东译，上海人民出版社 2002 年版。

代国家是一个以最高权力为核心,以广泛的民族认同为基础,功能完备、分工专业、组织严密和法制健全的宪政体系。

现代性最初产生于西欧,并沿着大陆或海洋的通道传播于整个欧洲、美洲和亚洲,最终汇聚成全球一体、相互依赖的景观,但现代性并没有形成独一无二的制度模式和政治方案。与带有霸权倾向的一元论的观点相反,现代性在发展过程中出现了多元的制度模式和意识形态特征。依据近代文明的发展历程,人们必须正视多元现代性的客观存在:"'多元现代性'这一名词的最重要含义之一,是现代性不等于西方化;现代性的西方模式不是唯一'真正的'现代性,尽管现代性的西方模式享有历史上的优先地位,并且将继续作为其他现代性的一个基本参照点。"[①] 多元现代性的含义可以从两个维度加以分析:其一,在西方世界内部,现代性的制度模式和发展道路存在多元特征;其二,后发国家在发展过程中出现了形态各异的政治规划,非西方世界发生的反西方运动不能简单地理解为反抗现代性,其实质是后发国家构建自身现代化道路的尝试。

二 东、西方现代性与现代国家建构

现代性发轫于西欧,它借助古希腊与罗马时代奠定的文化积淀而逐步演化。在其现代性的孕育中,"自由"一直是构成现代性的核心理念,也是构成西欧破除传统与封建制度的强大因素。"自由"原意为"解放",在古希腊与罗马时代,自由人与奴隶构成了社会两大对立的力量。无自由则为奴隶,自由成为人的标志。在封建社会中"自由产生于特定的平等与特定的安全感。在各阶层或团体内部,如果没有身份地位的相对平等,就谈不上自由或权利"。可以说,人的自由只是某种团体中的自由,即"在每一个团体内部,每个人都是自由的"[②]。文艺复兴的兴起、个人的发现开启了对自由的新认识,自由的首要意义是个人的自由。在这里个人逐渐具有了优先的地位。个人(Individual)本身就带有"分离(div-id)"的意义,用后现代思想家德勒兹的话说,就是"去辖域化",即从封建等级或

[①] [以] S. N. 艾森斯塔特:《反思现代性》,旷新年等译,生活·读书·新知三联书店2006年版。

[②] [意] 奎多·德·拉吉罗等:《欧洲自由主义史》,杨军译,吉林人民出版社2001年版。

依附关系中解放出来,将人置于改造自然与世界的过程中去。它培养了人对新生事物的崇尚和争取进步的意识,并把这种信念变成在竞争中获得胜利的冲动。可见,自由向个人的倾斜带来了个人的解放,它加快了欧洲封建制度崩溃的步伐,促进了现代社会的大踏步前进。

在对个人的弘扬中,西欧现代思想向旧制度发起了一次又一次的冲击,出现了一次又一次的思想解放,产生了一次又一次的与传统"断裂"。先是文艺复兴运动,在这一运动中,基督教神学思想和封建的等级制度受到了激烈的批判,人们的思想实现了新的跨越和解放。与此同时,宗教改革运动也如火如荼在德国和其他国家展开,它极大地冲击了封建教会的统治,确立了个人的地位,但这只是在宗教中的改革。正如马克思指出的:"路德战胜了信神的奴役制,只是因为他用信仰的奴役制代替了它。……他把人从外在宗教解放出来,但又把宗教变成了人的内在世界。他把肉体从枷锁中解放出来,但又给人的心灵上了锁链。"[1] 两大运动冲击的领域不同,但在西欧由传统向现代的转型期,它们并没有与传统文化之间完全"断裂"[2],而是藕断丝连。

在西欧现代性发展的过程中,真正发生"断裂"的应该是在 17 世纪。"我思故我在"这一强烈的自我意识表现了现代人与传统区别开的自由意志。在政治思想领域,社会契约论的提出将国家与历史分离开,国家被看成"人的理性"的产物。这方面的杰出表现是法国的启蒙运动,启蒙思想家们"勇敢地使用自己的理智"来评判一切的勇气和在人间建立永恒的正义王国的决心,一开始就表现了与传统决裂的特点。这主要表现在两个方面:一是认为人类不仅可以通过理性活动认识自然规律并获得科学知识,而且能以"合理性"、"可计算性"和"可控制性"为标准实现对自然的征服与控制;二是人类凭借对历史发展的合目的性和对进步的坚定决心,通过协商可逐步建立充满自由、平等和博爱的国家。

西欧在现代性建构中表现出的自由与超越精神,从文化与制度上推动着现代国家的发展。西欧现代国家的发展经历了如下四个阶段:

(一)国家构建。在第一个阶段,西欧的政治精英们实现了领土的统

---

[1] 《马克思恩格斯全集》第 1 卷,人民出版社 1960 年版,第 461 页。
[2] [美]弗雷德里克·詹姆逊:《单一的现代性》,王丽亚等译,天津人民出版社 2005 年版。

一。在一般条件下，政权最初是在城市建立，然后慢慢延伸到边缘性乡村，政治精英以城市为基础巩固他们对乡村地区的统治。领土的巩固主要通过经济和军事的手段而获得，国家建立了行政和司法制度，维护社会秩序和处理利益纠纷；通过武装力量和外交手段确保国家安全；建立财政制度、汲取社会资源，进行道路、桥梁等方面的基础设施建设。国家建构被视作渗透性过程，其直接目标是让所有人服从政府的法令，在其地域范围内树立起公共权威。[①]

（二）民族建构。这是西欧现代国家发展的第二个阶段，它主要关注文化和意识形态问题，如共同的语言、宗教差异和义务教育。如果说国家建构是自上而下的政治过程，民族建构则是自下而上的文化过程。民族建构是在国家范围内的不同群体中创立价值共识和对政治体系的忠诚，公民教育开始发挥塑造国家统治的社会基础的重要功能。民族国家的中心思想就是接受一种共同的文化、一种共同的历史和共同的命运，而不考虑人们之间任何社会的和经济上的差异。

（三）大众民主。在这一阶段，西欧现代国家的社会基础开始延伸，社会大众通过政治参与的渠道分享公共权力，并建立基于普遍选举的民主国家。在民族国家向民主国家的转型中，公民社会的崛起和政党组织的建立具有典型意义。公民社会的发展，表现为人们试图将社会力量转变成政治力量，通过选举权和被选举权的完善限制公共权力。为了动员和规范政治参与的力量，不同于传统宗派的政党出现在政治过程中，开始成为连接精英与大众、国家与社会的组织载体。社会大众的政治参与要求以及社会领域的利益冲突均通过政党政治的渠道得以表达或解决，通过执政党与在野党之间的有序更替建立合法政府，调整公共政策。

（四）福利国家。主要体现为不同社会群体之间的经济平等。在建立民主制度框架和实现公民政治权利后，公民的经济权利被纳入政治议程。曾经为公民权利而斗争的公众开始行使选举权、影响选举结果，以此分享社会财富增长带来的收益。西欧国家实现普遍选举之后，教育、医疗、养老、工伤等福利制度得以建立。政府通过实行累进税制，平衡高收入群体和低收入群体之间的经济差距，通过实行转移支付政策，平衡发达地区和

---

① ［美］罗斯金等：《政治科学》，林震等译，华夏出版社2001年版。

现代性与现代国家建构

落后地区的经济差距。

西方现代性的实现,既是自身社会与政治发展的过程,也是其现代性向外输出的过程。而对殖民地人民来说,又是在西方现代性影响下逐渐形成新的文化发展阶段的过程。东亚国家具有悠久的历史文化传统,在西方现代性兴起时,它还被笼罩在传统文化的影响之下,人们在很大程度上处在等级的、部落的、村落的、权威的文化之中。西方现代性的到来,改变了人们的意识和观念,使传统文化与西方现代性发生激烈的冲撞。在这种冲撞中,产生了东亚现代性。东亚现代性的基本特征是,"在传统东亚与现代东亚之间具有相当程度的连续性,或者说传统东亚文化仍或多或少地存留于现代东亚社会中"①。东南亚人民一方面对西方现代性的扩张倾向进行了反思,另一方面,为了适应社会发展需要,将传统资源创造性地转化为现代文明。

东南亚位于太平洋和印度洋两大洋之间,是一个资源丰富和战略地位重要的地区。东南亚地区现包括11个国家,分别是越南、老挝、柬埔寨、缅甸、马来西亚、新加坡、印度尼西亚、菲律宾、文莱和东帝汶。第二次世界大战后,东南亚国家通过军事斗争或社会运动赢得了政治独立,开始在多元文化、种族和宗教的基础上构筑民族国家,逐步实现现代性政治制度转型。东南亚现代国家的建立和发展可以区分为两个主要的转型阶段:第一阶段始于20世纪50年代末和60年代初,终于80年代,其主要任务是从仿效西方议会民主政治转向威权主义政治。

第二次世界大战结束后,东南亚国家推翻了殖民统治,如何依据各国的历史和现实条件构建现代政制开始纳入民族国家建设的日程。独立初期,缅甸、泰国、印尼、菲律宾先后进入"民主试验期",以西方议会民主制度为蓝本设计文官政府。在此阶段,东南亚国家的政治体制呈现出多样化的特点,既有总统制也有内阁总理制。东南亚国家以政治模仿的方式确立基础制度架构,这与独立后各国的内外环境密切相关。从内部环境的角度,东南亚国家在遭受殖民统治之前,大多数地区尚未建立中央集权制国家以及完善的政治机构。殖民统治破坏了原有的本土社会权力结构,但它为东南亚遗留下相对完善的殖民统治制度,这在客观上促使东南亚国家

---

① 参见夏光《东亚现代性与西方现代性》,生活·读书·新知三联书店2005年版。

继承和模仿宗主国的政治体制。① 从外部环境的角度，东南亚国家虽然取得了政治独立，但限于既有国际政治经济秩序的约制，它们在经济上对西方国家具有依附性，所以在谈判制宪的过程中不得不对宗主国的要求做出妥协，和宗主国的政治制度保持一致。此外，东南亚国家在民族独立后，世界进入二元对立的冷战时期，各国统治阶层面临维护既得权力和打压共产党力量的考虑，这在一定程度上促使他们亲近西方的制度模式。总体而言，东南亚国家独立初期的民主制度是政治精英和权势人物为巩固政权理性设计的结果，它缺少广泛的商品经济基础和强大的中产阶级基础。在公民社会尚未充分发育的条件下实行民主政治，要么面临效能低下的结局，要么为强人政治铺平道路。在民主试验期，虽然某些国家能够保持较高的经济增长率，但东南亚地区普遍面临经济发展动力不足、社会冲突频仍、政治腐败加剧等问题。形式上先进的民主制度无力有效地整合社会内部的多元利益表达，东南亚国家必须根据本土的现实条件构建现代政治。

20世纪50年代末60年代初，东南亚主要国家普遍放弃了西方民主制度，转向以经济发展为导向的威权政治。威权政治转向的动力不仅源自既有民主制度运行失败的反向激励，它还受到东南亚社会条件的支持与配合。与个人本位并拥有民主传统的西方社会不同，东南亚地区长期受儒家文化的影响，家族、集体是个人认同的中心，皇权主义、等级观念为威权政治的建立提供了土壤。威权政治是二战后在发展中国家出现的军人政权或一党执政的具有压制性的政权，它在东南亚国家的具体表现为：政府权力在政治系统中具有主导性，宪法、议会和选举制度无法形成对行政机构的有效制约，政府首脑任期较长；政治上实行高压统治，打压反对派，限制公民参与；经济领域实行市场导向型政策，通过推动经济增长维护政府的合法性；借助民族主义或宗教的力量加强意识形态领域的控制，操纵大众传媒。东南亚国家在政治发展模式上从复制西方民主制度转向威权政治，不能简单地理解为制度文明的倒退，它反映了后发国家现代化过程中具有规律性的现象，即通过建立强大的中央政府，依靠权威性的组织动员能力集中社会资源，加速资本积累，推动经济快速增长。在最初实现现代化的英国，发展的动力主要来自社会经济领域，政府只是起了推动

---

① 参见李文《东南亚：政治变革与社会转型》，生活·读书·新知三联书店2005年版。

现代性与现代国家建构

的作用;在法国、德国等欧洲第二批实现现代化的国家,政府在经济和社会的现代化中发挥了主要作用;而在后发的国家中,政府的作用往往占据了主导地位。[①] 东南亚国家通过建立强大政府,不仅弥补了民主政府统治能力不足的弊端,而且为加速现代化进程、实施赶超战略提供了持续动力。

同殖民政治相比,威权政府在垄断公共权力、实行社会控制等方面具有相似性,都排斥了公众的民主权利。但威权政府在本质上迥异于殖民政治,它富有民族性,实施发展导向的经济政策,并极力塑造国民的民族意识。威权政府保障了政治稳定,为经济持续增长创造了基本的社会条件。根据亚洲银行的数据,1965—1990年即威权主义统治时期,新加坡人均GDP年增长率为6.7%,马来西亚、印度尼西亚、菲律宾、泰国为3.8%。[②] 这样的经济记录说明,具有发展取向的威权主义政治比效仿西方的议会民主制度更符合战后东南亚的实际。在种族、民族多元杂处的东南亚,威权政府在塑造国民意识、构建现代国家方面做出了重要贡献。在李光耀执掌新加坡政权期间,他大力推行各民族和谐共处政策,反对大华族沙文主义;重视民族教育,帮助民众树立良好的国民意识,培养他们对祖国的忠诚;宣扬民族平等,保证各民族在政治、经济、文化、宗教、就业等方面享有平等的权利。[③] 这些举措既强化了国民的政治认同,也提高了整个民族的凝聚力。当然,威权政府由于采取不平等的民族政策,也会制造社会裂痕,成为爆发大规模群体冲突的诱因。在苏哈托统治期间,印尼在对待华人问题上,奉行政治上压制、经济上限制和文化上强制的政策。这种歧视性措施被错误地当作实现民族同化的工具,它和建设现代国家的初衷显然是背道而驰的。

威权主义的政治实践表明,在社会自治能力不足、市场发育不全的条件下,政府能够通过积极推动经济增长加速现代化进程,提高国家的一体化整合度。但由于缺少保障公民权利的民主制度框架,威权政府的发展导向往往依赖于少数政治精英的人格特征,不利于社会的持续性发展。后发国家只有在推行经济自由化的同时提高政治民主化,才能从根本上实现国

---

① [美]阿尔蒙德等:《比较政治学》,曹沛霖等译,上海译文出版社1987年版。
② 亚洲开发银行:《崛起的亚洲:文化与挑战》,中国金融出版社1997年版。
③ 潘一宁等:《国际因素与当代东南亚国家政治发展》。

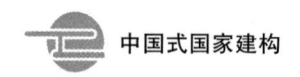

家的现代性目标。

第二阶段始于20世纪80年代后半期,至今尚在进行中,其主要任务是从威权主义政治转向民主政治。

20世纪80年代以来,东南亚国家开始步入民主转型的新阶段,其显著标志是政治体制向适合新形势下经济、社会发展需求的方向调整和过渡。民主转型的内容包括,政府对公民在言论、集会、出版等方面的自有权利的控制逐渐放松,民众和利益集团的政治参与逐渐增强;军人相继退出政治权力的中心,由新的文官政府取而代之;政治权力的分配呈现多元化趋势,一党独大政治受到冲击,选举由具有较少竞争或没有竞争开始过渡到具有较多的竞争;立法机构的作用得到加强,通过修改宪法,加强立法机构对行政权力的制约,出现了由行政集权向分权制衡发展的趋势。社会自主性的增强与政府控制力的减弱,是东南亚国家政治民主化的基本表征。东南亚国家的政治转型以民主制度为目标,但限于各国历史状况和经济水平的差异,各国的转型速度和方式并不完全相同。总体而言,东南亚国家从威权政治向民主政治过渡可以区分为三种类型:第一类,军人政权贪污腐败,失去民心,文官政府以民主制度取而代之,如泰国;第二类,金融危机引发严重的政治危机,政治强人被迫下台,威权政治体制崩溃,如印度尼西亚;第三类,老一代政治强人完成了历史使命,以和平的方式移交政权,其接班人顺应潮流,进行民主改革,如新加坡。

东南亚国家独立初期的民主制度和随后建立的威权政体,都是社会政治精英自上而下实施的,而各国向民主政治的转型则是社会力量自下而上推动的。由于受立场和观点的局限,亨廷顿等西方学者不愿意承认东南亚民主转型所蕴涵的自主创新的意义,他们将此过程看作世界民主化第三波的组成部分,是西方自由民主模式的延伸。[①] 东南亚国家的民主转型显然受到西方民主制度模式和理念的影响,但各国民主化道路的多种形式有力地证明了政治现代化道路的多元性。事实证明,发展中国家可以在借鉴西方政治实践的基础上,通过自主选择建设既具有现代性又具有民族性的民主制度。

---

① 参见李文《东南亚国家的政治变革与社会转型》,《当代亚太》2005年第9期。

三　中国的现代性与现代国家建构

中国是一个具有悠久历史文化传统的国家，中国学者林尚力指出中国的国家成长有两个历史逻辑："一个是以文化权力为轴心的古代国家成长的历史逻辑；另一个是以公共权力为轴心的现代国家成长的历史逻辑。"①这两个逻辑进入近代以后，前者逐渐转向到了后者，也即是"国家成长的轴心从文化权力转向到公共权力"②。在林教授看来，现代国家的建设实际上也就告别了传统文化，现在完全转向到了将公共权力作为现代国家建设的核心。按照林教授的观点，中国古代国家的建设重在文化权力上，而现代国家建设以公共权力为核心。至于现代国家的文化规定性是什么，林尚立教授并没有直接涉及。

不可否认，中国国家权力的产生应该说从国家产生以来就已经存在了。不过在古代社会，国家权力更多的是君主的，而真正将权力置于"人民"手中是在辛亥革命后。但从此后发展的历史看，这一民国宪法规定了"国民主权"的国家，却经历了军阀和独裁的统治。新中国的建立无疑是中国现代国家建设的新开端，但在"以阶级斗争为纲"，"人民是历史的创造者"的口号到处存在的年代，对领袖的个人崇拜也逐渐充斥到政治生活的方方面面。历史的事实表明，现代国家的出现不能仅仅以公共权力以及体现这种权力的宪法存在为依据，还必须要有现代价值理性来支持和规定。而这两者之间达到相互支持却走过了一个艰难的历程。

中国的现代性是随着近代以来中国社会的变革而发展的。不过中国的现代性是在中国本土文化、民族特性与西方文化、民族特性的碰撞中进行的。在这一过程中，传统的文化在受到西方文化的挑战面前，不断地调整自己，使自身的文化逐渐具有了新的内容和价值。而外来的思想与文化在中国本土的文化面前也不断地进行着新的调整与变化。在这种相互的冲突和矛盾中，中国经过近百年的风风雨雨，流血牺牲，逐渐在当代中国初步形成了具有中国特色的现代性价值体系。首先，中国的现代性秉承了中国

---

① 林尚立：《制度创新与国家成长》，天津人民出版社 2005 年版。
② 林尚立：《制度创新与国家成长》，天津人民出版社 2005 年版。

传统文化中一贯具有的人文主义精神，建立了中国特色的"以人为本"的价值体系。这里的"人"不仅是作为"类"的人民或人类，而且也承认了个人，为中国的现代国家建设确立了基点；其次，中国的现代性在坚持马克思主义思想基础上，深刻认识到了西方现代性表现出来的二元对立性的局限，并确立了和谐发展的价值。这种价值秉承了中国传统的和合精神，并得到了越来越多华夏成员的广泛认同；再次，中国现代性继承中华文化传统中合作与注重人际关系的精神，并在现代条件下加以发展，产生了具有中国特色的社会资本结构；最后，中华文化中的宽容精神，成为中国现代性中一种海纳百川的精神。

但也不能不看到，中国的现代性的建立并不是一帆风顺的。对于这样一个处处充斥了臣民文化、拜官文化、人情重于法律的国家，与以公民文化与法治文化为重要内容的现代性文化来说存在着对抗和冲突。尽管改革开放三十多年，这一文化逐渐受到削弱，但依然还有深厚的基础，阻碍着中国的现代国家的建构。中国现代国家的建构要取得新的进展，就不能不进行长期的公民文化的培育和法治意识的传播。只有在这种长期的现代性文化培育中，中国的现代性才能变成中国现代国家的社会资本和灵魂，从而从内在的价值理性上支撑起现代国家。

中国现代国家建构出现于辛亥革命以后，但激烈的社会冲突延缓了中国现代国家建设的步伐。新中国的建立为中国现代国家的建构奠定了坚实的政治基础。正是在这一基础上，中国初步建立了现代国家的雏形，而大规模的现代国家的建设是在改革开放以后，尤其是在20世纪90年代以后。在现代国家的建构中，中国确立了宪法的权威，确立了任何政党和组织都必须在宪法和法律下活动和政府必须依宪行政原则，从而使中国掌握实际权力的中国共产党和政府处在宪法和法律的权威之下。其次，中国进一步确立了公民和人权保障制度以及与此相关的一系列与公民权利与人权实现相关的民生保障措施，从而初步实现了现代法治国家的两个重要原则：统治者要依法统治，公民权利要依法给予保障。从深层次上说，体现了现代国家"以人为本"的原则。

在现代国家建构中，中国国家确立了中国共产党的领导原则与人民代表大会制度，在国家组织制度中，确立了民主集中制原则。在对少数民族地区关系上，中国在单一制度框架内形成了少数民族区域自治制度。在对各个民主党派的关系上，中国形成了多党合作制度和政治协商制度。这些都使当代中国的现代国家建构与中国现代性表现出合而不同的精神。

　　但也不能不看到，中国现代国家建构还有很长的路要走。现代国家所需要的法制规章、政治体制、公民行为、民主机制、基层民主管理等等与现代国家所需要的宏观的和微观的机制，我们还没有完全建立起来。很多由传统计划经济时代遗留下来并被实践证明具有诸多弊端的体制依然还发挥着作用。而这些体制的调整还需要长期的过程。而这种体制的存在又不能不制约着中国现代性的成长。

　　中国的现代国家建构起步较晚，中国的现代性和现代国家建构之间依然存在着很多不协调的方面。这种不协调或表现为现代国家制度已经建立，但用来支持这种现代制度的现代性文化价值还没有成为公民心理，因而，制约了现代国家制度的发展和完善；或是公民的政治文化观念已经有了很大的变革，但现代制度的很多方面依然落后于实际的需要。无论哪种情况，最终都影响到中国现代国家的发展。但应该肯定的是，随着中国的改革开放，中国的现代性与现代国家建构将在克服矛盾中逐渐获得协调共进，一个充满活力的现代国家将为中国的富强与进步提供强大的政治保证。

（原载《河北师范大学学报》（哲学社会科学版）2009 年第 1 期）

非洲国家建构中的西方陷阱与
中国启示和非洲突围

刘鸿武[*]

一 问题的提出

在不懂中国历史、政治制度的前提下研究非洲政治、国际关系是非常困难的。因为没有作为中国人看世界的坚实大地，中国人就很有可能站在西方立场看非洲。通过对非洲的研究，我试图打通中外政治的比较研究。我本人并未特别深入地研究非洲政治，只不过因为近些年中非合作的缘故，我到过几十个非洲国家，并有着十分深刻的感悟。

在诞生新的政权之前，不少非洲国家都遭受了残酷的奴隶贸易、资本掠夺以及西方列强的殖民统治等。但令人不解的是，获得民族解放、国家独立的众多非洲国家迄今为止仍然动荡不安。中国则与之不同，幅员辽阔、人口众多的中国已经成为世界上最稳定的一个国家。

军事冲突、部族冲突、边境冲突等在非洲国家层出不穷，很多非洲国家的社会治安形势十分严峻。不安全、不稳定已成为非洲最大的问题，不安全、不稳定不但无法促进经济发展，反而导致非洲更加贫穷落后，贫穷落后与政治动荡紧密结合，可谓一对孪生兄弟。实现国家政治稳定的根本出路究竟是什么？不同国家如何实现政治稳定？国内不少学者研究非洲时都援引西方学者观点，并从欧美区域国别学看非洲。实际上，中国近代以来接受的西方知识都可被称为西方区域国别学，只不过中国或西方将其普世主义化了，即将其等同于世界的普世知识。西方区域国别学需要被重新

---

[*] 刘鸿武，浙江师范大学非洲研究院教授。

界定，中国也需要发展自己的区域国别学，即中国如何看世界。过去两三百年，西方看世界，现在，非洲也在看世界，尤其是中国、西欧。在这里，我们可以发现那些被忽视的问题，本文也将从该角度出发分析非洲国家建构中的西方陷阱、中国启示与非洲突围。

二 非洲国家建构中的西方陷阱

我之所以选择从中国视角看非洲，是因为40余年的国家改革开放历程给予了我们这一代人机会。20世纪80年代初，我在武汉上大学。1989年后的一次偶然的机会，使我有幸能够前往尼日利亚留学，这是我第一次离开中国。我从小在云南边疆地区的汉族家庭长大，这种成长经历使我自然而然地形成了从边疆看内地，从汉民族地区看少数民族，从中央王朝看边疆少数民族的意识。我对云南历史上出现过的大力王国、南诏王国、丽江木氏土司等很感兴趣，在大学期间学的是中国史专业，系统地阅读了有关中国政治制度史、中国历史地图集的书籍，弄清了中国从古到今的历史地理。在此过程，我接受了完整的中国史学科训练。

现在很多人做非洲研究，实际上是接受了西方的理论去看非洲。与他们不同的是，我有两个学术背景。第一，我从小在边疆长大，中国能够长期实现长治久安，这是一笔值得好好总结的重大政治遗产。中央提出铸牢中华民族共同体意识，那么几千年的统一的多民族国家是如何建构起来的，这是中国政治学要深度挖掘的根源。当然，早在抗日战争时期，很多政治学家就在做这件事情。第二，我接受过中国古代政治制度史的专业训练。孙中山说："政者，正也"，政治就是以公平公正的方式处理众人之事，政治就是众人之事。几千年来追求长治久安，已经成为中国的政治传统。

杨光斌老师提出的"历史政治学"非常重要。中国几千年的历史传统包括两方面：一是边疆治理的传统（边疆史），一是中国几千年的政治制度发展史（正史）。当下，一方面要紧跟时代，与中国共产党领导的中华民族伟大复兴紧密融合；另一方面要走向世界重新观察西方政治制度史。掌握西方政治制度对从事世界史研究的老师的基本要求。到了非洲，我的观察维度是将中国边疆、中国内地与非洲国家、欧美国家进行比较，即从古今不同方位观察中外政治演变过程。

过去30年，我主要从事非洲文化发展史、非洲国别政治制度史研究。1990年，我前往尼日利亚拉各斯大学留学。一方面，我先从研究非洲历史文化入手，从非洲的民族文化、宗教演变的历史看非洲过去2000年的历史，并撰写了一两本有关非洲文化史的书籍；另一方面，我以尼日利亚、坦桑尼亚、苏丹等国为案例来研究非洲的国别政治制度史，并撰写了这些国家的政治演进史，如《从部族社会到民族国家——尼日利亚国家发展史纲》《尼日利亚建国百年史（1914—2014）》等。撰写完这些书以后，根据我在非洲的经历和对中国政治制度史的观察，我认为，非洲国家独立以后的根本发展任务，从国家发展角度而言，就是要实现从传统部落社会向现代国家的转变。

当时我用了"民族国家"这个术语，但"民族国家"现在容易产生歧义，大家可以改称为"国民国家"或"主权国家"。并非一个民族建立一个国家，而是整个国家即为一个民族。中国自秦汉以来就逐渐向中华民族这样一个统一多民族国家过渡，但非洲没有完成这个过渡。非洲历史上出现过一些部落王国，如尼日利亚北方的豪萨城邦、西非的马里王国等。接受了伊斯兰宗教后，这些部落王国也形成了一定的国家政治制度，但农业贸易出现后遭到瓦解，殖民统治时期又被西方所摧毁，最终变成了殖民地。因此，近代以后非洲国家的政治结构是被西方摧毁的。第二次世界大战结束后，"去殖民地化"要求西方国家必须退出非洲大陆，但它们在退出之前给非洲国家设计了所谓的西方宪政制度，其内容包括：制定宪法，实施多党制，通过政党竞选议会席会，根据议会的席会组成政府，推行行政权、立法权、司法权分立等。众所周知，非洲国家并非一开始就拥有这套所谓的西方宪政制度。直到二战以后，很多非洲国家都没有实现真正意义上的宪政权，都没有普选权。

英国经历过漫长的斯图亚特王朝统治时期后才向所谓的现代国家过渡，法国经历过长期的法兰西帝国统治时期后直到19世纪晚期才向共和制过渡。德国更不用说了，直到第二次世界大战结束后帝国才崩溃。非洲国家经济体量小，发展落后，但西方国家却直接一步到位，直接为非洲国家设计所谓的西方宪政制度。可以想象，这样一种制度设计会给非洲国家带来什么。近代史上的殖民地时期，英法等国实施所谓的间接统治，采取分而治之的方式，拉一派、打一派，在非洲国家内部制造了不少部族矛盾。当年西方人贩卖奴隶贸易时也是采取这种方式进行的，他们挑起了非洲的猎奴战争，让非洲各个部族形成市场，然后把失败一方的奴隶卖给欧洲人。非洲国家独立后，西方国家又为其引入多党政治。以尼日利亚为例，尼日利亚独立时就有几千万人口和几百多个部族，并组建了几百个政党。几百个政党就是几百个部落，每个部落都代表一个政党竞选议会议席，这个国家实际上就是一盘散沙，民族矛盾的潘多拉魔盒也由此被打开。多数非洲国家独立没多久，其共和制就纷纷瓦解，因为这一套文官多党竞争制度根本行不通。不断的冲突和动荡带来了军事政变，军政权成为唯一可以依靠的力量，军政权走到前台保持国家稳定。民国时期的中国实行多党制，袁世凯本想统一中国，但其死后军阀混战，国家呈现出一盘散沙的状态，这与非洲国家遭遇的背后逻辑是一致的。

西方最初给非洲国家引入的制度，既不是西方当年已经真正实现过的制度，还有更重要的问题是，这套制度蕴含着西方意识形态。西方一整套冷战时期的知识体系分化了非洲的知识界，使得非洲的知识精英跟政府，非洲的 NGO 与 NGO，NGO 与政府，中央政府与地方政府，各个部落与各个部落之间的关系始终处于对抗冲突、零和博弈的状态，没有谁真正去推动国家一体化进程。因此，现代民族国家建构长期得不到实质性推动，由此导致 20 世纪 60 年代独立后的非洲持续不断的政治动荡。这是西方给独立后的非洲国家设置的政治发展陷阱，非洲国家无法轻易迈过这个陷阱。

三 非洲国家建构中的中国启示和非洲突围

非洲国家独立至今，在动荡不安的局势以及西方势力的不断干涉过程中，非洲国家依然以自己的政治智慧努力推动非洲一体化，推动非洲国家建构进程。非洲国家主要从两方面来做的。第一，推动非洲统一起来。1963 年，非洲国家建立了非洲统一组织；2000 年，非洲国家建立了非洲联盟。当时就有非洲国家的领导人认识到，非洲被西方国家人为划分为多个国家，国家太小、太穷，难以独自发展，在国际上也没有地位，我们唯有的希望就是团结起来，建立一个统一的非洲合众国。建立一个统一的非洲合众国的目标很远大，且过去 60 年来，非洲统一组织确实增强了非洲的一体化的力量。第二，在非洲国家内部推动一体化。推动一体化，就是消除民族冲突，强调国家的统一意识。因此，在过去几十年，非洲国家不断推动国家一体化建设。冷战结束以后，非洲又经历一波政治动荡，但随着中非合作论坛的推动，非洲国家以中国为参照系，这些国家看到了执政党——中国共产党统一领导下的中国的政局稳定、经济腾飞，中国最大的经验就是有一个强有力的国家制度设计，国家领导显得尤为重要。最近十多年，非洲国家政治生态出现一个新的变化，即强调国家领导力。非洲联盟建立了领导力学院来培训非洲的领导干部。坦桑尼亚、尼日利亚、埃塞俄比亚、南非也都成立了领导力学院、领导力智库等，这些国家也日益强调国家的有效性，国家统一的行动能力。非洲国家清楚，中国的历史非常复杂，非洲国家不可能照搬中国的政治制度，也不可能建立类似于中国的一党领导下的多党合作和政治协商制度。但非洲国家必须考虑，怎样实现国家一体化进程以保持国家的主权和稳定。只有做到这一点，非洲未来才有希望。从这个角度讲，非洲国家如何在长期动荡的状态下逐步推动国家建构进程，是值得思索的问题。

西方过去长期给非洲国家施加的影响力现今正在减弱，西方国家自身的国家建构、政治制度也出现了一些问题。反观东方的中国，尽管当下中国需要不断解决遇到的问题，但中国却保持另外一种态势，中国给了非洲另外一种启示，现在很多非洲国家寻求另外一种突破西方陷阱的可能。所以最近几年，埃塞俄比亚、坦桑尼亚、肯尼亚、卢旺达、乌干达等东非合作的战略支撑国家，其国家领导人特别强调和中国加强治国理政的经验交流。从这个意义上来讲，今天中国的政治学已经到了一个重要阶段。我们不是要把中国的政治制度输出到国外，而是说，非洲国家能够为中国政治学者更好地理解中国从古到今政治演变的过程提供一个参照系。我们过去只是参照欧美国家，现在也可以参照亚非国家，这对中国政治学理论的发展非常有帮助。此外，中国学者可以凭借中国政治学建构的知识体系，与非洲国家学者进行平等对话、交流。

四　一线体验、一手资料、一流人脉的学问

徐勇老师认为，政治学是行走在大地上的学问。几十年来，我去过很

多非洲国家。中国对非外交比较特殊，我作为参与对非外交的学者，中国的外交崛起给了我接触非洲众多国家领导人、司局长、智库的机会。后来我们也办了中非智库论坛，经常邀请这些前政要参与，他们都是过去几十年非洲政治成败得失的见证者，他们会讲述其内心的感受。

我讲几个案例。一是尼日利亚总统奥巴桑乔。这个人非常具有传奇色彩。1990 年，奥巴桑乔刚刚卸任。他原来是将军，后来发动军事政变夺取了政权。但经历两三年的军政权时期后，他就相信西方那一套政治制度，并主动还政于民，主张搞选举、搞民主化。1979 年，他辞去总统职务，把政权还给民选的沙加里政府。令人意想不到的是，执掌政权的民选政府比军政权执政时期更加混乱、腐败。民选政府运行四年后，尼日利亚又发生了另外一场政变，接下来，尼日利亚持续了超过十年之久的动荡，连续发生了四五次政变。直到 1999 年，奥巴桑乔才重返政坛，他后来做了十年的政府首脑，逐步带动尼日利亚建立了强有力的国家政权。他写过好几本回忆录讲述非洲的政治制度。

二是南非的第二任总统姆贝基。曼德拉卸任后将政权交给了姆贝基，他担任了两任国家总统，他既是老革命家，也是谦谦君子，其长期在西方国家工作。当年曼德拉因为搞革命而被捕入狱，姆贝基则在国外。姆贝基特别相信西方那套民主制度，他曾经认为，南非就是非洲大陆的民主堡垒，南非就是要走一条民主政治道路。但是没有想到，南非非洲人国民大会在姆贝基执政的十年时期，既放弃了革命党的那一套，又太相信西方那一套所谓的民主、人权，由此导致南非形势有点失控。后来直到祖马上台，情况才有所改变。姆贝基下台以后也做了很多工作，他做了联合国的特使，我跟他有些来往，他也谈过这个问题。他说："南非非洲人国民大会其实是革命党，本来执政党就应该担负起建立强有力国家的责任，但我们却放弃了责任，所以最近的 30 年，南非发展的不是太好。"

三是南苏丹。南苏丹是非洲最年轻的国家，它独立于 2011 年，独立之前美国帮助并肢解了南苏丹，独立之后美国不愿帮助它。南苏丹独立后，觉得中国能帮助其恢复经济，所以与中国维持了良好的关系。南苏丹执政党告诉我们，南苏丹的执政党叫做南苏丹人民解放军，和中国一样也是在从事民族解放运动的过程中夺取了政权，两国夺取政权的路径相同，南苏丹觉得美国靠不住。独立之后国内的部落之间战争不断，原因就在于南苏丹没有一套强有力的国家制度。南苏丹想学习中国的政治制度，并因地制宜地加以运用，以此稳定国家局面。

五 中国特色区域国别学的"破"与"立"

中国正在做区域国别学，我觉得做研究要有"破"有"立"。

第一，破，就是要破过去几十年西方在发展中国家宣扬的"冷战知识体系"。西方的殖民帝国之学、霸权强权之学在亚非拉有着广泛的影响力。

第二，立，就是要立"人类命运共同体知识体系"。要用"人类命运共同体知识体系"消解、对冲、替换西方建立的"冷战知识体系"。新的知识体系，需要中国与世界上所有国家携起手共同建立。

第三，在建构人类共通共享知识体系的过程中，有中国特色的社会科学各学科将获得拓展重建并发挥关键性作用。

多样统一：印度尼西亚民族国家建构之路

韦 红[*]

一个地理上破碎，族群、宗教和语言极为多样的且在独立前从未形成过统一王国的印尼，如何去建构现代的民族国家？其建构之路有何特点？印尼案例对于完善现有的国家建构理论有何启示？

地理破碎，主要是指印尼有 17504 个岛屿，被称为"万岛之国"。族群、宗教多元主要表现为：印尼有 1331 个族群[①]，其中主要族群有 633 个。爪哇族最大，占人口总数 45%，其他主要族群还有巽他族、马都拉族、马来族、华人等。多元族群带来多元宗教，印尼的宗教主要有伊斯兰教、基督教、天主教、印度教、佛教、孔教等，其中伊斯兰教占 87.21%。语言多样则表现为印尼大概有 700 多种语言和方言。对于这样一个极为多样化、以前从未统一过的国家而言，该国如何建构现代民族国家的问题值得探讨。

从理论上讲，民族国家建构涉及两个维度，即国家建构（state-building）和民族建构（nation-building）。本文将重心放在民族构建（nation-building），即印尼如何缔造国族和加强国家认同建设，其间也涉及一些国家构建（state-building）的问题，如国家的政治结构、制度建设等。

一 印尼的多样性与建国思想

在 1945 年宣布独立之前，印尼从没有形成过现代意义上的民族国家。

---

[*] 韦红，华中师范大学政治学部教授。
[①] 印尼中央统计局 2010 年人口普查数据。

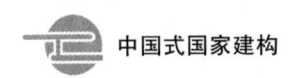

在其历史的大部分时间里，几个独立的王国统治着印尼群岛的人民，在近代被荷属东印度公司统治。印尼的现代民族意识产生于与荷兰殖民者的斗争之中。在与荷兰殖民者斗争的过程中，印尼的民族意识逐渐形成。1928年10月28日，印尼的民族主义者在第二届全国青年大会上发出"青年誓言"，提出"一个民族、一个祖国和一种语言"思想。这个"青年誓言"表达了印尼人民为争取民族独立、建立一个统一民族国家的强烈愿望。

印尼独立后，随着共同的敌人荷兰殖民者的消失，印尼的族群矛盾、宗教矛盾凸显，构建一个印尼民族（国族）的理想遇到了极大挑战。第一，大民族爪哇人与其他民族间的矛盾，以及由此带来的爪哇岛与广大外岛、中央与地方的矛盾与冲突。第二，伊斯兰教与国家的关系问题，出现了是建立世俗国家还是建立伊斯兰教国的激烈争论。第三，宗教上的摩擦与分歧。主要表现为一是穆斯林和基督徒之间的相互猜疑；二是以宗教调和主义为特征的穆斯林与正统穆斯林的分歧，三是现代派的穆斯林和传统派的穆斯林之间的对立。

如何在多样性及各种矛盾中建构统一的民族国家，印尼的建国者从14世纪爪哇的一首古诗中提取了一句 Bhinneka Tunggal Ika，即多样而统一（也有翻译成"殊途同归"）作为建国指导思想。"多样而统一"作为国家的座右铭写在了印尼的国徽上。

二 印尼建构民族国家的曲折历程

本文简单地将印尼独立之后建立民族国家的历程分为四个时期。一是议会民主制时期（1945—1959）：在西式的多党制中寻求统一；二是有领导的民主时期（1959—1965）：在爪哇式的互助合作中寻求统一；三是新秩序时期（1966—1998）：在"潘查希拉民主"中寻求统一；四是后苏哈托时期（1998年以后）：在地方分权中寻求统一。

（一）议会民主制时期（1945—1959）：在西式的多党制中寻求统一

第一，在政治制度上，印尼建立西式议会民主制，实行多党制，以满足多样性身份群体的需求。20个世纪50年代，印尼政党大多与族群和宗教相联系，印尼的建国者希望通过多党制度让各族群和宗教团体来表达自己的思想，认为他们之间的冲突可以在议会中通过协商和妥协来解决。第二，在国家结构形式上，印尼废除与荷兰人谈判成立的印尼联邦共和国，建立起单一制的印尼共和国，将单一制的印尼共和国视为建构统一民族国家的重要制度保障。第三，在意识形态上，印尼提出调和各族群各宗教冲突的"建国五原则"（"潘查希拉"）。"潘查希拉"的具体内容为：信仰神道、人道主义、民族主义、民主政治、社会公正。"潘查希拉"的确立，一方面否决了伊斯兰教的唯一性，体现出尊重宗教的多样性；另一方面也表明印尼建国者希望通过建立一个统一的意识形态来促进印尼各族群的团结和国家认同。

西式多党制最终以失败告终。在西式多党制下，与民族宗教有关的两大问题始终未得到解决。一是伊斯兰教和国家的关系。主张建立伊斯兰教国的马斯友美党与主张建立世俗国家的民族党互不妥协，制宪会议在1959年陷入僵局。二是中央和地方的权力分配问题。中央政府宣布废除联邦制，立刻引发地方精英对爪哇中心地位的不满，地方叛乱迭起。

针对政党斗争激烈、地方叛乱迭起的局面，当时的苏加诺总统认为其根本的原因在于印尼实行了错误的政治制度："我终于开始相信，是由于我们采用了错误的制度，错误的政府形式，这就是我们所谓的西方民主制。"他认为这种自由主义民主是多数对少数的压制，不符合印尼的民族精神。[1]

（二）有领导的民主时期（1959—1965）：在爪哇式的互助合作中寻求统一

1959年，苏加诺解散制宪议会，建立总统制内阁，并按照爪哇人的互助合作的调和文化进行政治制度的重建，建立"有领导的民主"。第一，政治上，印尼建立爪哇式的互助合作内阁。国会中所有政党不论大小都有参加内阁的平等权利，不存在反对党。苏加诺将各种对立势力，如传统穆斯林、名义穆斯林、基督教徒和共产主义者等纳入其政权之中，相互合作。苏加诺作为各种势力的平衡者位于中心地位。第二，意识形态上，印尼继续维护潘查希拉的宗教多元理念，明确拒绝建立伊斯兰教国家。第

---

[1] 张锡镇：《当代东南亚政治》，广西人民出版社1994年版，第393—394页。

三,文化上,中央政府强力推动地方去部族化,在全国建立以印尼语为基础的统一教育体系。第四,在军事上,印尼坚决镇压各地叛乱,全面肃清了分裂共和国的活动,并通过收复西伊里安、粉碎马来西亚计划整合国内各种对立势力,建构共同的民族情感和国家认同。

然而,"有领导的民主"实验并未持续多长时间,其终结原因源于两个方面:第一,爪哇式的互助合作路径没有从根本上解决各种对立势力的矛盾。第二,冷战形势下域外大国的干预加剧了印尼内部政治分裂动荡。这一时期国家认同和政治整合任务远未完成。

苏哈托总统上台后,抛弃了"有领导的民主",提出"潘查希拉民主"(即"建国五基民主",也称"协调一致民主")。在苏哈托看来,"我们主张实行这样一种含义的民主,即经过协商,大家达成一致决议以后,尽管你还有不同的意见,也应该遵守和服从已经做出的决议。这就是我们对协商一致的理解"[①]。在这一时期,苏哈托将对统一性的追求放在至高地位,表现出高度集权的特征。

(三) 新秩序时期(1966—1998):在"潘查希拉民主"中寻求统一

在潘查希拉民主下,苏哈托强硬采取多种措施推动民族国家的建设。第一,政治上,简化政党,禁止反对党,实施宗教去政治化。苏哈托首先组建起自己的政党"专业集团",然后将其他政党合作成两个党,并要求所有以伊斯兰教为号召的政党放弃伊斯兰教旗帜,把潘查希拉作为党的唯一指导原则。第二,对地方保持强有力的政治和财政控制。一方面,国家将大量的现役军官安排在地方议会和政府体系中以达到控制目的;另一方面,国家派遣政府官员代替原先在当地有威望和有影响力的教区教长进行乡村管理。此外,地方财政由国家统一调配。第三,在意识形态上,印尼将"潘查希拉"确立为国家的"唯一原则",所有政党及社会团体都必须奉行"潘查希拉"。第四,实行经济开发计划和移民计划。发展经济是苏哈托统治的一个最大着力点,苏哈托希望经济上的成功能给他带来政权的

---

① [印尼]苏哈托:《苏哈托自传——我的思想、言论和行动》,世界知识出版社1991年版,第349—350页。

合法性。他认为印尼建国后之所以出现诸多问题，是因为国家没有重视经济建设。20世纪70年代后，印尼经济得到了快速发展。为了缓和族群矛盾、中央与外岛的矛盾，国家投入大量资金开发外岛的落后地区，并将人口密集岛屿的族群迁移至外岛新建的农庄。当时的移民计划被印尼官员视为缔造一个印尼民族的计划。

苏哈托统治长达32年，其成就包括两方面：第一，总体上保持了国家30多年的政治稳定；第二，促进了经济的快速增长，苏哈托也被誉为印尼的"发展之父"。但在其统治期间也出现了两大问题：第一，高度集权的统治导致一些地方（特别是外岛）的不满。第二，经济开发政策、移民政策由于各种原因不仅未能缩小地区间贫富差距及促进族群融合，相反还导致新的族群矛盾。

1998年在东南亚金融危机冲击下，苏哈托在要求民主改革的抗议声中下台。印尼进入民主转型时期，重开党禁，再次出现多党竞争的局面。此时分离主义运动也再次高涨，如东帝汶独立运动，亚齐、巴布亚分离主义运动。此外，马鲁古、西加里曼丹、苏拉威西等省的局部地区也出现分离主义运动，民族与宗教冲突加剧，国家统一再次面临挑战。

（四）后苏哈托时期（1998年以后）：在地方分权中寻求统一

面对冲突加剧及各界的改革呼声，印尼一方面坚持立国基本原则不变，即坚持单一制国家，坚持"潘查希拉"意识形态；另一方面采取了新的制度和机制来缓和族群和宗教矛盾，维护国家的统一性。

第一，在政党制度上，印尼实行新型多党制。这里所提的新型多党制是相对于20世纪50年代印尼多党制而言。当时的多党制大多将族群、宗教视为党派划分的基础，党派之间的意识形态分界非常明显。而1999年的政党法则规定政党的指导思想不得背离建国五基和宪法，强调政党的"全国性"，不允许地方性政党存在（亚齐除外）。此时的政党成员基础超越了种族，宗教政党显示出较高的包容性，极端政党基本没有生存空间，[1]各政党意识形态交集较多。

第二，改革选举制度，立法消除种族歧视，建立包容性的政治参与机

---

[1] 杨晓强《后苏哈托时期的印尼民主化改革研究》，厦门大学出版社2015年版，第115页。

制。印尼将比例代表制的选举制度改为选区制的选举制度，以此削弱爪哇人在选举中的优势；在国会结构中增加地方代表理事会，以此来处理有关中央—地方关系、地方自治的法制工作等，以便在国会中反映来自地方的直接需求；通过《消除种族歧视法》，取消华人参政限制等。

第三，实行地方自治，分权地方政府。1999年，印尼出台两部地方分权法规，即第22号《地方自治法》和第25号《中央地方财政平衡法》。2004年颁布新的《地方政府法令》和《平衡中央与地方财政法令》。2005年和2008年先后两次对2004年的地方政府法令进行了修改。一方面将中央政府部分权力下放到地方各级政府，除外交、国防、司法、金融、宗教以及其他特定领域外，各级政府有权对所有地方事物自行决策、执行、监督及评估。另一方面，中央对地方自治政府的税收政策也进行调整。在地方分离主义最猖獗的亚齐地区和巴布亚地区，印尼政府尽最大努力给予这两个地区自治权，地方政府掌握着70%的油气资源开发权。同时，中央政府对亚齐还做了一个更大的让步，即允许伊斯兰教法在亚齐地区实施，这是中央政府做出的最大妥协，因为自印尼独立以来，中央政府一直坚持印尼为世俗国家。

地方分权制度一定程度上缓解了中央与地方的矛盾，推进了国家整合。2005年，印尼政府与亚齐独立运动组织在地方分权的框架下和解。目前除了巴布亚分离主义之外，没有新的族群分离主义运动。地方分权制度削弱了地区沿着族群路线动员来反对中央的一些潜力。

但是，地方分权制度也带来了三大问题。第一，地方认同、族群宗教认同得到加强。特别是在特殊地区设立特区，以尊重不同的传统和文化，这客观上加强了地方认同，甚至出现了要求根据种族和宗教身份重新划分行政区的声音。地方认同的加强会不会冲击国家认同，仍是值得关注的问题。第二，出现新的地区之间的发展不平衡及地区内部族群关系紧张。由于各个地区的资源不同、地方官员治理能力的不同，各地区发展出现新的不平衡。在地区内部，由于争夺土地、自然资源及地方领导人职位，族群之间冲突不时发生。地区内部少数族群的利益得不到保护。第三，宗教极端势力的出现。在苏哈托统治时期，宗教极端势力被强力压制，但随着后苏哈托时代民主转型和言论自由的开放，一些宗教极端主义和恐怖主义组织重新出现，如"圣战军""伊斯兰护教阵线""印尼解放党"等地方性的激进组织,这些组织主要关注印尼国内的伊斯兰教法,暴力推行伊斯兰复兴运动,导致宗教冲突事件频频发生。第四,身份政治造成社会分裂。在印尼,身份政治通常指政党利用宗教信仰鼓动选民支持政党的候选人。身份政治曾在过去的选举中造成严重的社会分裂,2017年发生的"钟万学事件"即是一个例证。

三 结论及启示

独立后的印尼在构建民族国家中进行了艰辛的探索,尽管不时面临着分离主义运动的挑战,但基本保持住了国家领土主权的统一和完整,加强了国家认同。从印尼案例可以得出以下结论及启示:

第一,作为后发国家的印尼,其构建民族国家并没有特定的路径,而是根据内外形势变化不断探索和调整。由此带来的启示是:民族国家构建没有固定模式。第二,每个时期印尼建构民族国家的路径选择及成败深受内部因素、外部因素的交织影响。内部因素包括历史文化遗产、权力斗争、利益分配、执政精英理念。外部因素有国际格局、经济全球化等。由此看出民族国家构建过程具有复杂性和长期性。第三,作为从西方殖民统治独立出来的国家,其构建民族国家之路一直在模仿西方和坚持本土传统间摇摆和选择,事实证明全盘模仿的西方制度在印尼水土不服。每个国家在其现代性的构建中应体现其个性特征。第四,坚持立国思想——"多样统一"不变,是多族群印尼保持统一的韧性所在。不管政治制度如何变化,印尼始终坚守潘查希拉原则,始终坚持单一制共和国,这是其"多样统一"的现代国家构建道路的最典型体现,也是最成功之处。第五,地方分权模式虽然目前在印尼取得一定成功,但也出现因族群身份和地域相对固化而引发的各类问题,如何在尊重多元性的基础上采取有效措施引导族群之间的交流和融合,将国民整合成牢固的利益共同体,并通过恰当的制度安排将族群或地区的整体利益诉求逐步转化为公民个体利益诉求,这仍是印尼政府要努力解决的问题。

历史比较视野中的国家建构
——找回结构、多元性并兼评《儒法国家：中国历史的新理论》

郦 菁[*]

一 引言

历史—比较研究（historical-comparative studies）在社会科学中遽然中兴，并成为一种独立的方法，培养了数代学者，当始于20世纪六七十年代。《专制与民主的社会起源》[①]、《绝对主义国家的系谱》[②]、《世界体系理论》[③]等书措意于蒂利（Charles Tilly）所谓之"大结构、大过程和大比较"，尤为关注国家建构、政体选择、阶级关系等宏观变量。[④] 80年代斯考切波（Theda Skocpol）等通过《找回国家》一书，更是带来了历史比较研究前所未有的黄金时代，虽然用心之处已从结构逐渐转为制度。[⑤] 然而未可预知的是，80年代后期社会科学，特别是社会学的"文化转向"兴起，"话语"、"文化"、"意义网络"等很快代替了对于阶级、国家和世界

---

[*] 郦菁，浙江大学社会学系副教授。

[①] Moore, Barrington, *Social Origins of Dictatorship and Democracy: Lord and Peasant in the Making of the Modern World*, London: Penguin Press, 1967. 中文参见［美］巴林顿·摩尔：《专制与民主的社会起源》，王茁、顾洁译，上海译文出版社2012年版。

[②] ［英］佩里·安德森：《绝对主义国家的系谱》，刘北城等译，上海人民出版社2001年版。

[③] 参见［美］伊曼纽尔·沃勒斯坦：《现代世界体系：16世纪的资本主义农业与欧洲世界经济体的起源》第1卷，罗荣渠译，高等教育出版社1998年版。

[④] Charles Tilly, *Big Structures, Large Processes, Huge Comparisons*, New York: Russell Sage Foundation, 1984.

[⑤] 参见［美］彼得·埃文斯、迪特里希·鲁施迈耶、西达·斯考克波：《找回国家》，方力维等译，三联书店2009年版。

资本主义命运的总体思考。就连作为文化史家的休厄尔（Willam H. Sewell Jr.）在《历史的逻辑》一书中，也着意批评了同行们在智识上对于社会宏观变迁的放弃，因而需要把"结构"找回来。①

在这个意义上讲，赵鼎新的《儒法国家：中国历史的新理论》（以下简称"赵书"）一书正是接续了历史比较研究早期的"结构"路径，也一并继承了那种湮没已久但元气淋漓的气象。全书试图回答两个相互关联的问题：首先，中国历史呈现了怎样的总体模式（overarching patterns）？这些模式是在哪一关键时期形成，其故维何？第二，这些模式在其后又如何型塑了历史的走向，且一再占据主导地位并复制自身？这两个大问题，涉及大过程，暗含着大比较（特别是与西方的比较），是大多数当代社会科学家和历史学家不愿也无力冒险尝试的。

对于前问，赵鼎新的答案是一个政治权力与意识形态权力合二为一、军事权力为政治权力所驾驭、经济权力在社会生活中被边缘化的"儒法国家"（Confucian-Legalist State）。这一模式发轫于春秋战国时期。由于频繁而不具摧毁性的战争（frequent but inconclusive war），战争驱动型理性形成（war-driven rationality），促进一系列权力结构调整和制度实验，直至秦汉不断完善国家制度建设，大体形成儒法国家。② 有宋一代，文官制度最终完胜，豪强精英衰弱，中国终成"儒教社会"（confucian society）。③ 对于后问，赵鼎新又继续考察了中国历史中的"小传统"，比如草原政权的持续入侵、释道传统和民间宗教的多元遗产、儒家内部的思想变革和市场经济的兴起。这些小传统非但没有挑战儒法国家的主导地位，反而被吸收、控制或消解。④

本文在试图解读《儒法国家》一书的基础上，继续探讨以下问题：第一，本书在方法论上有何重要贡献？如何与既往文献对话？如何与历史学研究对话？第二，在本书的基础上，如何重新探讨国家建构多元性的问题？最后，本书有何疏漏？如何运用历史比较研究的新进展和新路径来进

---

① ［美］小威廉·休厄尔：《历史的逻辑》，朱联璧、费滢译，上海人民出版社2013年版，详见第2章和第10章。

② Dingxin Zhao, *The Confucian-Legalist State: A New Theory of Chinese History*, Oxford: Oxford University Press, 2015, chapter 1; 亦见赵鼎新：《东周战争与儒法国家的诞生》，夏江旗译，华东师范大学出版社、上海三联书店2006年版。

③ Dingxin Zhao, *The Confucian-Legalist State: A NewTheory of Chinese History*, chapter 12.

④ Dingxin Zhao, *The Confucian-Legalist State: A New Theory of Chinese History*, part IV.

中国式国家建构

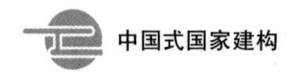

一步打开中国历史研究的新局面？

二 "宏观结构观照下的机制研究"

和大多数历史比较研究类似，赵书主要依靠二手文献，特别是历史学家的工作，因而其主要贡献必然不在材料，而在方法和理论。此节先举方法之一端。

在导言部分，赵书已开宗明义提出了自己的方法论取向，即一种"宏观结构观照下的机制研究"（macrostructure informed, mechanism based study）。[①]这一说法大约包含了两层意思。首先，赵鼎新显然要批判当下社会科学"机制"泛滥的庸常情状。把"机制"作为研究的重心，和美国五六十年代"中层理论"（middle-ranged theory）的兴起关系莫大。彼时美国社会的基本结构已趋稳定，跨阶级的社会共识达成，进入瑞吉（John Ruggie）所说的"嵌入型自由主义"阶段。[②]在此情境下，默顿（Robert. K. Merton）等提倡从莫知涯际的宏观理论（比如结构功能主义）转入更重实证的"中层理论"。[③]在操作中，大多数的中层研究关注"美国问题"，受限于美国既定的社会和政治结构。而对于机制的追索与"发明"，是中层理论的核心内容。

"机制"实则是一套具体的因果关系。机制与一般理论（general theory）的差异在于，机制的作用受限于一定的时空和社会结构，但是更易在实证上操作和证明。换言之，大多数机制研究只能在中层理论的层面上展开，所得之结论也为具体背景所限。吊诡的是，在大多数的"机制"研究中，"背景"或者说"结构"，大都被遗忘或刻意隐匿，甚或是当做不经反思的研究起点。此处单举一例，或可足用。美国著名政治学家普特南（Robert Putnam）在其名作《独自打保龄球》中提出了一个看似合理的机制：电视机普及和妇女进入职场的趋势导致了"托克维尔式"的市民社会衰落。[④]

[①] Dingxin Zhao, *The Confucian-Legalist State: A New Theory of Chinese History*, p. 27.

[②] Ol John Ruggie, "International Regimes, Transactions, and Change: Embedded Liberalism in the Postwar Economic Order", *International Organization* 36 (2) (1982), pp. 379–415.

[③] Robert. K. Merton, *Social Theory and Social Structure*, New York: Free Press, 1968.

[④] Robert Putnam, *Bowling Alone: The Collapse and Revival of American Community*, New York: Simon & Schuster, 2000.

历史比较视野中的国家建构

美国民众转而在家独自看电视，而不是一起打保龄球，妇女也不再组织社区活动，从而导致社会组织解体和政治参与的下降。然而，正如鲁斯麦耶（Dietrich Rueschemeyer）指出，同时期的北欧国家同样面临电视和妇女就业的冲击，但由于政党结构和国家—社会关系的变化，以及对于妇女就业的制度性支持，社会组织和政治参与不降反升。① 这一例子充分说明，一定的机制只在特定的"背景"或"结构"中起作用，而结构的多元必然导致机制开展的多重路径。

正是在这个意义上，《儒法国家》在方法上的贡献才得以凸显。赵鼎新的机制研究是在充分研习和观照中国社会独特"结构"的基础上进行的，而不是普特南式（以及大部分定量和一部分定性社会研究）脱离结构的机制。可以用原书的第一部分为证。以往主流的国家建构理论如蒂利、唐宁（Brian M. Downing）等都强调战争驱动"竞争"和"自然选择"，并促进了一系列中央集权和理性化的制度建设。这无疑是以西欧为主要背景。② 赵书固然接受了战争驱动竞争和理性化的总体机制，但着力点却是，在中国特定时空和历史情境中，这一机制展开的不同路径，或在"不同社会结构条件下不同的制度化方式"。③ 所谓不同路径，大体包括：国家建构过程中强制手段的积累最为重要（而非西欧强制手段积累、资本积累组合形成多种模式）；大一统的帝国（而非西欧由民族国家组成的国际体系）；政治权力及其载体（国家）的独大（而非西欧政治、意识形态、经济权力抗衡），等等。相比之下，许田波在《战争与国家形成》一书中固然也试图回答类似的问题，但她为了形式比较的任务而忽略了情境，所找到的机制如"自强改革和外交策略"等，不免各种颠倒舛错。④

"宏观结构观照下的机制研究"的另一个意涵是，不仅要考察单个机

---

① Dietrich Rueschemeyer, "Can One or A Few Cases Yield Theoretical Gains?" in J. Mahoney and D. Rueschemeyer (eds.), *Comparative Historical Analysis in the Social Sciences*, Cambridge: Cambridge University Press, 2003.
② Charles Tilly, *Coercion, Capital, and European States, AD 990 – 1990*, Cambridge: Cambridge University Press, 1990; Brian M. Downing, *The Military Revolution and Political Change: Origins of Democracy and Autocracy in Early Modern Europe*, Princeton, N. J.: Princeton University Press, 1992.
③ 赵鼎新：《东周战争与儒法国家的诞生》，第17页。
④ ［美］许田波：《战争与国家形成：春秋战国与近代早期欧洲之比较》，徐进译，上海人民出版社2009年版。赵鼎新对于她的批评，参见 Dingxin Zhao, *The Confucian Legalist State: A New Theory of Chinese History*, p. 25.

制，更要推究一组机制如何起作用，相互间的关系又如何，在特定的结构中如何表现，结晶为何种总体模式（pattern）。按照赵鼎新的说法，寻找单个机制在社会科学高度发达的今日已成为一项趁手易事，而其中最大的问题在于"过度决定性"（over-determination），即很多机制都能解释特定的社会现象，也能找到实证证据，从而使排除替代解释和确定因果关系成为烦难之事。[1] 为了提高理论解释力，毋宁要解释一组相关的机制。因之，建构理论的主要任务就从辨析和排除替代性解释/机制，转为考察不同的机制如何在同一"结构"内部相互作用。如此，对于特定历史现象的政治、经济和文化等解释就不再是非此即彼的，而可以在"结构"的统摄下共存。

行文至此，笔者则需要指出，赵书在机制（mechanism）、结构（structure）、模式等概念的使用和相互关系的论述上仍是模棱两可的。机制固然是因果关系。"结构"在书中很多语境中指涉"权力结构"，即政治权力早熟并统摄军事和意识形态权力，经济权力边缘化的"结构"；但在另一些语境中似乎又包括更为广阔的内容，如地理环境和地缘政治格局（特别是关于草原政权的讨论）、儒家文化与国家建制、社会主要群体之间的关系，等等。而对于"模式"，如中国历史呈现的"总体模式"，则显然缺乏解释。此处且试论三者之间的关系：机制嵌入特定的结构中展开因果关系；一组机制在结构中纠缠、互动，共同作用，形成长期稳定的模式。尽管可以这样理解，但赵书仍无法解决以下问题：结构是多元的，还是一元的？在同样的基本机构中，机制作用的组合，是否能产生不同的模式？积累的结果，是否可能导致结构本身的变迁？通过何种途径？对此，笔者将在本文最后一部分讨论。

最后，通过"宏观结构观照下的机制研究"，《儒法国家》在操作层面也意味着两个转变。一是对于历史情境和宏观结构的充分开掘。这无论对于社会科学还是历史学研究都是一个重要提示。如前所述，社会科学病在忽略情境和结构的孤立机制；而历史学的问题恰是执着于"以史带论"，虽有情境，但缺结构，很多时候耗散在多元的历史叙述和话语中，很难明确因果关系。某种程度上，《儒法国家》提供了一种社会科学与历史相遇

---

[1] Dingxin Zhao, *The Confucian-Legalist State: A New Theory of Chinese History*, pp. 25 – 27.

的方式。斯考切波和索莫斯（Margaret Somers）曾提出历史比较研究的几个重要目的，即宏观因果分析（macro-causal analysis）、对于一般理论的平行展示（parallel demonstration of theory），以及情境的比较（contrast of context）。总体来说，社会科学更倾向于因果分析和理论展示，而历史学更接近情境比较。①《儒法国家》显然把三者揉碎在一起。

二是所谓"科学"实证方法的局限。比如1994年出版的名作《社会科学中的研究设计》，勾画了一整套实证设计和检验的标准方法（所谓的KKV方法）。②但这些"方法想象"无法解决赵书所面临的问题，即如何观照与分析结构本身？如何构建机制与结构之间的关系？在无法使用"科学控制"的情况下，如何分析一整套机制的相互作用？赵鼎新也坦言，本书无法验证一个系统理论，而只能提供一个历史叙述的话语；且"由于本书中一些历史的曲折复杂之处无法解释（explain）而只能说明情境（contextualize），我的历史话语也包含很大一部分阐释学（hermeneutics）"。③参看此后的实证章节，春秋战国部分似乎更接近标准的解释工作，而从秦汉以降的章节，似乎更多的是对历史情境的说明，对二手文献的解读和阐释，举出重要的历史实例，以及斯汀奇科姆（Arthur L. Stinchombe）所称之"深度类比"（deep analogy）。④当然，也许把这一套方法含糊地冠以"艺术手法"（art）是不够的。希望赵教授本人或其后的实证研究能提供一个更为清晰和精细的论述。

三 国家建构的多重路径

在方法之外，《儒法国家》在理论上的亮点当然是有关国家建构的讨论，因在此书的逻辑中，政治权力独占主导地位，而国家又是政治权力的最主要载体。对于现代国家的形成和国家能力的讨论，曾在20世纪70至

---

① Theda Skocpol and Margaret Somers, "The Uses of Comparative History in Macrosocial Inquiry", *Comparative Studies in Society and History* 22 (2) (1980), pp. 174–197.

② Gary King et al, *Designing Social Inquiry: Scientific Inference in Qualitative Research*, Princeton, N. J.: Princeton University Press, 1994.

③ Dingxin Zhao, *The Confucian-Legalist State: A New Theory of Chinese History*, p. 28.

④ Arthur L. Stinchcombe, *Theoretical Methods in Social History: Studies in Social Discontinuity*, New York: Academic Press, 1978.

90年代掀起一轮学术热潮。这一波的作品虽然极大突破了马克思主义"国家即阶级代理人"的假定，也承认了国家的自主性，但仍然脱不开"韦伯式现代国家"的范式，也缺乏对于西欧之外历史经验的详细考察。[①] 面对这些文献，《儒法国家》是一个合格的对话者，也是重要的补充，尽管尚未跳脱韦伯范式，但足以促进我们思考国家建构是否存在多重路径。

所谓"韦伯范式"对于现代国家的理解逃不开一组本质主义的假定，大约包括以下几点：

假定1：国家对于强制手段的合法垄断，通常表现为拥有财政供养的常备军；

假定2：有领土明确的边界和相对同质的统治对象；

假定3：在此领土范围内，国家拥有绝对主权，有制定和执行规则的权威，并以强制手段为后盾；

假定4：国家实现相当程度的中央集权，所有主要的政治关系都从中央发出并反馈到中央；

假定5：税收权力大部分由中央政府垄断，收支功能从中央发出；

假定6：有一整套功能分化的制度，特别是科层制的职业官僚系统。

除此之外，这一波国家理论也关注一个或一组与现代国家相伴而生、相互牵染的历史过程。虽然大多数学者也逐渐开始承认它们与现代国家之间的联系也许是或然的，但似乎这些现象也是韦伯"理性化"秩序在其他社会场域的展开：

现象A：工业资本主义和市场的兴起，特别是国家推动的全国性市场（有别于地区市场和国际贸易市场）；

现象B：民族主义的极大发展，与国家建构相互促进；

现象C：代议民主政府形成，或至少特殊信任网络（trust network）被公共政治所包含或消解；[②] 主要精英群体大体进入全国性的、国家主导的政治平台。[③]

[①] 所谓的"韦伯范式"，参考了下述文章对既有文献的批判：Desmond King and Robert C. Lieberman, "Ironies of State Building: A Comparative Perspective on the American State", *World Politics* 61 (3) (2008), pp. 547–588。

[②] Charles Tilly, *Democracy*, Cambridge, MA: Cambridge University Press, 2007.

[③] Richard Lachmann, *States and Power*, London: Polity Press, 2010, chapter 2。中译本见[美]理查德·拉克曼：《国家与权力》，郦菁、张昕译，上海人民出版社2013年版。

此处试举几例。比如,蒂利的军事财政模型主要关注国家如何在强制手段和资本两方面积累,以便建构战争机器,实现领土的扩张和巩固。最后胜出的是统摄相当领土和人口(假定3)、有发达的工商业和市场经济可供给资本(现象A)、有财政支持的常备军和有效官僚体系(假定6)的民族国家。① 在此过程中,民众与国家抗争、妥协和协商,最终导致了代议政府(现象C)、现代税收体系(假定5)和征兵体制的制度化(假定1)。此后很多理性选择学派基本上在此框架内工作,但添加了精英个体或群体理性决策的过程分析。② 相比之下,斯布鲁特(Hendrik Spruyt)则建构了一个经济—制度模型,认为随着市场发展和贸易扩张(现象A),现代国家能够提供统一的法律体系、度量衡、货币(假定3),以及中央集权的执行体系和君主可置信的承诺(假定4),最终取代了城邦、汉萨联盟和德意志神圣帝国。③ 相比之下,曼的理论要更为复杂一些,也不仅仅针对现代国家。他的侧重点在于权力来源的转换与权力关系的重新组合。因而,旧贵族与新生资产阶级之间的权力平衡决定了国家的具体形式,或走向代议制,或维持绝对主义(现象C)。此外,最近十年一些新作如拉克曼(Richard Lachmann)的《不由自主的资产阶级》,则更为详细地分析了不同的精英关系如何影响国家建构的路径,哪些精英进入国家,如何进入(现象C),如何型塑现代国家的制度特征(假定1、4、5、6)。④

再看赵鼎新的理论和中国案例,虽然历史时空截然不同,但基本也以寻找和解释韦伯式国家制度为出发点。在这一点上,赵鼎新对之前文献是继承多于挑战的。即便如此,笔者认为《儒法国家》最精彩的观点

---

① Charles Tilly, *Coercion, Capital, and European States, AD 990 – 1990*, Cambridge: Cambridge University Press, 1990。蒂利在书中称这些国家为"national state",如英国、法国等,以示与城市国家、帝国、各种类型的封建国家不同,与我们一般理解上的民族国家概念略有不同。

② 比如,Edgar Kiser and Joshua Kane, "Revolutions and State Structures: The Bureaucratization of Tax Administration in Early Modern England and France", *American Journal of Sociology* 107 (2001), pp. 183 – 223; Laurent Rosenthal, "The Political Economy of Absolutism Reconsidered", in Robert Bates et al., *Analytic Narratives*. Princeton, N. J.: Princeton University Press, 1998, pp. 64 – 108.

③ Hendrik Spruyt, *The Sovereign State and Its Competitors: An Analysis of Systems Change*, Princeton, N. J.: Princeton University Press, 1994.

④ Richard Lachmann, *Capitalists in Spite of Themselves: Elite Conflict and Economic Transitions in Early Modern Europe*, New York: Oxford University Press, 2000。中译本见[美]理查德·拉克曼:《不由自主的资产阶级》,郦菁等译,复旦大学出版社2013年版。

之一，也许是对于韦伯国家范式和相关历史过程的有意识切割，或言是对于前述假定1—6和现象A—C的切割。而这种切割，恰是以重新认识中国历史中的权力结构为基础。具体来说，第一，虽然蒂利断言现代国家和资本主义兴起是近代历史两大事件，① 但赵鼎新明确指出，经济权力的长期边缘化阻碍了资本主义（特别是工业资本主义）在中国的诞生，即使明清两代也仅有市场经济而非资本主义。与之相关的是，商人（尚未变成资产阶级）在权力场域中并没有话语权，因而资本积累和资产阶级的权利革命在中国国家的建构过程中是缺失的，而加州学派试图强调去西方中心视角与中国本土资本主义发展可能性的学术努力亦是相当可疑的。

第二，中国情境中，国家建构与民族建构并不是硬币的两面。实际上，依照盖尔纳（Ernest Gellner）、安德森（Benedict R. Anderson）等人的观点，民族主义的兴起本身就是工业社会发展、文化资本主义兴盛的产物。② 在前工业化时期，中国国家亦不是规模适中、地理和人口相对同质的民族国家，而是幅员辽阔、容纳文化多元性的大一统帝国。儒家的天下观而非近世的民族主义才是最主要的意识形态资源。

第三，由于各种社会权力都统摄于政治权力之下而无明显分化，中国历史上的精英结构也相对单一，以素习儒家的政治精英为主。这进一步促进意识形态的统一和大一统政治单位的形成。而欧洲由于中世纪以来精英高度分化，教会、各层级贵族、王室以及朝廷官僚精英之间的持续斗争，给了资产阶级极大的生存空间。③ 这种分散的精英结构深刻影响了近代国家建构，使得大一统政体基本不可能持续，新教革命更易发生，④ 而资产阶级在政治上可以和旧精英分庭抗礼，在特定条件下

---

① Charles Tilly, "War Making and State Making as Organized Crime", in Peter Evans et al. (ed.), *Bringing the State Back In*, Cambridge: Cambridge University Press, 1985.

② Ernest Gellner, *Nations and Nationalism: New Perspectives on the Past*, Ithaca: Cornell University Press, 1983; Benedict R. Anderson, *Imagined Communities: Reflections on the Origin and Spread of Nationalism*, London: Verso, 1983.

③ 有关这一点，拉克曼的理论最为清晰简洁，解释力也很强，参见［美］理查德·拉克曼：《不由自主的资产阶级》。但是，赵鼎新并没有引用他的观点。

④ 比如，荷兰和普鲁士的贵族和新兴资产阶级保护新教教徒，使得法国等地镇压新教的努力流于失败。

推动代议民主。

以上的观点散见于各章,但绝对是重新清理地基的工作。在国家理论今后的发展中,如何放置中国和东亚的历史经验,如何避免西方问题意识的主导,《儒法国家》一书都可以提供重要参考,是一个不错的新起点。当然,如前文所述,赵鼎新仍然无法突破基本的韦伯范式。实际上,很多西方学者已经开始反思这一理论出发点了。比如金(Desmond King)和李伯曼(Robert C. Lieberman)提出要重新审视美国国家建构过程。[1] 此前与韦伯范式相悖的一些政治安排,比如联邦制(中央权力弱)、私有经济部门精英和公民社会行动者的强大(一部分精英没有进入国家)、官僚系统的职业化程度低,都被作为美国国家能力较弱的明证。而这两位学者却另辟蹊径,认为美国国家效力并不低,能力也不弱,反而韦伯范式太过本质主义,无法容纳和言说国家建构的多重路径。更早一些,西尔贝曼(Bernard S. Silberman)通过对于多国官僚体系的比较研究,也指出韦伯式的官僚体系更接近德日模式,而英美模式开放性、流动性更强,多直接雇佣职业人士,但效率并不低下。[2]

这充分说明,分析国家建构的多重路径,不仅需要把中国国家建构与西方近代历史过程相切割,并重新放回中国历史语境,还需要进一步修正韦伯范式,以便概括中国国家的复杂面目。例如,明朝最初实行的是卫所制,其精神与唐府兵制类似,以耕备征,基于对军人的人身控制,崩溃后部分采用雇佣兵。[3] 清朝的旗兵亦是世袭,这和西方现代国家的"公民军队"不同。在财政制度上,何文楷通过最近的力作说明,清代财政的中央化是在太平天国之乱后实现的,但始终没有借助国债工具和资本市场来实现财政收入的贴现,与英国等财政现代化路径不同;[4] 此外,中国虽从宋以降就形成了完备的官僚体系,但官僚体系的完善并不一定代表国家控制的有效,因而君主时常通过一些非常规事件来打破官僚系统的既有理性化

---

[1] King, Desmond, and Robert C. Lieberman, "Ironies of State Building: A Comparative Perspective on the American State", *World Politics* 61 (3) (2008).

[2] Bernard S. Silberman, *Cages of Reason: The Rise of the Rational State in France, Japan, the United States, and Great Britain*, Chicago: University of Chicago Press, 1993.

[3] 孟森:《明史讲义》,中华书局2006年版,第72页。

[4] Wenkai He, *Paths toward the Modern Fiscal State*, Cambridge: Harvard University Press, 2013.

制度，重新调整与官僚之间的关系，等等。① 这些信手可拾的例子说明，研究中国国家建构，也可以关注不同的问题；而不符合既有范式的制度或现象，需要在历史情境中加以解释和说明，并不必然代表国家建构不完全。正如赵书多次重复蒂利的重要结论，西方现代国家的兴起是一个偶然事件，而国家建构的路径则是多重的。

四 批评与展望

在方法上重新把结构找回来，在理论上探索国家建构的多重路径和历史经验，使得《儒法国家》一书成为近几年来重新叙述中国历史最重要的作品之一，也恰逢其时地接洽了比较历史研究睽违已久的传统。这一研究总体是生机沛然的，也是一个有益的实验，为今后进一步的工作提供了可备选择的理论工具。在此基础上，本文还是要简略谈一谈赵书尚且存在哪些问题；最后，如果这些问题可以部分解决或缓和，可以为中国历史，特别是有关国家的社会科学研究提供哪些新思路。

首先，在重拾结构传统的同时，《儒法国家》也很难避免"结构还原论"（structural reduction-ism）的批评。② 实际上，这也正是历史比较研究从20世纪80年代末以来迅速进入"文化转向"的原因之一。把解释推到结构层面，第一个问题是忽视了结构中主体的能动性（agency），也过度假定了结构的稳定性和决定性。行动主体尽管只有有限理性，也极大受制于结构提供的机会，但结构必须由主体来不断重构。赵鼎新也很清楚这一点，并在开篇就强调"历史是各个时期社会行动者有意义的行动的结果"。③ 然而在实证层面，我们大抵只看到特定的权力结构是如何一再起作用的，或者国家作为一个拟人化的存在如何控制个体，不断延伸自己的权力。对此我们不禁要追问：行动主体是如何在这个想象的结构中获得权力的？他们各自又是如何行使权力的？他们会维护既有的权力格局吗？他们

---

① Philip A. Kuhn, *Soulstealers: The Chinese Sorcery Scare of 1768*, Cambridge, Mass.: Harvard University Press, 1990. 中译本见［美］孔飞力：《叫魂：1768年中国妖术大恐慌》，陈兼、刘昶译，上海三联书店2012年版。

② 对于结构主义的批评，比如 Jeff Goodwin and James Jasper, "Caught in a Winding, Snarling Vine: The Structural Bias of Political Process Theory", *Sociological Forum* 14 (1) (1999)。

③ Dingxin Zhao, *The Confucian-Legalist State: A New Theory of Chinese History*, p. 5.

历史比较视野中的国家建构

的利益和观念是什么？他们会反思和反抗吗，结果又是什么？赵鼎新在春秋战国部分尽可能放入能动性，但仍局限于理性人的假定；而论述宋代儒家官僚体系和明代心学时，他本有机会捕捉结构与个体的复杂互动，从而更漂亮地回答上述问题的。然而，最终我们看到的还是儒家知识分子和文官系统如何被国家的身体政治加以控制，并进一步渗透社会。至于他们的算计、理念和具体政治选择，基本还是模糊不清的。相较而言，蒂利虽然也多次被贴上"结构主义"的标签，但他的国家建构理论始终和抗争政治相辅相成，缺一不可。通过"抗争剧目"等概念，蒂利从中后期开始引入了越来越多的能动性，关注臣民（后为公民）的反抗如何影响国家建构的路径，并留下了难以磨灭的制度遗产。[①]

第二个问题涉及结构变迁。纵观全书，读者似乎只看到一个"超稳定结构"的诞生和复制，[②] 但鲜有变革的契机，也不清楚变革的可能途径。如果我们回到《儒法国家》一书最重要的理论资源——《社会权力的来源》，我们就会发现，赵鼎新只用了麦克尔·曼（Michael Mann）的半套权力理论。曼的确剖析了四种不同权力及其在历史中的组合形式，而赵鼎新也巧妙运用在中国历史情境中，精彩解释了国家政治权力独大的根源。但除此之外，曼最富独创的观点也许是：新的权力总是出人意料地生长于旧权力结构的缝隙中（interstitial origin of power），换言之，曼另有一个很强的权力结构变迁理论，[③] 而这一部分在赵书中几乎没有体现。本文无法详细讨论，但很多优秀的历史著作都一再说明，中国历史上不乏异质的因素，变革的窗口也一再打开，最后大一统儒法体系的维持，也许是偶然而非必然。最终，这些异质性也并未消亡，而是进入了历史的暗河，至今仍或隐或显地型塑当下的中国。

一方面要把结构找回来，一方面又要避免结构论处理能动性和变化的弱点，如何可能呢？一个可行的解决方案是用休厄尔的理论来重新理解结构。[④] 在休厄尔看来，结构并不必然是一元的，而更有可能是多元的；且

---

① 李钧鹏：《译后记》，载查尔斯·蒂利：《为什么？》，李钧鹏译，北京时代华文书局2014年版，第202—239页。
② 金观涛、刘青峰：《开放中的变迁：再论中国社会超稳定结构》，法律出版社2011年版。
③ Michael Mann, *The Sources of Social Power*, Cambridge: Cambridge University Press, 1986, Introduction.
④ 参见［美］小威廉·休厄尔《历史的逻辑》第3章。

结构不仅是限制，也是资源。运用在中国历史的语境中，除却政治权力、军事权力和意识形态权力合一、由中央国家主导的权力结构，也可能存在地方的权力结构、儒家知识精英的结构等等。这些结构层次和规模不同，极有可能是同构的，但也可能是异质的。个体（包括精英和普通民众）有机会在不同结构中获取资源，转译并延展到不同的情境，从而获得相当的行动空间。比如奥布莱（Kevin J. O'Brien）所谓的"合法性抗争"（rightful resistance），其实并不是一个当代现象。[1] 在朝廷（中央）和地方这两个结构之间寻找对自己有利的话语和行动策略，充分利用既有的权力关系最大化利益，是历朝历代都有的实例。最终这些行动也可能产生不可预知的结果，与外部冲击相结合，改变结构本身，比如共产主义革命的兴起，或资本主义时代的来临。

此外，尽管赵书充分论述了历史上中国国家建构的独特性，但他的问题意识尚没有脱开蒂利和唐宁等所完善的军事—竞争模型，也基本在韦伯范式的框架之内。实际上在《儒法国家》之前，对于中国国家的多元论述已有各种尝试，特别是在历史学界。这也是社会科学家们可待借鉴的丰富宝藏。比如，桑顿（Patricia M. Thornton）在《规训国家》一书中就指出，蒂利等念兹在兹的战争和财政也许并不是东亚国家建构最核心的问题。[2] 她更关注国家建构规范性的一面，即国家如何进行道德规训和社会控制，从而一再把国家建构为核心的道德主体（moral agent），拥有绝对的道德资源和合法性。赵书固然也剖析了儒家思想这种道德资源为何与基本的权力结构相契，并一再被纳入国家内部，但并没有像桑顿那样详论国家如何不断界定与社会之间的边界，如何一再重构合法性，也没有分析儒家的规训手段，而这也许是中国从秦汉以后国家日常活动的中心。类似的研究还有戈尔斯基（Philip S. Gorski）的《规训革命》[3] 和池上英子的《驯服武士》。[4]

---

[1] Kevin J. O'Brien, "Rightful Resistance", *World Politics* 49 (1) (1996), pp. 31 – 55.

[2] Patricia M. Thornton, *Disciplining the State*: *Virtue*, *Violence*, *and State-making in Modern China*, Cambridge, Mass.: Harvard University Press, 2007.

[3] Philip S. Gorski, *The Disciplinary Revolution*: *Calvinism and the Rise of the State in Early Modern Europe*, Chicago: University of Chicago Press, 2003.

[4] Eiko, Ikegami, *The Taming of the Samurai*: *Honorific Individualism and the Making of Modern Japan*, Cambridge, Mass.: Harvard University Press, 1995.

最后，在儒法之外，中国国家建构的资源可能比正统史家们想象的更为多元。赵书试图证明儒法秩序如何在历史长河中压倒并消纳异质性（比如草原文明、儒家内部的思想革命等），但在这一过程中，儒家资源本身也具有多元传统和变革可能，也可以和多样的权力结构捆绑。孔飞力（Philip A. Kuhn）就认为从明清开始，国家内部就逐渐开始实验应对"现代"政治问题的制度安排，比如政治参与、政治竞争与控制。① 此外，最近争议颇多的新清史研究也提出了不小的挑战。罗友枝（Evelyn Rawski）、柯娇燕（Pamela Crossley）、欧立德（Mark C. Elliott）等都强调了清帝国的多元属性，如内亚政治经验、非汉族文化和制度安排，等等。② 这些多元传统和异质性，都可能进入近现代中国国家建构的实践，即便没有处于主导地位，也随时可能因一时一地的政治需要而被调用。这些也是《儒法国家》目前无法涵盖的。

一言以蔽之，尽管很难处理能动性和结构变迁，也没有充分涵盖多元性，《儒法国家》仍不失为一部重要而及时的著作，为考察国家建构的历史及其当下遗产打开了新思路，而在方法上也颇具实验性。当然，此书在近代历史开始之前戛然而止了。由于大多数的历史研究都由当代问题所激发，读者或许不禁要追问：政治、意识形态与军事合一的权力结构在中国现代化的过程中是否遭受了冲击？该结构又为今日中国留下了哪些或明或暗的遗产？自1921年兴起的共产主义革命带来了怎样的权力结构？这一权力结构现在又和怎样的意识形态资源结合？1978年以来的市场化转型是否足以挑战历史权力结构，包括经济权力前所未有的上升，意识形态权力与政治权力耦合的逐渐松动？③ 我们期待在《儒法国

---

① Philip A. Kuhn, *Origins of the Modern Chinese State*, Stanford, Calif.: Standford University Press, 2002. 中译本见[美]孔飞力：《中国现代国家的起源》，陈兼、陈之宏译，上海三联书店2013年版。

② Evelyn Sakakida Rawski, *The Last Emperors: A Social History of Qing Imperial Institutions*, Berkeley: University of California Press, 1998; Pamela Kyle Crossley, *A Translucent Mirror: History and Identity in Qing Imperial Ideology*, Berkeley: University of California Press, 1999; Mark C. Elliott, *The Manchu Way: the Eight Banners and Ethnic Identity in Late Imperial China*, Stanford, Calif.: Stanford University Press, 2001.

③ 赵鼎新2015年在年芝加哥大学北京中心与中国人民大学社会学系联合举办的政治社会学讲习班上已就这些问题做出了初步思考，并发表了演讲。

家》之后，有更多的作品能借鉴比较历史研究的资源来处理这些问题，并提供新鲜的历史叙述，这对于转型中的中国具有重要的理论和现实意义。

（原载《开放时代》2016年第5期）

俄罗斯近现代国家建构
——实践与思潮

黄 帅[*]

本篇报告原本拟定的主题是"百年以来俄罗斯国家现代化的思潮和路径",仅仅涵盖十月革命以后建立的苏俄——苏联以及当代俄罗斯。但在思考酝酿的过程中,笔者愈发明确意识到,苏联的路径探索并不是凭空产生,抑或仅仅基于某种理想化的意识形态,它与18至19世纪沙皇俄国近现代化探索存在逻辑上的联系,所以我将本篇报告所覆盖的时间跨度延续到300年的历史,尝试回答,围绕"国家建构"这个命题,俄罗斯历代权力精英做了什么样的实践与探索;知识精英又做了些什么样的思索和争论。权力精英的实践和知识精英的理论思索又是如何交互影响的。此处有两个关键概念——权力精英主要指历代的统治者、执政者或革命者,总之是各个阵营的政治实践者。知识精英这个词所对应的英语词汇是 intelligentsia,这是一个起源自俄语的词汇。俄国盛产一些超前的思想家,其知识精英往往能够超越百年,甚至两百年的时间跨度去思考属于未来的命题。

一 引言

(一)"近现代国家建构"内涵

"近现代"一语包含近代和现代两个阶段。对于早发欧洲诸国来说,"现代"所对应的英语词汇是"modern","近代"对应词汇则为"early

---

[*] 黄帅,复旦大学社会科学高等研究院博士后。

modern"。西欧历史上的近代指的是从 15 世纪末的西欧封建制解体、宗教改革、文艺复兴肇始，一直到工业化时代的这样一个过渡阶段。欧洲真正进入现代化的起始点是在 19 世纪中期。所以，从 16 世纪到 19 世纪期间可称之为"early modern"。而 modern 指的则是 19 世纪中期以后的新生事物。在"近代"阶段和"现代"阶段，国家建构各有不同的主题和任务。在这里，我尝试着综合蒂利、福山、迈克尔曼等人的框架对国家建构在近代和现代阶段的主要任务进行归纳：

1. 近代：主权疆界、汲取能力、自主性、合法性

在近代这个阶段，国家建构的使命通常包括：主权明确，疆界相对固定的国家体制；可持续的财政汲取能力、税收制度；国家相对于社会、贵族阶层的自主性，自主型的国家；合法性的世俗化，政教分离。

2. 现代：工业化、渗透能力、市民社会、大众参与

当生产力发展到工业化阶段，随着城市化推进，市民社会发育成熟，相应地要求国家有更强的渗透治理能力。现代国家需要中央权力有很强的基层扎根渗透性，与之相应的是大众化的民主参与。大众参与的政治制度不仅包括西式自由民主制度，也包括列宁主义的"党国体制"，形形色色的法西斯体制，它们都是以"大众参与"获取其制度正当性的。

（二）俄罗斯近现代国家建构历程的特殊点

第一，沙俄时代举步维艰。俄罗斯的近现代国家建构的特殊之处在于，从彼得改革以来，走了一条以西欧为榜样的近代化道路，然而这条道路走得相当曲折艰难。一直到 19 世纪中期形成了一个悬浮的、仅占人口 2% 到 3% 的"西化"的上流社会，却并未能够触及到俄国社会的基本结构，到 19 世纪末，沙皇政府启动了全方位的政治经济改革时，遭遇了系统性的国家崩溃。

第二，苏联模式独辟蹊径。十月革命以来，苏维埃俄国走过了一条独辟蹊径，迥异于西方的现代化路径，历经七十余载，当然这七十余年可分为若干个阶段。总体来说，苏联执政者的意识形态将其模式路径理解为一个"高于资本主义现代化"的、通向人类社会最高级形态的历史阶段，然而这条道路最后停在一个被弗朗西斯·福山（Francis Fukuyama）称之为"历史的终结"的时间节点。

第三，当代俄罗斯？

进入当代俄罗斯，所谓的"历史的终结"并没有发生。一些原本与苏联处于同一轨道的中东欧诸国明确地拥抱"西方道路"。反观俄罗斯，经过了叶利钦执政的十年过渡期，自从千禧年以来，在普京统领下走出了一条属于自己的独特路径，而这条路径的实质内涵又是什么？

从沙皇时期、苏联时期到当代俄罗斯，它们之间有没有一条主线贯穿？这三个历史时期看似是相互否定的，实际上三者之间是不是具有某种连贯性？300年的道路是一场轮回，还是线性前进？这是本报告要探讨的一个根本问题。

二 俄罗斯民族政治单元的特点

（一）地缘禀赋

构成俄罗斯作为一个政治单元的基本面有几个特点，对于理解俄罗斯的国家建构路径具有决定性作用。首先是其地理自然环境所决定的极端性格。俄罗斯处于高纬度极北地区，这里的自然环境使农业生产只存在5—6个月的周期，而整个漫长的冬季都处于无所事事的状态，农忙时节超负荷劳作，而漫长冬夜只能借酒消愁，长此以往，酗酒习惯将非理性、容易走极端的民族性格留在了俄罗斯人的基因血液里。著名学者德米特里·利哈乔夫（Dmitri Likhachev）用"秋千效应"一词概括俄民族的这一特征，亦即总在极端之间徘徊——极端激进如无政府主义也产生在俄国，极端保守国家主义同样产生在俄国。安全焦虑也是其地缘格局所带来的一个永恒问题，俄罗斯处于欧亚大陆的腹地，四面没有天然的屏障，导致对外敌入侵有很强的焦虑感，这种焦虑感往往就转化为对外扩张的欲望。

（二）村社（米尔）制度

村社制度是俄罗斯自古以来存续的土地分配制度，"村社"在古斯拉夫语中叫作"米尔"，"米尔"在现代俄语里又意指"世界"。由此可见，村社是俄罗斯民族的一个最小单位世界。马克思曾评价，"村社制度"是由于原始公有制在进入私有化的过程中脱胎不彻底而遗存下来的"半公有制"。土地归集体所有，以村社作为最小所有单位。附着于村社的农民，

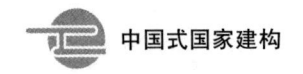

每隔六七年被重新划拨用于耕种的份地，这种分配制度蕴含着很强的家长制和宗法权威。村社传统是俄罗斯区别于其他东斯拉夫民族（如乌克兰、白俄罗斯人）的显著特点。在民族形成的时候，传统的俄罗斯人基因里就注入了集体主义强于个体主义的观念，以及权威人格，即服从权威、服从尊长的性格特点。

（三）"第三罗马"

继承自东罗马帝国的东正教的传统持续了上千年，给俄罗斯人留下了浓厚的弥赛亚情结，自视为肩负某种普世的、拯救世界使命的"第三罗马"。有一种很强烈的民族自恋，把自己视作是某种肩负神圣使命的世界中心。

（四）鞑靼之轭

最后一个要提到的就是蒙古金帐汗国240年统治所留下的制度遗产，有一句家喻户晓的名言说，"拨开一个俄国人的皮，就能看到蒙古人的血脉"。蒙古统治留下的遗产很多，从硬件方面来讲，如驿站、邮政制度、税收体制，都和金帐汗国打下的基础有关系。从精神心理的角度，沙皇的前身——莫斯科大公继承了"可汗"的身份想象（在沙皇最初征服乌拉尔山以东若干突厥语族人口之后，就是以"可汗"的名义对之施加统治的），延续了蒙古统治者的强力崇拜，对内残暴统治和对外征服扩张的性格。

三 俄国近现代国家建构面临的难点

（一）军事权能的畸形发达

俄罗斯虽然疆域巨幅辽阔，但没有天然的安全疆界。上文提到"安全焦虑"，正是在这样一种焦虑的驱动之下，俄罗斯的领土向任何没有阻力和挑战者的方向推进。从最初的莫斯科公国扩张到19世纪初全盛期，几百年时间，陆地面积扩大了近百倍。有一个形象的比喻，将俄罗斯的版图形容为一个"没有围栏的婴儿车"。可以说俄国历史上半数以上的时间都处于打仗的状态。19世纪著名的俄罗斯史学家克柳切夫斯基曾说过，俄国政府长期以来只做两件事，征税和征兵①，把大量国家机器的能力都投入到对外征服上，没有发达的内部管理，所谓的"治理型政府"始终是粗放的，发展迟缓的。

（二）欧亚陆地帝国：民族国家与殖民帝国二位一体

俄罗斯相对欧洲同时期崛起的强国，有这样一个独特之处在于，它是一个欧亚陆地帝国，从15世纪末翻越乌拉尔山后一路所向披靡征服了西伯利亚的广袤土地上的突厥语族人口和通古斯语族人口，形成了民族国家建构和殖民帝国建构进程相交织的特点。除俄罗斯帝国这个典型的"欧亚陆地帝国"以外，欧洲还存在两种帝国形态。一是海洋帝国，诸如英国、荷兰、更早的西班牙、葡萄牙，这些国家通过远洋征服，建立了横跨几大洲的帝国版图；另一种像德意志帝国、奥匈帝国等欧洲范围内的陆地帝国。

上述两种帝国形态和俄罗斯这个独特的欧亚陆地帝国的区别体现在何处？以海洋帝国来说，当然其中可以细分为更多亚类型，西班牙占据美洲后，几乎彻底地从文化、语言、宗教和人种构成上改造了这片新大陆；反之荷兰建立的海洋帝国是最典型的在本土和殖民地（荷属东印度和西印度）之间维持着清晰的文化和人种界限，维持着本土统治与殖民地民族之间尊卑关系的帝国类型；英帝国则是兼而有之，澳大利亚和新西兰是其统治民族的血脉延续，印度则是异质性的被统治民族。但无论是由西班牙民族所衍生的墨西哥人、阿根廷人，还是不列颠民族衍生的美、加、澳民族，由于远隔大洋，它们与母体之间存在着清晰的地理边界，也很容易脱离母体发展出独立的文化心理和民族身份认同。这些新生的民族国家与作为殖民母国的西班牙或英国可以并行不悖地各自进行民族国家建构，不会成为作为殖民母国国家建构需要附带的部分。

再说欧洲陆地帝国，以奥匈帝国为例，它曾囊括今天的奥地利、匈牙利、捷克的全部版图，以及现今属于斯洛文尼亚、波兰、乌克兰的部分版图。在这个帝国结构中，奥地利人是统治民族，匈牙利人、波西米亚人、斯洛文尼亚人、加利西亚人都是奥匈帝国的臣民。支配民族和被支配民族

---

① ［俄］瓦·奥·克柳切夫斯基：《俄国史》（第一卷），张草纫、浦允南译，商务印书馆2013年版。

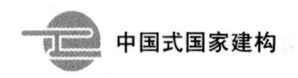

之间的边界是很清楚的。一旦帝国解体，支配民族退回到固有疆界，"分家"的过程也较为顺利。

回过头来说俄罗斯，这个独一无二的欧亚陆地帝国，大体可以分为四大板块，1. 乌拉尔山以东的欧俄地区，也就是这个帝国的"故土"或曰"本部"；2."亚俄"地区，亦即历代俄裔人口通过流放、强制移民和探险播迁而形成的西伯利亚和远东，它与欧俄地区的人种、语言相通，但是交通上隔着重重屏障，打个形象比喻，就是"陆地连接的澳大利亚"；3. 异质族群聚居区，如车臣人、鞑靼人、布里亚特人和雅库特人聚居的区域，这些族群在语言、宗教、血缘上和俄罗斯人存在明显差异，但是由于体量小或者游牧渔猎属性（没有确定的领地）等原因无法发展成独立的民族国家，因此一直作为俄罗斯的"寄生族群"而存在；4. 苏联解体之前作为帝国成员的乌克兰、白俄罗斯、中亚五族和高加索三族，这些民族在被俄人纳入帝国版图之前就已经存在了相对成熟的自我民族身份认同并有较大规模和相对固定的疆域。就像奥匈帝国版图内的匈牙利人或捷克斯洛伐克人那样。

1991年苏联解体后，上述四大板块中的最后一块脱离了出去，但第二和第三板块依旧"粘"在母体上，这个庞大而异质化的欧亚帝国不可能退回到一个适度的民族国家规模，只能设置复杂的羁縻制度来予以集权化治理。

（三）合法性建构：民族精神内核的失焦

俄罗斯处于各大文明板块之间的边缘位置，它没有原创的文明，而是综合了古斯拉夫人、北欧人、东罗马以及蒙古等若干支相互之间差异很大的文化渊源，因此俄罗斯民族树百年来始终在纠结自己究竟属于东方还是西方？我是谁？我要走哪条路？与此同时，浓厚的"弥赛尔情结"使其分不清我者和他者的界限。总是把自我发展与某种普世使命或者泛斯拉夫泛欧亚使命联系在一起。这个特点使得俄国的发展道路始终处于摇摆，而并不呈现一个线性前进的路径，也很难构筑一个具有稳定性的民族国家。

（四）国家—社会关系：中间阶层的缺失

这是蒙古人征服和统治历史所带来的一个遗产，在于它始终缺失一个中间阶层,像中世纪欧洲的贵族那样的可以与君主分庭抗礼的贵族阶层,从莫斯科公国开始,彼时沙皇的前身莫斯科大公有他的封臣,而这个封臣身份是依附性的,土地的所有权和占有权是分离的,土地的所有权都属于大公,一旦封臣失去头衔,那么也就丧失了土地占有权。这也可以理解为一种现代早熟。但是这带来的一个后果就是根深蒂固的专制传统,形不成一种类似英国大宪章或法国三级会议那样的贵族与君主之间的角力制衡。所以也就很难通过渐进途径,通过多种力量的合力来推进制度变革。而变革与否完全取决于君主个人的专断。18—19世纪沙皇俄国面临的一个大问题就是上层统治精英与底层人口的脱节,没有一个中产阶层,或者类似于中国那样的士绅阶层去承载国家和社会之间的纽带。

(五) 经济转型升级的掣肘

俄罗斯的地理和人口特点决定了它在经济转型升级的过程中面临一系列瓶颈和短板:它绝大多数领土处于内陆,没有面向海洋的经济形态;严寒下的耕作方式和酗酒习惯使得它发展不出精工巧匠,无法发展劳动密集型产业,工业化缺乏足够的资本积累和技术升级的动力。

四 权力精英的实践

(一) 战争驱动逻辑

上文着重分析了俄罗斯朝向近现代化国家建构的一些难点,那么俄罗斯是不是一个停滞不前的国度呢?如果有所发展进步,那么变革的动力又是来自何处呢?

倘若详加梳理观察可以发现这样一个规律,就是俄罗斯凡是重大的内部变革都是由对外战争这个外因推动的。俄罗斯的统治者发动对外战争,一方面是出于扩张的欲望,另一方面,由于在国内治理中遇到困境,为转移内部矛盾而发动战争。基本上俄罗斯历史上每一次大的转折事件,都可以归因追溯到某场战争的胜负结局。当然也有国内的起义革命,而起义革命的原因又无不与对外战争有所联系。通常战争失败,会激发统治者自上而下的改革;而战争胜利则会强化固有体制。比如,纳瓦尔战役由彼得大帝亲政时与瑞典发生的战争,这场战争的失败倒逼彼得大帝进行全方位的改革；1812年拿破仑战争，沙俄、普鲁士、奥地利结成神圣同盟取得胜利，使得国内正在进行的宪政改革终止；克里米亚战争带来了农奴制的废除；日俄战争带来了1905年的革命和君主立宪制的建立以及斯托雷平改革；一战的战败带来了二月革命到十月革命；二战的胜利，带来了斯大林体制在苏联的巩固，并且向东欧扩张。

（二）沙俄时期的近代化实践

1. 18世纪"悬浮的近代化"

这一时期涵盖了彼得一世、叶卡捷琳娜二世，一直到亚历山大一世三位比较著名的君主。彼得大帝的贡献最大，从彼得亲政的18世纪初开始，俄罗斯"看上去"有了一个欧洲国家的样貌。彼得大致上仿效同时代或更早一些的西欧诸国所推动的一系列举措，建立了近代常备军建制陆海军，中央集权的官僚体制和官秩表，强化了对教会的控制，改革了财政税收制度，建立了以近代学科分类为基础的世俗教育体制。还有就是社会生活全方位的西化，衣着服饰，餐饮文化，礼俗习惯、基础设施建设。也是从彼得开始，皇室和上流社会加强与西欧的互动，通过留学、联姻等方式。上流社会和文化精英以法语作为主要的交际语言。其文学、艺术、建筑风格皆开始融入欧洲。[①]

而后第二个著名君主就是叶卡捷琳娜大帝，在其任期内，俄国开始了仿效西方的法典编纂，建立了重商主义的贸易体系，启蒙思想在小范围内的俄国知识分子中产生萌芽。到了亚历山大一世，由重臣斯佩兰斯基所主持的自由主义改革，包括引入三权分立，建立基本的宪政制度。拿破仑战争之后改革被叫停，随后发生了十二月党人起义。

这一期间最主要特点在于现代化悬浮在表层，改革措施只是强化了军事力量，并服务于对外征服。就其内部而言，上流社会比底层社会要先进100年。上流社会不仅是统治精英，还包括文化界，文人、艺术家、音乐家，这一类人群文明素养、生活和精神气质与当时其他欧洲国家不相上下；但社会底层90%的人口都是农奴，他们依然停留在中世纪的状态。在

[①] ［俄］尼古拉·梁赞诺夫斯基、马克·斯坦伯格：《俄罗斯史》，杨烨、卿文辉译，上海人民出版社2007年版。

上流社会和底层农奴之间几乎不存在一个可被视作是"中产阶级"的人群。因而农奴制和沙皇专制制度依然顽固,国家不能扎根于社会,改造社会,不能带动整体同步的近代化。

2. "大变革时代"

"大变革时代"涵盖从19世纪中期到1917年这一时段。这一阶段的一个里程碑事件是亚历山大二世废除农奴制。农奴可通过交纳高额赎金购置属于自己的土地。农奴制虽从法令上废除了,但其惯性、周期很长,在这个过程中,西欧工商业资本进入俄国进行各种工矿业开发,有了资本主义工商业的初步发展。日俄战争后发生1905年"流血星期日"事件,沙皇政府承诺进行君主立宪制改革,宣布立宪时间表。这一时期,两位对改革有卓著贡献的重臣包括维特和斯托雷平。

斯托雷平改革旨在建立向当时德国、美国看齐的模式,改革一方面类似于俾斯麦时期德意志帝国进行的改革,把土地彻底私有化后,建立土地市场,建立农民银行,使一部分农业人口可以通过卖地进入城市,成为市民、农民工。另一方面,通过大量的投资兴修铁路,把欧俄地区人口慢慢向西伯利亚移民,即"东进运动"。[①]但斯托雷平的一系列努力显然得罪了许多人,他本人遭遇十次未遂暗杀,最后第11次在1911年9月份在基辅的剧院,被激进的无政府主义者暗杀。

(三) 苏联时代的现代化路径

1. 列宁时期:共产主义理想与现实的磨合期

随着第一次世界大战爆发,沙皇制度在战争末期崩溃,同时也宣告了由沙皇征服所主导的资本主义改革寿终正寝。经过短暂的二月革命,随后的十月革命宣告了一个全新的起点。

列宁时期的苏俄是理想与现实的磨合期,布尔什维克起初的理想是,一个"没有阶级差别,进而国家消亡","国家消亡"一方面意味着国家机器的消亡,另一方面意味着世界范围内主权国家疆界的消失。但现实是布尔什维克领导着一个前资本主义阶段的农民占主导的国家;第二是世界革命没有发生,不得不长期处于资本主义和帝国主义的汪洋大海之中。布尔

[①] 解国良:《俄国斯托雷平改革思想评析》,《俄罗斯东欧中亚研究》2017年第2期。

什维克领导层只得在这样的现实环境下思考如何维持和巩固政权并推行自己的政策主张。[①] 有两点需要特别强调的，一个是布尔什维克早期的革命领导者，诸如托洛茨基，加米涅夫，季诺维也夫都是犹太人，他们有长期旅居欧洲的经历，并没有很深的俄罗斯家国情结，或者说以俄罗斯作为一个本位来思考国家建构，而更多的是把接手的俄国作为理想制度的试验田；还有就是十月革命不同于中国共产党历经22年的武装斗争革命，它本质上只是夺取了彼得格勒临时政府的权力，并不存在一个扎根土壤"解放全国"的过程，它与占绝大多数人口的农民不存在像中国共产党与农民那样的天然联系，也是一个悬浮在表层的统治集团。因此这个新政权是在1917年之后，直到1924年随着内战的推进而逐步播撒并扎根全国的。

2. 斯大林时期：苏联式现代国家初肇

斯大林期间是苏联现代化时期比较成功的转折点，建立了定型的苏联模式，最重要的一点就是，虽然布尔什维克的理想是"国家消亡"，但恰恰是斯大林时代的苏联实现了"国家"史无前例的强化。可以说在斯大林时期，实现了现代国家的初肇，体现在如下几个方面：完成三个五年计划，建立了工业化基础，以国家强制力剪刀差完成了从农业到工业的资本积累，通过集体农庄将国家力量扎根农村，建立了党导国体制，以及国家对社会的全覆盖，以及布热津斯基和弗里德里希提出的极权主义模式，当然这一切背后是巨大代价。斯大林模式，是革命意识形态与源自帝俄的强国家传统的完美结合。

3. 战后苏联：蜕变、停滞、激进和改革

二战后的苏联，斯大林模式进入蜕变停滞期。因机构臃肿、低效率以及长期忽视农业和轻工业发展而导致产业结构单一的问题，冷战时代把巨大的财力资源都投入到了军备竞赛，陷入勃列日涅夫时期的长期停滞。60年代前期赫鲁晓夫和70年代末期的柯西金都曾主导过大幅改革，但未能从根本上扭转斯大林体制的积弊。直到戈尔巴乔夫进行激进改革，如同打开了潘多拉魔盒，把苏联体制的长期存在的弊病暴露出来，斯大林体制随着苏联本身一道寿终正寝。

[①] 余伟民：《"十月革命"后苏维埃俄国国家体制的建构》，《南国学术》2017年第4期。

（四）当代俄罗斯

从戈尔巴乔夫到叶利钦时代经历了向西方学习的激进化的西式自由主义的改革休克疗法。甚至俄罗斯曾一度想加入北约，且对于西方大国的建议言听计从，这一状况大约持续到 1995 年，叶利钦在第二个任期提出"双头鹰主义"，指出不能只瞄准西方，而是应该回到 19 世纪的东西方兼顾的站位。①

普京时代的国家建构有几个重大举措，包含梅德韦杰夫执政时间。首先提出"主权民主"的概念。从具体的措施来看，在俄罗斯宪法中，1993 年宪法给每个州赋予很大的自主权，但在 2004 年，普京建立"特辖制度"，把 89 个联邦主体分别纳入到由总统任命的"特辖区"下面，强化了中央集权；强化了强力部门如安全部门、内务部门和军方在政治体系中的支柱作用；强化了总统办公机构在中央政权建制中的中轴地位；打击了寡头；还建立统一俄罗斯党这样一个"政权党"。这个党从普京的定位来说，希望它承担起像苏共一样的职能，统俄党和我国执政党的组织部门也有很多定期关于治国理政方面的交流与其他方面的合作。

五　知识精英的回响

（一）19 世纪初斯拉夫派与西方派的论战

19 世纪初权力精英的改革，引发了知识精英层面的第一次论战，论战的一派是斯拉夫派，另一派是西方派。论战的焦点，就是当时俄国迥异于欧洲的种种特色——为什么俄国始终难以走出中世纪？农奴制和沙皇专制制度如此顽强？等等。

斯拉夫派认为，俄国当时的种种困境，症结出在彼得改革将俄罗斯引入歧途，斯拉夫派认为村社制度和东正教的传统构成了俄罗斯的独特性，俄罗斯未来的发展要重新回到属于自己的道路上。斯拉夫派受到了德国唯心主义哲学的影响，认为东正教造就了俄罗斯民族精神上的内向性，而天主教和新教造成的是西欧民族的外向性。他们主张村社是最小化的俄罗斯

---

① 陆南泉：《俄罗斯转型的几点思考》，《同舟共进》2013 年第 11 期。

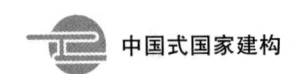

国家，俄罗斯本身是民族，但并不是国家，是非国家属性的民族。因此不能按照欧洲人的方式去界定沙皇皇权和臣民的关系，而是要按照村社的宗法制度建立这种关系，它是合作性的关系，是集体的家长。①

西方派可以被视作当时历史背景下的自由派，他们的主要观点，并不认为俄罗斯是独特的国度，而只是西方世界的一个停滞落后的部分，本质上属于欧洲。至于斯拉夫派特别强调的村社传统，他们认为在日尔曼人、或早期的维京人、北欧人，村社制度也存在。所以，村社制度并不能构成俄国的独特传统，他们主张废除农奴制，进行土地赎买，土地自由交换的改革，同时反对法国式激进的革命主张，立即实行君主立宪制改革。

这期间思想知识型精英与权力精英相关联，很重要的点在于，民粹派、民意党以及无政府主义的一些激进的思潮产生，和斯拉夫派存在某种关联。如民粹派始祖人物赫尔岑曾经是斯拉夫派。斯拉夫派本身秉持的是保守主义，但它本身包含的东正教式的人文关怀和普世关怀，在19世纪末大变革的背景下，导向了激进的，力图逾越当时资本主义现代性"卡夫丁峡谷"的冲动，逾越早期资本主义残酷性、剥削性的时代。这与后来左翼社会革命党直至布尔什维克的崛起有着一脉相承的关系。

（二）产生于侨民知识圈的旧欧亚主义

旧欧亚主义产生于1920年代的"侨民俄罗斯"圈子，即当时流亡在外的"白俄"群体，他们从苏联逃出来，但是需要寻求自我的身份建构，仍在继续思考俄罗斯民族的未来和使命。这个时期出现的德国哲学家斯宾格勒所著的《西方的没落》一书，对欧亚主义者们的思考产生了很大的启迪。斯宾格勒提到"假晶现象"，指的是年轻的本土文化受到古老的外来文化的强力打压，不仅无法形成纯粹而独特的表现形式，更不能充分发展自我意识。俄罗斯文化就是"假晶现象"的典型例证。"从1703年起，俄罗斯出现了一种假晶现象，迫使原始的俄罗斯心灵进入陌生的躯壳之中：首先是已呈完满的巴洛克躯壳，随后是启蒙运动的躯壳，再后则是19世纪

---

① 祖春明：《"俄罗斯意识"的建构特征——再看斯拉夫派与西方派的争论》，《开放时代》2012年第10期。

的西方躯壳"。① 欧亚主义与斯拉夫主义有一些联系，但其主要区别在于它不是从形而上的角度去探讨俄国人的精神，而是更多从地缘政治的角度、地理决定论的角度，和俄罗斯历史上与"图兰人"（泛指各种突厥语系人口）的亲近性。他们认为俄罗斯人并不是纯种的斯拉夫民族，和西斯拉夫如捷克、波兰人或乌克兰人都很不一样，在斯拉夫人和突厥人结合过程中产生了俄罗斯民族的特殊属性。②

在斯大林时期，他们虽不认同由布尔什维克人所建构的意识形态，但是俄国实现了欧亚帝国的强盛，所以欧亚主义者对苏联的实践给予认同肯定。他们提出来的对立面"拉丁—日耳曼"文化，这是自彼得大帝以后，俄国的现代化主要参照的样本。

（三）新斯拉夫主义和新欧亚主义

新欧亚主义在苏联末期的80年代末90代初，产生于俄罗斯本土，承继了海外俄罗斯人的"旧欧亚主义"，进一步拓展出更大的理论框架。代表人物杜金提出大陆文明与海洋文明的对抗中，俄国是欧亚大陆文明的中心点，海洋文明是盎格鲁撒克逊以美国为代表的文明形态。杜金提出来的国际战略是，俄国为确保自己的地缘政治安全，需要和德国、日本、伊朗建立同盟关系，以此控制欧亚大陆，在后来的版本中又进行了修正，把日本换成了中国。他提出的第三条道路既不是苏联式的社会主义道路，也不是西化的自由主义的道路，是明确的反全球化、反对美国主导的全球新自由主义，反对作为国家建构原则的自由主义。可以归为右翼保守主义，但在社会层面又很包容，是具有很强可塑性和灵活性的意识形态。③

普京在其执政初期拥趸的精神导师是索尔仁尼琴，他是新斯拉夫主义的代表人物。曾是苏联时期的异议人士，因撰写《古拉格群岛》等作品而在1970年代被苏联当局驱逐出境。然而当索氏1994年回到俄罗斯后，非常反对叶利钦的亲西方路线。对于西方也有很多看法，认为俄罗斯应该走

---

① 张建华：《新旧俄罗斯的相遇与歧路——欧亚主义视野下俄罗斯复兴之历史思考》，《学习与探索》2006年第2期。
② 张艳璐：《欧亚主义与当代俄罗斯的国家思想重构》，《复旦政治哲学评论》第9辑。
③ 荆宗杰：《当代俄罗斯保守主义思潮中的"第四政治理论"评析》，《俄罗斯东欧中亚研究》2015年第2期。

出自己的一条路。索尔仁尼琴所继承的是车尔尼雪夫斯基和和托尔斯泰等俄国文人的斯拉夫主义意识形态传统。普京在最近四五年的任期内更多的强调欧亚主义，更多借鉴的是杜金的理论。虽没有明确的把杜金的理论拿来作为白纸黑字的官方文件，但可以从一系列的战略考量，包括在发动对乌克兰"特别军事行动"之前做的两次说明，其行动的合法性源于杜金欧亚主义的理论。

六 三种路径的此消彼长——未完的思考

梳理俄罗斯300年的历程之后，可以发现，不管是从实践的角度，还是从思想家的角度，存在保守主义、自由主义、激进主义三条路径之间的张力。20世纪初，保守主义斯拉夫派与自由主义的西方派对决，最后产生了民粹派。民粹派又和后来的布尔什维克、孟什维克、左翼社会党有直接关联。20世纪末，"激进主义"和"自由主义"对决，也就是作为苏联正统意识形态的马列主义与以戈尔巴乔夫、叶利钦利为代表的自由主义对决，最后让位于21世纪初普京的保守主义。这是三个流派、三种思潮路径之间此消彼长的趋势。

最后我有两个问题。一是作为现代化路径的苏联模式的历史意义是什么？如何评价它？可以看到，斯大林时期实现了工业化、城镇化，虽付出了非常惨痛的代价，但是完成了英国人在18世纪完成的现代化转型。19世纪沙皇曾想直接援引"西欧模式"。所以是否可以说像俄罗斯以及与之有类似特性的国家，不得不使用强国家形式，一种反市场化、对抗商品经济和私有制的方式来实现现代化。二是反观中国近代化国家建构道路，又有何启示？中国在某些方面走的这条路径和俄罗斯300年来有相似之处，也同时存在本土派、自由派、激进主义这几种思潮、实践形式之间长期的张力，留给诸位读者思考。

后　　记

本书的编辑出版，既是对学界有关现代国家研究最新成果的反映，也是我们田野政治学多年努力的表达。

田野政治学是一种以田野为基础的政治学研究路径。它是从政治学的角度研究田野问题，亦是从田野的路径研究政治学问题。政治学研究中的田野主体是农民。政治学是以国家为主要对象的学科。政治学的基本问题是国家与社会关系问题。这一问题反映到田野层面，就是国家与农民关系问题。

中国的改革从农村开始。农业农村农民成为学界多个学科关注的领域。田野政治学得以成为一种独特的研究路径，在于很早便将农村农民问题作为研究的取向和重心。但是，田野政治学与其他学科方向有所不同，它是从政治学的角度切入农村农民问题的研究。政治学的主要研究对象是国家。因此，田野政治学作为农村农民问题研究的一种视角，很早便有了国家意识和国家视角。

田野政治学的国家自觉意识受中国的田野问题所牵引。自1980年代后期开始，国家日益深入到农村内部。与此同时，农民负担日益沉重。大量国家兴办的事务由农民出资出力。因为负担沉重，国家与农民的关系紧张。之后，国家一举废除农业税，为农民提供基本均等化的公共服务，国家与农民的关系大为改善。这一历史上前所未有的田野变化，背后的支配力量是国家，是国家形态的变化。正是在这一背景下，田野政治学的国家视角日益清晰，并经历了若干阶段。

第一阶段，由国家到现代国家建构。田野政治学自1980年代关注农村农民问题。在1980年代的中国政治学恢复和重建中，主要学习马克思主义政治学，有关国家问题的认识着重于国家的阶级性质。但是，随着1980年代之后的国家与农民关系的变革，仅仅从国家性质的角度研究便远远不够了。在政治学理论研究不断拓展和深化中，由传统国家转变为现代国家的国家建构理论进入中国政治学界，并在国家与农民关系变化方面具有相当解释力。本人因此将现代国家建构作为重要研究对象。2003年发表长篇论文《现代国家建构中的非均衡性和自主性分析》，2006年发表长篇论文《"回归国家"与现代国家的建构》等。

第二阶段，国家化与中国农村改变进程。田野政治学研究现代国家建构理论不是一种纯粹的学术研究，主要是为了更好地解释中国的国家与农民关系的变动。现代国家建构理论是起源于外国的学说，为了更好地解释中国问题，田野政治学加以了转换，提出了"国家化"的概念，更加强调现代国家建构是一个过程。《现代国家建构中的非均衡性和自主性分析》一文明确指出，"国家化作为一个过程，标志着国家整体和代表国家主权的中央权威日益深入地渗透于主权国家领域，并支配整体社会"。同时，在这一过程中，国家化的对象并不是消极存在物，而会与国家化的主体产生互动。根据这一理解，田野政治学运用"国家化"的概念分析20世纪，特别是1949年以来的国家对农村的改造及其农民对国家化的反应。其代表作是本人2019年出版的《国家化、农民性与乡村整合》一书。

第三阶段，作为理论与方法的"国家化"建构。"国家化"是现代国家建构理论在中国的应用和转换。这一概念有助于分析国家与农民关系的变动。但《国家化、农民性与乡村整合》一书主要是将"国家化"作为一个分析工具，重点是分析国家与农民关系的变化。为了使"国家化"这一概念更有理论与方法论意义，田野政治学对这一概念进行了深度探讨，产生了一些研究成果。具有代表性的是陈军亚教授2021年发表的长篇论文《国家化：基于中国国家实践的理论与方法》。论文提出作为理论的国家化，具有历史维度、空间维度和经验维度；作为方法的国家化，是通过认识视角的内在性、解释路径的历史性、研究范式的包容性，来获得作为方法和范式的"一般性"。本人的系列著作《关系中的国家》对"国家化"的概念作了更为宽泛的解读。与此同时，相关学者运用国家化的理论与方法对中国的基层治理进行解释和分析，如田先红的著作《国家化、地方性与基层治理》、任路的著作《国家化、地方性与村民自治》等。

后　记

　　第四阶段，中国式国家建构的多维视角。将国家化作为一种理论与方法的提出，标志着田野政治学在国家建构理论方面有了相当的学术自觉。这种学术自觉不仅仅是在田野研究中更加重视国家视角，更重要的是将已有的学术资源转换为用于分析中国的国家与农民关系的理论与方法，从中发现特有的"中国性"。而2015年启动的大规模的"深度中国调查"为田野政治学深度发现和认识中国特性提供了重要依据。陈军亚教授依据深度调查资料，试图从中国社会形态的特性讨论中国的新型现代国家建构。2021年，"中国式现代化"的宏大命题提出后，田野政治学者很敏锐地意识到这一命题对于中国式国家建构具有重要价值，可以拓展和深化中国的国家建构理论与方法。陈军亚教授为此十分兴奋，希望将田野政治学的"国家化"理论与更为宏大的国家建构理论结合起来，并策划了以"中国式国家建构"为主题的大规模的线上讨论，从不同维度对中国式国家建构进行了讨论。这次研讨会可以说是中国政治学界一次规模空前的国家建构理论研讨会，取得了丰硕的成果。本书的主要成果便来自于这次研讨会。

　　从以上四个阶段可以看出，田野政治学有关国家建构问题的研究有自己的特点。

　　一是由微观到宏观。田野政治学是以中国改革后农村实行的村民自治为对象而进入田野的。从国家宏观整体的角度看，村民自治只是非常微观的一个层面，甚至不属于国家政权的范畴。但是，村民自治制度的实施却标志着国家与农民关系的重大变化，农民有了相当的自主性，获得了国家制度化的赋权。村民自治制度在实施过程中的遭遇也与国家行为密切相关。田野政治学从村民自治这一微观领域切入，但以宏观的国家形态和行为为观照，从国家的视角解释微观层面为什么是这样而不是那样的问题。这是田野政治学与社会学、经济学、人类学等其他学科关注农村农民问题所不同之处。

　　二是由问题到学理。1980年代以来，农业农村农民发生了重大变化，同时也存在诸多问题，由此产生了所谓的"三农问题"。田野政治学进入田野的重要动力便是受问题的牵引。但是，田野政治学作为政治学的一种研究路径，不是简单地就事论事，而要将直观的现象转换为学理性问题，从而获得学科性价值。1990年代，随着现代化建设，各种"送X下乡"活动层出不穷，并成为学者的论题。田野政治学与相关研究的不同之处，便在于将现象性问题转换为学理性问题，从国家建构的角度探讨各种下乡活动为何发生，遭遇如何？也正是在这一过程中，田野政治学建构起自己的国家建构理论与方法。

三是由汲取到转换。田野政治学进入田野，是为了认识田野、解释田野。认识和解释必须广泛汲取理论知识资源。理论知识愈丰富，认识和解释的能力愈强大。田野政治学在解释1990年代以来国家一方面深度介入农村，另一方面农民负担日益沉重的问题的过程中，汲取了国家建构的理论。国家深度介入农村是国家建构的必然要求，问题在于这种介入相当程度上由农民承担财政压力。这说明，中国的国家建构具有中国特点，这就是在一个农村人口众多且没有经历前现代的农业商业化基础上发生的。因此，对于一般的国家建构理论要进行创造性转换，以更好的解释中国的田野变化。将现代国家建构理论转换为"国家化"的理论与方法便是基于对中国事实的更好解释。"中国式国家建构"的命题的提出，也是在更好汲取各种理论资源的基础上，将相关的理论转换为更适合于分析中国的理论与方法。理论工具多多益善，但关键要适用。从理论资源的角度看，田野政治学从来持高度开放和学习汲取态度，问题在于这种学习和汲取是为了更好的运用。

四是从社会看国家。中国历史有"庙堂"之高和"江湖"之远的说法。田野无疑处于江湖之远，与作为庙堂的国家距离遥远，因此不成其为政治学的主要对象。田野政治学之所以成为政治学的一种独特的研究路径，其重要特点不是就国家论国家，而是从田野社会的角度看待国家。政治学的基本问题是国家与社会关系。不同的社会产生不同国家，不同国家又建构不同社会。我在《关系中的国家》一书中强调，关系决定国家，国家创造关系。田野政治学以田野为对象，以田野调查为方法，不只是了解和认识田野社会，更重要的是认识国家对社会的进入及其特点。看起来是发现什么社会，实质是发现什么国家。田野政治学提出"家户制"的概念不仅仅是对中国传统社会的定义，更重要的是延伸到"家户制国家"概念的建构。2015年田野政治学发起了大规模的"深度中国调查"，对中国传统农村进行分区域的实地调查。正是在此基础上，陈军亚教授提出了中国传统社会形态的多层次性，并建构了"板结社会"、"缝隙社会"等一系列有关传统社会形态的概念。但是，认识社会的目的是更好地认识国家和建

后　记

构国家。正是基于多层次社会形态的认识，陈军亚教授提出了双重超越，建构新型现代国家的观点；正是因为传统国家渗透能力有限才出现了"板结社会"、"缝隙社会"，也才有了现代国家的建构，并有了"中国式国家建构"这一命题的提出。

所以，从"中国式国家建构"命题的提出到专题研讨，是田野政治学发展的逻辑结果，是获得学术自觉的标志。对于田野政治学来说，始终要把握两个方面：一是以田野为基础，将田野作为理论的源泉；一是以国家为本体，将国家作为田野的归宿。通过田野变化可以不断丰富对国家的认识。2022年，田野政治学通过对当下田野的认识，发现国家作为一个整体，在治理过程中又是分为层次的，特别是在国家与社会结合部位的基层层次更具有多样性。田野政治学不仅要研究基层社会，更要重视基层国家。毕竟当下的田野状况愈来愈多的由国家与田野社会互动而构成。

本书的出版是田野政治学研究国家建构的逻辑结果，更是集聚了众多学者的智慧成果。在此，要特别感谢各位作者的积极响应和支持。本书的主体是"中国式国家建构"研讨会的成果，同时也收录了部分作者的近期相关成果。陈军亚教授是"中国式国家建构"研讨会的推动者和组织者，为本书的编辑出版做了大量工作。谢怡等同学在联系作者和编辑校对方面作出了很大贡献。中国社会科学出版社的资深编辑冯春凤女士为本书的出版殚精竭虑。在此一并致以诚挚谢意！

徐　勇

2023年1月6日